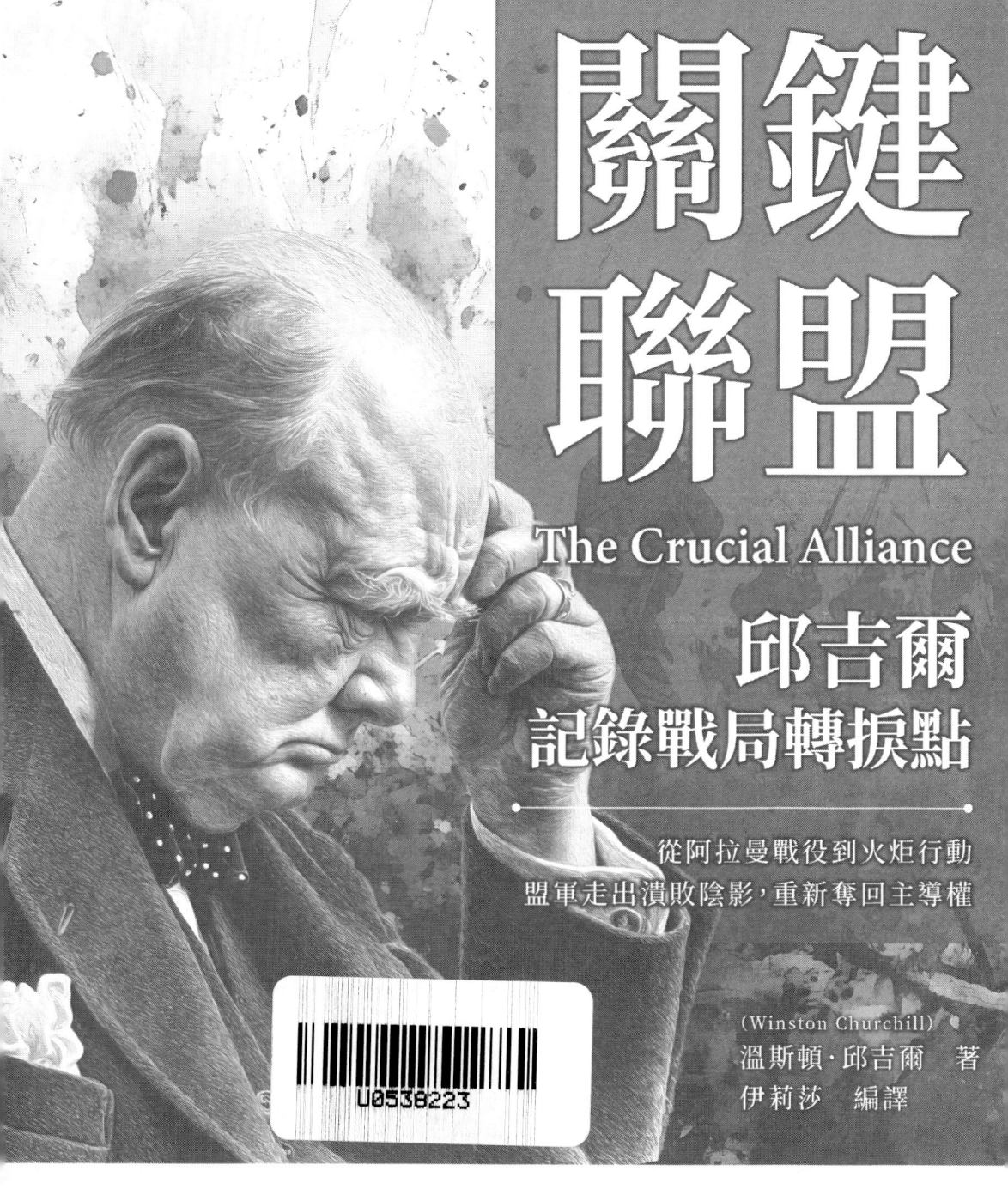

關鍵聯盟

The Crucial Alliance

邱吉爾
記錄戰局轉捩點

從阿拉曼戰役到火炬行動
盟軍走出潰敗陰影，重新奪回主導權

(Winston Churchill)
溫斯頓・邱吉爾 著
伊莉莎 編譯

從阿拉曼反擊到卡薩布蘭卡協議，戰局全面翻轉！
盟軍主動部署攻勢，北非戰線告捷，義大利成為下一個目標

邱吉爾引領反攻開端，
確立盟軍未來作戰與外交布局方向！

目錄

莫斯科首次會談 ………………………………… 005

與蘇聯建立聯繫 ………………………………… 017

重返開羅部署前線 ……………………………… 033

「火炬」行動定案 ……………………………… 051

局勢持續不安動盪 ……………………………… 073

蘇聯表達感謝之意 ……………………………… 085

阿拉曼戰役開打 ………………………………… 107

展開「火炬」行動 ……………………………… 121

達爾朗事件插曲 ………………………………… 141

勝利之後的難題 ………………………………… 159

主張召開高峰會 ………………………………… 171

卡薩布蘭卡會議 ………………………………… 185

阿達納與的黎波里 ……………………………… 205

回國後的政治困局 ……………………………… 225

俄國與西方盟邦關係 …………………………… 245

突尼西亞的勝利 ………………………………… 265

003

目錄

第三度訪問華盛頓 …………………………………… 281

戰爭與和平的多重議題 ………………………………… 297

向義大利進軍 …………………………………………… 307

附錄（一）………………………………………………… 323

附錄（二）………………………………………………… 327

莫斯科首次會談

在我滯留開羅的期間,莫斯科之行的籌備工作已經展開。8月4日,我撥通了史達林的電話:

首相致史達林總理

1942 年 8 月 4 日

我們計劃在某日啟程離開此地,次日抵達莫斯科,途中於德黑蘭稍作停留。

關於旅行的具體安排,有一部分需待我們在德黑蘭的皇家空軍當局與貴方空軍當局協商。我希望你能指示貴方空軍當局在各方面提供協助。

關於日期,除了我已經提出的那幾日,目前我仍然無法做出明確的決定。

我亦殷切期望,美國人在即將舉行的會談中能夠發揮正面的作用。

前海軍人員致羅斯福總統

1942 年 8 月 5 日

我渴望你為我和史達林的會晤提供支持和協助。你能否安排艾夫里爾與我同行?我相信,若我們齊聚一堂,事情將會順利許多。我目前面對的是一項鮮有經驗的任務。請將你的回信副本寄至倫敦。這麼做可以讓他人難以掌握我的行蹤。

羅斯福總統致前海軍人員(位於開羅)

1942 年 8 月 5 日

我已經指示哈里曼盡快動身前往莫斯科。你的看法是正確的,我已經告知史達林,哈里曼將在各個方面按照他和你的意見提供協助。

莫斯科首次會談

　　哈里曼如期抵達開羅，與我會合，並將同行前往莫斯科。

　　1942年8月10日，在開羅大使館的晚宴上，我們與各界名流共聚一堂，隨後於深夜啟程前往莫斯科。我方一行搭乘三架飛機，其中包括帝國總參謀長、精通俄語的韋維爾將軍、空軍中將特德和卡多根爵士。艾夫里爾·哈里曼與我同機而行。黎明時，我們接近庫德斯坦山脈，天氣晴朗，范德克路特興味盎然。臨近起伏的高原時，我詢問他打算以何種高度飛越。他答道九千英尺即可。然而檢視地圖後，我注意到某些山峰高達一萬一、二千英尺，甚至有一座特高山峰可能達到一萬八千或二萬英尺，儘管距離較遠。只要不突然進入雲層，便可安全繞過群山，但我還是建議升至一萬二千英尺，因此我們開始使用氧氣罩。上午八時半左右，我們在德黑蘭機場降落，接近地面時，我看到高度計顯示四千五百英尺，便提議：「再次起飛前，你最好校正一下儀表。」范德克路特答道：「德黑蘭機場海拔超過四千英尺。」

　　在德黑蘭機場，是英國駐地公使里德·布拉德爵士前來迎接我。他是一位體格健壯的不列顛紳士，擁有豐富的波斯工作經驗，且毫無不切實際的念頭。

　　我們估計在黃昏前無法飛越厄爾布魯士山的北部山脈，因此接受了蒙波斯國王的邀請，在他的行宮與他共享晚餐。行宮坐落在陡峭的橫嶺上，周圍是高大的樹林，還有一個迷人的游泳池。上午，我觀賞雄偉的山峰，山峰在陽光下閃耀著粉紅和橙黃的色彩，光輝奪目。下午，我在英國公使館的花園裡，與艾夫里爾·哈里曼及英、美兩國的高級鐵路人員舉行了一次長時間的會議，會議決定由美國接管從波斯灣到裏海橫貫波斯的全部鐵路。這條最近由英國公司建造的鐵路是一項傑出的工程，線路穿越多個峽谷，共有大型橋梁三百九十座。哈里曼表示，總統願意承擔全部責任，以確保鐵路能充分運作，並願意提供火車頭、車皮和技術人員——數量龐

大，難以估算。因此，我同意移交，但約定我們在主要軍事需求上享有優先權。由於德黑蘭的炎熱和喧鬧——那裡每個波斯人似乎都有汽車，並且喇叭聲不斷——我選擇在英國公使館的夏季別墅休息，那裡位於比城市高約一千英尺的高大樹林中。

翌日，即8月12日（星期三），清晨六點半，我們繼續啟程。當我們飛越通往大布里士的峽谷時，飛機逐步攀升，繼而向北飛往裏海的安扎利港。當穿越第二道山脈時，我們上升至一萬一千英尺，以避開雲層及山岳。此時，兩位蘇聯軍官隨行護送，蘇聯政府負責確保我們航線的安全及順利抵達。白雪皚皚的山脈由西向東，熠熠生輝。我發現我們所搭乘的飛機單獨飛行，收到無線電報告稱，第二架載有帝國總參謀長、韋維爾、卡多根等人的飛機因為引擎故障，不得不返回德黑蘭。兩個小時後，前方出現了裏海的景色。下方是安扎利港。我從未見過裏海，但記得二十五年前，我曾以陸軍大臣身分接管過一支在裏海上統治近一年的艦隊，駐地就在這片淡藍而寧靜的海域。我們現在下降飛行，不再需要借助氧氣罩了。隱約可見西岸的巴庫及其油田。德軍目前逼近裏海，因此我們選擇經由古比雪夫，以避開史達林格勒及戰區。如此一來，我們飛近窩瓦河的三角洲。放眼望去，俄羅斯大地呈現出一片褐色，遼闊的平原上杳無人跡。四處可見方正的農田，顯示這些地方曾是國營農場。寬廣黑色沼澤中蜿蜒流淌的窩瓦河在陽光下熠熠生輝。偶爾出現一條如直尺般的大道，貫穿廣袤的地平線。如此景象看了約一小時，我又爬過炸彈艙，回到艙內休息。

我反覆思索著我前往這個凶險且悲慘的布爾什維克國家的使命。這個國家剛成立時，我曾經試圖扼殺它；在希特勒出現之前，我視其為文明自由的死敵。現在，我該對他們說些什麼才能避免尷尬又達到此行的目的呢？熱愛文學的韋維爾將軍把我要說的話總結成一首詩。這首詩分為幾節，每節的最後一句都是「1942年不開闢第二戰場」。這就像把一大塊冰

莫斯科首次會談

塊送到北極一樣毫無意義。而且我認為我的責任在於親自對他們說明真相，當面對史達林表達我的誠意，而不是依賴電訊和信使的傳遞。至少我要表達對他們抵抗德軍的關心及敬意，表明我理解他們的努力對整個戰局的重要性。但我們過去一直仇視他們惡劣的政權；在德軍進攻他們之前，他們竟然對我們的困境袖手旁觀，並且欣喜地與希特勒瓜分了我們帝國在東方的殖民地。

天氣晴朗，風和日麗，我對前往莫斯科的渴望越加迫切，因此決定不繞行古比雪夫，而是直接飛往莫斯科。然而，我也擔心這樣會錯失一場盛大宴會和俄羅斯人熱情款待的機會。約在五點鐘，莫斯科市內的尖塔和圓頂已然出現在視野中。我們依照精心規劃的航線——沿途的所有炮臺都已經接到通知——繞城飛行，最終在機場降落。這是我在這場戰爭中還將再次造訪之地。

迎接我們的是由莫洛托夫領銜的俄國將軍們、各國外交使團以及在此類場合中慣常出現的大批攝影記者與新聞記者。我檢閱了一支著裝華麗、極具軍事禮儀的盛大儀仗隊；樂隊先後演奏了三大強國的國歌——正是它們的團結決定了希特勒的必然覆滅——隨後，儀仗隊舉行了分列式。在引導下，我走到擴音器前，發表了簡短的致詞。艾夫里爾·哈里曼代表美國致詞，他將下榻於美國大使館。莫洛托夫先生用他的汽車陪同我前往莫斯科郊外八英里處為我準備的住所——「國家別墅七號」。當我途經行人稀少的莫斯科街道時，打開車窗想呼吸一下新鮮空氣，令我驚訝的是發現車窗玻璃竟有超過兩英寸的厚度。我從未見過如此厚的車窗玻璃。翻譯員帕夫洛夫解釋道：「部長說這樣更為安全。」經過半個多小時，我們到達了別墅。

這裡的一切都是按照極權國家的奢華標準布置。他們派了一位身材高大、儀表堂皇的副官（我猜測他是沙皇時代貴族家庭出身）來照料我，他

也像我們的主人一樣，待人彬彬有禮。一些身穿白色制服、面帶微笑的老練服務員，善於迎合客人的需求和動向。餐廳內的長桌和各式食櫥中陳列著各種珍饈佳釀，這些物品只有透過最高權力才能獲得。我被引導穿過一個寬敞的接待室，進入一間臥室和一間幾乎與臥室同樣大小的浴室。電燈潔淨無比，光亮耀眼，甚至可以說是燦爛奪目。冷熱水供應一應俱全。經過酷熱的長途旅行後，我早已渴望洗個熱水澡。所有設施立刻準備就緒。我才發現，浴缸並沒有分流的冷熱水龍頭，也不用塞子。冷熱水同時從一個出口噴出，溫度調節得恰到好處，洗手時不是在盆內，而是在流水下進行。在家裡我也採用了這種方法。如果水資源充足，這種方法是再好不過的了。

在我完成了舒服的沐浴之後，前往接受款待，進入了餐廳。那裡陳列著各類佳餚美酒，包括魚子醬和伏特加，還有許多從法國和德國進口的珍饈美食。這些東西遠超出我們的心理預期或經濟能力所能享受的範圍，況且我們即將返回莫斯科。我已經通知莫洛托夫，當晚我計劃會見史達林，莫洛托夫建議的時間定在七點。

我隨即抵達克里姆林宮，首次拜會這位卓越的革命領袖，一位深謀遠慮的俄國政客與戰士；在隨後三年裡，我與他保持著緊密而嚴肅的連繫，相處之間常常情感激盪，但有時也頗為親切。我們的會談幾乎持續了四個小時。由於我們的第二架飛機（布魯克、韋維爾和卡多根搭乘的那架）尚未抵達，出席會談的只有史達林、莫洛托夫、伏羅希洛夫、我本人、哈里曼、我們的大使以及翻譯員。在這裡，根據我們保存的紀錄為基本材料，並結合我的記憶以及當時發回國內的電報進行敘述。

會談的前兩小時充斥著緊張與沉悶的氛圍。我首先直接提出了關於開關第二戰場的問題。我表示，希望能坦誠地交流，也期待史達林同樣坦率的回應。若不是確信能夠探討實際問題，我不會來到莫斯科。當莫洛托夫

先生訪問倫敦時，我曾告訴他，我們正在制定在法國牽制敵人的計畫。我還向他解釋過，我無法對1942年的行動做出保證，並為此寫過備忘錄。從那時起，英、美雙方對該問題進行了詳盡的評估。兩國政府認為，他們無法在今年9月——天氣條件允許的最後一個月——發起大規模戰役。然而，正如史達林總理所知，英、美兩國正在為1943年的大規模軍事行動做準備。為此，計劃在1943年春季將一百萬美國軍隊調至英國，組成二十七個師的遠征軍，英國政府也計劃為遠征軍增派二十一個師。這些部隊中將近半數將配備裝甲裝備。目前，只有兩個半的美國師抵達英國，大部分部隊將在10月、11月和12月間運送抵達。

我告訴史達林，我完全明白，1942年的這個計畫對俄國沒有任何幫助；但考慮到，當1943年的計畫準備就緒時，德國在西歐可能擁有更強大的陸軍。說到這裡，史達林眉頭微皺，但並未中斷我的陳述。我繼續解釋，我有充分的理由反對在1942年進攻法國海岸。我們目前的所有登陸艇僅足以在設防海岸進行一次登陸戰——最多僅能運送六個師的兵力登陸，並維持其後續供應。如果成功，還可以運送更多的師，但登陸艇是一個限制因素。目前聯合王國，尤其是美國，正在大量生產登陸艇。假如今年能夠運送一個師的兵力，明年就可能運送八倍或十倍的兵力。

史達林面帶陰沉，顯然未被我的觀點所打動。他詢問法國海岸是否有任何一段可以發起攻擊。我拿出地圖，指出除了直接橫渡海峽外，其他地點都難以獲得空軍掩護。他似乎不太明白，又問了些關於戰鬥機航程的問題。他問，它們是否能全天往返飛行？我解釋道，它們確實能往返飛行，但如此長途飛行後，便沒有時間進行戰鬥；我補充說，空軍掩護必須全面且有效。他接著說，在法國的德軍沒有一個師具備戰鬥力；我對此堅決表示反對意見。我提及法國境內共有二十五個德軍師，其中九個是前線部隊。他搖了搖頭。我表示，我與帝國總參謀長及韋維爾將軍一同前來，以

便讓他們與俄國參謀長具體研究此類問題。政治家對這類問題的討論是有限度的，超過這個限度便無法繼續。

史達林的神情越加陰鬱。他表示，據他的理解，我們不打算動用大量兵力來開闢第二戰場，甚至不願意派遣六個師進行登陸。我回答說，情況確實如此。我們可以派六個師登陸，但這樣的行動弊大於利，因為會嚴重影響到明年計劃中的大規模戰役。戰爭是嚴肅的，不是遊戲，若引發對各方無益的災難，那就太愚蠢了。我提到，恐怕我帶來的消息不能盡如人意。如果我們投入十五萬至二十萬人，能夠從俄國戰場吸引走大量德軍，進而對他有所幫助，我們不會因為害怕損失而放棄這個策略。但是，如果既無法吸引德軍一兵一卒，又影響到 1943 年的勝利前景，那將是個重大錯誤。

史達林顯得焦慮不安，他對戰爭的理解與眾不同。他認為若不願承擔風險，勝利便無從談起。為何我們如此畏懼德軍？這令他困惑不已。他的經驗表明，軍隊必須在戰鬥中流血。若不讓軍隊流血，就無法真正了解其力量。我詢問他是否曾經考慮過，為什麼 1940 年希特勒沒有攻打英國，儘管當時德軍正值巔峰，而我們僅有兩萬名訓練有素的士兵、兩百門大炮和五十輛坦克。他沒有採取行動，事實是他也畏懼這樣的大規模戰役。跨越英吉利海峽絕非易事。史達林回應說，不能這樣比較。希特勒若在英國登陸，將面臨英國人民的抵抗；而英軍在法國登陸，法國人民則會歡迎英軍。我指出，因此，更重要的是，在我軍撤退時，不讓法國人民遭受希特勒的報復，並以保留 1943 年大規模戰役所需的法國人力。

談話進行到這裡，現場陷入了一種令人窒息的沉默。史達林最終表示，如果我們今年無法在法國登陸，他也沒有權力去要求或堅決主張這個行動，但他堅定地表示，他不贊同我的看法。

於是，我展開了一張描繪南歐、地中海與北非的地圖。「第二戰場」

究竟指的是什麼？它是否僅僅意味著在英格蘭對岸的設防海岸進行一次登陸行動？是否可能採取其他形式的大規模軍事行動，以有助於整體戰局呢？我認為，或許應該逐步引導他將目光轉向南方。比如說，如果我們在不列顛集結兵力，能夠將敵軍吸引至加萊海峽，同時在其他地點發起攻擊——例如羅亞爾河、紀龍德河區域，或者選擇斯海爾德河——這些都是極有潛力的策略。這些規劃實際構成了明年大規模戰役的整體設想。史達林對此心存疑慮，擔心無法實現。我則表示，誠然，登陸百萬大軍確實困難重重，但我們必須堅持不懈地努力。

我們接著討論了對德國進行轟炸的議題，大家對討論的結果感到滿意。史達林強調了削弱德國人鬥志的重要性。他表示，他十分重視轟炸，並且知道我們的空襲正在對德國產生重大影響。

經過討論這個議題，緊張的氛圍得以緩解。史達林在這場長時間的會談中感受到，我們所進行的似乎並非是「痛擊」或「圍殲」計畫，而是以轟炸德國的策略作為一種搪塞。我決定先解決最嚴重的誤解，並為我此次前來所準備說明的計畫營造合適的討論氛圍。因此，我並不打算立刻驅散疑雲。實際上，我特別要求，在困難時刻，朋友和同志間應該坦誠表達意見，但會談卻充斥著表面禮儀和繁文縟節。

如今，正是「火炬」作戰計畫發揮作用的時刻。我提到，我將回過頭來討論1942年第二戰場的問題，我專程為此而來。我不認為法國是唯一適合進行這類戰役的地點，還有其他可能的地點。因此，我們與美國人制定了另一個計畫。美國總統授權我將這個祕密計畫告訴史達林。現在，我將執行這個任務。我強調保密性的重要性。此時，史達林端坐著，面帶微笑地表示，他希望英國報紙對此事絲毫不知情。

接著，我簡要地闡述了「火炬」計畫。在整個計畫介紹過程中，史達林表現出濃厚的興趣。他首先詢問西班牙和維琪法國將作何反應。隨後，

他表示從軍事角度來看，此次行動是合理的，但他對於該計畫在政治上對法國的影響存疑。他特別詢問計畫的實施時間，我回答道，最遲不會超過10月30日，但羅斯福總統和我都希望在10月7日之前進行。這似乎讓在場的三位俄國人感到極大安慰。

我再次陳述了解放地中海的優勢，在該區域可以開闢新的戰場。我們需要在9月於埃及取得勝利，10月在北非取得勝利；同時持續牽制法國北部的德軍。若能在年終之前占領北非，我們便能威脅希特勒的歐洲核心地區；這個戰役應該被視為與1943年戰役相輔相成的一部分。這是我們與美國人已經決定展開的戰役。

為闡明我的觀點，我還繪製了一幅鱷魚的圖畫，以此向史達林展示我們的策略：在打擊鱷魚堅硬的鼻子時，也需要攻擊其柔軟的腹部。史達林興致勃勃地說：「願上帝保佑我們的事業成功。」

我強調，我們渴望為俄國方面緩解軍事壓力。若我們計劃進攻法國北部，將遭遇抵抗。若在北非發起攻勢，則勝利的機會更大，這也將有助於歐洲局勢。若我們成功占領北非，希特勒將不得不調回他的空軍，否則我們將摧毀他的盟友，即義大利，並進行登陸作戰。北非的戰役對土耳其以及整個南歐將產生深遠影響。我唯一擔心的是敵人可能先發制人。如果今年能夠奪取北非，明年就可以對希特勒造成致命打擊。這番言論也象徵著我們談話的轉捩點。

史達林於是開始談論政治上的各種困難。英、美聯合奪取「火炬」計畫地區，是否會引起法國的誤解？關於戴高樂，英、美正在採取什麼措施？我指出，在這個階段，我們不希望他參與此次戰役。（維琪）法國很可能會對戴高樂的支持者開火，但不太可能對美國人開火。哈里曼引用了來自「火炬」地區各處獲得總統信任的美國情報和李海海軍上將的意見，明確有力地支持了我的觀點。

在這番討論中，史達林似乎瞬間理解了「火炬」計畫的戰略優勢。他列舉了四個主要理由：首先，它將在側翼攻擊隆美爾；其次，它將對西班牙構成威脅；再次，它會迫使德國人與法國人在法國交戰；最後，它將使義大利成為首要目標。

這些獨到的見解讓我深感震撼。這表明俄國獨裁者迅速掌握了一個曾被視為難以接受的計畫核心。很少有人能在短時間內理解我們幾個月來爭論的焦點，但他卻能在瞬間掌握全部情況。

我又補充了第五個理由，即可以縮短地中海的航程。史達林很想知道，我們能否通過直布羅陀海峽。我說毫無問題。我也告訴他關於在埃及的司令部改組情況，以及我們在8月下旬或9月間在那裡進行一次決定性戰役的決心。最終，他們顯然都贊成「火炬」計畫，雖然莫洛托夫問起能否在9月分進行。

隨後我補充道：「法國的情緒低落，我們必須激勵它。」法國深知馬達加斯加和敘利亞的戰略地位。美軍的加入將促使法國支持我們。這場戰役將對佛朗哥構成威脅。德國人可能會立即要求法國人：「交出你們的艦隊和土倫。」這將再次引發維琪與希特勒的對抗。

我再次提及另一種戰略前景：將英、美聯合空軍部署到俄國軍隊的南翼，以保護裏海和高加索地區，同時在該戰場進行常規作戰。然而，我沒有深入探討細節，因為我們必須首先贏得埃及戰役，而且對美國空軍參與戰鬥的計畫尚不清楚。如果史達林同意這個建議，我們再制定具體實施方案。他回應稱，他們對此類援助深表感激，但具體地點等問題仍需進一步研究。我對這個計畫充滿期待，因為它將使英、美空軍與德軍空軍展開更激烈的對抗，這些空戰將幫助我們在更有利的條件下獲得制空權，而不會在加萊海峽引發問題。

接著，我們圍繞一個大型地球儀，我向史達林闡述肅清地中海地區敵人所能帶來的巨大好處。我對史達林表示，如果他願意再次與我會面，我隨時樂意前來。他回應道，根據俄國的習慣，應由客人表達願望，而他隨時願意接見我。儘管他現在已經了解了最壞的情況，但我們告別時，氣氛依然友好。

會議已經進行了四小時。返回國家別墅七號還要花費一個半小時。我雖感疲憊，但午夜後仍口述了給戰時內閣和羅斯福總統的電文。此刻我感到，堅冰已破，雙方的情感連繫已經建立。我沉沉入睡，久久未醒。

莫斯科首次會談

與蘇聯建立聯繫

翌日，我在奢華的臥室中醒來時，已是晚間。那天是 8 月 13 日，星期四 —— 對我而言，永遠的「布倫漢姆紀念日」。我安排前往克里姆林宮拜訪莫洛托夫，以便更清晰全面地闡述我們計劃中各種軍事行動的概況。我指出，若因放棄「痛擊」計畫而遭到指責，則不得不公開反對該軍事行動的理由，而這樣做將對共同事業造成多麼大的損害。我進一步詳細說明了「火炬」計畫的政治背景。他用心傾聽，當下並未表態。我向他提議晚上十時去見史達林。稍晚得到回覆，稱十一時更為合適。由於討論的問題與昨夜相同，他問我是否願意與哈里曼同行。我答應了，還有卡多根、布魯克、韋維爾和特德也將同行，他們已經從德黑蘭乘坐俄國飛機安全抵達，否則他們可能會在「解放者」飛機上遭遇非常危險的火災。

在即將離開這位文雅而嚴謹的外交家辦公室前，我轉身對他說：「我們遠道而來，如果史達林對我們無禮，那將是一個重大的錯誤。」談話至此，莫洛托夫的態度首次有所緩和。他回應道：「史達林是位非常睿智的人。你可以放心，不論他如何辯論，他都能理解一切。我會將你的話轉告給他。」

我準時返回國家別墅七號享用晚餐。

室外微風和煦，宛如我們在英格蘭偶爾遇到的最理想天氣。我認為，是時候去四周遊覽一番了。國家別墅七號是一座宏偉、寬敞且嶄新的鄉村別墅，坐落於約二十英畝的松樹林中，周圍環繞著大片草地和花園，漫步其中令人心曠神怡。在這美好的 8 月天，將身心放鬆在草地或松針上是非常愜意的。園內設有幾座噴泉。一座大型玻璃缸中飼養著各種金魚，它們

與蘇聯建立聯繫

不怕人，甚至會游到手邊索食。我每日餵養金魚，已成習慣。飯店四周被圍欄環繞，欄杆高約十五英尺，前後均有充足的軍警守衛。在距房屋約百碼處，有一個防空洞。我們抵達後，立即有人帶領我們參觀。其設計既現代又奢華。前後配備電梯，下降八、九十英尺進入地下。地下室設有八至十間房，四周由極厚的鋼筋混凝土牆壁構成。各房間以厚重的滑動門隔開。這裡燈火通明，家具皆為時尚奢華、色彩鮮豔的「實用之物」，然而我對金魚的興趣更濃。

晚上十一時，我們抵達克里姆林宮，僅有史達林、莫洛托夫和翻譯員接見。隨即，一場極不愉快的討論展開。史達林遞給我一份文件。當翻譯員翻譯文件內容時，我表示將以書面形式回應，並強調他必須明白，我們已經決定所要遵循的策略，責備無濟於事。隨後，我們爭論了大約兩個小時；在此期間，他發表了許多不快的言論，尤其是指責我們過於畏懼與德國作戰，稱若我們像俄國人那樣嘗試，就會發現情況並非如此；他還指責我們違背了關於「痛擊」計畫的承諾，並稱我們沒有按承諾向俄國提供軍需品，而是在滿足本身需求後才提供少量剩餘物資。他的這些指責顯然也同時針對美國人。

我直接反駁了他的觀點，並未使用任何侮辱性的語言。我原以為他不習慣屢次被駁倒，但他沒有表現出憤怒，甚至沒有激動。他反覆陳述他的看法，認為英、美在瑟堡半島登陸六到八個師的兵力是可行的，因為英、美已經掌握了制空權。他覺得，如果英軍像俄軍那樣對抗德國，就不會如此畏懼德軍。俄軍，以及英國空軍，已經證明擊敗德軍是可能的。假如英國陸軍與俄國同時作戰，英國陸軍也能取得勝利。

我插話提到，史達林在稱讚俄國陸軍英勇時所言，我不予置評，但關於瑟堡登陸的建議未充分考慮英吉利海峽的存在。最終，史達林表示，我們無法再繼續爭論。他必須接受我們的決定。接著，他出人意料地邀請我

們參加明晚八時的宴會。

接受邀請後,我表示將在 8 月 15 日拂曉時分乘飛機返回。史達林對此似乎有些意外,詢問我能否多停留幾日。我回答說,如果能夠產生正面的影響,我當然願意多待一天。我隨後嚴厲指責他對我缺乏友好態度。我不遠萬里來到這裡,目的是為了建立良好的合作關係。我們一直在盡力支持俄國,並將繼續給予援助。過去一年中,我們在完全孤立的情況下對抗德國和義大利。如今,三大國已經結成聯盟,只要不出現分裂,就一定能夠取得勝利。說這些話時,我有些激動;在翻譯之前,他插了一句,表示他喜歡我演講的語氣。接下來的會談在較為輕鬆的氛圍中繼續進行。

他全神貫注地談論俄國的雙管火箭發射迫擊炮,稱其效果極具毀滅性;他建議,如果我們的專家們能稍作等待,可以為他們進行演示。他提到,他願意提供有關迫擊炮的所有資料,但是否需要以某種形式的交換為條件呢?是否應該簽署一個關於交換科學發明資料的協定呢?我表示,我們會無條件地提供各種資料,只是,如果某些新發明需要透過飛機運輸,並且在飛越敵方戰線時有被擊落的風險,導致我們對德轟炸變得更加困難,這就需要另作考慮了。他接受了我的觀點。他也同意,他的軍事當局應與我們的將軍們會面。於是安排在當天下午三時舉行會談。我說,他們至少需要四個小時,以便詳細討論涉及「痛擊」、「圍殲」和「火炬」等計畫的技術問題。他立即指出,「火炬」計畫在軍事上是正確的,但政治方面需要更加謹慎 ── 也就是說,需要更為仔細地處理。他時不時提到「痛擊」計畫,頗為不滿,當他說我們沒有履行承諾時,我回應道:「我不同意那種說法。我們履行了每一項承諾。」我把給莫洛托夫的備忘錄指給他看。他表示歉意,說他表達的是真誠的看法,我們之間沒有猜疑,只是看法不同而已。

最後,我詢問了關於高加索局勢的情況。他是否有意圖保衛高加索山

脈，並計劃動用多少兵力？在這個話題上，他讓人取來一個立體模型，並以直率的語氣和清晰的見解，闡述了這條防線上的兵力部署。他表示，目前正計劃部署二十五個師的兵力。他指著各個關隘說道，這些地方都能夠固守。我問道，這些關隘是否已經設防。他回答：「當然。」俄國的戰線（敵軍尚未抵達那裡），就位於這條主要山脈的北側。他說，他們必須堅守兩個月，兩個月後大雪將會封山。他表示，他有信心完全能實現這個目標，隨後詳細介紹了集中在巴統的黑海艦隊的實力。

這個階段的會談進展順利，但當哈里曼詢問有關透過西伯利亞運送美國飛機的計畫時——這是美國一再推動且俄國最近才同意的方案——他含糊其辭地回答道：「戰爭的勝利不是靠計畫來取得的。」在討論中，哈里曼完全贊跟我的觀點。我與史達林雙方皆未妥協，也未曾說過一句尖刻的話。

當我準備離開時，史達林站起身來向我致意，並伸出手來。我則與他握手。

在8月14日，我向戰時內閣提交了以下報告：

我們曾經自問，如何解釋昨晚的表現，以及為何在前晚取得佳績後情況發生了變化。我猜測，可能是他的人民委員會對我傳達的消息理解與他不同。他們掌握的權力或許超出我們的想像，但所知有限。也許史達林是為了他們未來的巨大利益，或只是為了解決自己的不滿。卡多根提到，艾登在聖誕節後進行會談時，也曾遇到類似的僵局；哈里曼表示，對方在比弗布魯克代表團訪問初期也曾使用過這種策略。

經過深思熟慮後，我相信史達林的內心深處——就其內心而言——清楚地知道我們是正確的。他顯然明白，如果在今年派遣六個師來執行「痛擊」計畫，並不會給他帶來任何實際的好處。而且，我確信，他那穩健而敏銳的軍事判斷力必會堅定地支持「火炬」作戰計畫。我認為他可能

會向我們表示歉意，我對此懷有希望。無論如何，我堅信如此坦誠相告比任何其他方法都更為有效。他們從未打算停止戰鬥，而我個人認為，史達林對勝利充滿信心。

當我就那四十架「波士頓」飛機向史達林表達謝意時，他只是做了個輕蔑的手勢，說道：「那是美國的飛機。等我給你們俄國飛機時，再謝我吧。」他的言辭並非貶低美國飛機，而是強調他對本身實力的重視。

我非常理解他們正處於極度緊張的局面。歸根結柢，我相信他們需要大肆宣傳這次訪問。

下列是史達林寫給我的備忘錄：

1942 年 8 月 13 日

根據今年 8 月 12 日在莫斯科的會談結果，我已經確認，英國首相邱吉爾先生認為 1942 年在歐洲無法開闢第二戰場。眾所周知，早在莫洛托夫訪問倫敦期間，1942 年在歐洲開闢第二戰場的決定就已經被確立，並且雙方同意的英、蘇公報於去年 6 月 12 日已經宣布了這個決定。我們了解到，開闢第二戰場的目的在於迫使東線的德軍撤往西歐，並在西歐建立對抗德國法西斯軍隊的重要基地，進而緩解 1942 年蘇、德戰線上蘇軍所面臨的嚴峻局勢。顯而易見，英國政府拒絕在 1942 年開闢歐洲第二戰場，將對蘇聯國內輿論造成巨大打擊，因輿論寄希望於此，並使紅軍在戰場上的形勢複雜化，妨礙蘇軍指揮計畫。更不用說，1942 年不開闢第二戰場對紅軍造成的困難，無疑將損害英國及其他盟國的軍事態勢。我和我的同僚們認為，1942 年在歐洲開闢第二戰場的條件最為有利，因為幾乎所有德軍，尤其是精銳部隊，已經被調往東線，西歐留守的德軍數量有限，戰鬥力也比較弱。至於 1943 年開闢第二戰場的條件是否同樣有利，則難以斷言。

因此我們堅信，1942 年在歐洲開闢第二戰場不僅是可行的，也是有效的。我曾努力勸說英國首相，但遺憾的是未能成功，而美國總統的代表哈里曼先生在莫斯科會談中完全支持首相的立場。

與蘇聯建立聯繫

翌日,即8月14日上午,我在充分休息後,在帝國總參謀長和卡多根的協助下,擬定了如下我認為適當且明確的答覆:

1. 1942年最理想的第二戰場和從大西洋展開唯一可行的大規模行動是「火炬」作戰計畫。若能在10月執行,它將比其他方案更有效地支援俄國,同時為1943年的戰役奠定基礎,並具備史達林總理在8月12日會談中提及的四個主要優勢。英、美政府對此已經作出堅定決策,正以最快速度進行各項準備工作。

2. 原訂英、美方面計劃以六至八個師的兵力對瑟堡半島和英吉利海峽的島嶼進行襲擊,較之「火炬」作戰計畫,此舉無疑是一場冒險且無益的軍事行動。德軍在西歐部署了充足的兵力,足以在這個設防嚴密的狹小半島上阻止我們的推進,同時也會集中西歐的空軍力量來對付我們。英國的海、陸、空三軍官員一致認為,這樣的軍事行動只會以災難收場。即便我軍成功占領這些據點,也無法迫使德軍從俄國戰場撤出任何一個師。這個計畫對我們的損害將遠大於對敵人的傷害,並會毫無意義地消耗1943年真正戰役所需的重要兵員和登陸船隻。這是我們堅信的觀點。帝國總參謀長將與俄國司令官具體交換意見,討論範圍將根據雙方的意願確定。

3. 英國或美國並未失信。我指的是1942年6月10日我遞交給莫洛托夫先生的備忘錄第五節,其明確表示:「因此我們不能作出保證。」經過長時間的會談後提交的備忘錄清晰表明,執行這種計畫的可能性極小。多次會議已經記錄在案。

4. 然而,關於今年英、美軍隊將在法國海岸登陸的各種傳聞,已使敵人陷入誤判,因此敵人在英吉利海峽的法國沿岸部署了大量空軍和其他部隊。倘若這個計畫引發公開辯論,將損害各方的共同利益,特別是俄國的利益;因為在這場辯論中,英國政府將不得不向全國公開其認為不適合實施「痛擊」作戰計畫的強而有力論據。這會導致對該計畫寄予厚望的部隊士氣普遍低落,而敵人也可能更自由地從西歐撤出更多軍隊。最精妙的策

略是利用「痛擊」計畫掩護「火炬」計畫，並在「火炬」計畫啟動時宣布開闢第二戰場。這是我們計劃採取的行動。

5. 我們無法接受，莫洛托夫關於第二戰場的會談已經成為更改俄國最高司令部戰略計畫的依據，因為我們早就已經對這次會談提出了口頭和書面的保留意見。

6. 我們重申，我們決心採用一切確實可行的方式來支援我們的俄國盟友。

那天晚上，我們參與了在克里姆林宮舉行的正式宴會，出席者約有四十名，包括幾位司令官、政治局委員以及其他高級官員。史達林和莫洛托夫以誠摯且親切的方式款待了我們。宴會持續了很長時間，從一開始便頻頻舉杯祝酒，伴隨簡短的致詞。過去有許多天真的故事描述蘇聯宴會上競賽喝酒的情景。這種說法並不真實。元帥及其同事們始終使用小玻璃杯敬酒，每次僅抿一口。然而，我的酒量卻是根據那些傳聞鍛鍊出來的。

在宴會上，史達林透過翻譯員帕夫洛夫的翻譯，愉快地與我交談。他提到：「若干年前，蕭伯納先生和阿斯特夫人曾經來訪。」阿斯特夫人建議邀請勞合·喬治先生訪問莫斯科。史達林回應道：「我們為何要邀請他？他是干涉我們的主謀。」阿斯特夫人回答：「那是不正確的，是邱吉爾誤導了他。」史達林說：「不論如何，勞合·喬治是政府領袖，屬於左派，應對此事負責。我們寧願面對真正的敵人，而非虛假的朋友。」阿斯特夫人說：「哎，邱吉爾這下完蛋了。」史達林說：「我無法確定這一點。如果危機來臨，英國人民或許仍會求助於這匹老戰馬。」聽到這裡，我插話說：「她說得很有趣。我是干涉最為活躍的人，不希望你有不同的看法。」他露出友善的微笑，於是我問：「你原諒我了嗎？」翻譯員帕夫洛夫說：「史達林總理表示，這一切都已經成過去，過去的事應該交由上帝。」

有一次，我在與史達林會談時提到：「比弗布魯克勳爵曾經告訴我，當他在1941年10月出使莫斯科時，你曾問他：『邱吉爾在議會上說，他

曾就德軍即將進攻蘇聯的事向我發出警告，他的意思是什麼？』」我解釋道：「我指的是1941年4月我發給你的電報。」我出示了那份克里普斯爵士很晚才遞交給他的電報。當這封電報被朗讀並翻譯給史達林時，他聳了聳肩：「我記得。當時我無需任何警告。我知道戰爭必將爆發，但我認為可能會推遲約六個月。」為了共同的事業，我克制住自己，沒有質問他：如果我們節節敗退，而他卻向希特勒提供大量寶貴的物資、時間和援助，我們大家會面臨怎樣的結局。

我竭盡所能地迅速將關於宴會的更正式敘述呈報給艾德禮先生和羅斯福總統。

前海軍人員致副首相和羅斯福總統

1942年8月17日

1. 宴會在極為和諧的氛圍中，按照傳統的俄國禮儀進行。韋維爾用俄語發表了精彩的演講。我舉杯祝願史達林身體健康，卡多根則祝願納粹的必然毀滅。我雖然坐於史達林右側，但未能討論重要議題。史達林、我和哈里曼一起合影，史達林發表了冗長的演說，提及「情報部門」，並引述1915年達達尼爾海峽事件，聲稱當時英軍其實已經勝利在望，德軍和土耳其軍隊正在準備撤退，但因情報失誤所以導致我們未能察覺。儘管這些說發不盡正確，但他顯然意在對我表示讚賞。

2. 我大約在凌晨一點半離開，因為我擔心我們被拖去拍攝冗長的影片會使我們疲憊不堪。當我向史達林告別時，他表示，我們之間的分歧僅僅是方法上的。我回答，即便是這樣的分歧，我們也應努力透過行動來消除。在真誠地握手後，我告辭並走了幾步，正準備穿過擁擠的房間時，他又匆忙趕來，陪伴我穿過走廊和樓梯，走了很長一段路直到大門口，在那裡我再次與他握手。

3. 關於星期四夜間會議的報告，我或許過於悲觀了。我意識到，在

他們奮力抗戰期間，我們無法提供更多援助，這確實令他們極為失望。然而，他們最終還是接受了這個苦澀的現實。我們目前只能全力以赴，加快推進「火炬」計畫，以擊敗隆美爾。

史達林與我一致認為，雙方的最高軍事指揮官也應該展開若干會議。因此，在8月15日舉行了兩場會談。

我向艾德禮先生及羅斯福總統報告了會議的成果如下：

在莫斯科於8月15日星期六舉行的一次會議中，伏羅希洛夫和沙波什尼科夫與布魯克、韋維爾和特德會晤。布魯克等人詳細解釋了為何不實施「痛擊」計畫。儘管俄方談興甚濃，但根據嚴格指示，他們未發表任何意見，甚至在關鍵細節上也不爭辯。稍後，帝國總參謀長詢問高加索防線的具體情況，伏羅希洛夫表示，他未被授權討論此事，但會請示相關內容。因此，當天下午又舉行了一次會議，俄方重申了史達林曾對我方提到的，將派遣二十五個師保衛高加索山脈及其通道；他們相信在冬雪及地形有利之前，可以守住巴統和巴庫及高加索山脈。然而，帝國總參謀長仍感不安。例如，伏羅希洛夫稱所有關口都已經設防，但當帝國總參謀長在裏海西岸上空150英尺飛過時，僅看到北部防線剛開始建設反坦克障礙和掩體。與史達林私下交談時，他透露了一些增強其勝利信心的理由，包括一次大規模反攻。由於他要求我保密，這裡不便詳述。我個人認為，他們的實力將與敵人不相上下，但帝國總參謀長表示尚未達到那種程度。

我們在會議上討論的諸多事項令我感到憤怒。我非常理解蘇聯領導人所面臨的巨大壓力：近兩千英里的廣大戰線上戰火紛飛，血流成河；德軍距莫斯科僅五十英里，並正向裏海逼近。軍事技術方面的討論並不順利。我們的將軍提問時，他們的蘇聯同行卻無權作答。蘇聯唯一的要求是，「立即開闢第二戰場」。最終，布魯克顯得有些不耐煩，軍事會議因此突然結束。

與蘇聯建立聯繫

　　我們將在 8 月 16 日黎明啟程。動身前一晚七時，我向史達林告別。我們進行了有益且重要的對話。我特別詢問他是否能夠守住高加索山脈的隘口，避免德軍進入裏海，奪取巴庫周圍的油田及所有關鍵目標，然後通過土耳其或波斯向南推進。他攤開地圖，滿懷信心地說：「我們將阻止他們繼續前進。他們無法越過高加索山脈。」他還補充道：「有傳言稱土耳其軍隊將在土耳其斯坦襲擊我們。如果他們這樣做，我一樣能夠應對。」我則表示這種危險不存在，土耳其人意在置身事外，不會與英國發生衝突。

　　當我們一小時的交談即將結束之際，我站起身來準備告別。史達林似乎驟然顯得不安，用一種他從未表現過極為真摯的語氣對我說道：「黎明時你才離開，何不來我家喝一杯呢？」我回答說，這正是我一貫的偏好。於是，他領著我穿過多條走廊和房間，走到克里姆林宮內的一條寧靜小路，再前行兩百碼便是他的住宅。他向我展示了他所居住的房間，大小適中，質樸而雅致，共有四間——餐室、辦公室、臥室和一間寬敞的浴室。不久，我們見到一位年邁的女管家，隨後又見到一位美麗的紅髮女孩，她親切地親吻她的父親。史達林朝我眨了眨眼，似乎在示意：「看，我們布爾什維克也有家庭生活。」史達林的女兒開始布置餐桌，不久，女管家端出幾盤菜餚。這時史達林打開各種酒瓶，豐盛地擺滿了一桌。接著他說：「為何不請莫洛托夫過來呢？他正在為公報煩惱，我們可以在這裡擬定。他有個好本領——能喝酒。」此時我才意識到，這裡將舉辦一場宴會。我原本打算在國家別墅七號用餐，波蘭司令官安德斯將軍正等著我。我告知我的新任翻譯員伯爾斯少校，請他致電告知我將於午夜後返回。不久，莫洛托夫便到了。我們入座，加上兩位翻譯員，一共五人。伯爾斯少校已應在莫斯科駐留二十年，他與元帥談得甚為融洽，有時兩人談興正濃，我插不上話。

　　我們從晚上八點半一直坐到次日凌晨兩點半，加上餐前會面，總共超

過七個小時。這次宴會顯然是臨時安排的，然而菜餚一道接一道地被端上來。我們面對這些精緻的美食細細品味，這種慢食方式似乎是俄國的傳統；同時，我們也品嚐了各種美酒。莫洛托夫表現得極為殷勤，而史達林則為了讓宴會更加愉快，隨意地開他的玩笑。

不久，我們的話題轉向了駛往俄國的運輸船隊。提及6月幾乎被摧毀殆盡的北極護航隊時，他的言辭頗為激烈。我已經在相關章節中詳細描述此事。那時，我對事件的了解不如現在全面。

帕夫洛夫略顯猶豫地對我說道：「史達林總理想知道，英國海軍是否沒有榮譽感？」我答道：「請相信我，我們當時採取的行動是正確的。我對海軍和海戰的了解確實相當豐富。」史達林說：「這是否意味著我一無所知？」我答：「俄國人在陸地上稱雄，而英國人則在海上稱霸。」他便不再言語，重新恢復了先前的興致。我轉身與莫洛托夫交談：「元帥是否知曉，他的外交部長最近訪問華盛頓時聲稱，他決定訪問紐約完全是出於自願，而遲遲未歸，並非因為飛機故障，而是出於自己的決定？」

儘管在俄國人的宴會上幾乎可以自由地談論任何話題以取樂，莫洛托夫卻顯然對此很是重視。而史達林則顯得心情愉悅，他說道：「他沒有去紐約，而是前往了暴徒們居住的芝加哥。」

因此，和諧的關係得以恢復，談話繼續推進。我開始談到在俄軍協助下英軍在挪威登陸的議題，並解釋說，如果我們能在今年冬季奪取北角，殲滅駐紮在那裡的德軍，那麼護航路線將因此暢通無阻。正如我曾提到的，這個構想始終是我所傾心的計畫之一。史達林似乎對此產生了興趣，在討論了一些策略和方法之後，我們一致認為，在可能的情況下，這個計畫必須被實施。

此刻已是深夜，但卡多根仍未呈上公報草稿。

我問道：「對你個人而言，這場戰爭的緊迫性是否如同推行集體農莊

政策時一樣？」

這句話立即令元帥振奮。

他表示：「不，不，集體農莊政策是一場極其艱難的鬥爭。」

我說道：「我相信你定感棘手，因為你面對的並非數百萬貴族或大地主，而是數百萬普通人。」

他舉起雙手說道：「幾千萬，這是個令人恐懼的數字。這項工作已經持續了四年。若要避免週期性的饑荒，並使用拖拉機耕種，就必須嚴格執行這項政策。農業機械化勢在必行。若將拖拉機分配給個體農民，幾個月內這些機器將完全損壞。只有集體農莊附屬的工場才能有效地使用拖拉機。我們不斷向農民解釋。但與農民爭論是徒勞無功的。即便你對一個農民說盡所有理由，他仍會表示需要回家問問妻子，與大家商量。」就這一點而言，最後一句對我是個新鮮的說法。

「與他們交談後，他經常這樣回應：他不願加入集體農莊，更願意用傳統方式耕種而非使用拖拉機。」

「這些人就是你們所謂的富農嗎？」

他說：「是的。」但他沒有再說這個詞。稍作停頓後，他接著說道：「當時的狀況極為嚴峻且充滿挑戰——然而這是必須的。」

我詢問道：「那麼結果如何？」

他說：「不錯，有許多人參與了。一部分人在托木斯克省、伊爾庫茨克省或更遙遠的北方獲得了耕地，但大多數人被農民憎恨，最終被他們的僱農消滅。」

他停頓良久後繼續說道：「我們不僅在糧食供應上實現了大幅增長，還顯著提升了穀物的品質。過去各種穀物都被種植，而現在全國各地只允許使用蘇維埃的標準種子，其他種子一律禁止種植。若有人不遵從，必將

受到嚴厲處置。因此，糧食供應再次大幅增加。」

行文至此，那些年間數百萬男女被殺戮或永遠流離失所的往事及深刻印象，再次浮現於我眼前。後代對於他們所受的苦難必然一無所知，但因食物的充裕而對史達林心懷感激。我未曾引用伯克的名言：「如果無法公正地進行改革，我寧願不進行改革。」如今，世界大戰正籠罩四周，高談道德問題似乎毫無意義。

凌晨一時左右，卡多根帶著公報草稿抵達，我們開始將其修訂為最終版本。此時，一盤相當大的烤乳豬被端上桌。此前，史達林只是簡單的品嚐了一點點各種菜餚，而在一時半，正是他通常進正餐的時刻。他邀請卡多根與他共享美食，但在我的朋友婉拒之後，我們的主人便獨自享用了。餐後，他突然走進隔壁房間，查閱來自前線各戰區的報告，這些報告從凌晨二時起陸續送達。大約二十分鐘後，他才返回，此時我們已經對公報的文稿達成一致。最後，在二時半，我表示必須告辭。我需要半小時的車程返回國家別墅，並用同樣的時間趕到機場。那時我感到頭痛欲裂，這是少有的情況。我還得會見安德斯將軍。我請求莫洛托夫不要在黎明時來送行，因為他顯然已經疲憊不堪。他帶著隱含責備的目光注視著我，彷彿在說：「你真的認為我不會去嗎？」

以下是我們發布的公報全文。

大不列顛首相溫斯頓‧邱吉爾先生與蘇聯人民委員會主席約瑟夫‧維薩里奧諾維奇‧史達林

蘇聯人民委員會主席史達林與英國首相溫斯頓‧邱吉爾在莫斯科進行高層會晤，美國總統的特使哈里曼亦出席。蘇聯代表團中包括外交人民委員莫洛托夫和伏羅希洛夫元帥，而英國方面則有駐蘇大使克拉克‧克爾爵士、帝國總參謀長布魯克爵士，以及其他軍方高級代表和外交部常務次長卡多根爵士。

與蘇聯建立聯繫

　　會談中，針對反對希特勒德國及其歐洲盟友的戰爭，作出了若干決定。兩國政府對這場正義的解放戰爭決心全力以赴，直到希特勒主義和任何類似的暴政被徹底消滅。會談在熱忱且極為真摯的氛圍中進行；這次會談使我們得以重申，蘇聯、英國和美國三國完全依照三國間的同盟關係，已經建立起緊密的友誼，達成相互的諒解。

　　我們於清晨五點半起飛。我在飛機上安然入睡，直到抵達裏海南部並開始飛越厄爾布魯士山脈前，對旅途中的景象或細節毫無印象。在德黑蘭，我沒有前往公使館，而是去了城市上方清涼寧靜的夏季別墅。那裡有許多電報等著我檢視。我原計劃次日與我們在波斯和伊拉克的大部分高級官員在巴格達舉行會議，但我意識到自己無法忍受巴格達8月的正午酷熱，於是毫不猶豫地改在開羅舉行。那晚，我與公使館的人員在宜人的樹林中共進晚餐，心情愉悅地忘卻一切煩擾，一覺睡到天亮。

首相致史達林總理

1942年8月16日

　　在一次快速且順利的航行後，我已經抵達德黑蘭，藉此機會向你表達對友誼與款待的感激之情。此次前往莫斯科讓我倍感欣慰：首先，須作出說明，這是我的職責所在；其次，我深信我們的交流將有助於推動我們的事業。請代為向莫洛托夫致以問候。

　　我也向戰時內閣及羅斯福總統彙報。

　　1942年8月16日、17日昨晚七點，我前往史達林總理處告別。我們進行了非常愉快的交談。他詳細講述了俄軍前線的情況，顯得十分振奮。他自信地表示，他們能夠堅持到冬季來臨。晚上八點半，我起身告辭時，他詢問下次會面時間。我答道，我將在清晨離開。他隨後提議：「為何不到克里姆林宮我的住所喝杯酒呢？」於是我去了，並在那裡享用晚餐，莫洛托夫也被召喚前來。史達林總理介紹我認識他的女兒，這位漂亮的姑娘

羞怯地親吻了他，但沒有邀請她作陪。晚餐及公報稿的討論持續到今晨三點。有一位優秀的翻譯員協助，使我得以順暢地與他們交談。交談時氣氛極為融洽，這是我們首次如此暢快、友好地相處。我感到我們已經建立了一種對未來非常有益的個人關係。我們對「朱比特」計畫討論頗多，他認為到 11 月或 12 月該計畫將變得極為必要。若無此計畫，我實在不知如何將裝備這支龐大作戰部隊所需的軍事物資運送過來。橫貫波斯的鐵路目前只有一半通行。他最需要的還是卡車。他寧願要卡車，而非坦克，因為現在每月可生產兩千輛坦克。他也需要鋁。

我最後說道：「整體來說，此次莫斯科之行確實令我倍感振奮。我堅信，只有由我親自傳達的那些可能令他們失望的消息，才能避免真正嚴重的分裂。前往莫斯科是我的職責。如今，他們已經知悉最糟糕的情況，儘管如此，他們依然以友好的態度提出抗議；即便在他們最為憂慮和困窘的時刻，他們的態度仍然友好。此外，史達林完全認可『火炬』行動計畫的巨大優越性；我也深信，大西洋兩岸的人們正以非凡的力量推動這個計畫的進展。」

與蘇聯建立聯繫

重返開羅部署前線

當我重返開羅之際,收到了一封來自國王的賀電。

國王致首相

1942 年 8 月 17 日

你與史達林的會談在極為友好的氛圍中圓滿結束,我對此感到非常欣慰。你承擔了傳達不受歡迎消息的角色,這項任務頗為棘手,但我由衷祝賀你憑藉技巧成功完成。你與史達林建立的個人關係在未來必將非常有用;我深信,你的長途跋涉是極有值得的。

我期盼你的身體不會過度勞累,也期望你此刻能夠更加輕鬆地處理各種事宜。

願你在完成任務後安然歸國。

次日,我回覆電報如下:

首相致國王

1942 年 8 月 18 日

我是卑職邱吉爾,收到陛下充滿仁慈的來信,倍感振奮。

我將於本週在開羅開始處理一些緊要而迫切的事宜。我的身體健康,毫無倦意。陛下一如既往地仁慈,這次表達信任的讚美讓我衷心感激。

我也接到了史末資將軍的來電。

史末資將軍致首相

1942 年 8 月 19 日

收到你從莫斯科發來的電報，我深感興趣，並祝願你取得真正的偉大成就。你在處理關鍵議題方面的能力極為高超，而我一直相信，你的成就可能超出你自己的預期，至少你已經使俄國在這場大戰中與我們牢固地結盟。史達林承認「火炬」計畫優於「痛擊」計畫，因此，那段爭論顯然是他試圖為自己挽回面子的笨拙方式。你關於在高加索提供空中支援的建議，是一個明智的決定，非常值得與羅斯福共同推進。閱讀了你的會談報告後，我要說，我對俄國的好感較以往大為增加。希特勒不得不在俄國的泥沼中繼續度過一個冬天，這種情況現在看來充滿希望；同時，我們可以清除整個地中海，為來年的第二戰場奠定堅實的基礎。目前一切都依賴於亞歷山大的勝利，以及迅速執行、基於必勝信念的「火炬」作戰計畫。我們不能讓這項計畫失敗，我們的最終勝利在相當程度上取決於它。

在經歷了近期的繁重工作後，我希望你能夠充分休息。你無法持續以如此緊張的節奏工作。請接受查爾斯·威爾遜的建議，因為你同樣希望全國採納你的建議。

在我停留於莫斯科的期間，我所關心的幾件重大事務已經發展到了關鍵時刻。6 月間，運往馬爾他島的船隊失利，表明只有迅速且大規模的援助才能保住馬爾他島的防禦。自從俄國北部船隊在 7 月遭遇慘敗後便停止行動，並迫使海軍部抽調大量本土艦隻前往地中海。海軍上將西弗萊特搭乘「納爾遜」號，帶領「羅德尼」號以及三艘大型航空母艦、七艘巡洋艦和三十二艘驅逐艦於 8 月 9 日進入地中海，執行「基石」作戰計畫。此外，還增派了「狂暴」號，以便將飛機送往馬爾他島。與此同時，敵軍也增強了在撒丁島和西西里島的空軍力量。

1942 年 8 月 11 日，海軍上將西弗萊特率領的艦隊護航著滿載軍需物資的十四艘快速商船從阿爾及爾啟航。航空母艦「鷹」號遭潛艇襲擊沉

沒，但「狂暴」號成功將艦載的「噴火」戰機送抵馬爾他。次日，敵軍的空襲如預料般展開。一艘商船和一艘驅逐艦被擊沉，航空母艦「無畏」號受損。三十九架敵機及一艘義大利潛艇被摧毀。那晚護航隊臨近海峽時，海軍上將西弗萊特按照計畫率領戰鬥艦撤離，留下海軍少將巴勒繼續護送運輸船隊。次日晚間，敵方潛艇和快速魚雷艇的攻擊越發猛烈，至清晨時，七艘商船及巡洋艦「曼徹斯特」號和「開羅」號均被擊沉。另有兩艘巡洋艦和包括載有重要物資的美國油船「俄亥俄」號在內的三艘商船受損。

倖存的艦隻勇往直前，繼續駛向馬爾他。13日白日，空襲未曾停歇。「俄亥俄」號再遭重創，失去航行能力；另一艘商船亦然。此時，船隊餘艦已經航至馬爾他防禦力所及之處，故於當夜，「查爾默斯港」號、「墨爾本之星」號及「羅徹斯特堡」號得以順利入港。憑藉無畏之精神，三艘遭受重創僅能漂流之船亦被拖回。「布里斯本之星」號翌日成功入港。而在連續空襲下，拖行「俄亥俄」號越發艱難，終於在8月15日被拖入港中。最終，十四艘商船中，五艘英勇抵達，攜帶珍貴物資。雖損失了三百五十名官兵及多艘精良商船與皇家海軍護航艦，然而所獲足以彌補代價。馬爾他因糧食、彈藥及其他重要物資之補充而重振。英國潛艇重返馬爾他，在皇家空軍的支持下，再度掌控中地中海。

敵人原本有能力徹底摧毀這支運輸船隊，並對此表現出明顯的態度。在船隊已經遭受重創並被驅散後，8月13日早晨，兩支義大利巡洋艦中隊駛往潘泰萊里亞島以南進行攔截。為了在接近馬爾他的海域進行作戰，船隊需要強而有力的空中支援，因此海軍上將維安在3月間對義大利艦隊初期作戰的影響在此得以顯現。德國空軍不願與義大利海軍合作，堅持單獨發動攻擊，導致指揮總部的內部發生了激烈的爭執。據一位德國海軍上將的紀錄，他們向墨索里尼投訴，經其調停，義大利巡洋艦在進入西西里海峽之前撤退了。在返航途中，其中兩艘軍艦遭到英軍潛艇的魚雷襲擊。該

德國將軍繼續寫道：「大量的戰鬥力被無謂地浪費，情況之糟，無與倫比。儘管英國海軍遭受各種損失，卻並未潰敗，只因軸心國軍隊在初期進攻時犯了戰略錯誤，其後果終將顯現。」

我於 8 月 17 日發送了以下電報：

首相致海軍大臣和第一海務大臣

1942 年 8 月 17 日

1. 請向海軍將官西弗萊特、巴勒、利斯特以及所有參與此次突擊運送物資到馬爾他並英勇戰鬥的官兵致上我的敬意。這次戰鬥無疑將對地中海地區的近期戰局產生重要影響。

2. 據當地報紙報導，至少有十三架敵機被擊落，這僅是馬爾他部隊的戰果；至於另外三十九架被航母戰機擊落的消息尚未見報；航母已經改變空戰局勢。

運輸船隊的順利抵達，使我得以邀請戈特勛爵前來開羅。我非常渴望聽取他關於馬爾他島的各種情況。戈特和他的副官芒斯特勛爵（大戰之初，他曾是一位大臣，但他堅持要上前線）安全抵達。他們兩人顯得瘦弱，容貌憔悴。將軍與他的幕僚嚴格遵循僅夠溫飽的軍民食物配給制度。大使館細心地為他們提供營養豐富的食物。我們進行了長時間的交談；分別時，我對馬爾他的情況已經有了清晰的了解。

在我離開倫敦的期間，印度爆發了一場危機。國大黨採取了挑釁政策，具體表現為破壞鐵路、製造混亂和騷亂。暴動在廣大農村地區蔓延開來，這種局勢使得面臨日軍進攻威脅的印度應該進行備戰的工作岌岌可危。總督行政會議的所有英國成員一致建議逮捕並監禁甘地、尼赫魯以及國大黨的主要領導人。戰時內閣在聽取印度事務委員會的建議後，迅速批准了這個嚴厲措施。拘捕消息公布後，蔣介石向總統遞交了幾份冗長的抗議信，總統又將其轉交給我。我對中國的這種干涉感到不悅。我致函總統稱：「無

論印度國大黨採取何種言論和行動，只要印度政府的權力未被削弱，必定有能力維持秩序，執行有效的行政管理，並確保印度為戰爭做出最大貢獻。」總統的答覆令我受益匪淺。

羅斯福總統致前海軍官員（位於開羅）

1942 年 8 月 9 日

　　收到你的來信後，我已經回信給蔣介石，表明我目前似乎不宜考慮他在信中所建議的任何步驟。我特別強調，在這個關鍵時刻，我們無意採取任何削弱印度政府權力的政策。然而，我也告訴他，在有關此事以及影響聯合國家重要利益的其他問題上，我歡迎他與我保持密切連繫，因為我認為他應該感受到他的建議已經被認真考慮。我擔心，如果不這樣處理，他可能會更進一步地採取某些行動；我相信你也會同意，目前這種過於衝動的行動可能具有危險性。我已經為他保留空間，以便他能夠在以後或需要時提出新的建議。

　　我已經向印度總督承諾，給予堅實的支持；他回電如下：

印度總督致首相

1942 年 8 月 20 日

　　你的熱情來電讓我倍感振奮。我們的境況極為艱難，而我相信這還未到最艱難的時刻。然而，我十分期待我們能在日本或德國施加直接壓力之前，釐清局勢。

　　多重危機同時出現，但並未顯著增加處理危機的難度。一種不利的局勢可能會抵消甚至完全消除另一種不利的局勢。由於對日戰爭的緣故，美國輿論對印度問題保持沉默。總督提議並獲得戰時內閣批准的措施即將實施。這些措施揭示國大黨在印度民眾中的影響力僅為表面現象，印度人民深感日本侵略的威脅，希望英王兼印度皇帝能夠保護他們。在與國大黨領袖直接交鋒的整個過程中，有數千名新志工加入印度陸軍。我們曾經一度

擔心這種情況會演變成自 1857 年印度兵叛變以來最嚴重的叛亂，但它在幾個月內便告失敗，幾乎沒有造成生命損失。

8 月 17 日，我接獲了關於襲擊迪耶普的消息。此次行動的作戰計畫早在 4 月進行聖納澤爾的英勇襲擊後便開始擬定。5 月 13 日，該計畫（代號「開轍犁」）的綱要獲得參謀長委員會的批准，並成為武裝部隊司令官具體作戰計畫的基礎。參與行動的總兵力將超過一萬人。這是我們在對德軍占領下的法國海岸所發動的軍事行動中，規模最大的一次。據情報顯示，駐守迪耶普的德軍僅有一支戰鬥力較弱的營，連同支援部隊，總人數不到一千四百人。原定於 7 月 4 日發起攻擊，進攻部隊已經在懷特島港口登船。然而，由於惡劣天氣，攻擊日期被推遲至 7 月 8 日。集結的船艦遭到德國飛機襲擊，部隊遂從船上撤離。這個決定導致行動的徹底取消。一直監督計畫執行的東南戰區總司令蒙哥馬利將軍此時極力主張不再進行此次行動，因為部隊已經接到分頭上岸的命令。

然而，我認為，當前最為關鍵的是，在這一年的夏季應該實施一場大規模的軍事行動。此外，軍方的觀點似乎也一致贊同，在執行如此規模的軍事行動之前，相關將領不再負責制定主要的進攻計畫。

與蒙巴頓海軍上將商議後，我才明白，夏季幾個月內沒有足夠時間策劃新的大規模軍事行動，但若能採取嚴格的保密措施，迪耶普行動（新代號為「慶典」計畫）將可以在一個月內進行。

正因如此，即使目前已經無相關紀錄可供查閱；然而，在加拿大當局和三軍參謀長批准此項計畫後，我與帝國總參謀長、海軍上將蒙巴頓以及海軍部隊司令官休斯-哈利特上校親自一起稽核了這個計畫。我們都非常清楚，「慶典」計畫與「開轍犁」計畫之間的唯一區別在於以突擊隊替代空降部隊摧毀側翼的海岸炮臺，除此之外，在其他方面兩者並無實質差別。「慶典」計畫現在已經可以實施，因為又多了兩艘步兵登陸艇可以用於運

送突擊隊，同時，由於不採用空降方式，所以因為天氣條件不佳而再次放棄「慶典」計畫的可能性已經大大降低。儘管搭載突擊隊的登陸艇曾與德軍海岸護航隊發生遭遇戰，我們仍然成功的完全摧毀了一座炮臺，另一座炮臺對我們的軍事行動也已構不成重大障礙，因此可以說，計畫的調整並未對作戰結果產生任何影響。

戰後我們查閱德方文件，得知他們並沒有因為我方情報洩漏而獲得我們計劃進攻的特別警示。然而，他們對迪耶普地區可能遭受威脅的普遍預測，促使整個戰線的防禦措施加強。他們曾下令在月光和潮汐有利於登陸的日子裡，譬如8月10日至19日之間的幾天，要特別提高警覺。負責迪耶普地區防禦的一個師在7月和8月間得到增援，並在受到襲擊時全軍出動，始終保持日常戒備。在不列顛的加拿大陸軍早已躍躍欲試，急於參戰，登陸部隊的主體正是由他們組成。這段歷史已經在加拿大陸軍的官方歷史中生動敘述，並在其他官方出版品中有所記載，無需贅述。儘管所有武裝部隊、英國突擊隊、登陸艇隊及其護航隊都表現得極為英勇忠誠，並取得許多輝煌戰績，但結果令人失望，我們的傷亡極為慘重。此次渡海作戰的第二加拿大師五千名士兵中，百分之十八的人陣亡，近兩千人被俘。

回顧這次重大戰役，雖然傷亡情況與最終結果似乎不成比例，但僅憑這個標準來評判此次行動是片面的。迪耶普登陸在軍事史上有其獨特的地位，不應僅因令人震驚的傷亡數字而視其為失敗。雖然代價高昂，但這次行動並非毫無成果的軍事偵察。從戰術角度來看，它是一座經驗的寶庫，清晰地揭示了我們判斷上的諸多不足。它提醒我們需及時建造各種新式船艇和設備，以備將來的行動可以使用。我們也意識到，在敵前登陸中，海軍重炮對登陸部隊強力支援的重要性；此後，我們的海空軍轟炸技術得到了改進。最關鍵的是，這次行動表明，個人技巧和勇敢行為如果沒有徹底的組織和聯合訓練，是無法發揮作用的。合作是成功的關鍵，而這些期

待的成果只有透過良好的訓練和組織才能實現。我將所有這些經驗銘記於心。

從戰略角度來看，此次襲擊使德軍更加警覺到被占領法國沿岸的潛在威脅。它迫使德軍在西歐投入更多的兵力與資源，進而緩解了俄國的壓力。光榮屬於那些奉獻的勇士。他們的犧牲沒有白費。

在開羅期間，我堅持要求對蘇聯南部側翼提供空軍強力支援。

首相（於開羅）向副首相、外交大臣、伊斯梅將軍及空軍參謀長發表演說

1942 年 8 月 19 日

1. 我贊同，未來六十天內無法對局勢產生重大影響。我也認同，在此期間所做出的決策，無法立即採取行動（這項決策肯定會在四十天內完成，或許會更早）。

2. 本事項須視作長期策略：在俄羅斯軍隊南翼部署一支強大的英國空軍，後續再加上美國空軍。其目標為：

（1）為全面增強俄羅斯空軍的實力；

（2）為了在波斯和阿巴丹為我們的利益設定前進的基礎；

（3）為了增強我們與俄國人之間友誼的道義影響——這種影響遠超出實際兵力的使用。我們必須努力對俄國人展示友好的舉動，特別是因為 9 月之後我們的運輸船隊將面臨挑戰；

（4）這並非力量的分散，而是集中更強大的力量以應付主要空軍目標，即每天與德國空軍交戰，進而削弱其實力。在正常條件下於戰線上作戰，比在英吉利海峽尋求麻煩更具優勢。在前線作戰，使我們的飛機得以一對一地與對方較量。

3. 我與史達林會談時，已經承諾由英王陛下政府負責這個政策，因此我必須請求內閣的支持。莫斯科軍事會談的紀錄送到後，請各位審閱，此外還有我與羅斯福總統就此問題的通訊。總統對此問題極為重視。

4. 空軍參謀長需根據空軍上將特德制定的綱要起草一份行動計畫，我可以先將這份計畫草案交給總統，並附上說明。若他的答覆令人滿意，我將堅定地向史達林提出建議，儘管在11月之前無法實施，但這將使我們立即開始測量、準備機場，並讓我們能夠從波斯和高加索接近俄國領土。若一切順利，我們將與俄軍的南翼共同推進；若形勢不利，無論如何我們必須在波斯北部布置這樣的戰鬥組合力量。我希望在離開這裡之前，發送電報給羅斯福總統。在獲得他的意見後，我們可在國內作出最終決定。

5. 若要以犧牲俄國來換取我們的喘息機會，這於任何人而言都不難做到，但關鍵在於需要與這支艱苦奮戰的龐大軍隊維持良好關係。我難以相信，特德提到的戰鬥行動會阻礙「火炬」計畫。

我成功完成了我們在德黑蘭商討的將波斯鐵路移交給美國管理的重大事宜。

首相向副首相、伊斯梅將軍及其他相關人士致意

1942年8月21日

經過與哈里曼及美國鐵路專家在德黑蘭和開羅的會談後，我們一致同意我應該接受總統的建議，讓美國接管橫貫波斯鐵路和霍拉姆沙赫爾港口的運輸工作。除非美方能夠提供所需人員的60%，否則我們無法妥善管理。美方建議將此接管視為任務，負責整個運輸工作，但由美國的軍事和文官人員按照美國的方針進行管理。移交將逐步進行，預計會持續數個月。完成後，約有兩千名英國鐵路人員可以調往我們軍事鐵路系統的其他急需部門。你們將在傳閱時看到我給總統的電報。

前海軍人員致羅斯福總統

1942年8月22日

1. 回覆延遲，是因為我必須在親自研究橫貫波斯鐵路的情況後才能答覆。在德黑蘭和開羅，我已經進行了調查，並與艾夫里爾、馬克斯韋爾將

軍、斯波爾丁將軍以及他們的鐵路專家們進行了會談。橫貫波斯鐵路的貨運量預計在今年年底之前可以達到每日三千噸。我們一致認為應該將貨運數字提升至每日六千噸。唯有如此，才能確保向俄國輸送需求日益增加的軍需品，同時也只有這樣才能將軍隊運送到波斯北部，以建立一支應付德軍可能進攻的軍事力量。

2. 如果想實現更高的貨運量，需要顯著的擴充鐵路人力，並提供更多車皮及技術裝備。此外，為了在適當的時機達成這個目標，還需要鐵路人員熱忱且努力工作，並優先獲得所需供應。

因此，我欣然接受並採納你在電報中提出的最具建設性的建議——美國陸軍應接管、擴展並營運這條鐵路。同時，霍拉姆沙赫爾和沙赫普爾港兩個港口也將隨之轉交。如此一來，你們的隊伍將承擔開闢波斯走廊的重大任務，這條走廊的主要功能是將軍需物資輸送至俄國。我們這裡的所有人員都認為，你批准這個建議將為我們帶來極大裨益。除了依靠你的協助，我們別無他法；一旦我們將現有鐵路上的英國部隊人員調至其他職位，我們在中東的沉重負擔將有所減輕。儘管英軍當局仍保留運輸排程的職責（此鐵路乃英軍作戰之關鍵交通樞紐），但此鐵路及其港口將完全交由你們的人員管理。我認為，雙方在合作上不會遇到任何障礙⋯⋯

8月9日晚間，澳洲巡洋艦「坎培拉」號在索羅門群島瓜達爾卡納爾島附近遭遇日軍襲擊後沉沒。

首相致海軍大臣和第一海務大臣

1942 年 8 月 23 日

澳洲已經失去了裝備八英寸大炮的「坎培拉」號巡洋艦。若我們立即無償地將一艘同型號的艦艇交予皇家澳洲海軍，將對澳洲民眾的情感產生深遠影響。請對此計畫給予極大關切，並在我返國時告知意見。在此期間，我不會向任何人提及此事。

這項建議最終被接受，巡洋艦「什羅普郡」號被贈予澳洲政府。

8月19日，我再次造訪沙漠前線。我與亞歷山大共乘一輛車自開羅出發，途經金字塔，穿越約一百五十英里的沙漠，抵達海岸邊的阿布西爾。他向我詳述各種情況，使我倍感振奮。傍晚時分，我們抵達布林傑阿拉伯的蒙哥馬利總部。我那支日後聲名顯赫的沙漠旅行隊，在一座沙丘前駐足，離海邊不遠，波濤起伏，閃爍光芒。蒙哥馬利將軍將其私人鐵路專車借予我使用，車內設有辦公室和臥室。長途行車後，我們痛快地洗了澡。當我們圍著浴巾站立時，蒙哥馬利說道：「部隊此刻正在海邊洗澡。」他揮手指向西方。距此三百碼處，約有一千名士兵臥於海灘。我故作不解地問：「陸軍部為何要花錢為士兵製作白色泳褲？這筆費用完全可以節省。」他們的皮膚除了泳褲遮蓋的部分，已經晒成深褐色。

風氣發生了轉變！在四十四年前，當我行軍至恩圖曼時，我們的理念是：無論付出什麼代價，都不能讓非洲的陽光將我們的皮膚晒黑。規定非常嚴格。我們的卡其布外套背後都釘有特別的背墊，外出時不戴拿破崙帽即屬違規。有人建議我們遵循擁有千年經驗的阿拉伯傳統，穿上厚厚的襯衣和襯褲。然而現在，二十世紀才過半，許多白人士兵在日常勞動時不戴帽子，甚至裸露上身，僅用布圍住腰部。顯然，這並未造成任何傷害。儘管皮膚從白色轉變為紫銅色需要數週的日晒，並且每天逐漸增加日晒時間，但中暑的情況卻很少。我不清楚醫生對此作何解釋。

我們穿戴整齊——不到一分鐘我就拉上了拉鍊——去吃晚餐後，集合在蒙哥馬利的地圖車廂內，他熟練地為我們講述整個局勢，這表明他在短短幾天內就已經掌握了所有問題。他精準地預測了隆美爾的下一次攻擊，並且詳細介紹了他的應對計畫。他談得井井有條，隨後又討論了他自己的進攻計畫。然而，他需要六週時間才能使第八集團軍做好準備。他計劃將師改編為完整的戰術單位，在新師團抵達前線並熟悉「謝爾曼」坦克

的操作技能之前，我們必須等待。屆時將有三個軍團，每個軍團都由蒙哥馬利和亞歷山大派遣非常了解且經驗豐富的軍官指揮。最重要的是，要讓火炮在沙漠戰區發揮其未曾展現的威力。他說，這項計畫將在9月底執行。我對這個日期有些失望，但即使這個日期，也要視隆美爾的行動而定。我們的情報顯示，他即將發動攻勢。我自己也獲得了大量情報，稱他將試圖在我沙漠側翼進行一次大規模的迂迴運動，以便抵達開羅，而這場機動作戰將在隆美爾的交通線上進行，這正是我所期望的。

此時，我時常回想起1814年拿破崙的敗退。拿破崙也嘗試在交通線上作戰，但盟軍卻直接攻入幾乎無人防守的巴黎。我認為關鍵在於，開羅應該由第八集團軍的精銳士兵來防守。僅靠這個舉措，就能確保野戰軍獲得充足的機動性，並在敵方發動進攻前大膽讓一側撤回。我感到欣慰的是，我們在這一點上達成了一致。儘管我一直急於儘早發起攻勢，但我更樂見隆美爾在我們發動主攻之前就衝我們示威。然而，我們現在還有時間組織開羅的防禦嗎？種種跡象顯示，那位僅在十幾英里之外與我們對峙的大膽指揮官可能會在8月底之前發起大規模進攻。我的朋友們認為，他隨時可能為保持優勢而發動攻勢。如果我們能推遲兩到三個星期，那將對我們大有裨益。

8月20日清晨，我們啟程前往考察未來戰場及其防禦的英勇部隊。我被引領至魯威塞特山脊東南的主要陣地。在這片堅硬、起伏不平且線條蜿蜒的沙漠間，我們的大量裝甲部隊巧妙偽裝，散布各處卻在戰術上形成一體。在此，我見到了年輕的羅伯茨准將，他當時負責指揮這片主要陣地上的所有裝甲部隊，統轄我們的精銳坦克部隊。蒙哥馬利向我解釋了各類火炮的部署情況。每一個沙漠地的縫隙中都隱藏著偽裝的炮隊。在我軍發起攻擊前，三、四百門大炮將猛烈轟擊德軍裝甲部隊。

儘管敵方空軍不斷進行偵察，導致軍隊難以集結，但那天我見到許多

士兵滿面笑容地向我歡呼致意。我檢閱的部隊是我曾經服務過的第四輕騎兵團，或者說，是勇於在戰場墓地附近集合的那五、六十人。在這片墓地上，他們最近安葬了不少戰友。這一切令人動容，然而，這些悲痛的情緒正轉化為第八集團軍中無處不在的熱烈與奮發。人人都說，自從蒙哥馬利接任司令官後，一切都發生了變化。我愉悅而興奮地感受到這個情況的真實性。

我們計劃與伯納德・弗賴伯格共進午餐。我回憶起二十五年前在佛蘭德斯，在斯卡普河流域的營地拜訪他時的情形。那時他已經指揮一支旅級部隊，他愉快地邀請我去他的前哨陣地參觀，但我沒有去，因為我對他和防線情況已經有所了解。如今情勢不同。我當然希望至少要看看那個與敵軍相距五英里的紐西蘭師的前進觀察所。亞歷山大認為他會陪我去看看，而且應該不會拒絕。然而，伯納德・弗賴伯格卻明確拒絕承擔這樣的責任，而這不是一般命令能夠解決的問題，甚至不是由最高當局發布命令所能解決的。

我們被迫進入他那悶熱的餐棚用餐，這頓午餐比我在斯卡普河另一邊享用的更為豐盛。此時正值沙漠中的一個 8 月中午。其中一道菜是紐西蘭罐頭蠔肉湯，我只能禮貌地嘗了一口。片刻之後，剛離開的蒙哥馬利又回來了。弗賴伯格出去向他敬禮，並告知他，已經為他預留了座位，希望他能加入用餐。然而，「蒙蒂」——人們這樣稱呼他——似乎慣於不接受任何下屬的款待。因此，他按照慣例，坐在外面的汽車裡，吃他那索然無味的三明治，喝他的檸檬水。為了維護紀律，拿破崙也講究孤高。寓尊貴於嚴峻（Dur aux grands），是他的座右銘。但他顯然會享用從他自己的帶篷馬車裡準備的美味烤小雞。馬爾巴羅常常與下屬共飲美酒——我想，克倫威爾也會如此。儘管方法各異，但似乎都能達到良好的效果。

我們在第八集團軍中度過了整個下午。當我們返回停車的地點，重新

見到海灘上愉悅的浪花時，已經是晚上七點多。我所見的一切讓我異常振奮，絲毫沒有疲倦感，我們一直交談到深夜。蒙哥馬利通常在十點上床睡覺，臨睡前他讓我在他的私人日記中寫幾句話。我照做了。在漫長的戰爭歲月中，我曾數次經歷類似的情形。這次，我寫了如下的話：

「願布倫漢姆紀念日象徵新戰區的開闢，為第八集團軍總司令及其部隊帶來應有的榮譽和好運。」

我向國內發送了以下報告：

首相致函副首相，並抄送戰時內閣、伊斯梅將軍及其他相關人士

1942 年 8 月 21 日

1. 我花費了兩天在西部沙漠探訪第八集團軍總部，剛剛返回。與布魯克、亞歷山大、蒙哥馬利一同視察了第四十四師、第七裝甲師、第二十二裝甲旅以及紐西蘭師的部分部隊。我見到了許多士兵以及第十三軍戰地的所有主要司令官，還見到了與蒙哥馬利將軍同在一個總部內辦公的空軍中將科寧厄姆。

2. 我敢肯定，如果我們繼續使用舊制度，我們將面臨災難。當時，第八集團軍已經四分五裂，士氣低落且情緒不穩。一旦遭受猛烈攻擊，顯然會向東撤退至尼羅河三角洲。許多人四處張望，尋找卡車上的座位，而部隊對明確的作戰計畫或上級的指揮決心也一無所知。

3. 鑑於情勢嚴峻，蒙哥馬利在前線視察後，便提倡立即接掌第八集團軍的總司令職位。經過亞歷山大的決策，中東所有指揮權已經於 13 日移交。

4. 從那時起，根據我所觀察到的軍隊狀態和從司令官們處聽到的意見，局勢已經發生了顯著變化。亞歷山大下令蒙哥馬利準備進攻，同時堅守所有陣地；蒙哥馬利則向他的指揮傳達人員發布了一份振奮人心的指令——我將在回國時將指令全文傳閱給你們。各處都洋溢著一種生機勃

勃的氛圍。陣地得到了加強；超期服役的人員被挑選出來，重組成堅強的部隊。第四十四師和第十裝甲師已經抵達前線地區。公路上繁忙地向前線運送部隊、坦克和火炮。霍羅克斯將軍指揮第十三軍，拉姆斯登繼續擔任第三十軍軍長，赫伯特‧拉姆斯登將軍正將第十軍籌組為機動的集團縱隊，以配合9月底的進攻。至此，一個大膽且全面的計畫被制定出來了。

5. 然而，隆美爾似乎有可能在8月底之前，在月光明亮的夜晚發起襲擊。他已經損失了他所依賴極為珍貴的運輸物資，並且，他低估了我們的實力，但我們絕不能低估他的力量。我們必須預料到敵方將進行一次規模廣泛的迂迴行動，可能有兩萬名德軍和一萬五千名義軍參與，其中包括兩個裝甲師和四到五個軸心國摩托化師。即將來臨的戰鬥將是艱難且關係生死的，但我對亞歷山大和蒙哥馬利充滿信心，我確信第八集團軍必定會英勇作戰。如果隆美爾不在8月分對我們發起攻擊，那麼他將在9月間遭到攻擊，那時他將處於更加不利的地位。這個情況正好與「火炬」作戰計畫相協調。

6. 為了應付8月的戰役，我們應該在前線部署七百輛坦克，後備一百輛，戰鬥機約七百架，野戰炮五百門，配備六磅炮彈的反坦克炮約四百門，配備二磅炮彈的反坦克炮約四百四十門。然而，由於我方僅有二十四門中型炮，我們在此方面的力量顯然薄弱。我們必須預見敵人可能會進行大規模空降，隆美爾對此寄予厚望，因此第八集團軍將盡量分散部署。

7. 為了確保第八集團軍在下週遭遇攻擊時具備最大的機動能力，我們正在尼羅河三角洲地區從亞歷山大港到開羅增設一道堅固的防線。第五十一（高地）師正在那裡駐紮。明天我將前去拜訪他們。我已經敦促亞歷山大將軍關注兩年前制定的水淹計畫，並已經在各地採取措施。

8. 總之，由於觀察到我們的力量持續增強，我和其他人員支持在9月而非8月進行戰鬥。同時讓我感到欣慰的是，我們指揮的是一支活力充沛、信心滿滿、堅韌不拔的部隊，他們在具備最高軍事素養的領導人員指

揮下，配合得當，如同一支頂尖的運動隊伍。凡是能做到的事情都已經完成或正在進行中；我現在應該返回國內，因為在實際戰鬥中我無法發揮作用，戰鬥必須由我們信任的人員主持。我還有許多緊迫的事務需要處理。你們將從其他電報中得知，戈特已經在此，普拉特明日可到。帝國總參謀長和我計劃在星期日夜間出發，你們將在另一份電報中獲悉我們的飛行路線。如果國王陛下願意，我希望能在星期二與陛下進行每週的午餐會。

9. 我對於「慶典」計畫（迪耶普登陸）的整體印象是：所獲得的成果足以彌補其巨大的代價。僅這次大規模的空戰便已經證明這次襲擊的價值。

10. 我誠摯地感謝各位在我處理這些令人不安且不太愉快的任務時所提供的支持。

8月22日，我參觀了位於開羅附近的圖拉洞，那裡正在進行重要的修繕工程。過去金字塔的石塊就是從這些山洞中開採的。如今，採石變得相當便利。讀者可能已經注意到，我一直在抱怨我們的飛機和坦克修理速度緩慢且品質不佳。現場看到的情況似乎一切都井然有序且高效；大量技工日夜不停地進行大量工作。然而，我手上的圖表和資料讓我仍然感到不滿。規模實在太小。最初的錯誤在於埃及的法老沒有建造更多更大的金字塔，但其他責任則難以歸咎於他人。當天剩餘的時間裡，我們從一個機場飛往另一個機場，檢查機場設施並與地勤人員交流。在某個地方，聚集的空軍人員約有兩、三千。我也逐一視察了剛剛登陸的高地師。我們很晚才返回大使館。

在訪問的最後幾日，我的思緒全然集中於如何應對即將來臨的戰役。隆美爾隨時可能以大批裝甲部隊發動攻勢，足以將房屋摧毀。他或許會從金字塔附近攻入，幾乎毫無阻礙，直至抵達尼羅河——它靜靜地流經總督府草地前方——才面對運河的阻擋。在棕櫚樹間，蘭普森夫人的小兒子笑容滿面地坐在嬰兒車中。我眺望尼羅河彼岸，那是一片遼闊的平原。

四周寧靜安詳，但我向這位母親建議，開羅的氣候悶熱，或許對孩子不太適宜。「為何不將孩子送往外地，讓他在黎巴嫩的涼風中消暑呢？」然而，她未採納我的建議，亦無人能夠斷言她對軍事情勢的判斷有誤。

在亞歷山大將軍及帝國總參謀長與我達成完全共識後，我開始實施一系列保護開羅及北部入海水道的非常措施。戰壕與機槍陣地被修建起來，橋下埋設地雷，兩端布置電網，並將大片前線區域淹沒。開羅的數千名參謀人員與部隊職員全副武裝，奉命在必要時沿設防水道進行布防。第五十一高地師尚未被視為「適應沙漠作戰」的部隊，但這些精銳部隊現在已經被委派去防守尼羅河的新戰線。由於尼羅河三角洲的運河密布、易於水淹，而穿越該區的堤道較少，使得該處成為防禦效果較為強大的區域之一。阻止裝甲部隊沿堤道推進看來不成問題。開羅的防務通常由負責埃及軍隊的英國將軍指揮，他的部隊已經嚴陣以待。然而，我認為如果發生緊急情況，最好由梅特蘭-威爾遜將軍——「瓊博」——承擔防衛責任。他已經被任命負責波斯－伊拉克戰區，但在這幾個危機重重的星期裡，他的總部正在開羅建立。我已經向他發出指示，讓他充分了解整個防衛計畫，並在亞歷山大將軍通知他開羅目前已經處於危急狀態時，立即承擔防衛責任。

如今，我必須在戰爭即將爆發之際回國，處理更廣泛且同樣關鍵的事務。我將向亞歷山大將軍下達指示，這些指示已經獲得內閣批准。他目前是處理中東事務的最高負責人。蒙哥馬利和第八集團軍由他指揮。同樣，在必要時，梅特蘭-威爾遜和開羅的防務也由他掌控。我長久以來稱亞歷山大（Alexander）為「亞歷克斯」（Alex），他本人和他的指揮部已經遷至金字塔附近的沙漠地帶。他鎮定、樂觀，全面了解情況，處處激勵人們保持冷靜應戰，具備深刻的必勝信念。

8月23日下午七點半，我們從沙漠機場起飛，我安然入睡，直到天亮

後很久才醒來。當我在 C-46 型飛機上透過炸彈艙爬到駕駛艙時，我們已經接近直布羅陀。不得不說，飛行環境顯得頗為凶險。晨霧瀰漫，能見度不足百碼，我們飛行高度不超過海面三十英尺。我詢問范德克路特情況是否正常，並表示希望他不會撞上直布羅陀的岩石。他的回答並不令人特別安心，但他對航線充滿自信，既不升高，也不貼近海面；看他如此飛行，我感到欣慰。我們繼續飛了四、五分鐘，突然躍入晴朗的天空，俯瞰壯麗的直布羅陀懸崖，它在地峽與狹長的中立地帶上閃閃發光。該中立地帶將直布羅陀與西班牙及一座名為「西班牙王後寶座」的山連接。在濃霧中飛行了三、四小時後，范德克路特依然能夠精準導航。我們從驚心動魄的岩壁正面數百碼處飛過。我仍然覺得若能再飛高些，繞行一、兩小時會更好。我們補充了燃油，時間充裕。這真是一場出色的飛行。

上午與總督共度，下午搭乘飛機返國；入夜時分，我們匆匆一瞥比斯開灣的景色。

「火炬」行動定案

在我動身離開倫敦，前往開羅和莫斯科執行任務之際，「火炬」行動的指揮官尚未明確。我於 7 月 31 日提出建議，若馬歇爾將軍被任命為 1943 年橫渡英吉利海峽軍事行動的最高統帥，那麼艾森豪將軍應該留在倫敦擔任他的副手及先遣官，並負責籌劃「火炬」行動。艾森豪將出任「火炬」行動的總指揮，而亞歷山大將軍則擔任副手。美方接受了這個建議；在我從開羅啟程前往莫斯科之前，羅斯福總統向我發送了以下兩封電報：

總統羅斯福致前海軍人員（於開羅）

1942 年 8 月 6 日

8 月 6 日，英國三軍參謀長提出建議，任命艾森豪將軍為「火炬」行動計畫的總司令，我與美國三軍參謀長對此表示贊同。我們正研究英國三軍參謀長為艾森豪將軍制定的正式行動指南，不久將對這些安排提交報告。

8 日再次發來電報：

我全然贊成將「火炬」作戰計畫的日期提前，並要求比最初安排提早三週。

有關宣布任命艾森豪為行動計畫統帥的公告事宜，已經交由倫敦與華盛頓的三軍參謀長們審議決定。

8 月 24 日，當我從開羅返回倫敦時，我們的計畫仍未最終確定，尚有諸多問題待議。次日，艾森豪和克拉克兩位將軍前來與我共進晚餐，商討此次軍事行動的細節。

在這個階段，我與這些美國軍官的交往非常密切且愉快。自從今年 6

「火炬」行動定案

月他們抵達倫敦之後，我便安排每週二在唐寧街十號共進午餐。這些聚會似乎都很成功。我幾乎總是親自與他們交談，我們反覆討論我們所有的事務，彷彿是同一個團隊的成員。我認為這些私人接觸極具價值。我的美國客人，尤其是艾森豪將軍，非常喜愛愛爾蘭燉菜。我的妻子總是能提供這種美食。不久之後，我開始稱艾森豪為「艾克」。我還為馬克·克拉克和比德爾·史密斯——後者在9月初抵達，擔任艾森豪的參謀長——起了綽號，一位叫「美國鷹」，另一位叫「美國牛頭犬」。為什麼取這些綽號，看看他們的照片就明白了。我們也曾經多次在樓下餐室進行非正式會議，通常在晚上十時開始，有時持續到深夜。美國將軍們也會前往契克斯過夜或度週末。在這些場合，我們除了談論各自的專業領域外，不討論其他問題。

艾森豪將軍的一位副官——一位非職業軍人背景的朋友——在其著作中提及，這些集會對已經工作過度的美國軍官而言，是個沉重的負擔。若果真如此，他們的禮貌和掩飾真實情感的能力確實令人欽佩。然而，我深信，這些密切的關係對戰爭的進行至關重要，沒有這些關係，我無法掌握全局狀況。在9月28日的一次會議中，我確實為比德爾·史密斯及其上司做了一件有益的事情。當晚，夜色尚早，但我注意到這位「近視眼」——史密斯的綽號——顯得極為疲倦，似乎生病。我建議他去休息，但他堅持不走。曾有一刻，我以為他快要暈倒，從椅子上摔下來。因此，我結束了討論。在我上樓時，請艾森豪單獨到內閣會議室。我關上門對他說：「如果你希望比德爾參與這場戰鬥，今晚就必須送他去醫院，無論他是否願意。否則你將完全失去他。」艾森豪果斷地照辦了。次日，比德爾·史密斯住院，兩天內輸了兩次血。他徹底休養了兩個星期，大部分時間臥床，這才得以在我們全神貫注的作戰計畫中做出重要貢獻。

在與美國將軍們會晤之後，我向羅斯福總統發去了電報：

前海軍人員致羅斯福總統

1942 年 8 月 26 日

　　1. 從此刻起，我的思維重心已經鎖定在「火炬」行動計畫上；你可以相信，我定會全力以赴確保你的宏大策略構想贏得決定性勝利。與艾森豪、克拉克及本地團隊交流後，我認為，執行這個任務的最佳且實質上唯一的途徑在於確立一個明確的行動日期，並使所有相關工作圍繞這個日期展開，而非僅僅等到一切準備就緒再行動。如果你能協助能向艾森豪下達以下指令，將極有助益：「你將於 10 月 14 日啟動『火炬』行動計畫，在你認為適當的地點以現有部隊發動攻勢。」這個指令將徹底改變所有準備工作的性質。艾森豪將真正獲得盟軍總司令應有的權力。無休止的反對意見、疑慮和善意的建議將被束諸高閣；並將以果斷的行動取代幾乎無盡的猶豫不決。我相信艾森豪會歡迎這樣的指令，因為這項指令為他提供了一個他目前尚未擁有的機會與權限。

　　2. 據我了解，此次軍事行動的核心基礎主要在於政治因素。我們首先追求的應該是不戰而勝的局面；其次，若戰鬥不可避免，則必須確保勝利。為爭取不戰而勝的最佳可能性，我們必須：

（1）在攻擊開始時，盡可能展現壓倒性的力量；

（2）選擇多個進攻地點。

　　這與迪耶普登陸戰的性質完全不同，也與任何類似「痛擊」作戰計畫的方式有別。在「痛擊」計畫中，我們面對的是戰鬥力強大的德軍和堅固設防的法國海岸。而在「火炬」作戰計畫中，我們預期的抵抗將是分散且薄弱的，並且我們有多種登陸點可供選擇。行動拖延將使風險和困難倍增，那時，無論增派多少部隊，皆無濟於事。為應對各種可能的不利情況，要求對每個細節進行周密規劃，對每個方案都要確保安全為先，如同籌備長期作戰行動般做長遠準備 —— 這些要求看似合情合理，實際上卻可能導致戰役失敗。若發起戰役的時間比我建議的更晚，將極大增加洩密

「火炬」行動定案

和敵方先發制人的風險。

3. 為了減輕司令官們的責任，我認為我們應該明確政治推論，並自行承擔冒險的責任。我認為，可以合理地作出以下假設：

（1）由於「火炬」作戰計畫，西班牙不會對英、美開戰；

（2）德軍至少需要兩個月才能強行透過或從西班牙獲得補給；

（3）北非法軍的抵抗可能只是象徵性的，可以經由突然且大規模的攻擊來制伏他們，之後北非法軍或許會在其指揮官的領導下全力支持我們；

（4）維琪政府不會對美、英宣戰；

（5）希特勒會對維琪施加巨大壓力，但在10月分，他沒有軍隊可以用來進駐法國的未占領區，同時我們已經在加萊海峽牽制住他，等等。

所有這些推論可能被證明是錯誤的；如果是在那種情況下，我們必須準備打一場硬仗。對於這種情況的發生，我們已經做好準備。但如果我們在戰鬥初期透過冒險和大膽的行動力爭不戰而勝，就能贏得巨大勝利。對於政治冒險和政治判斷失誤，我個人準備承擔任何責任。

4. 明顯地，在西部沙漠贏得一場勝利都將極大地促進後續在非洲地區的軍事連鎖效應。不是隆美爾在8月的月夜襲擊我們，就是我們在9月底對他發起進攻。無論是哪一種攻擊，都需要一個導火線，我堅信，一旦行動開始了，後面的事情就會更容易處理。

5. 你明白，我在此沒有深入探討細節，是因為我認為我們此刻需要展現堅定決心與卓越能力以執行這項作戰計畫。

然而，此時華盛頓方面丟出了一個震撼性的議題。英、美兩國的參謀部門對於我們攻占法屬北非的計畫在性質和範圍上出現了嚴重分歧。美國三軍參謀長對承擔直布羅陀海峽以東地區大規模作戰的任務感到極為不滿。他們似乎擔心部隊可能在內海中被截斷。艾森豪將軍則完全支持英國的觀點，認為在地中海內，特別是在阿爾及利亞展開強大的作戰行動，對

戰局勝利至關重要。儘管他向上級竭力陳述自己的觀點，但似乎未能產生影響。由於美國各有關部門堅決主張在雙方運送人員和物資的船隻確實啟航之前，一切行動必須推遲，因此，他的計畫也受到阻礙。在如此龐大的作戰行動中，自然會出現導致延誤的問題，但若是要等到所有問題解決才能行動，只會使作戰的啟動日期無限期推遲。

美國三軍參謀長依舊固守己見，我與我的顧問們對此持不同意見。

前海軍人員致羅斯福總統

1942年8月27日

　　1. 美國參謀長聯席會議於8月25日對我們「火炬」作戰計畫提出的備忘錄，令我們感到相當棘手。我認為，若不能在作戰首日攻占阿爾及爾和奧蘭，此次行動的重要性將完全失去。在阿爾及爾，我們很可能獲得友好的歡迎，即使除了阿爾及利亞之外別無所獲，也已經達成一項關鍵的戰略勝利。艾森豪將軍在我們的全力支持下，正著手計劃於進攻第三日登陸菲利普維爾和波尼。我們無法確定能否搶在德軍之前抵達突尼西亞，但德軍同樣也不確定能否得到突尼西亞法軍的熱情接待，即便維琪政府允許他們駐紮。

　　2. 一旦我們已經在阿爾及利亞穩住陣腳，並與連接奧蘭的交通線暢通無阻，即便德軍抵達突尼西亞，我們也能與之抗衡。然而，若不從奧蘭向東推進，就等同於將突尼西亞和阿爾及爾拱手讓給敵軍。若僅將軍事行動限制在奧蘭和卡薩布蘭卡兩地，肯定無法讓人感受到我們的軍事威力及同時展開的廣泛攻勢，而我們正試圖透過這種影響力來對北非法軍產生正面的影響。我們確信，阿爾及爾是整個軍事行動的關鍵。安德森將軍接受了艾森豪的委任，承擔了這個任務，他相信自己有能力攻下阿爾及爾。占領阿爾及利亞並向突尼西亞和比塞大推進是進攻義大利不可或缺的步驟，而進攻義大利則是促使法軍合作的最佳機會，也是我們未來戰役的主要目標之一。

「火炬」行動定案

  3. 我們已經達成共識，一定要占領奧蘭。當然，我們也想攻下卡薩布蘭卡。然而，要在阿爾及爾和卡薩布蘭卡之間作出選擇時，阿爾及爾無疑是更具效果和影響力的目標。在地中海進行兩棲登陸行動，10月分的五天中有四天是可行的，但在摩洛哥的大西洋海岸，情況正好相反，五天當中只有一天適合登陸。

  4. 然而，倘若奧蘭與阿爾及爾的軍事行動獲得正面的回饋與成果，那麼，卡薩布蘭卡附近海域的軍隊或許能更容易地進入該城，因此，進行一場佯攻顯然是正確的選擇。然而，卡薩布蘭卡是一個極為難攻的地點，也是距離地中海之內主要目標最遠的地方。卡薩布蘭卡可能很容易成為我們唯一遭遇失敗的地點，進而使得我們因為這個小收穫而承擔一切風險；當然，在如此大規模的軍事行動中，風險總是不可避免的。關於阿爾及爾，我們向你方要求的僅僅是一支懸掛美國國旗的連繫隊。然而，我們無法同時占領阿爾及爾與奧蘭。若你們因此願意以大規模兵力，冒一切風險攻打卡薩布蘭卡，美軍必須按照現任盟軍總司令的計畫繼續推進至奧蘭。

  5. 如果依照備忘錄的建議，對作戰計畫進行大幅度修改，勢必需要調整進攻的日期，這可能對整體計畫造成致命影響。希特勒在10月時尚無力向西班牙或未被占領的法國地區進軍。到了11月以後，他對維琪和馬德里政府的壓力將每週顯著增強。

  6. 總統先生，我希望您銘記我對史達林的承諾，哈里曼在得到您的全面授權後也表示贊同。如果「火炬」行動計畫未能成功，或如當前建議那般被修改調整，我擔憂本身的地位將受到嚴重影響。基於這些理由，我急切地請求您重新審視這份備忘錄，並授權美國盟軍總司令執行他所制定的計畫；我們目前正不分晝夜地為這些計畫而努力。此地的參謀人員已經將這些看法告知他們的美國同事。

  8月30日，我接到了總統的回信。

羅斯福總統致前海軍人員

1942 年 8 月 30 日

　　我已經詳細研究了你關於「火炬」行動方案的電報。我迫切希望盡快發動攻勢。時間至關重要，我們正全力以赴加速準備。

　　我深刻地意識到，初次攻勢應該完全由美國地面部隊負責，而英方的海軍、運輸隊和空軍則提供支援。在執行此次登陸戰時，我們應該假設法軍對美軍的抵抗不會像對英軍那樣激烈。我甚至有理由相信，若英、美部隊同時登陸，將遭到非洲所有法軍的猛烈抵抗；然而，若最初僅由美軍登陸，不包含英國地面部隊，法軍可能不會抵抗，或者僅作象徵性的抵抗。在我們成功登陸後，我需要一週的時間來確保法軍不抵抗的承諾，以便穩固我們的陣地。我真心希望能夠實現這個目標。

　　接著你們的部隊便可以向東推進。我完全理解，你們的登陸必須在敵軍抵達前完成。我們相信，德國空軍和傘兵部隊至少在我軍初次襲擊後的兩週內，無法大規模地到達阿爾及爾或突尼西亞。我們希望，在這段時間裡，你們的軍隊登陸時不會遇到太大的抵抗，並能夠向東推進。關於登陸地點，我認為我們必須在非洲西北海岸建立一個堅固而永久的基地，因為我們的實力有限，單靠直布羅陀一條交通線是非常危險的。

　　因此，我提議：

（1）美軍應在卡薩布蘭卡和奧蘭附近同時展開登陸行動；

（2）在山脊後方修建平行的公路和鐵路，長度約三百多英里。

　　這樣的基礎設施將為摩洛哥的登陸行動提供一個供應基地；這個基地位於直布羅陀海峽之外，能夠支援阿爾及爾和突尼西亞的軍事行動。真正的問題似乎在於沒有足夠的掩護，以及運輸的戰鬥物資不足以滿足超過兩次的登陸需求。我認為，最好進行三次登陸；在我們登陸一週後，你們可以在東面實施第三次登陸。為此，我建議重新評估我們的資源，並盡最大努力確保第三次登陸的成功。此時，我們可以暫時暫停前往俄國的運輸船

「火炬」行動定案

隊，並承擔停止其他商船運輸的風險。

目前已經分配給艾森豪用於兩次登陸的所有船隻，自然不能用於其他用途。因此，東部登陸所需的船隻必須使用目前未被「火炬」行動計畫徵用的船隻。在我方，將由我負責研究這個問題。我們能否在48小時或更短時間內得到答案？

我須強調一點，無論情勢如何，我們的登陸行動中必須在大西洋上進行一次。

向總司令發布的作戰命令中需明確，進攻必須在儘早且實際可行的日期展開。此日期應與實現登陸成功所需的準備工作相符，故應由總司令決定；但絕對不得晚於10月30日。我仍然希望能在10月14日展開行動。

從這封電報中可知，由於美國方面的堅持，導致了一連串新的困難。他們的觀點是：法軍可能對美軍不抵抗甚至歡迎其登陸，但面對英軍時，會進行激烈的抵抗。過去在奧蘭、達卡、敘利亞、馬達加斯加以及我們實施的封鎖等方面的舊怨，顯然是英國與維琪矛盾的主要原因。另一方面，美國大使李海上將與貝當關係密切。我們一直渴望此次遠征能保持美國的色彩，我也希望美國人同意這一點，因此從一開始我就贊同由羅斯福總統領導。然而，在計劃的過程中發現，大量的軍隊、運輸任務、至少同等數量的空軍以及三分之二的海軍力量，需要由英國承擔。美方認為，法軍對美軍親近，而對英軍則深惡痛絕，這會導致對英軍戰鬥而對美軍歸順的局面。我不完全同意這種看法，但我願意這樣做：如果必要的部隊已經開始行動，而且作戰不必局限於一定範圍，那麼我們應該在後方盡力提供物資支持。我甚至同意，參加初攻的英國軍隊可以穿上美軍的制服。只要能取得勝利，其他都無關緊要。但如果缺乏必要的部隊，或不合理地限制部隊調動，就不能妥協。由於英、美參謀部門無法達成協定，這個問題必須由總統和我親自解決。

前海軍人員致羅斯福總統

1942年9月1日

1. 我們已經認真審視了你最近的電報。參謀長聯席會議成員也與艾森豪討論了這個問題。

2. 若你希望此次登陸的所有政治和軍事責任由美國承擔，我們並無異議。我與您一樣，非常看重這次軍事行動的政治重要性。我不清楚您在維琪和北非的態度上獲取了哪些情報，但如果你們能在關鍵地點順利登陸，或僅遭遇象徵性抵抗，那自然再好不過。我們無法預測這種可能性有多大。

3. 然而，我期望你已經仔細考量了以下幾點：

（1）鑑於英國的小型艦艇和飛機已經在直布羅陀集結了一段時間，英軍參與登陸的情報是否會外洩？

（2）無論英軍在登陸時使用何種旗幟，參與的事實會否會被洩漏？

（3）當戰鬥開打時，英國的飛機是否需要與法國的飛機交戰，英國的艦艇是否需要對抗法國的炮臺？

（4）若在夜間抵達灘頭並登陸（這對於突襲而言是必不可少的），那麼，如何區分美軍與英軍呢？因為在夜色中，貓皆為灰色。

（5）我認為順利登陸的機率是四比一，但若是海浪阻擋我們在大西洋海灘登陸，那該怎麼辦？

4. 而且，如果計畫未能如願，登陸遭遇頑強抵抗，甚至無法上岸，我們將在相當長時間內無法支援你們，因為我們的突擊船隻已經被美軍全部徵用，增援部隊的船隻只能駛入已經占領的港口。因此，如果我們無法實現這種政治性的不流血勝利 —— 我同意你的觀點，認為實現這種勝利是非常可能的 —— 接下來就會面臨非常重要的軍事失敗。假如當年我們沒有被一些妥協方案擾亂，我們原本可以在1940年9月襲擊達卡。正是那次嚴酷的經驗讓我們的軍事專家更加重視部隊的統一。你們是否有足夠訓

「火炬」行動定案

練有素且裝備精良的美國軍隊能夠獨立進行此次登陸，或者至少有足夠多的兵力讓敵人感到畏懼呢？

5. 此次驟然放棄我們一直執行的作戰計畫，必然導致重大延誤。艾森豪將軍表示，10月30日是評估可行的最早行動日期。我個人認為，這很可能意味著真正的執行日期將會落在11月中旬。昨日已經下達停止相關軍事運送的命令，以便在必要時重新安排。我憂慮的是，以11月取代10月，會引發一系列新的危險，這遠比我們無論如何必須面對的那些風險嚴重得多。

6. 最後我要說，不論面臨多大困難，我們認為關鍵在於，應同時占領卡薩布蘭卡和奧蘭，以及阿爾及爾。阿爾及爾是最友好的地點，也是最具希望之地，其政治反應對整個北非將產生決定性影響。若因對卡薩布蘭卡登陸的可能性存疑而放棄阿爾及爾，我們認為這是一個影響非常嚴重的決定。假如這導致德軍在突尼西亞和阿爾及利亞搶占先機，那麼，後續整個地中海地區的軍事力量對比必將令人遺憾。

7. 總統先生，整體而言，「火炬」計畫，如同先前的「體育家」計畫，一直被視為主要由美國承擔的任務。我們已經接受了美國的指揮和您的領導，我們願意盡全力確保您所決定的任何計畫取得成功。然而，我們必須非常坦率地表示，我們深信，最正確的做法是堅定遵循雙方同意並於8月14日交給艾森豪將軍的指令中明確規定的總方針。我確信，如果我們雙方如您所言盡力而為，我們就能獲得足夠的海軍掩護和作戰物資，以便在卡薩布蘭卡、奧蘭和阿爾及爾三地同時登陸。

羅斯福總統致前海軍人員

1942年9月3日

1. 9月1日的來電已經收悉，並經過詳細斟酌。

2. 你同意由美國地面部隊承擔最初的登陸任務，並願意合作，我深表謝意。的確，英國透過海、空軍支援參與登陸，守軍在登陸初期便會得知消息。然而，我認為這種方式與英軍自始即在海灘參與登陸的效果截然不同。

3. 大西洋海灘波濤洶湧，乃預期中的風險。或許有必要利用若干防衛鬆懈的小港口。

4. 在發動攻勢之初，必須充分運用所有可用的作戰艦艇。突擊部隊，無論是英軍還是美軍，必須在後續部隊登陸前占領一個港口。在首次登陸後抵達的部隊，無論其性質如何，都應實現這個目標。

5. 鑑於你急於在攻克卡薩布蘭卡和奧蘭的同時占領阿爾及爾，我們建議如下：

（1）在卡薩布蘭卡、奧蘭和阿爾及爾同時展開登陸行動，其突擊部隊及後續部隊的基本情況如下：

（a）卡薩布蘭卡（美軍）：進行突擊的三萬四千名士兵，隨後在一個港口登陸的後續部隊有兩萬人。

（b）奧蘭（美軍）：參與突擊的部隊人數為兩萬五千名，緊接著有兩萬人的後續部隊在某港口登陸。

（c）阿爾及爾（美軍和英軍）：一萬名美軍先在海灘登陸，一小時後英軍隨即緊跟著登陸，目的在確保登陸安全。如果第一波行動順利，後續部隊將由總司令安排，乘坐非作戰船隻在港口登陸。

（2）執行部隊的安排。為了上述登陸行動，美方提供：

（a）自美國本土派遣部隊登陸卡薩布蘭卡。

（b）自聯合王國派遣軍隊登陸奧蘭，並為阿爾及爾的登陸部隊增派一萬人。

我們在美國和聯合王國各駐有一個裝甲師（兩個師的力量皆較為薄弱，難以投入突擊行動），但可用於後續部署，此外還有空軍後勤梯隊等

「火炬」行動定案

支援與勤務部隊。之後，美國還可以提供更多步兵和裝甲師，並可指派駐聯合王國的其他美軍部隊配合。

（3）有關航運。自10月20日起，美國港口將啟航以下船隻：

（a）可容納三萬四千人的戰鬥運輸艦。

（b）除戰鬥運輸艦艇外，還有能承載五萬二千人的運輸船隻，連同滿足這批人員所需的物資。此外，駐紮在聯合王國的美軍運輸船中，還能指派可以裝載一萬五千人的船隻和九艘貨船。根據先前的協定，這九艘貨船原計劃用於將美軍從英國運送至作戰區域。粗略估算，美國可提供的運輸船隻足以運送第一、第二和第三批登陸卡薩布蘭卡的部隊。

（4）支援的海軍。在此次登陸行動中，美國能夠提供的護航與支援的海軍力量，僅限於大西洋現有的部隊以及當前正準備派遣執行任務的所有艦艇。

6. 以上列舉了美國可能用於此次登陸作戰的全部地面部隊、海軍部隊和運輸船隻。如果此次登陸依照計畫在卡薩布蘭卡、奧蘭及阿爾及爾同時進行，則剩餘所需的人力物力必須從英國調撥。我們認為，你們大概需要提供以下力量：

（a）除了目前在聯合王國指定用於「火炬」行動的美國運輸船外，聯合王國還必須為了在奧蘭和阿爾及爾登陸的部隊提供所有的運輸艦隻（包括戰鬥運輸艦）。

（b）阿爾及爾突擊部隊及其後續部隊所需的後備資源。

（c）除了前述美國海軍部隊之外，所有其他必要的海軍部隊以支援登陸戰。

7. 請以海底電報的方式確認聯合王國確實已經準備提供電報中所述的登陸艇、海、陸軍部隊和運輸艦，以便我能夠繼續全力籌備儘早執行「火炬」作戰計畫。

8. 我重申我在 8 月 30 日電報中的觀點，即應指示總司令在儘早的日期執行作戰計畫，並由他來確定這個日期。我堅信，必須盡快做出決定。我認為，我在此簡要提到的作戰計畫，是為實現你的意圖而制定的。這是一個確實可行的解決方案，它不僅保留了在阿爾及爾的作戰行動，其力量也相當充足，在各地都有勝利的可能。

9. 我們最近從北非獲得的最有價值的情報如下：

在這三處戰場上，由美國軍官指揮的美國遠征隊面對非洲法軍的抵抗將是輕而易舉的。反之，由英國軍官指揮的任何戰鬥或英軍與戴高樂派合作的襲擊都將遭遇頑強的抵抗……

鑑於此類消息，我認為有必要讓美國高級官員承擔與非洲法國的軍事和民政當局接觸的一些任務。

我們曾在早期達成協定，由我們負責應對北非的法國軍隊，而你們則處理西班牙的情勢。

前海軍人員致羅斯福總統

1942 年 9 月 3 日

我們花費了一整天的時間，探討了人力和物力的各種可能性。我們接受了你的計畫綱要，但認為行動計畫可以在此基礎上進行調整：略微轉變重點，將卡薩布蘭卡的登陸部隊減少一萬至一萬二千人（由後續部隊來彌補這個缺口）。這些部隊由於配備了自己專屬的戰鬥運輸艦，將在登陸後充分展現其實力，這樣突擊部隊將完全由美軍組成。這樣的調整將使三處登陸的力量更加均衡，並確保所有重要地點的兵力都具備必要的強大氣勢。缺乏這種調整，阿爾及爾的登陸將無望成功，因為戰鬥運輸艦和登陸艇都極為短缺。我們一致認為，這是計畫中的一個重大缺陷。

2. 我們提議，克拉克將軍或艾森豪將軍應於明日與深知我方所有運輸

「火炬」行動定案

護航和海軍情況的拉姆齊海軍上將及蒙巴頓一同前往你處，商討登陸的具體事宜，他們將於星期日上午拜訪你。我們在此不清楚你們能提供多少海軍部隊。請將這些消息通知坎寧安海軍上將。鑑於此次登陸的重要性，我們建議由他擔任海軍指揮，受盟軍總司令指揮。

3. 由於計畫變更，登陸日期已經推遲三週。自由法軍也已經獲悉部分情報，祕密難保不洩。在時間上每一天的節省都極為重要。我們因此已經指示各相關單位按此計畫執行，但最終決定權仍在你手中。

在這一切尚未定論之際，我意識到需要讓哈里·霍普金斯完全知曉我的想法，並讓他自主判斷如何影響總統。

首相致哈里·霍普金斯先生

1942 年 9 月 4 日

我現在請迪基·蒙巴頓親自轉交這封信，因為我了解你已經全心投入該事業，並作出了無與倫比的貢獻。這封信是否需給我們偉大的朋友閱覽，由你裁定。若你認為這可能引起他的不安，則無需給他檢視。這完全是一份「非正式的」文件，如何處理，由你決定。

1. 「火炬」計畫遭遇了挫折，尤其是由於毫無必要的推遲決議，這顯著加劇了我們共同面臨的困難，我對此十分憂慮。「痛擊」作戰計畫的取消經歷了漫長而緩慢的過程，但在你於 7 月 25 日離開倫敦時，各項工作已經在緊鑼密鼓的進行之中，我當然認為馬歇爾是在遵循總統的最終決定。我們欣然接受艾森豪將軍擔任盟軍總司令，他與克拉克這兩位出色的軍官立即投入工作。然而，直到 8 月 14 日，才從華盛頓的參謀長聯席會議收到明確指令。我們已經全力投入這次登陸計畫的籌備工作中。這樣的兩棲作戰行動必須如鑲嵌寶石的手鐲般精密配合；每個具體的登陸地點都要選用合適的船隻，而這些船隻的裝運工作又必須符合每支登陸部隊特定任務的需求。當然，並非所有工作都必須如此，因為許多船隻可以用於一

般任務，但相當一部分船隻只能用於特定用途，必須適應它們即將攻擊的海灘坡度和海邊的吃水深度。我不打算誇大這方面的工作，因為人們在許多情況下想選擇一個有利的機會是很自然的，但安排得越細緻，效果就越好。

總之，當時一切都在籌備中，直到一週前，尚未有明確的理由不能確定10月15日為行動日期。隨後，美國參謀長們的備忘錄如同晴天霹靂，將計畫徹底打亂，改變了這次登陸戰的性質和重心——放棄了容易且成本低廉的阿爾及爾，而將主要力量集中於卡薩布蘭卡和大西洋海岸。我們經過長時間研究後認為，在這兩個地點登陸幾乎不可能，因為那裡的海況惡劣，即便在10月，成功的機率也僅有四分之一。「放棄阿爾及爾；將力量轉向卡薩布蘭卡；從其他地方調集力量攻打奧蘭」，說起來輕鬆，但看看這對之前已經完成準備工作的影響有多大。我目睹兩位傑出的將軍因行動日期的推遲和美國參謀長政策的改變而心情沉重。艾森豪的處境確實艱難。一方面，他的英、美參謀人員迫切要求對具體問題做出決定；另一方面，大西洋彼岸對作戰計畫嚴格控制且隨時變動。設立一位盟軍總司令或最高統帥，如果不給予他制定計畫、決定何時何地使用部隊的自由，那又有何意義？我們準備接受他的決定，願意服從他的指揮。在向你說明這些情況後，即便有異議，我們仍會服從他的指揮。我們要在各方面努力協助他，實現總統的偉大戰略構想。現在，全部問題必須由大西洋彼岸重新審視，我們將完全依據新計畫行事。但如果最高統帥無法行使其權力，我無法理解聯合司令部能發揮何種作用。

坦率地說，我實在不了解所有這些問題產生的原因何在。我認為這個計畫先前已經得到馬歇爾的同意，而且也已經補償了金海軍上將在太平洋作戰中所需要的人力、物力。然而，現今美軍方面的反覆無常顯得尤為嚴重，我對此深感憂慮，且越發擔心，總統的整體作戰計畫可能會逐漸被削弱。隨之會失去的將是盟軍最為光明且今年唯一的希望。計畫的反覆變更將導致登陸日期的推遲；我們兩國的人民在聽聞這件事情的發展及轉變

「火炬」行動定案

後，必定會認為敵人將獲悉情報。登陸日期每推遲一天，都將給予德軍更好的先發制人機會。目前最早的可行日期是11月的第一週，但以現在的情形來難，若到最後一刻仍未實施，我將不會感到驚訝。因為誰也無法預料那時候其他地區會發生什麼情況。

令我尤為困惑的是，我不明白為何美國的參謀人員不願進入地中海，尤其是阿爾及爾，卻急於將全部力量集中在卡薩布蘭卡。我們先討論法軍的抵抗問題。整體而言，我贊同總統在這個問題上的看法和期望。我認為，法軍在北非海灘上不會讓美軍流血、不屠殺美國青年的可能性至少有百分之五十。法國過去不允許發生這樣的事，將來更是不會允許發生這樣的事。無論如何，我認為冒這樣的險還是值得的，而且是應該的，因為戰果的確很大。但是，假使這種假設是正確的，法軍不抵抗，或只作象徵性的抵抗，其後又站到我們這邊來（他們不抵抗，就一定會站過來），那麼這種情況一定會同時在卡薩布蘭卡和奧蘭，尤其會在氣氛有利於我方的阿爾及爾發生。倘若你們在第一天就順利而迅速地占領了這些港口（必須做到這點），那麼就在全世界創造了一種新的事實，同時我們也就無須擔心西班牙方面會出現任何麻煩了。為了解放法屬北非，將實行和平占領；下一步就是準備襲擊西西里島和義大利以及在隆美爾背後的的黎波里了。

然而，讓我們再探討另一種可能性。假設衝突爆發，炮臺開火，港口禁止登陸，法國空軍對直布羅陀港口實施轟炸，如同達卡戰役一般。在那種情形下，西班牙人確實可能在德國的威逼利誘下介入，進而令直布羅陀難以防守。我個人認為，他們會等到局勢確實惡化後才改變態度，成為我們的敵對方。在這種情況下，我們的希望自然寄託於此：以盡可能多的兵力和最快的速度在地中海登陸，遏制法軍抵抗，登陸灘頭，並占領若干港口。這也就是我們不理解為何以卡薩布蘭卡為登陸重點的原因，因為在那裡登陸會犧牲地中海的登陸機會；而且如果地中海登陸遭遇抵抗，那麼有充分理由認為大西洋海岸也會遭遇抵抗，但有一點不同——你可以擊退地中海的抵抗，但無法擊退大西洋海岸的抵抗，除非風平浪靜，而風平浪

靜的日子與惡劣天氣的比例是四比一。總之，決定法軍行動的關鍵在於地中海內，如果認定在地中海作戰有利，那麼透過雙方協定占領卡薩布蘭卡並不困難。另一方面，若在卡薩布蘭卡遭遇挫折，會出現怎樣的局面呢？如果所有軍隊都無法透過海浪登陸，也無法乘坐橫渡大西洋的大船進入小河和小港，他們若試圖正面進攻卡薩布蘭卡，將面對海岸炮臺和港口的機槍防禦陣地，在這種情況下，這些軍隊該如何應對呢？

這封信始終未能遞交給霍普金斯，蒙巴頓也無需跨越大西洋。我在準備發出此信之前，便收到了一封極具幫助和希望的總統電報：

羅斯福總統致前海軍人員

1942 年 9 月 4 日

……我們正進行緊密的合作。我願意減少在卡薩布蘭卡登陸的部隊，減少的數量依據一個戰鬥運輸艦的載運能力計算，大約為五千人。由於原計劃用於奧蘭的突擊部隊同樣減少了如此多的人，因此，騰出的所有英、美戰鬥運輸艦隻可以用於運送約一萬人，以支持阿爾及爾的登陸。載運美國軍隊的這些戰鬥運輸艦隻可以作為建立戰鬥運輸艦隊的核心。我確信，增加的部隊可以從聯合王國調來。

我看不出艾森豪或克拉克此刻來此有何益處。我明白，他們承擔著編組姍姍來遲的美國軍隊重大且緊迫的責任。我也確信，我們已經充分理解他們的立場，並且我計劃在最終進攻前會晤艾森豪，因此兩次行程似乎多餘。我們很想見拉姆齊和蒙巴頓，如果你願意派他們來；但我不希望因此延遲登陸日期。我正指導各項準備工作。我們應立即透過最終決定來解決所有這些問題。

今日我會透過海底電報傳送一份可用於此次戰役的美國海軍艦艇清單給你。

「火炬」行動定案

前海軍人員致羅斯福總統

1942 年 9 月 5 日

1. 我們贊成你提出的軍事計畫。我們擁有多支經過精良登陸訓練的部隊。如果方便,他們可以穿上你方的制服,他們將對此感到榮幸。海上運輸不會有問題。

2. 我剛剛收到了你的電報,顯然你們的資源也已經耗盡。我們相信,除非我們的 PQ 運輸船隊遭受巨大損失,否則現有的聯合海軍力量足以讓我們全速推進這些戰役。

3. 經由艾森豪將軍的批准,我已經準備立即派遣拉姆齊海軍上將前來,以便為坎寧安上將在與你商討海軍具體計畫時提供所需的資料。當前必須加緊行動,分秒必爭。唯有如此,我們才能實現你的戰略構想,達成今年有所作為的目標。

4. 據悉,艾森豪已經請求馬歇爾,將卡薩布蘭卡登陸部隊中的兵力以及其戰鬥團全部調往此地,我們對此要求表示全然贊同。

謹致誠摯的問候。

羅斯福總統致前海軍人員

1942 年 9 月 5 日

勝利永存!

前海軍人員致羅斯福總統

1942 年 9 月 6 日

好的,全力以赴。

目前仍需推動這次作戰行動的計畫,並力求儘早實施。

首相致霍利斯准將

1942 年 9 月 6 日

我們不必因懼怕「火炬」作戰計畫提前實施而感到憂慮。應加緊工作，力求在 10 月 31 日展開行動。為確保這個目標，10 月 29 日應作為目標日期。我建議向總統發送電報，表達這個看法。若美方已經準備就緒，我們是否也能確保準備妥當？

我們必須謹慎，避免發出可能延誤整體行動的指令。如果你宣布 10 月 31 日為最早日期，行動肯定會推遲十天。

9 月 8 日，我與艾森豪和克拉克共進晚餐。這是我們每週二的例行會議。晚餐前，我剛從下議院報告完我最近旅行的成果後返回。那晚我們談話的主要目的，是商討北非進攻的最終日期。計畫的制定者仍傾向於選擇 11 月 4 日。我詢問「艾克」的看法，他回答：「11 月 8 日——距離今天還有六十天。」這次新的延期顯然是由於需要為美國的一個戰鬥部隊配備裝備。和以往一樣，我建議讓英國受過高度訓練的突擊隊穿上美軍制服，以避免進一步延誤。然而，「艾克」卻希望這次登陸完全由美軍進行。

9 月 15 日，我向總統發送了一封電報：

前海軍人員致羅斯福總統

1942 年 9 月 15 日

我完全贊同你對「火炬」計畫的政治看法。只要敵人不搶先行動，這個見解是無誤的。目前沒有任何跡象顯示敵人已經察覺，法國的態度也令人滿意。我正在翹首以待。

在整個「火炬」計畫中，我自認為無論在軍事還是政治層面，都是你的副手。我唯一的請求是，能夠在你面前清晰地表達我的觀點。我們將擁有一個強大的無線電臺，戰鬥一旦開打即可啟用。因此，如果你能事先將對法國的呼籲書和其他宣傳材料錄製好，那麼這些聲音在播出時將極為響

「火炬」行動定案

亮,足以壓倒一切其他聲浪。我們英國人只有在你認為合適的時機才加入戰鬥。這是一次由美國主導的軍事行動,在這次行動中,我們的角色是協助你們。

然而,我對於西班牙依然心存顧慮。

首相致函外交大臣,並請霍利斯准將轉交參謀長委員會

1942 年 9 月 16 日

1. 我們需要密切關注西班牙對「火炬」計畫準備過程的反應,這將在直布羅陀顯而易見。我期待獲得一份關於我們在直布羅陀為「火炬」計畫準備所採取措施的簡要報告及時間安排。這些準備工作相較於駛往馬爾他的大型運輸船隊的常規規模有多大區別?

2. 大量飛機的運送是解決這個問題的關鍵之一,同時,中立地區的使用問題也同樣重要。

3. 若在「火炬」作戰計畫實施前約兩週,德國人迫使西班牙透露我們的準備情況,並要求西班牙拒絕我們使用中立地,或允許德軍飛機使用瓦倫西亞機場,該如何應對?面對德國的壓力,西班牙會作何反應,而我們應採取何種態度?在這種困境中,我們可能不得不與佛朗哥攤牌。我認為,我們應做好相應的準備。

9 月 22 日,我主持了三軍參謀長會議,艾森豪也出席,會上作出了最終決定,將「火炬行動」定於 11 月 8 日展開。

在我們與總統就主要作戰行動進行緊密通訊之際,隆美爾正堅定地向開羅發起最後一次進攻。在這場戰役結束之前,我的注意力始終集中在沙漠地區及未來的較量。我對新任司令官們充滿信心,並且相信我們在部隊、裝甲和空軍力量上的優勢已經大幅增強。然而,過去兩年的意外事件使我心中難免存有憂慮。剛剛視察過即將作戰的戰場,我腦海中浮現出那崎嶇不平、岩石密布的沙漠景象,炮臺和坦克隱匿其中,我軍在陣地上潛

伏，伺機反攻——整個戰場情形令人震撼。如果再遭遇失敗，不僅本身是個災難，還會在與盟友美國的談判中嚴重損害英國的威信和影響。相反，若隆美爾被擊退，信心的增長和局勢的好轉將有助於我們在各項問題上達成協定。

亞歷山大將軍承諾在戰事開打時會發出「齊普」電報（這個詞是我從常穿的衣物上想到的）。8月28日，我詢問他：「您目前是否認為有可能在本月之內發送『齊普』電報？軍事情報部門認為並不緊迫。祝您成功。」他回應道：「從現在開始，『齊普』每天都如金錢般珍貴。敵人發動進攻的可能性逐漸減小，到9月2日似乎已經不太可能了。」8月30日，我收到單音節訊號「齊普」，隨即發電報給羅斯福和史達林：「隆美爾已經發起我們期待已久的進攻。重要的戰鬥可能正在進行中。」

蒙哥馬利正確地推測，隆美爾的計畫是讓他的裝甲部隊穿過英軍南部防禦薄弱的雷區，然後向北推進，從側翼和後方包圍我們的陣地。阿拉姆海爾發山脊是此次行動的關鍵，而蒙哥馬利的部署主要就是確保這個地區不落入敵手。

8月30日晚，德國非洲軍團的兩支裝甲師突入布雷地帶，次日清晨到達德爾拉吉爾。我們的第七裝甲師在他們進攻之前已經逐步撤離，並駐守在東側翼。德軍裝甲部隊的北側，兩個義大利裝甲師和一個義大利摩托化師也試圖越過布雷陣地。他們取得了微小的勝利。布雷陣地比他們預期的要深得多，他們遭遇了紐西蘭師的猛烈炮火襲擊。然而，德軍第九十輕裝師成功突破了我們的陣地，為裝甲部隊的北進通路。在戰線的另一端，敵軍同時對第五印度師和第九澳洲師進行牽制性攻擊；經過激烈戰鬥後，我方被迫撤退。德、義裝甲部隊計劃從德爾拉吉爾向北進攻阿拉姆海爾發山脊，或向東北進軍哈馬姆。蒙哥馬利希望他們不選擇後者。他希望在他選定的山脊地區進行戰鬥。一張地圖誤導了隆美爾，地圖顯示向山脊地區進

「火炬」行動定案

攻坦克可以順利透過，而向東進則困難重重。兩個月後被俘的馮·托馬將軍表示，這個假情報達到了預期效果。目前的戰局顯然是按照蒙哥馬利的計畫進行的。

8月31日晚間，敵軍向北進攻遭到挫敗，裝甲車隊陷入混亂之中，整夜承受著炮火轟擊與猛烈空襲。次日清晨，他們向英軍陣地中部推進，英國第十裝甲師已經集結於此迎戰。沙地防線比預想的更為堅固，抵抗更為頑強。德、義聯軍儘管當天下午再度發起攻勢，他們仍舊失敗。隆美爾已經傾盡全力，義大利部隊潰不成軍。他無法支援冒進的裝甲部隊，而後者因全天行進而耗盡原本就緊缺的燃料。或許他已應得知三艘油船在地中海中沉沒，因此在9月2日，裝甲部隊採取防禦態勢，準備迎接我們的進攻。

蒙哥馬利拒絕了誘惑，導致隆美爾只能選擇撤退。9月3日，敵軍開始撤退，遭到英國第七裝甲師對其側翼的襲擊，敵方無裝甲的運輸車輛損失慘重。當天夜裡，英軍展開反攻，但不針對敵方裝甲部隊，而是攻擊第九十輕裝師和的里雅斯特摩托化師。如果這些師被擊潰，我方布雷陣地的缺口可能在德軍裝甲部隊趕回之前可以恢復封堵。紐西蘭發起猛烈攻擊，但同樣遭到激烈反擊，德非洲軍團在反擊後撤離。蒙哥馬利此時停止追擊，他計劃在時機成熟時掌握主動，但時機尚未到來。他成功阻止了隆美爾對埃及的最後一次進攻，並令隆美爾蒙受重大損失，為此感到滿意。第八集團軍和沙漠空軍以較小代價重創敵軍，並使敵軍的補給面臨新的危機。從後來繳獲的文件得知，隆美爾已經陷入極端困境，不斷請求援助。我們還了解到，當時的他已應極度疲憊與苦惱。此戰被稱為阿拉姆海爾發戰役，兩個月後便顯現出其效果。

我們損失軍官110名，士兵1,640名。其中英國人984名，澳洲人257名，紐西蘭人405名，南非人65名，印度人39名。這確實是一次英帝國的戰役，在這次戰役裡，宗主國擔當了主力。

局勢持續不安動盪

雖然我們在地中海兩端的龐大作戰計畫已經敲定，各項準備工作也在如火如荼的進行，但等待的時期卻充滿了難耐的緊張。內部知情者擔心可能發生的狀況，而不知情者則擔憂什麼也不會發生。

我執政已經 28 個月，這段時間我們幾乎接連遭遇軍事挫折。法國的崩潰，英國遭受空襲，但我們倖存下來。我們的國土未被入侵，埃及仍在我們手中。我們仍在堅持，儘管艱難；然而，也僅此而已。另一方面，多少災難如瀑布般傾瀉而下！達卡的慘敗，我們從義大利手中奪取的沙漠地區再度完全失去，希臘的悲劇，克里特島的失陷，對日戰爭無可挽回的挫敗，香港的陷落，美、英、荷、澳戰區廣大地域被蹂躪，新加坡的災難，日軍占領緬甸，奧金萊克在沙漠中的失利，托布魯克的投降，迪耶普戰役的失敗——這些都是我們歷史上未曾有過的災難和挫折中最令人痛苦的部分。與此同時，我們不再孤單，而是與世界上兩個最強大的國家結盟，共同參與決戰，這確實為我們帶來了最終勝利的保證。然而，隨著致命的危險消退，這種局面只會引發更多的各種批評。我所負責的戰爭指揮方針和方法必定會受到質疑和反對，這又有什麼奇怪的呢？

有一件事的確令人感到奇怪：在這個淒涼的暫息時期，我並沒有被迫去職，也沒有碰到要我改變方針的要求。人們知道我是絕不會接受這種要求的。如果我被迫辭職，就得退出政治舞臺，還要揹著一身責難，而且戰爭的最後結果（最後總有結果的）則要歸因於我在這麼晚的時候才辭去職務。的確，整個戰局即將改觀。自此以後，我們注定要取得越來越多的成就，這種成就不是一次不幸事件所能破壞得了的。雖然，戰爭是長期的、

局勢持續不安動盪

艱苦的，還需要各方面作出極大的努力，但是，我們已到達了山路的頂峰，我們對走向勝利不僅確有把握，而且，事實上已經時常出現使人興奮的事件了。在大戰的這個新階段，我並沒有失掉參與工作的權利，這是因為戰時內閣團結堅強，我的政務和專業的同僚對我的信任，議會堅定的忠誠以及全國始終不渝的友好關切。所有這一切都表明在政府的運作之中，以及一部分運氣，而我們對任何事情只有盡力而為，無須憂心忡忡。

與我擁有不同程度密切關係的多位知名人士敏銳地察覺到了這兩個月以來的緊張局勢。我們一位最為重要且才華橫溢的自治領高級專員曾寫信給我，這封信在我們指定的範圍內傳閱。該文件開篇便寫道：「邱吉爾先生在提升士氣方面的貢獻無疑是巨大的，但是……」接下來列出我一長串的不足，並提供了一些內容豐富的建議，建議我透過交出權力來減輕負擔。

我與特倫查德勳爵相識並共事已逾二十五載。他撰寫了一份具有相當分量的文件，提倡大規模集中轟炸，並將副本遞交給我：

1942 年 8 月 29 日

我們與美方正在籌建龐大的軍隊（單是美國可能就有六百萬至八百萬人）。這些軍隊的維持需要巨大的物資和工業人力；需要大量商船運輸物資，並用其他船隻（及飛機）保護航運。盟國的所有原料資源是否足夠裝備這些軍隊，這些資源在遭遇挫折和大量消耗時，是否還能支持激烈的戰鬥，這些都是問題……

時間緊迫，我們正面臨關鍵抉擇。風險在於：我們可能會嘗試同時走兩條道路；我們的空軍力量將不可避免地陷入龐大計畫及雙線戰爭的漫長戰鬥。

英國若在今年或明年於歐洲大陸捲入地面戰爭，將使德國軍隊受益——這與 1914 至 1918 年的情形相似。此舉將使敵方（即德國陸軍）能

調動其龐大的軍事力量來對抗我們。我們相較於德軍的優勢在於空軍實力 —— 英、美空軍⋯⋯

現代戰爭的戰略變化遠超過火藥發明和現代戰艦出現後所引發的變革。空軍力量不斷增強。自 1939 年以來，空軍迅速發展。如今的炸彈和轟炸機與戰爭初期使用的相比已有顯著不同⋯⋯

英、美的空軍實力日益增強。若我們將力量專注於能夠快速實現的政策目標，那麼我們的空軍武器便能展現無盡的威力⋯⋯

依靠陸軍取得勝利的策略，最終將導致資源和人力的極大消耗。空軍代表著新的領域，是軍事科學中的強力武器，它已經為盟國提供了全新的勝利途徑。若我們果斷地選擇集中使用空軍，不僅可以拯救數百萬條生命，還能將戰爭的持續時間縮短數個月，甚至可能縮短數年⋯⋯

猶如敵軍以「坦克閃電戰」攻克波蘭和法國，我們亦可透過「轟炸機閃電戰」摧毀德國體制⋯⋯

最終，實施此項政策需由一位全面負責歐洲戰爭軍事戰略的領導者掌舵，理所當然地，由三軍參謀代表協助。他必須對空軍力量充滿信心，並在本次戰爭中具備豐富指揮經驗。具備這些條件的人選並不稀缺。

沒有鞋匠不誇讚自己的皮革，我理解這一點。然而，我依然堅信，特倫查德勳爵這樣的權威人士撰寫的這份文件依舊極具重要性。因此，我將其印刷出來，並將其與空軍中將哈里斯撰寫的類似文件一併提交給戰時內閣和三軍參謀長，並附上如下說明：

我個人並不接受或認同這些觀點⋯⋯然而，這些文件措辭嚴謹，因此我認為我的同事可能會感興趣。對於批評我們轟炸政策的人而言，這些文件可以作為一個強而有力的回應。

我撰寫了以下信函致特倫查德勳爵：

局勢持續不安動盪

首相致特倫查德子爵

1942 年 9 月 4 日

感謝你送來如此引人入勝的文件。你或許了解，我是轟炸機司令部的支持者，我正在竭盡全力地鞏固它，並阻止任何不當的干擾。

我在讚賞你深刻見解的同時，覺得你的觀點未免有些誇大，因而可能無助於解決問題。你的論點顯然已經發展到僅有少數人能在此地或美國認同的程度。然而，我希望反駁關於「濫炸德國」的指責，以及針對轟炸行動的多方面批評。因此，我將你的文件像處理空軍中將哈里斯最近的文件一樣，分發給戰時內閣。

關於文件的最後一段，很難將任何國家的政府領袖與執行戰爭事務的主要負責人區分開來。美國和俄國的政府領導者同時也是總司令，儘管無論是羅斯福先生還是史達林總理都沒有軍事經驗或受過訓練。在英國，甚至更難將憲法的最高機關與指揮作戰的所有機關分離，因為作戰指揮機關與國家的生活和命運緊密相連。選擇一位空軍人員，賦予全權，並期望他贏得戰爭勝利，這當然是一種方案，但我懷疑，你是否考慮過因此而產生的問題。他與其他兩個軍種必然難以協調，與盟國的關係也會如此，尤其是美國，空軍只是附屬單位，這種關係非常嚴格。與下議院、內閣以及所有類似機構相處可能也有困難。然而，假如找到合適的人選，許多這類困難可能因為他同時擔任首相而得到解決。假如我相信這種解決方案會帶來迅速的勝利，我願意讓位給他。我是否對你心目中的人選要求過高了？你說，這樣的人有很多。我還不清楚我們的軍隊中是否有如此多的人才，以至於有那麼多軍官在這次大戰中已經擔任司令，並且對空軍的看法與您一致，他們能夠成為「對歐洲戰爭的純軍事（在最廣泛的意義上）戰略思想負責的領導人」。

謹致誠摯的祝福……

9 月 8 日，我收到特倫查德的回信：

……我的文件並非為你而作，因為我深知，你急於在德國對我們的主要敵人發起攻擊。這是為某些特定人士而撰寫的。我認為，像我這樣一個徹底的旁觀者的意見或許能夠對他們產生影響……

在我最後一段中，我絕無意以任何形式或方式表達你所提到的那種意思。我並不主張行政領導者不應承擔指揮戰爭的主要責任。我從未表達過這個觀點，也從未持有這樣的看法。我想表達的是：在許多報紙和討論中，有人提議任命一位歐洲總司令──如馬歇爾和韋維爾那樣的人。我反對的觀點是，這位總司令必須由一位陸軍將領擔任。如果空軍是關鍵力量，是能帶來勝利的力量，那麼為何總司令必須是一位陸軍將領呢？既然我們現在知道，空軍決定了戰局，那為何我們的策略仍要基於「陸上」觀點呢？……

然而，對我們作戰方式最嚴厲的批評來自掌璽大臣斯塔福德・克里普斯爵士。作為下議院的議長，他的觀點極為重要。他負責向下議院解釋我們接連的失敗和挫折；他確實以老練和忠誠的態度履行了他的職責。在這令人窒息的間歇期中，他與我之間關係的破裂將引發政治危機。因此，在8月底我從國外歸來時，我特別注意到他對全國士氣和作戰指揮中心效率的嚴重質疑。在國內輿論方面，他發現有廣泛的失望和不滿情緒。他認為，工人們一旦得知他們辛苦生產的武器無法滿足利比亞戰場的需求，就表現出無奈的沮喪。渴望製造新武器和設備的科學技術人員未得到激勵。商人們對官僚機構的拖延、優柔寡斷以及各種委員會的浪費表示憤怒。在軍隊中，官兵因軍事領導不當而感到苦惱。他認為，迫切需要為全國的戰爭努力注入新的活力。為此，他建議對我們的政府機構進行一系列改革。對於其中一些方案，我完全贊同並開始付諸實施，但在關於作戰指揮的核心問題上，我與掌璽大臣的意見截然不同。誠然，他並未建議我應被罷免或撤職；相反，他建議，作為國防大臣，我應支持三位具有三軍參謀長才幹的人士作為顧問，由他們監督聯合計劃委員會，並全力投入最廣泛的軍

局勢持續不安動盪

事計畫。這三位人士應該組成一個獨立的作戰計劃局，負責審查戰爭的所有策略問題，並研究未來的作戰計畫；為此，他們將取代參謀長委員會。每個戰區應設置一位司令官，擁有海、陸、空軍的全面指揮權。這些司令官在一個小型聯合參謀處的建議下，直接對作戰計劃局負責。簡而言之，這個設想是國防大臣應成為最高統帥，直接指揮全球的陸、海、空三軍。如此一來，從國防大臣開始，所有的預見、計畫和行動將成為一個連貫的整體。

事實上，這對策劃者而言無疑是一個理想狀態。新成立的作戰計劃局被賦予了全權負責計畫的職責，同時也擁有指揮和控制的權力，這使得它可以不被日常事務干擾地運作，不像三軍參謀長在管理他們所指揮的軍隊中那樣繁瑣。各類事務仍由三軍參謀長及其參謀人員（無論是個人或集體）負責處理，而最高統帥部則專注於制定策略和計畫。我不認為這種雙重制度能夠取得成功；我熱情地向掌璽大臣提出了自己的意見。我斷定他的建議在理論上不可行，實踐中也難以奏效。在我看來，作戰計畫應由那些有職權執行計畫的人來制定，這才是指揮作戰的基本原則。在我們透過艱苦經驗建立起來的制度下，參謀長委員會及其附屬機構完全能夠滿足制定三軍計畫的需要，在這些機構中，負責執行的人共同制定他們將實施的計畫。建立一個與負責作戰的參謀部脫離的作戰計劃局，在原則上是錯誤的，因為這將導致兩個對立的機構，一個負責，一個不負責，但在名義上卻擁有同等地位。這將迫使大臣們不得不忽視其中一個機構的意見，並引發直接和嚴重的摩擦。一位海軍將領被派到作戰計劃局，是否有權告訴海軍大臣如何調動艦隊，或者一位有「同等才幹」的空軍將領被派到作戰計劃局，是否有權含蓄地批評空軍參謀長呢？這個制度的內在矛盾和危險顯而易見。任何聰明人都能在沒有責任去實施計畫時，為勝利制定一些作戰計畫。只要計畫參謀人員在地位上確實隸屬於負有執行責任的三軍領袖，

就應當鼓勵他們的聰明才智。然而，我不準備設立一個有名無實的智囊團隨意研究我們的機密，也不準備在已有的各種委員會和報告之外再增加這個智囊團並向其報告。根據處理這些事務的長期經驗，我知道，國防大臣必須與負責的顧問合作，透過他們進行工作，這些顧問就是那些執行決議並對結果負責的軍事長官們。在這次或上次大戰中，從未出現過像現在這樣的時期，首相和三軍參謀長之間的關係如此良好和融洽，對於所採取的決議有完全一致的看法。那麼，我為何要從我認為是三軍中最優秀的職業顧問身上撤回信任，以便至少將部分信任給予那些不但責任較少且能力較低的軍官呢？認為有大量「同等才幹」的軍官可以承擔我所選任的三軍參謀長那樣的重任，純屬幻想。

我以這些論點，以及類似的論據，與掌璽大臣展開辯論，努力說服他採納我的觀點。這場嚴肅的爭論占據了 9 月分的大部分時間。然而，我並未成功地改變他的想法；9 月 21 日，他通知我，他感到有責任辭去在政府中的關鍵職位。他解釋說，自從從印度返回後，他不再覺得我需要他的幫助；他發覺自己在許多問題上越來越無法理解我的意圖，而作為下議院議長，這些問題對他而言應該是非常清楚的。他對戰爭的局勢深感憂慮，並且，考慮到近幾個月的事態發展以及戰時內閣全體成員承擔的重大責任，他急於了解我對未來的看法。對此，我答覆道：

親愛的克里普斯

1942 年 9 月 22 日

收到你的來信讓我感到意外，也有些痛心。自從你 7 個月前初次上任以來，我並未察覺我們的關係有何變化。8 月初我開始旅行時，我以為我們的關係非常融洽。自那時起已經過了 7 週，在此期間我離開了近 1 個月，隨後你也離開了超過 1 週。除了內閣會議（過去 24 小時內召開了三次，持續 6 個半小時）之外，我一直努力盡可能多地會見我的主要同僚。

局勢持續不安動盪

我常常感到我們的談話既愉快又令人振奮。我希望你在方便的時候隨時來找我。

承您所贈予關於當前所有制度與方法的另一份備忘錄，不論其優劣，這些制度與方法乃是我在領導政府與進行戰爭時所依賴的工具。從中我能看出，沒有人比您更清楚這些問題所引發的爭議。我對這些問題也有自己的信念，這是源於長期經驗和肩負重大責任的結果。其他人必然有所不同。

我不願在此進行無休止的爭論；然而，我深信，若你與第一海務大臣合作得如我在此次戰爭緊迫事務中與他合作得一樣緊密，你便不會低估他的智慧、學識及思維的縝密。我不得不指出，你對於我們賴以生存的海軍部的成就，態度顯得並不慷慨。

你問我對未來的看法如何。我對未來充滿希望，並且我相信我們擁有堅定不移的精神。大規模的戰役即將到來，這與你的理念完全一致，也是我們共同的共識。我們必須堅韌不拔地忍受戰役的推遲，靜待結果。我個人覺得等待比戰鬥更難忍受，因此我完全理解你所說的不安情緒。

你最真誠的

溫斯頓·邱吉爾

儘管寫了這封信，但我意識到，他對我的信任已經動搖，無法再作為戰時內閣的同僚共同承擔責任。我深知，如果他因此辭去政府職務，必將引發激烈的政治鬥爭；雖然我決心面對這樣的挑戰，但希望在非洲局勢未決之前避免發生。戰時內閣的幾位同僚因大戰臨近決定性時刻，勸他考慮此時辭職是否會影響公共利益。顯而易見，如果我們在北非即將進行的戰鬥中取勝，我的地位將大大增強，而他的地位則會相應削弱，但他的愛國心約束了他的行為。

我親愛的首相

1942 年 10 月 3 日

按照昨日會面時我向你作出的承諾，我現在寫下此信與你探討關於我在戰時內閣中的職位問題，這也是我們近幾日討論過的議題。

關於我所提出有關作戰主要指揮問題的改革建議，你未能令我信服它們是多餘的。我堅信，為了充分發揮我們的戰爭潛力，這種改革是絕對必要的。

若非由於您與其他同事引導我關注的特殊情形，上述信念本將促使我請求您將我的辭呈呈遞給國王陛下。

然而，基於你的陳述，我已經完全意識到當前正值我們國家和政府高度緊張的時刻。有鑑於此，顯而易見，在這些特別危急的日子裡，任何可能揭示作戰關鍵指揮上存在不團結或分歧的情況，都應盡量避免。否則，這將削弱我們的士氣，並可能加劇我們的國際困境。

依我看，這些暫時的考量或許會否定我所提議改革的必要；因此，為確保即將到來的戰鬥順利展開，關於我在戰時內閣職位的問題，我有義務推遲進一步行動，直至這些戰役順利進行為止。

時機成熟時，我會再次詢問這個問題。

我深信，無需多言，在這段時間內，我會竭盡全力協助你，並在任何可能的地方和時刻，全力支持你。

附言：這封信已交由安東尼・艾登和克萊門特・艾德禮審閱過，我也已經將我的整體行動策略告知戰時內閣的其他成員。

我親愛的斯塔福德・克里普斯

1942 年 10 月 3 日

你已經決定將辭呈暫時擱置，直至我們所共同同意的那些大規模戰役至少順利進行之後再作考慮，我確信這是明智之舉。在當前的情況下，討

局勢持續不安動盪

論你辭去政府職務的問題，可能會影響公共利益和英、美軍隊的安全。要我參與討論而不發表任何可能被敵人利用的言論，實屬不易。另一方面，你完全有權利在後續階段讓我們的分歧得到解決。同時，我感謝你承諾在此期間給予我一切可能的支持，我當然也會充分回報你的幫助和好意。

最終，斯塔福德·克里普斯爵士並未完全退出政府。儘管他不願再承擔戰時內閣成員所需的全部責任，我仍希望在政府中為他找到其他職務，以繼續發揮他的才華和精力。在11月非洲戰役順利展開時，我建議他擔任飛機生產大臣。他在該職位上展現出日益增長的執行力和效率，直至戰爭結束。在這三年艱難時期，他作為飛機生產大臣，表現出忠誠且卓有成效的服務，我願在此表達對他的感激。在本書其他章節中，我提到過，不直接管理具體部門的大臣常在評論他人工作時表現出自得。而對於像他這樣一個具備高超智慧但缺乏行政經驗的人來說，他的崇高理想和理論分析能力，以及這種討論及執行任務的方式，具有吸引力卻也潛藏危險。鑑於他的卓越才智，需要為他安排更實際的任務；他在飛機生產大臣上的成功與他在掌璽大臣任上遭遇的挫折，只能加深我的內疚。他本應拒絕我最初的建議，而在加入政府時優先擔任軍需大臣。

接下來在此稍微偏離編年順序，記錄一下11月底必要的內閣調整以結束我對這個主題的敘述，不僅可以讓讀者更清楚事情的全貌，對我來說亦屬便利之舉。我長久以來意識到需要在華盛頓派駐一位大臣，以便處理與美國政府相關的眾多供應事務，這些事務最好由大臣級官員來解決。盧埃林上校欣然接受克里普斯爵士接任飛機生產大臣的提議，自己則前往華盛頓承擔這個重要職責。克蘭伯恩子爵在擔任上院議長的同時，將他的殖民地事務部職務交給奧利弗·史坦利上校，並改任掌璽大臣；史坦利當時願意放下軍事事務，轉而擔任部務。艾登先生同意在外交大臣的職務之外，兼任下議院議長。

斯塔福德‧克里普斯爵士轉任飛機生產大臣後，其在戰時內閣的職位由赫伯特‧莫里森先生接替。過去，他擔任內政大臣和國內安全大臣時，憑藉卓越的行政才能，使民防組織能夠應付1940年和1941年的各種挑戰，如今他有更大舞臺展現其政治才智。戰時內閣同事們非常期待在會議上獲得他的支持。

在國內面臨這些政治壓力的同時，我審閱了外交部與華盛頓國務院商討有關戰後世界政府的建議，感到相當欣慰。外交大臣在10月間向戰時內閣分發了一份題為「四大國計畫」的重要文件，文件中規定由英、美、俄、中組成的委員會產生最高指導機構。我很高興能在以下備忘錄中記錄下自己的意見。

首相致外交大臣

1942年10月21日

1. 儘管事務繁忙，我願盡力作出答覆。挑出這四大國來，表面看來似乎簡潔明瞭。然而，我們尚不明確我們將面對何種形式的俄國及其需求。或許再過些時日會有所明瞭。至於中國，我不認為重慶政府能夠代表一個偉大的世界強國。美國方面無疑會透過「收買無資格投票的人，使他們具有選民資格，來為自己投票出力」的策略，力求瓦解不列顛的海外帝國。

2. 我必須承認，我的思緒主要集中在歐洲——在於恢復歐洲作為現代國家和文明之母的輝煌。如果俄羅斯的野蠻行為侵擾了歐洲古老國家的文化和獨立，那將是一場無法估量的災難。雖然現在還難以斷言，但我相信，歐洲大家庭將在一個歐洲委員會的領導下採取統一行動。我期望建立一個歐洲合眾國，在這裡，國家之間的界限將大大減少，自由旅行將成為可能。我希望看到，歐洲的經濟將作為一個整體進行研究。我也希望看到，這個委員會可能由十個單位組成，包括以前的各大國，以及若干聯盟——斯堪地那維亞、多瑙河地區、巴爾幹各國——並設有一種國際警

察制度，並且有權使普魯士解除武裝。雖然我們在許多方面，尤其是在最重要的方面必須與美國人合作，但歐洲是我們的主要關注所在。當瑞典人、挪威人、丹麥人、荷蘭人、比利時人、法國人、西班牙人、波蘭人、捷克人和土耳其人有緊迫問題需要我們援助，並要求以最大的力量使他們的聲音被聽到時，我們當然不希望俄羅斯人和中國人對我們關上大門。關於這些問題還有很多細節可以討論。遺憾的是，戰爭問題是你我都應優先考慮的問題。

就這樣，我們邁向了一場關乎生死成敗的宏偉軍事高潮。

蘇聯表達感謝之意

我滿懷著全新的決心從莫斯科返回，致力於支持俄國。顯而易見，未來的冬季戰役將是東方戰事最為緊張的時刻，俄國的頓河流域南翼和高加索地區將成為關鍵戰場，德軍的直接目標是奪取巴庫油田並控制裏海地區。史達林不屈的必勝信念令我深受感動，並且透過他在克里姆林宮與我的談話，我了解到他已經策劃了一場規模龐大的反攻。對於這場巨大的戰鬥，我們幾乎無法直接干預。我們必須不惜一切代價從各個方面為俄軍提供補給。同時，我們需要維持北極運輸船隊並開發穿越波斯的鐵路。我們能給予的唯一直接軍事援助是在裏海地區部署一支強大的英、美空軍。然而，這種援助必須在西部沙漠取得勝利後才能實現。在此期間，所有準備工作都要在「天鵝絨」計畫的名下全力進行。

我一回國，便正式向總統提交這個計畫。

前海軍人員致羅斯福總統

1942 年 8 月 30 日

1. 在俄軍南翼立刻部署一支英國空軍並同時部署一支美國空軍的方案，應被視為我們與俄國合作及保護波斯油田的長遠戰略。其主要原因是基於以下四個方面：

（1）為全面提升俄國的空軍實力；

（2）為保護我們在波斯和阿巴丹的所有利益設立前線防禦區域；

（3）對俄軍施加盟友情誼的道德影響，這種影響遠勝於我們所動用的實力；

（4）因為這不僅不是分散兵力，而是進一步集中兵力以應付軸心國空

軍的首要目標，即透過每日戰鬥消耗德國空軍的力量。

2. 基於我們在通訊中討論的相關資料，結合你對這個問題的原則性支持，我在與史達林會談時，已經代表英王陛下政府作出了承諾，並表示你對此也十分關注。總統先生，現在由我向你呈交一份正式草案，或許你可以根據這份草案為我做出決定。草案如下：

（1）建議籌組一支英、美空軍駐紮於外高加索，以協助俄國陸軍和空軍防守高加索山脈及黑海海岸的防線。必要的空軍中隊將在非洲西部沙漠局勢允許時立即從埃及調動，並在大約兩個月內集中於巴庫－巴統地區。

（2）本建議的核心內容已經向史達林總理傳達，他表示接受，並強調需深入研究計畫的具體實施方案。帝國總參謀長、特德空軍中將與伏羅希洛夫元帥在討論時一致同意立即啟動聯合計畫和準備工作，並建議盟國空軍代表為此前往莫斯科進行磋商。

3. 即將調動的空軍部隊（須經美國批准）包括：八個近程戰鬥機中隊、一個遠端戰鬥機中隊、三個輕型轟炸機中隊、兩個中型轟炸機中隊、一個美國重型轟炸機大隊，並可能增設一個普通偵察機中隊。

4. 因地面交通條件不佳，維持該部隊極為困難，故需大量空運支持。評估認為，一個由近五十架飛機組成的美國運輸機大隊，能夠滿足空軍的最低需求。

5. 因此，提議的美國援助包括目前駐紮在埃及的一個重轟炸機大隊，以及一個尚無法在中東使用的運輸機大隊。轟炸機大隊需要配備充足的飛機和訓練有素的飛行員以期能順利完成任務。此外，最為關鍵的是，必須確保至少已經決定撥給中東的前線和補充的飛機及機組人員，以及美國重型轟炸機大隊和中型轟炸機大隊的最低限度保養部隊，按照既定日期在埃及裝備完畢，隨時可以投入作戰。即便隆美爾被逐出昔蘭尼加，我們仍需承擔空中保衛埃及和西部沙漠漫長交通線的重任。同樣重要的是，必須及時且完整地提供撥給英國皇家空軍在埃及使用的美國戰鬥機；因為我們必

須預見到高加索地區將有大量損耗，不僅在空戰中消耗，還因交通不便和缺乏合適的修理設備所造成的損失。

6. 該空軍主要仰賴俄國軍隊保護其基地及交通線路，但我們應當準備派遣輕型防炮部隊以防禦機場。我們還需派遣工兵部隊前往機場作業。

7. 由於該空軍的地勤團隊只能依賴從波斯灣航線運輸前往俄國的物資來進行集結和維持，因此在滿足飛機有效運作要求的前提下，保持最少的人數顯得尤為重要。對於這些供應的干擾不會構成嚴重影響。該空軍地勤團隊的集結將涉及透過伊拉克與高加索之間的鐵路和海上運輸線調動一萬兩千人、兩千輛車輛和四千噸物資。假設俄國人能夠提供汽油和潤滑油，則空軍的後續維護和保養每日需求不會超過二百噸，其中大部分應經由空運供應。

8. 這支空軍將在俄國最高司令部的戰略指揮下執行作戰任務，然而其指揮權仍由一位英國空軍軍官掌握，並作為一支純粹的盟國空軍享有向其本國政府提出請求的權利。

9. 上述事項應成為向由英、美空軍軍官組成的代表團發出指令的依據；該代表團應立即派遣至俄國，與俄國人共同進行必要的計畫偵察和實際準備工作。至關重要的是，必須毫不拖延地開始此事。

此時，總統正專注於國會選舉，簡要地回覆了我。

羅斯福總統致前海軍人員

1942 年 8 月 31 日

我將在星期二前回覆你的電報。我完全贊同你在電報中表達的觀點，並將努力將這個想法與其他行動計畫協調一致。

我們也在研究波斯鐵路的問題，我會給你提出建議。

令我倍感焦慮的是，我們必須全力以赴地派運輸船隊至史達林處。

蘇聯表達感謝之意

首相致第一海務大臣

1942 年 8 月 26 日

1. 如今，沒人能確定，「火炬」作戰計畫一旦啟動，會將我們引向何方。不過，我們仍需制定計畫，以便在 10 月底或 11 月初重啟 PQ 運輸船隊。儘管「火炬」計畫可能導致損失（或在該區域出現重大且希望的發展），但這將迫使（或促使）我們將所有力量集中在地中海。戰役結束時，所有事情自然會明朗，那時我們只能根據當時的局勢採取行動。

2. 儘管我在與史達林的會談中曾經暗示，並已經記錄在案，稱「火炬」作戰計畫可能會影響 PQ 運輸船隊，但我認為在此關鍵時刻告知他類似的消息，即在今年 9 月的一次運輸船隊後，他將再也得不到任何支援，這是極為錯誤的。因此，我們應盡力從總統那裡爭取最大的支持，並推動 PQ 計畫的繼續，直至（或除非）因主要部隊的調動而不得不放棄這些護航計畫。我仍然相信，或許有方法可以恢復那些運輸船隊。如果沒有辦法，就需要找到合理的理由來解釋為何無法繼續。

9 月初，北極運輸船隊再次啟航。其冒險經歷已在前文中提及。我將此次行動告知了史達林。

首相致史達林總理

1942 年 9 月 6 日

1. 第十八號運輸船隊的四十艘船隻已經啟程。由於我們無法派遣重型艦隻進入敵機以海岸為基地的航程範圍，我們正裝備一支強大的驅逐艦戰鬥力量，以應付敵方在熊島以東可能的海面攻擊。為加強防禦空襲，我們在護航隊中增加了一艘新造的輔助航空母艦。此外，我們在運輸船隊與德軍各基地之間布置了一條強大的潛艇巡邏線。敵方海面艦隻攻擊的威脅依然嚴峻。只有在巴倫支海部署一支空軍突擊部隊，才能有效遏制這種威脅，該空軍力量需要強大到足以令德軍不敢在該區域冒險使用重型艦隻，而我們則可以在此使用我們的重型艦隻。為了進行偵察，我們配備了八

架「卡塔利娜」水上飛機和三個攝影偵察隊的「噴火」飛機，從俄國北部起飛偵察。為擴大空襲規模，我們已經派出三十二架魚雷飛機，儘管途中遭遇損失，但我們希望至少有二十四架仍可作戰。這些，加上我們已知由你們所提供的十九架轟炸機、十架魚雷飛機，以及四十二架近程和四十三架遠端戰鬥機，幾乎無法有效阻止敵人的活動。需要更多的遠端轟炸機。我們深知，你們在主要戰線上承受的巨大壓力使得提供更多俄國陸軍用的遠端轟炸機變得困難。但我們必須高度重視這支運輸船隊，其中我們派遣了七十七艘戰艦，並且在航程中需要補充一萬五千噸燃料。若你能暫時將更多遠端轟炸機調往北方，請立即調撥。這對我們共同的利益至關重要。

2. 隆美爾在埃及的攻勢已經遭遇重大挫折，我充滿期待，本月我們或許能在那裡實現決定性的勝利。

3. 「火炬」作戰計畫雖較我向你建議的最早日期延後三週，但現在已經全速推進。

4. 我曾經明確向總統建議，今年冬季派遣一支英、美空軍分遣隊前往你們的南翼作戰，目前我正在等待他的答覆。他已經表示原則上同意，我期待能很快收到他的詳細計畫。等我收到後將再電告。在此期間，關於機場和交通的計畫，我希望按照你們負責軍官在我訪問莫斯科時同意的方法（須經你批准）進行。為此，我們迫切希望，一旦你們準備就緒，我們即可從埃及派遣參謀人員前往莫斯科。

5. 我們懷著敬佩之情關注著俄軍在抗戰中持續取得的輝煌成就。德軍的損失無疑嚴重，同時，冬季也在逐漸逼近。我計劃於星期二在下議院彙報此次訪問莫斯科的情況。對這次訪問，我依然保有愉快的回憶，希望你也認為我報告的措辭是友好的。

6. 請向莫洛托夫轉達問候，並對我安全回國時他所發來的賀電表示感謝。願上帝保佑我們的所有事業順利成功。

蘇聯表達感謝之意

史達林總理致邱吉爾首相

1942 年 9 月 8 日

接到 9 月 7 日來電。我明白 PQ 第十八號運輸船隊安全抵達蘇聯的重要性及其保護措施的必要性。儘管目前調配額外遠端轟炸機用以護航存在困難，我們仍然決定執行。今天已經下達命令，派遣更多遠端轟炸機完成你提到的任務。

我祈願你在埃及對隆美爾的攻擊戰役中取得成功，並祝願「火炬」行動計畫圓滿告捷。

北極運輸船隊（包括 PQ 第十八號船隊的十二艘船隻）遭遇的重大損失，大西洋局勢的惡化，以及「火炬」行動計畫對我們航運需求的日益增加，迫使我們重新評估通往俄國的北線航運是否可行。我已經就此向羅斯福總統發出警告。

羅斯福總統致前海軍人員

1942 年 9 月 16 日

我們正籌備接管波斯鐵路，所有計畫正在推進。我們也正仔細研究在俄國南部部署英、美空軍的問題。對此，我希望能盡快給你答覆。我非常看重史達林明白我們言出必行的重要性……若決定停止派遣運輸船隊，我當然會盡力說服史達林。

目前，我越發關注「朱比特」計畫，而運輸船隊問題的緊迫性已經退居其次。讀者應記得，我曾要求駐英加拿大總司令麥克諾頓將軍對此計畫提交報告。9 月 16 日，我就他的報告對三軍參謀長發表了評論。

首相致函伊斯梅將軍，轉呈參謀長委員會

1942年9月16日

「朱比特」作戰計畫

1. 與俄國保持連繫，透過持續供應給俄軍裝備以確保他們繼續與德軍作戰——這必須被視為我們面臨的三、四個最重要問題之一。盟國必須為此做出最大程度的犧牲和努力。如果俄國完全崩潰，或軍事力量被削弱至無足輕重的地步，全部德軍將得以集中對我們展開進攻。總統曾表示，他認為維持PQ運輸船隊與「火炬」作戰計畫同樣重要，儘管他已經準備為「火炬」戰役放棄一、兩次運輸任務。

2. 故此，我們面臨著以下的兩種困難抉擇：

（1）1943年整年，我們的任務除了「火炬」行動及相關的所有軍事行動之外，還需要繼續維持PQ運輸船隊（或許減少一、兩次）。船隊規模確實需要擴展。俄國人已經獲得英、美兩國的莊嚴承諾，他們將獲得更多物資，且因俄國領土被敵軍侵占縮小，他們將更加依賴進口武器。

（2）透過實施「朱比特」作戰計畫或類似策略，清除挪威北部的德軍。

3. 在審視每兩個月至少派遣三次的護航隊所遭受的損失後，再權衡宣稱無法再派遣船隊的嚴重後果時，「朱比特」作戰計畫（無論其代價與風險如何）似乎是必需的，並且從長遠需求來看是最為經濟的。

4. 我已經閱讀了麥克諾頓的報告，毫無疑問，它沒有低估我們面臨的困難。有鑑於此，這份報告可作為更深入討論的基礎。

5. 冬季一到，俄軍必然會對德軍戰線展開攻勢。挪威北部的局勢與其他地區一樣良好；而且，考慮到俄軍迫切需要盟國的軍火，我在與史達林總理交談後，確信俄軍不僅會抵禦對莫曼斯克和阿爾漢格爾斯克鐵路的攻擊，還將對比特薩摩發起猛烈進攻。無論如何，我們必須了解俄軍的戰鬥準備，然後才能提出明確的建議。然而我設想，正如麥克諾頓所建議的，

俄軍不僅會向挪威北部派遣足夠兵力進攻敵軍，還將在必要時承擔部分登陸行動。

6. 倘若我們欲將「朱比特」作戰計畫納入現有方案，則必須與「火炬」作戰計畫一起審視。當前尚無法確定「火炬」計畫將涵蓋多大範圍。若法國轉而支持我方，則整個「火炬」地區可能在一週內，甚至一夜之間成為對德作戰的前線。如此一來，我們將獲得設防堅固的港口、機場、八、九個法國師、大量空軍，甚至可能還有駐紮在土倫的法國艦隊。在此情形下，英軍可以迅速透過鐵路從西面進攻的黎波里。德軍無法在這段時間內──兩週，甚至1個月──完成裝備以進行猛烈攻擊，尤其是空軍難以抽身。我方必須寄望於埃及和利比亞的戰事持續在激烈進行。因此，我認為，若北非海岸局勢有利，我方可能將大量攻擊艦隻和坦克登陸艇調往北方用於「朱比特」計畫。此外，還將包括除了運用於「火炬」作戰計畫之外，所有新增的坦克登陸艇和攻擊艦艇，這些艦艇正依據「波麗露」計畫運往英國，預備供應為「圍殲」作戰計畫來使用。如果說美國人取消了這些供應是不實際的，因為我們尚未向他們提出反對如此高耗費行動的理由。我堅信，我能夠要求美國將原本根據「波麗露」計畫而為4月分「圍殲」計畫準備的所有船艇調撥給「朱比特」計畫，至少也能獲得足夠數量。我承認，護航的確是個難題。

7. 反之，若法軍於「火炬」登陸戰之中對美軍發動攻擊，並請求德軍協助，而德軍確實出現，或西班牙人對我軍發動攻擊，那麼我們將在「火炬」計畫地區展開殊死戰；在此情形下，「朱比特」計畫便無討論的必要。

8. 我堅信，我們能夠獲得兩個受過北極訓練的美國師，加上加拿大軍團和幾個俄國師團。因此，除了俄軍發動的攻勢之外，我們可以集結足夠的兵力來奪取「朱比特」計畫地區。然而，如果我們現在不做準備──不僅僅是不制定書面計畫，而且不預訂裝備、不訓練部隊等（無論如何這些都要等到1943至1944年才能使用），我們甚至將失去選擇的自由。

9. 假若「朱比特」計畫與「火炬」計畫能夠實施，那麼在 1944 年之前「圍殲」計畫將無法執行。美國方面已有這種看法，然而，「火炬」作戰計畫絕不可能取代「圍殲」作戰計畫。

我認為應該將這個計畫呈交給史達林，並建議派遣麥克諾頓親自向蘇聯最高統帥部進行說明。同時，必須讓史達林明白，雖然我們準備考慮在「朱比特」地區採取行動，但由於正在籌備「火炬」計畫，這將不可避免地暫時減少對蘇聯的物資供應，並且規模與 PQ 第十八號船隊相當的另一個護航隊肯定需要取消。9 月 22 日，我向總統發出以下電報：

前海軍人員致羅斯福總統（我擬發給史達林下列電文：）

1942 年 9 月 22 日

1. 我曾經在莫斯科表示，我們堅信，1942 年我們與美國能夠對戰勝德國作出最有效的貢獻就是儘早發動「火炬」行動。

2. 我與總統最終商定執行計畫的日期定在 11 月初。

3. 「火炬」作戰計畫的預期效果為：

（1）迫使德軍調動部分空軍和陸軍力量以應付我們的行動；或

（2）迫使德軍接受由於「火炬」戰役的勝利而形成的新局勢，因為西西里島和南歐面臨攻擊威脅，該新局勢會對他們造成進一步的限制。

4. 最近一次船隊運輸的成功，主要歸功於該次護航行動中至少動用了七十七艘軍艦。如此大規模的護航行動在年底前無法再次進行；要等到年底時，目前為「火炬」計畫集結的海軍護航艦艇才能再次駛向北方海域。

5. 同時，我們正在盡一切努力，計劃在 1942 年剩餘的幾個月內，透過北方航線以小規模方式向你們運送補給物資。

6. 我們預定自 1943 年 1 月開始恢復大規模運輸供應物資。

7. 為了最大限度地提高 1943 年運輸船隊的效能並減少商船在敵方襲擊下的損失，我們希望與貴方探討今冬執行「朱比特」作戰計畫的可行性。

8. 因此，我建議派遣加拿大陸軍總司令麥克諾頓將軍在十月初前往莫斯科，與貴方總參謀部就此事進行全面討論。他已經對該問題進行了初步研究。

這對我來說是一個難題。總統此時尚未回到華盛頓，直至9月27日我才接獲以下回電：

羅斯福總統致前海軍人員

1942年9月27日

我贊同你的觀點，當前局勢迫使我們不得不放棄PQ第十九號運輸船隊。儘管這對俄國人是個沉重的打擊，但我依然認為，從時間和地點來看，這次護航的實際效果迫使我們做出這個決定。然而，PQ第十九號運輸船隊至少還需要十天才能啟航，因此我強烈認為，在那天到來並且我們確認這支船隊無法出發之前，不應告知俄國人。提前通知史達林沒有益處，反而可能帶來巨大的不利情況。此外，我相信在這十天內，我們能夠就外高加索地區部署英、美空軍的問題達成最終結論，而這也應該同時告知史達林。

從安全角度出發，我認為不應允許任何船隻在冰島卸貨。儘管我們確實缺乏船隻，但這些專為「火炬」行動計畫使用的船隻可能並非必需。此外，我認為最好做出犧牲，讓船隻留在冰島不使用，而不應該冒險讓敵人意識到我們不會再派遣護航隊。我認為「火炬」計畫不應有絲毫拖延。我們將為此計畫投入全部資源，我對此充滿信心。

我預定於週四返回華盛頓，屆時將再次電告有關在高加索派駐英、美空軍等事宜。此次旅行非常愉快。我們軍隊的訓練進展顯著，士氣高昂。生產情況良好，但仍有改進空間。

前海軍人員致羅斯福總統

1942 年 9 月 28 日

　　PQ 第十九號運輸船隊的最早啟航日期定為 10 月 2 日，這距離你在 9 月 27 日發出的電報中提到的日期僅有五天之差。然而，如果你覺得合適，我們可以將告知俄國的時間推遲到 10 月 7 日或更晚，彷彿它已經出發。大部分船隻目前停泊在蘇格蘭的港口。我同意，對於高加索的空軍支援提出堅定的建議是至關重要的。

　　雖然我對德軍抵達巴庫持懷疑態度，但高加索的局勢依然讓我感到不安。我經常就此問題與帝國總參謀長打賭，並在每週的內閣會議上調侃他：「這週我們的打賭有什麼新進展？」威爾遜將軍在波斯的第十集團軍是否推進，取決於我們對高加索局勢的判斷。

　　關鍵在於適時。

首相致函伊斯梅將軍，轉呈參謀長委員會

1942 年 9 月 28 日

　　威爾遜將軍提出占領波斯前線陣地的建議在理論上無疑是正確的，且在實踐中似乎也將順利實現。

　　1. 削減對俄國運送補給品的舉措，代價不菲。取消 PQ 第十九號運輸船隊的時機，絕非告知俄國的最佳選擇。因此，這個問題關乎時機，其答案取決於德軍對高加索的推進態勢。在帝國總參謀長和我訪問莫斯科之後的六週內，高加索局勢有了顯著改善。史達林總理告訴我，他必須堅守六十天，而目前已經過去四十餘天。俄軍進行了極為激烈的抵抗，他們的炮火仍掌控著新羅斯斯克的邊境。侵略者在山路上寸步難行，高加索山脈開始降雪，格羅茲尼油田尚未陷落。總參謀長目睹裏海沿岸正在建設的堡壘，如今想必已經大大增強。我個人始終相信俄軍將在春季前守住高加索陣地，並認為巴庫今年不會失陷。我必須承認，這個觀點更多出於情感，而非科學依

據。然而，我們必須充分了解，形勢已比許多人預期的好得多。

2. 基於上述情形，我們無疑可以在第十集團軍開始行動前再等待兩週。至10月中旬，我們對整體局勢應能有更清晰的了解，因此我建議，到那時再與俄國人和美國人討論經由橫貫波斯鐵路運輸物資的數量。

3. 羅斯福總統現已承諾最遲在10月7日對「天鵝絨」計畫作出回應，估計他會表示贊成。應依據同意該設想的答覆來制定時間表。我不確定「天鵝絨」計畫所涉及的二十個中隊是否涵蓋所有飛機，包括我們第十集團軍所指揮的陸軍飛機。這些空軍部隊必然是該集團軍的前鋒力量，並且是其防禦的支柱，若形勢不利，便會撤回至其後方。甚至在收到總統的回覆之前，可以將空軍部隊駐防各地的情形繪製成一張圖表。

4. 若1942年德軍對俄國的進攻已經顯注定失敗，則調動第十集團軍既無必要亦無可能。然而，審視「捷足」作戰計畫（沙漠攻勢）與「火炬」作戰計畫的進展，將使我們對該問題的判斷更為精確。

俄國人所表現出的態度，既不珍視我們的付出，也未能體察我們的艱辛；以下這個細微事件便是我們關係中一個黯淡的例子。

首相致莫洛托夫

1942年9月27日

外交大臣告訴我，他已經向你發送了一份電報，涉及英國海軍醫院在瓦廷加被下令關閉並撤回的情況。如果你能夠對此事親自進行干預，我將深感欣慰。由於凍傷導致截肢的重傷員正被運回這裡。我必須時刻關注商船海員的士氣，他們此前樂於搭乘商船前往俄羅斯。派遣英國醫療單位純粹是出於援助目的，並非指責俄國在空襲壓力下的安排不當。傷病員在醫院中找不到會說相同語言的護士交流，這會讓他們感到不便。不論如何，我希望你能提供一些具體的理由，以便在議會可能提出此問題時，我能予以回應。

我僅收到如下回應：

莫洛托夫致首相

1942 年 10 月 2 日

在我致函艾登先生時，我曾請求他將我關於阿爾漢格爾斯克和瓦延加（莫曼斯克）英國醫療人員問題的回信內容通報給首相。我認為，如你檢視 8 月 27 日蘇聯外交部的備忘錄以及 9 月 12 日我致英國大使的信，便可充分理解此問題的實質，並能對事情的真相，尤其是關於英國海軍當局的不當行為，得出必要的結論。

這種故作姿態清晰地揭示了官腔如何被用來摧毀人與人之間的所有連繫，乃至思想本身。

10 月 5 日，我收到了總統對我於 9 月 22 日撰寫致史達林信函草稿的回饋。

羅斯福總統致前海軍人員

1942 年 10 月 5 日

我已經詳細地閱讀了你在 9 月 22 日撰寫的致史達林信函。

我強烈主張，我們必須明確地承擔責任，在高加索部署一支空軍，而這類軍事行動不應受到任何其他軍事行動的制約。

俄國戰場現為我們最重要的支柱。除了逐漸減少的物資供應之外，我們必須設法提供直接援助。我們將確保替換自中東調走的飛機，並竭盡所能協助解決你們在中東的空軍問題。

關於 PQ 第十九號運輸船隊的問題，我堅決反對告知史達林船隊將停止執行。在與金海軍上將會談後，我希望鼓勵他們採用一種新的航行策略，其核心在於避開敵人並自行分散。根據這樣的策略，PQ 第十九船隊將分成多個小組，依次出發，每組由目前已經裝載或正在裝貨並準備駛往俄國的

蘇聯表達感謝之意

最快船隻組成。每組包括兩到三艘貨船和兩到三艘護航艦，每隔二十四到四十八小時出航一組。儘管這些船隻可能在缺乏足夠海軍保護的情況下航行，難免遭遇「提爾皮茨」號或重型巡洋艦的攻擊，但這確實是我們必須承擔的一次冒險。我們了解到，氣候條件並非每天都對我們不利，且較長的黑夜對我們有利。

我堅信我們會遇到一個理想的機遇，就像我們之前成功護送 PQ 第十八號船隊一樣，確保大量船隻安全抵達。我認為應該冒這個險，絕對不要在此刻危及我們與俄國的整體關係。我確信，你和龐德會認真評估我的建議。我得告訴你，我們的大使斯坦德利海軍上將請求回國一趟，親自彙報一件重要消息；我對此有些憂慮。

關於「天鵝絨」計畫，總統建議我向史達林發送以下電報：

你會記得我們關於在高加索部署英、美空軍的討論。我已經與總統研究此事，並決定立即推進這個計畫。我將告知你以下消息：我們可集結的最大空軍力量，以及未來數個月中我們籌組這支空軍的計畫。

他最終表示：

請告知你致函史達林的時間，我會馬上撰寫一封相似的信。我相信，我們兩封信的用詞都應令他回味無窮。

在接下來的幾週中，我將繼續與總統探討「天鵝絨」作戰計畫的可行性，以及如何維持北極運輸船隊的策略和方法。10 月 5 日，經過近 1 個月的沉寂，我從麥斯基處收到了史達林發來的以下電報：

1942 年 10 月 5 日

1. 我必須告知你，自 9 月初以來，史達林格勒的局勢已然惡化。德軍得以在該地區集結大量空軍後備力量，進而取得了兩倍於我方的空中優勢。我們無法提供足夠的戰鬥機來保護我方部隊的空中安全。即便是最勇

敢的軍隊，若缺乏空中支援，也會感到無能為力。我們尤其需要「噴火」戰機和「空中眼鏡蛇」戰機。我已經向溫德爾‧威爾基先生詳細說明了這些情況。

2. 承載軍火的船隻已經抵達阿爾漢格爾斯克，正在進行解除安裝。這是一項重要的援助。然而，由於噸位有限，我們寧願暫時放棄幾種援助物資，以換取更多的戰鬥機。

3. 你們情報處的資料顯示，德國每月生產的戰鬥機數量不超過一千三百架，這與我們的情報不符。根據我們的資料，德國的航空製造廠，包括被占領國家的飛機零件製造廠，每月至少可以生產二千五百架戰鬥機。

我將這封信及以下的說明一同遞交給總統：

前海軍人員致羅斯福總統

1942年10月7日

1. PQ第十九號運輸船隊無法按照你的建議，在減少護航艦的情況下分批連續起航。船隊即將停駛的事實也無法再對俄國人隱瞞。儘管麥斯基尚未收到正式通知，但他已經了解這些情況，我估計他已經向史達林報告全部情況。我們計劃在10月分的黑暗時期派遣十艘船隻分別航行。所有船隻均為英國船，船員必須自願參與；航行風險極高，船員們唯一的希望是，如果在遠離救援地點的海域被擊沉，他們能夠穿上北極衣，並且救生艇能夠配備取暖設備。如果經驗證明機會良好，那麼我們只能請求你們協助提供一些美國船隻，以便在11月9日之後分別航行，除此之外我們實在沒有其他選擇。

2. 我主張與史達林交流時應坦誠相待，而你卻建議延遲兩週再告知他更為有利。我堅決認為應該立即告知他。

3. 在埃及戰役開始之前，「天鵝絨」計畫無法實施。因為存在這樣的風險：德軍可能會從俄國戰場調動空軍前往埃及。也有另一種可能：他們

蘇聯表達感謝之意

被迫抽調大量空軍用於對抗「火炬」戰役。雖然我們無法確定一個更早的日期，但我相信，我們可以比較清楚地界定這支空軍的組成。經過數週的努力，我們已經確定了二十個空軍中隊的分配，但最終仍需獲得你們的同意和協助才能敲定。我願意詳細說明這支空軍的具體情況，以及要求出發和參戰的時間。

4. 我無法預測斯坦德利海軍上將將帶回國向你報告的消息，但我不認為會有單獨媾和的風險。俄國戰役對希特勒極為不利，儘管俄國人對我們兩國心存不滿，但他們並未喪失希望。

5. 因此，倘若我們提出當前擬議的「天鵝絨」計畫，增加飛機的運送，並在 PQ 航線上安排船隻分批航行，我相信能夠在「火炬」計畫啟動前修補裂縫。

10 月 9 日，我撥通了史達林的電話，簡要地介紹了「天鵝絨」計畫。

首相致史達林總理

1942 年 10 月 9 日

1. 我們計劃在本月底於埃及發起攻勢，「火炬」作戰方案將於 11 月初展開。這些軍事行動必定會導致以下結果：

（1）或者迫使德軍出動空軍和陸軍來反擊我們的作戰行動；

（2）或是強迫他們接受我們勝利帶來的新局面。由於西西里島和南歐將面臨攻擊的威脅，這種新局面將牽制德軍的行動。

2. 我們將在埃及展開攻勢，並動用強大的軍事力量。「火炬」行動規模龐大；參與此次行動的不僅包括美國海軍，還有 240 艘英國戰艦和超過 50 萬的兵力。無論如何，必須使用如此龐大的力量。

3. 我與總統急切地期盼在你們的南翼部署一支英、美空軍，並在蘇聯最高統帥部的戰略指揮下執行任務。我們已經下達命令，要求這支空軍集

結並前往駐地，以便在來年初能夠參戰。大部分空軍在解除埃及的戰鬥任務後，可以立刻從該地調派——我們確信，埃及的勝利將屬於我們。

4. 你在10月5日由麥斯基先生轉交的信中，請求英國與美國大幅增加對俄國的戰鬥機供應。我們將盡快透過波斯灣航線運送150架「噴火」飛機及相當於50多架飛機的備用零件。這些飛機和零件一旦準備完畢便會運送，這是一項特殊增援，未來我們無法再提供這樣的特殊增援。這是在北方航線計畫供應之外的額外支持（當北方航線可以運用時會盡量利用）。關於美國的援助，羅斯福總統將另行電告。

5. 最近船隊成功抵達阿爾漢格爾斯克，這讓我非常高興。七十七艘軍艦的護航是這次成功的關鍵所在。在即將進行的戰役完成之前，海軍無法再提供護航。只有等到「火炬」戰役不再需要護航艦時，才能再次派遣它們前往北方海域。

6. 儘管如此，我們計劃在此期間盡可能透過北方航線向你們運送物資，採用的方法是讓船隻單獨航行，而不集結成護航隊。我們已經做好安排，計劃在沒有月光的10月28日至11月8日期間讓船隻從冰島出發。除了美國的船隻外，我們英國的十艘船已經在準備中。這些船將單獨航行，彼此間距約為二百英里，有時甚至更遠，依靠這種分散航行以期能躲避敵人。

7. 我們期望自1943年1月起，重新啟用強大護航隊的方式進行物資運輸。

8. 如果能阻止德軍使用挪威北部的機場，這將對我們雙方都有極大的益處。若你們的參謀人員能夠制定一個合適的計畫，總統和我將立即研究並努力探討合作的可能性。

總統已經採取了相同的措施。

蘇聯表達感謝之意

羅斯福總統致前海軍人員

1942年10月9日

今日我已經致電史達林總理如下：

「英國首相已經將他發送給你的電報副本轉交給我。我們計劃盡快在高加索地區部署一支空軍，由你們戰略指揮。我正在努力為你爭取更多的飛機，並將在不久後告知具體情況。同時我也在嘗試將我們的一些商船轉交給你們，以增強你們在太平洋的物資運輸能力。我剛剛下令一家汽車輪胎廠為你們生產。我們正在向波斯灣運送重要的增援物資，以確保透過這條航線的供應增加，我相信這是可以實現的。我們正在運輸大量發動機、各種裝備和人員。我堅信我們策劃已久的軍事行動將取得成功。史達林格勒的英勇防禦戰激勵了每一個美國人，我們堅信這場保衛戰將取得勝利。羅斯福。」

10月13日，我接到了史達林的電話。電話中既未提及具體情況，也未提供任何幫助。

史達林總理致首相

1942年10月13日

我於10月9日接獲你的來電，謝謝。

氣氛中瀰漫著質疑。莫斯科的報紙竟對早已過時的赫斯事件大肆報導。10月15日，莫洛托夫發表公開宣告，要求將赫斯作為戰犯，由國際法庭立即審理。10月27日，一位蘇聯重要政論家在演講中指責「阿斯特夫人和『克利夫頓集團』的陰謀」，聲稱他們試圖單獨媾和。

這種荒謬言論對總統和我個人的看法或情緒毫無影響。我們正全力以赴。10月27日，我給外交大臣寫了一份備忘錄：

1. 我堅信，跟隨俄羅斯人的情緒是極為錯誤的，更不用提與他們一同

關注荒誕不經的傳聞。務必讓掌璽大臣斯塔福德・克里普斯爵士集中我們的注意力，並重新審視赫斯事件。一旦材料準備妥當，戰時內閣便可考慮是否將事實告知俄國政府。我明確告訴你，唯一有益的事情是艱苦作戰，爭取勝利。我們正在進行許多戰鬥，未來還將面臨更多的戰事。如果我們努力贏得勝利，你會發現我們的地位將完全改變。在此期間，我們應冷靜對待俄國人，不會因為他們的胡言亂語而動搖，而要堅定地執行我們的任務。你必須牢記，布爾什維克曾用謊言和捏造的宣傳摧毀了許多強大的政府，他們或許認為這種手段會對我們產生影響。

2. 我已經詢問總統是否收到史達林對我和他電報的回覆；我正在等待他的回電。收到後，我會親自草擬一封電報給史達林。電文內容簡明扼要，我想問他，他的「謝謝你」是否就是對我那封冗長電報的回應，若果真如此，那麼對於南翼的二十個空軍中隊、正在運送的追加「噴火」飛機、以及北極黑暗時期準備一隻一隻駛往俄國的運輸船等問題，他計劃採取什麼措施。「提爾皮茨」號現在已經南下至特隆赫姆，因此在「火炬」計畫的第一部分結束後，或許需要重新考慮運輸船隊的問題，然而，問題仍然在於護航艦隻。

與此同時，總統向我發送了如下電報：

羅斯福總統致前海軍人員

1942 年 10 月 28 日

我對於莫斯科是否會回應我們並不感到特別困擾。我確信他們使用語言的目的與我們有所不同。

關於在俄國南翼設立機場的問題，我尚未聽聞我方有任何困難，但我會立刻調查我方的狀況。

我堅信，俄軍能夠度過今年冬季，我們應該全力推進對他們的補給計畫，並派遣一支空軍與他們共同作戰。我希望我們能告訴史達林先生，我們已經百分之百地履行了我們的責任。

蘇聯表達感謝之意

冬季幾個月的緊張局勢因阿拉曼和「火炬」行動計畫以及俄軍在史達林格勒的輝煌勝利而有所緩解。在今年年底前，北極地區的一次輝煌軍事行動確保了一支船隊的安全抵達。回顧過去，蘇聯之所以採取那樣的行為，部分原因在於他們有這樣的信念：如果能夠度過冬季，他們便能拒絕西方任何直接的軍事援助；他們視這種援助為一種具有傳染性的接觸，並認為這對他們的威望構成打擊。我認為，我們在面對這樣一個政府的持續侮辱時所表現出的耐心，至少是值得稱道的，這個政府一直希望與希特勒合作，直到被攻擊到幾乎滅亡時才打消這個念頭。

然而，在此必須簡要地提及俄國陸軍的卓越戰績及其決定性的勝利。

為了掃清通往高加索地區的路徑，德軍必須占領羅斯托夫並肅清頓河下游彎曲地帶的俄軍。5月28日，德軍首次從庫爾斯克和別爾哥羅德北部發起進攻。至7月7日，從庫爾斯克北面出發的部隊抵達羅斯托夫郊外，但未能占領該地。從奧廖爾到沃羅涅日的防禦長線主要是由匈牙利軍隊負責，而德國第四裝甲集團軍則自頓河西岸南下。後續進攻突破了伊久姆前的俄軍防線，並與南下部隊會合。最終，從史達林諾發起的第三次攻擊迂迴至羅斯托夫以北的頓河下游。儘管所有行動進展不如預期迅速，但整體完成了計畫。俄軍頑強抵抗，但因敵方裝甲與摩托化部隊多次深入戰線，迫使他們大規模撤退至頓河流域後方。

三週後，首階段的戰鬥實際上已告結束，希特勒因此下令啟動第二階段的攻勢。南路集團軍群現被分為兩支部隊：一支是由利斯特指揮的A集團軍群，另一支則是由博克指揮的B集團軍群。希特勒於7月23日發布指令，明確了各自的任務。A集團軍群的目標是全占黑海東岸。在占領邁科普油田後，一支機動部隊將向格羅茲尼進軍，「隨後沿裏海出發以占領巴庫地區。」B集團軍群已經在頓河沿岸建立側翼防線，計劃向史達林格勒推進，「以殲滅聚集於此的敵軍，並奪取該城。」機動部隊將順沿窩瓦河

直取阿斯特拉罕。

中央集團軍群計劃採取區域性軍事行動，以阻止俄軍撤離戰線。北路方面，德軍計劃在9月初占領列寧格勒。希特勒為此命令從塞瓦斯托波爾解放出來的第十一集團軍的五個師與北路集團軍群會合，卻忽視了這會削弱主要攻擊力量的問題。實際狀況是，這些部隊及時抵達，但不是進攻，而是防禦因俄國進攻而被突破的德軍戰線。

德國A集團軍群向高加索的推進，由克萊斯特的第一裝甲集團軍的十五個師擔任先鋒。他們越過頓河後，幾乎沒有遇到抵抗，進展迅速。8月9日，他們到達邁科普，發現油田已經被徹底摧毀。另一支部隊於8月25日攻下莫茲多克，但在捷列克河受阻，未能抵達格羅茲尼油田。巴庫油田是所有油田中最大的，仍在三百英里之外。9月10日，在黑海沿岸的新羅西斯克被德軍占領；俄國黑海艦隊在塞瓦斯托波爾陷落後曾在此避難，現在已經轉移至圖阿普謝並駐留在那裡。希特勒要求占領整個黑海沿岸的命令未能實現。在中線，德軍已到達高加索山腳，但未能繼續前進。俄軍的抵抗在獲得從黑海西岸鐵路運來的增援後，全線趨於穩定。克萊斯特的部隊因分兵攻打史達林格勒而被削弱，他一直戰鬥到11月。11月2日，他占領了納爾奇克。此後，冬季條件阻礙了行動，克萊斯特的進攻勢頭也因此只能趨緩。

在德國B集團軍群的前線，比失敗更嚴重的事件發生了。史達林格勒對希特勒產生了致命的吸引力；其名字本身就是對他的挑釁。這座重要城市不僅是工業中心，還是阻擋他強攻高加索側翼的堅固堡壘。它成為磁石，吸引了德國陸、空軍的主力。

德國第四裝甲集團軍掉頭南下，試圖協助A集團軍群渡過頓河，此舉導致了嚴重的後果。它的這個行動延誤了對史達林格勒的進攻，而當它再次轉向東方時，俄軍已經退至頓河對岸並在整頓中。俄軍的抵抗越發頑

蘇聯表達感謝之意

強。直至9月15日，德軍在頓河與窩瓦河之間經過激烈戰鬥後，才抵達史達林格勒的郊區。10月，德軍在圍攻戰中雖然取得了一些進展，但付出了巨大的傷亡代價。然而，俄軍在城市廢墟中以無比的獻身精神進行激烈戰鬥，任何力量都無法制伏他們。

德國將領們的心情越發焦慮不安。經過3個月的激烈戰鬥，德軍未能實現其戰略目標：高加索、史達林格勒和列寧格勒仍在蘇軍掌控之下。德軍傷亡慘重，增援不足。希特勒不僅不派遣新兵補充損失，反而用新兵籌組未經訓練的新師。軍事專家認為此時應當止步，但「這個啃地毯的人」不願接受建議。9月底，希特勒的參謀長哈爾德因不服從而被撤職。希特勒繼續督促部隊前進。

截至10月中旬，德軍的形勢顯著惡化。B集團軍群的戰線綿延七百英里。保羅斯將軍的第六集團軍在史達林格勒耗盡力量，已經呈現疲憊不堪的狀態，而其側翼由戰鬥力堪憂的盟軍防守。冬季將至，蘇軍勢必展開反攻。若頓河前線失守，高加索德軍的安全將無法保障。然而，希特勒拒絕任何撤退建議。11月19日，蘇軍發起精心策劃的包圍戰，猛烈攻擊史達林格勒南北兩側薄弱的德軍側翼。四天后，蘇軍的鉗形攻勢形成合圍，德國第六集團軍被困於頓河與窩瓦河之間。保羅斯建議突圍，但希特勒命令他堅守。隨著時間推移，他的部隊陣地逐漸縮小。12月12日，嚴寒中，德軍拚盡全力試圖突圍蘇軍包圍圈，想要解救被困的第六集團軍，他們失敗了。隨後，保羅斯及其部隊雖然苦撐了七個可怕的星期，但覆滅的命運已成定局。

阿拉曼戰役開打

在中東指揮部門換將後的數週內,開羅與前線的計畫制定和訓練工作仍在持續進行。第八集團軍獲得了前所未有的增強。第五十一師和四十四師從英國抵達中東,已經轉變為「適應沙漠作戰的部隊」。我們的裝甲部隊擴充至七個旅,配備超過一千輛坦克,其中將近一半是來自美國的「格蘭特」和「謝爾曼」坦克;我軍在數量上擁有二比一的優勢,而在品質上面至少不遜色。在西部沙漠集結了空前強大且訓練有素的炮兵,以支援即將展開的攻勢。

根據 1941 年 10 月 7 日的指示,中東空軍的策略和任務由總司令掌控,但在特德空軍中將的領導下,並不需要嚴格的規章。空軍司令部與新任陸軍將領的關係保持融洽。科寧厄姆空軍中將指揮的西部沙漠空軍現已擁有五百五十架飛機的戰鬥能力。除了以馬爾他島為基地的飛機,另外有兩支空軍部隊,總共擁有六百五十架飛機,主要任務是騷擾敵方港口以及地中海和沙漠中的敵方補給線。再加上一百架美國戰鬥機和中型轟炸機,我們的總實力約為一千三百架可參戰的飛機。

在這一切準備工作進行的同時,我必須盡快掌握亞歷山大將軍的意圖。因此,我於 9 月 17 日發送了如下電報:

首相致亞歷山大將軍

1942 年 9 月 17 日

我正焦急地期待你的來電,以明確你的意圖。我們原本商定於 9 月的第四週發起進攻。後來你提到,因為最近那場戰役 —— 已經大幅削弱敵軍 —— 需要更多時間來重新集結兵力等事宜。我不需要知道你的詳細計

阿拉曼戰役開打

畫或確切日期,但我必須了解具體的週數,否則難以對整體戰局作出必要的評估。

亞歷山大將軍在多封電報中向我們透露,「捷足」已經預定於10月24日左右展開,這是此次戰役的代號。他表示:「由於缺乏開闊的側翼,此次戰役需分階段進行,以在敵軍防線上開闢缺口。」作為裝甲部隊主力的第十軍將在白日透過這個缺口推進,成為此次攻擊的先頭部隊。該軍需要等到10月1日才能獲得所有武器和裝備,並需要進行將近1個月的訓練方能勝任任務。「我認為,首次突破進攻必須在滿月時進行。這將是一次主要的作戰行動,需耗費時間,並且若要讓我軍的裝甲部隊有整日的時間解決戰鬥,必須在敵方戰線上開闢足夠大的突破口。我的整個計畫實際上與滿月密不可分。我已經仔細考慮過如何將此次戰役的時間與『火炬』戰役協調,得出的結論是我軍進攻的最佳日期是在『火炬』戰役前十三天」(當時「火炬」戰役定於11月4日發動)。

首相致中東總司令

1942年9月23日

所有事宜已經交由你處理。只要能夠贏得這一戰,耗費些許時日自然也是值得的。無論發生何種情況,我們都會成為你的後盾,堅定支持到底。

我僅向你指出一個問題,涉及敵軍在此期間將要建立的防禦工事。你是否考慮過將面臨一條由爆破而成的岩洞、隱蔽的炮位和機槍陣地構成的縱深達二十五英里的防禦工事,而非一夜之間即可攻破的薄弱防線?坦克原本是為承受機槍火力以便步兵推進而發明的,而現在卻反過來需要步兵為坦克掃清道路。在我看來,由於火力的顯著增強,步兵的任務將異常艱鉅。你此刻必定也在思索這些挑戰及應對策略,以及如何擴大進攻面以充分利用你的兵力優勢。

又過了大約1個月,進攻的時刻即將到來。

首相致亞歷山大將軍

1942 年 10 月 20 日

無論是在北非，還是在維琪法國的局勢演變，都對我方有利。「火炬」行動的準備工作正有條不紊地進行，但我們將所有的希望寄託在你和蒙哥馬利即將展開的戰役上。這場戰役可能對未來產生重大影響。請代我向蒙哥馬利和科寧厄姆致以熱烈的問候。當你發起進攻時，請用「齊普」二字通知我。

此時，空軍已經投入戰鬥，襲擊敵方的部隊、機場和交通線。空軍對敵軍運輸船隊特別關注。在 9 月，北非補給運輸的軸心國船隻中有 30% 被擊沉，這多是空軍的功勞。到 10 月，這個比例上升至 40%。敵軍汽油損失高達 66%。在秋季的 4 個月間，軸心國船隻損失超過二十萬噸。這對隆美爾的軍隊構成了嚴重的打擊。

我期待已久的那兩個字終於傳來了。

中東總司令致首相及帝國總參謀長

1942 年 10 月 23 日

「齊普！」

我立刻致電給總統。

前海軍人員致羅斯福總統

1942 年 10 月 23 日

埃及戰役將於倫敦時間今晚八點開打。整個陸軍力量將參與此次戰役。我會隨時向你更新戰況。在埃及的勝利將對我們的核心事業極為有益。你在托布魯克那個陰暗的早晨所提供的「謝爾曼」坦克和自行火炮，將在這場戰役中展現其威力。

當時，蒙哥馬利將軍手中可隨時調遣的兵力包括三個裝甲師以及相當

阿拉曼戰役開打

於七個步兵師的部隊。為了集中如此龐大的兵力,必須採取一些巧妙的欺敵策略和預防措施。尤為重要的是,絕不能讓敵方飛機俯瞰到我們的準備工作。所有這些措施都取得了極大的成功,因此這次進攻完全讓敵人措手不及。

10月23日晚,明月高懸,近千門大炮對敵方炮兵陣地展開猛烈攻擊,持續二十餘分鐘,隨後轉向敵步兵陣地。在炮火掩護及空中轟炸的協同之下,第三十軍(利斯將軍指揮)和第十三軍(霍羅克斯將軍指揮)展開攻擊。第三十軍面對的是由四個師駐守的敵方防線,全軍致力於突破敵軍防禦工事,打開兩條通道。緊隨其後的是第十軍(拉姆斯登將軍指揮)的兩個裝甲師,目的在擴大戰果。他們頂著激烈炮火勇猛推進,至拂曉時已經深深楔入敵軍戰線。工兵部隊已經清除先頭部隊後面的地雷,但我軍尚未突破敵方布雷陣地的縱深,裝甲部隊亦沒有快速突破敵線的可能。稍南處,第一南非師奮力前行,保護突出部南翼,第四印度師從魯威塞特山脊發起攻擊。同時,第十三軍下屬第七裝甲師和第四十四步兵師也突破了正面敵軍防線。到此,這支部隊完成了任務:在北方主要戰鬥展開之際,誘敵在此段戰線後方駐留兩個裝甲師達三日之久。

截至目前,我軍尚未能在敵軍的深厚布雷地帶和防線上打開任何缺口。10月25日凌晨,蒙哥馬利與他的高級將領召開會議,在會上,他下令裝甲部隊依照原計畫,在黎明前重新發動猛烈進攻。當天經過激烈戰鬥後,雖然取得些許進展,但被稱為腰子嶺的地區成為我軍與敵軍第十五裝甲師和阿里雅特裝甲師激戰的關鍵地帶,敵軍不斷猛烈反撲。第十三軍在其戰線上未再推進,以保存第七裝甲師的實力,準備在關鍵時刻使用。

敵軍司令部曾經陷入嚴重混亂。9月底,隆美爾回德國治病,由施登姆將軍接任。戰役開始不到二十四小時,施登姆便因心臟病猝發去世。在希特勒的要求下,隆美爾於10月25日傍晚出院重新指揮。

10月26日這天，在這個已經深深切入敵方防線的突出部，全線戰鬥依然激烈，腰子嶺的戰鬥尤為慘烈。消失了兩天的敵方空軍，此刻也果斷地向我方的空中優勢發起挑戰。空戰頻繁，我軍多次占據上風。第十三軍的奮戰雖延緩了敵軍的行動，但未能阻止德軍將其裝甲部隊調往他們現已辨識出的防線關鍵區域，然而，這個調動遭到我方空軍猛烈攻擊。

在莫斯黑德將軍的指揮下，第九澳洲師發起了一次新的攻勢，取得了顯著的成果。該師從突出地帶向北方的大海發起攻擊。蒙哥馬利抓住這個機會，擴大了這次輝煌的勝利。他命令紐西蘭師停止向西推進，並指示澳洲部隊繼續向北進攻。這個行動威脅到北翼德軍步兵師部分人員的撤退路徑。此時，隆美爾意識到我軍在密集地雷和強大反坦克炮陣地中進展緩慢，攻勢有所減弱。於是，他重新集結部隊和後備力量，為下一次猛烈的攻擊做好準備。

在10月27日和28日兩天，我軍與德國第十五和第二十一裝甲師在腰子嶺展開了兩天的激烈戰鬥。這兩支部隊是剛從南方調來的，多次對腰子嶺發起進攻，卻屢屢被擊退。亞歷山大將軍對此戰役作出了以下描述：

10月27日，敵軍發起了一次傳統的裝甲部隊大規模反攻。他們動用了所有可用的德、義坦克，進行了五次進攻，結果毫無斬獲，損失慘重。更糟的是，由於我方坦克採取防禦姿態，損失較輕，敵軍損失遠超我方。10月28日，敵軍捲土重來，經過一上午的細緻偵察，試圖找出我方的薄弱環節和反坦克炮位置。隨後，在下午，藉著落日餘暉，他們集中兵力發起猛烈攻勢。然而，敵方偵察效果不如從前，因為我方坦克和反坦克炮在較遠距離上就能進行作戰。就在敵軍試圖集結兵力進行最後攻勢時，英國皇家空軍以摧枯拉朽之勢再度參戰。在兩個半小時內，出擊的轟炸機在三英里寬二英里長的敵軍集結區投下了八十噸炸彈，敵軍尚未整隊，進攻即被擊潰。這是敵軍最後一次試圖掌握主動權。

阿拉曼戰役開打

在 10 月 26 日和 28 日這兩天，我空軍成功擊沉了三艘極為重要的敵方油船，這個成就象徵長期進行的空中作戰獲得了空前的回報，使得空中作戰成為陸上作戰不可分割的一部分。

儘管此刻勝負仍未分明，但我認為已經可以將戰況通報給各位自治領總理。

首相致函加拿大、紐西蘭及澳洲總理

1942 年 10 月 28 日

埃及的戰役進展得非常順利，儘管目前尚無法預測最終結果。敵軍彈藥和燃料短缺，而我們不久前還擊沉了一艘他們急需的關鍵油船。我們在空軍、裝甲部隊（包括頂級裝甲）以及兵力方面都遠遠超過敵軍，此外，我們還有一條極為便利的交通線。隆美爾重病在身，且在不得已的情況下被調回。亞歷山大和蒙哥馬利將軍決心奮戰到底。如果他們成功，敵軍由於缺乏交通工具和燃料，將很難順利撤退。因此，對我軍而言，在當地解決戰鬥比在西部地區更加有利。

尊敬的弗雷澤先生：

你將以驕傲與激動之情見證紐西蘭勇士們的所有英勇壯舉，以及他們在這場可能永垂不朽的事件中所建立的功勳。

敬啟柯廷先生：

你將懷著自豪和喜悅之情了解第九澳洲師在這次無愧於最重要事件中的貢獻。

我亦向亞歷山大將軍發送了如下電報：

1. 你與蒙哥馬利將軍決心果斷地發起了這場決定性戰役，戰時內閣國防委員會特向你們致以祝賀。國防委員會認為，整體局勢已經證實，不顧一切風險與犧牲來進行這場殘酷戰鬥是完全正確的。我們向你保證，我們將不惜一切代價，全力支持你為徹底擊潰隆美爾部隊及奮戰至最後所採取的一切行動。

2. 空軍在摧毀敵方急需的油船方面取得了卓越的戰績，而敵方在前線和後方的極度焦慮和緊張形勢，讓我們有充分理由堅信最終勝利一定屬於你。希望你能簡要說明在報告中尚未提及的當前計畫。

3. 與此同時，「火炬」作戰計畫的準備工作在高度保密的狀態下順利推進，我們將準時發起攻擊。

4. 以下情況僅供你與蒙哥馬利知悉。克拉克已經造訪了「火炬」地區，並與一些對我方友好的法國將領進行了長時間的會談。我們有理由相信，屆時不僅不會遇到抵抗，還會獲得強而有力的援助。因此，局勢的發展可能會比預期更快，甚至遠超原定計畫。預計法國方面很可能會做出決定性的反應；而西班牙方面至今未見任何異常跡象。據我們所知，敵人尚不知曉攻擊即將來臨，對其規模之大和迫切程度也毫無察覺。向你和蒙哥馬利致以最誠摯的祝福。你們的勝利若能圓滿達成，將會被人們永遠銘記。

亞歷山大將軍致函首相及帝國總參謀長

1942 年 10 月 30 日

蒙哥馬利與我完全達成共識，需要維持強大的攻勢壓力。敵方布雷區與反坦克炮帶來障礙並造成延誤。但我們即將發動步兵和坦克的大規模進攻，為第十軍開闢一條通路。若此次攻勢能夠成功，對整體戰事將產生深遠影響。

阿拉曼戰役開打

首相致特德空軍上將

1942 年 10 月 30 日

你從空中、地面和海上攻克敵軍，取得了卓越的戰績，特此向你表示熱烈祝賀。請代向科寧厄姆及曾在利比亞沙漠中熱忱接待過我的皇家空軍官兵轉達問候。那時我便堅信偉大的日子即將來臨。這些時日終於來臨，你們在這段時間中做出了卓越的貢獻。

特德空軍上將致首相

1942 年 10 月 31 日

我代表全體駐防在此的空軍官兵，向您致以最誠摯的謝意，感謝您那封充滿嘉獎與鼓舞的賀電。我們正乘勝追擊，決心奮戰到底。

亞歷山大將軍致首相

1942 年 10 月 31 日

感謝您的來電表彰。敵軍在絕望中奮力反擊，而我方則持續給予無情打擊。敵人近期極有可能瓦解。

亞歷山大將軍致函首相及帝國總參謀長

1942 年 11 月 1 日

截至 10 月 31 日早上 6 時，我軍的最高損失估計為：陣亡、受傷及失蹤的軍官共計六百九十五名，士兵九千四百三十五名。

傷亡最為慘重的是第五十一高地師和第九澳洲師，各自損失了約兩千人。第十裝甲師則損失了一千三百五十人。

受損的坦克正在順利地進行修復。在前六天之內，已經修復了二百一十三輛坦克，其中僅有十六輛被確認為無法修復。

蒙哥馬利此時已經制定了詳細計畫,並完成部署,準備實施關鍵性的突破(即「增壓」作戰計畫)。他將第二紐西蘭師和英國第一裝甲師從前線撤回,尤其是後者在腰子嶺成功擊退德軍裝甲部隊後,急需整頓。英國第七裝甲師與第五十一師及第四十四師的一個旅合併,組成新的後備隊。此次突破將由第二紐西蘭師、英國第一百五十一與一百五十二步兵旅及第九裝甲師率先發起。

在這段時期,借用亞歷山大的言詞:

在 10 月 28 日和 10 月 30 日的夜間,澳洲軍隊向北方海岸發起猛烈攻擊,成功將駐守在該地的四個德國營包圍在一個袋形陣地內。敵軍似乎堅信,我軍意圖進攻公路和鐵路,因此頑強抵抗我們的進攻。敵方調來了原先駐紮在我軍突出部西面的第二十一裝甲師,並聯合原防守我軍突出部北翼的第九十輕裝師,發動猛烈反攻,試圖解救被圍部隊。敵軍以的里雅斯特師——其最後一支尚未投入使用的後備部隊——接替第二十一裝甲師的原陣地。在敵軍為解救被圍部隊而大大分散兵力,並動用了最後一支尚未參戰的後備部隊之際,我軍得以從容重整兵力,以執行「增壓」作戰計畫。

澳洲軍隊在經歷一連串艱苦的激烈戰鬥後,終於成功推進,取得了輝煌的戰果,這使得整個戰局對我方極為有利。11 月 2 日凌晨一點,「增壓」行動正式發動。在三百門火炮的掩護下,第二紐西蘭師所屬的幾個英國旅突破了敵人的防線,英國第九裝甲旅率先衝入敵陣。然而,他們發現在通往拉曼的道路上,一道裝備強大反坦克武器的新防線阻擋了他們的去路。經過長時間的激戰,該旅傷亡慘重,但為後續部隊打通了一條血路,英國第一裝甲師隨後透過這條通道繼續前進。緊接著,這次戰役中最新的一場坦克會戰爆發。敵軍用所有剩餘的坦克猛烈攻擊我軍突出部的兩翼,但均被擊退。這是一場慘烈的決戰。然而,次日,也就是 11 月 3 日,當空軍

阿拉曼戰役開打

報告敵軍開始撤退時，通往拉曼道路上的敵軍後衛部隊仍然糾纏著我軍裝甲部隊的主力，使其無法前進。希特勒下令不准後退一步，但是這個問題的決定權已經不在德國人手中。現在只需要在敵人的防線上再打開一個缺口，勝利即將到來。11月4日清晨，第五印度旅在特勒阿格及爾以南五英里的地方發動了一次快速而猛烈的攻擊，取得了極大的成功。我軍至此已經取得全面勝利，我裝甲部隊終於打通了橫越無垠沙漠追擊敵軍的道路。

亞歷山大將軍致首相

1942年11月4日

歷經十二天的浴血奮戰，第八集團軍已經將隆美爾指揮下的德軍和義軍徹底擊潰。敵軍防線已經被攻破，大批英國裝甲部隊已經通過缺口，持續在敵後展開作戰。一部分得以脫身的敵軍正在全面撤退，並不斷遭到我裝甲部隊、機動部隊及空軍的追擊。其餘的敵軍各師仍在頑強的堅守陣地，試圖苟延殘喘，這些部隊即將被包圍，走投無路。

皇家空軍始終如一地在地面戰鬥中提供卓越支援，同時持續轟炸敵軍撤退的縱隊。

戰鬥依然持續。

首相致亞歷山大將軍

1942年11月4日

在你與卓越副手蒙哥馬利的領導下，第八集團軍在埃及戰役中取得了傑出成就，特向你們表達誠摯的祝賀。儘管這場戰役的影響可能需要幾天甚至幾週才能完全顯現，但毫無疑問，這是一件具有重大意義的事件，它將對整個世界大戰的未來走勢產生深遠影響。

倘若您在電報中提及的合理期望成真，敵軍即將整體被俘或全面潰退，我計劃以全國鳴鐘慶祝，這是自戰爭開始以來的首次。希望您能在未

來幾天內實現這個願望。俘擄人數至少需要達到兩萬名。如此豐碩的成果將對即將展開的「火炬」戰役適時而有利，既能鼓舞我們在戰役地區的盟友，也能轉移敵人的注意力，使其忽視即將面臨的另一場攻勢。

「火炬」的調動工作正按計畫精確推進，保密措施始終到位，令人驚嘆。不久之後，我們將對整個局勢有全新的認識。

隆美爾目前正在全面撤退，但由於運輸工具和燃料有限，僅能撤走部分部隊。因此，儘管德軍在戰鬥中表現英勇，此時卻拋下義大利盟友，自己先行乘坐車輛撤離。六個義大利師的數萬名士兵被遺棄在沙漠，無法撤退，缺乏糧食和水源，除了投降別無他法。戰場上滿是被摧毀或遺棄的坦克、大炮和車輛。根據德方紀錄，戰事初期，德軍裝甲師團有 240 輛可作戰的坦克，到 11 月 5 日，僅剩 38 輛。在我軍空軍占據優勢的情況下，德軍空軍放棄了無望的戰鬥，我方空軍幾乎如入無人之境，全力攻擊撤退中的敵軍和車輛。隆美爾本人對皇家空軍的傑出表現給予高度評價。他的軍隊已被完全擊潰；他的副手馮·托馬將軍及九名義大利將領已經成為我軍俘虜。

看來敵軍的慘敗很有可能演變為全軍覆滅。第二紐西蘭師接到命令追擊至富凱，但到達時已經是 11 月 5 日，敵軍早已撤離。另一個機會是在馬特魯港截斷敵軍退路，英國第一和第七裝甲師正向該港推進。到 11 月 6 日傍晚，他們距離目標地已經不遠，敵軍仍在努力逃脫我軍日益收緊的包圍。然而，天降大雨且缺乏前進所需的汽油。11 月 7 日整天，我軍未能繼續追擊。這 24 小時的停頓使我軍未能完成包圍。然而，四個德國師和八個義大利師已經潰不成軍。戰後統計總共俘擄了三萬名德、義俘虜和大量物資。隆美爾對英國炮兵在擊敗德軍方面的作用如此評價：「英國炮兵再次展現了它那聞名的優勢。尤其值得注意的是英國炮兵的高度機動性和進攻部隊必備的迅速反應能力。」

阿拉曼戰役開打

對於德軍此次戰敗的過程，我們可以引用 11 月 9 日亞歷山大將軍所發布電報中的一段話作為結尾：

這場戰役可劃分為四個階段：首先，集結我方部隊準備全面進行戰鬥，同時施展迷惑策略以擾亂敵軍，進而實現奇襲，此乃致勝關鍵。其次是突破，即集中各兵種之力，在敵方防線上撕開一道缺口，繼而將突破部隊分為兩翼，以便擴大戰果。第三階段是東攻西進，以吸引敵軍調動兵力，使其將所有後備力量用於封堵缺口和反覆反攻。最後，發動猛烈攻擊，摧毀敵軍最後一道防線，打開通道，我方裝甲與機動部隊隨即源源不斷穿越該通道。

亞歷山大將軍致首相

1942 年 11 月 6 日

鳴鐘吧！據估算，俘虜人數現已達到兩萬，繳獲坦克三百五十輛，大炮四百門，以及數千噸軍用物資。我軍的先鋒機動部隊已經到達馬特魯港以南的區域。第八集團軍正乘勝追擊。

然而，此刻我回想起 1917 年康布雷戰役結束後的情形，因此經過深思熟慮，決定等到即將展開的「火炬」作戰計畫取得勝利後再鳴鐘慶祝為宜。但我期望在一週內實現這個願望，於是將此意見告知亞歷山大將軍。

阿拉曼戰役與此前在沙漠中的戰鬥截然不同。由於戰線狹窄、工事堅固且有重兵防守，沒有側翼可供迂迴，只有實力強大且勇於進攻的一方才能取得突破。這些情況讓人聯想到第一次世界大戰期間西線的戰鬥。我們在埃及目睹了 1917 年底康布雷戰役中所見的情景，這種實力對抗在 1918 年的多次戰役中也曾出現，即進攻方擁有短而優良的交通線，集中使用炮兵，形成猛烈的火力網，然後以大量坦克推進。

蒙哥馬利將軍及其上司亞歷山大皆為經驗豐富、深思熟慮的指揮官，因而對此戰術有著深刻的理解。蒙哥馬利是傑出的炮兵專家，相信炮火的殺傷力，正如蕭伯納所言拿破崙也持此信念。我們時常看見他指揮三、四百門大炮在統一的號令下參戰，而非依靠分散的炮兵小隊進行零星轟擊；過去，這種零星轟擊常與坦克襲擊一起在廣袤的沙漠中展開。當然，無論從何種角度而言，阿拉曼戰役的規模都無法與法國和佛蘭德的戰役相比。在阿拉曼，我們在十二天內損失了一萬三千五百人，而在索姆河地區的首日損失便接近六萬人。另一方面，自第一次世界大戰以來，防禦火力大幅增強，當時人們普遍認為，不僅在炮火上，而且在兵力上，至少需兩到三倍的優勢才能突破堅固的防線。在阿拉曼，我們並未擁有這樣的優勢。敵軍陣線不僅包括連綿不絕的前線據點和機槍陣地，這樣的防禦體系在縱深區域也廣泛分布。此外，在這防線之前，還有大規模的雷區作為強力屏障，地雷的品質和數量均為前所未有。因此，綜上所述，阿拉曼戰役將永載於英國戰史的輝煌篇章之中。

它將永載史冊，還有一個原因。它實際上象徵著「命運的轉捩點」。我們可以說：「在阿拉曼戰役之前，我們從未贏得勝利；在阿拉曼戰役之後，我們未嘗一敗。」

阿拉曼戰役開打

展開「火炬」行動

　　羅斯福總統決定不向自由法國人士透露「火炬」行動計畫的詳情，因為他對戴高樂懷有偏見，並透過李海海軍上將與維琪政府保持連繫，同時對兩年前達卡事件的洩密仍然記憶猶新。我對此沒有異議。然而，我仍無法忽視英國與戴高樂之間的關係，並意識到刻意將他排除在計畫之外必然會讓他感到極大的侮辱。因此，我計劃在進攻即將開始前告知他，並準備將馬達加斯加島交由他管理，以減輕他和他所領導的運動所承受的這種侮辱。在「火炬」戰役的準備過程中，我們遇到的所有事實及後來的全部消息都證明，如果當時允許戴高樂參與，勢必會引起北非法國人士的強烈反感。

前海軍人員致羅斯福總統

1942 年 11 月 5 日

　　1. 在進攻前一日，我必須在確認次日天氣狀況良好的情況下，將「火炬」計畫告知戴高樂。你或許記得，我曾在 1940 年鄭重與他交換信件，承認其為自由法國的領袖。我深信他具備軍人的氣節。

　　2. 我計劃向他解釋，之所以沒有告知他「火炬」計畫，是因為該計畫屬於美國並且具有保密性。我會進一步說明，不邀請他和他的同伴參與「火炬」計畫，並不是由於我們對他以及他所領導的運動缺乏善意，而是由於「火炬」地區局勢複雜，需要盡量避免戰鬥。我準備在星期五的某個時間宣布任命勒・讓蒂奧姆將軍為馬達加斯加總督，我們一直將此視為對他的一種安慰。這將表明我們並不打算拋棄自由法國人士。至於他與吉羅之間的關係，我個人認為他們將在政治上攜手合作，但具體方式我無法預料。希望你能贊同我提出的策略。

展開「火炬」行動

羅斯福總統致前海軍人員

1942 年 11 月 5 日

任何試圖讓戴高樂參與「火炬」計畫的舉動，都可能對我們爭取非洲大部分法軍加入我方遠征軍充滿希望的工作產生負面影響，我對此深感憂慮。

因此我建議在登陸成功之前，不要向戴高樂透露「火炬」計畫的任何細節。登陸成功後，你可以解釋說，這是經過我同意，美國遠征軍的美方指揮官堅持保密，以確保安全。

戴高樂在週五宣布馬達加斯加總督的人選，對於「火炬」計畫並無實際助益，當前只需在其支持者之間維持他的聲望。

李海海軍上將對此意見表示完全贊同。

尋找一位備受尊敬的法國人士顯然是必要的，而在英、美人士心中，沒有人比吉羅將軍更為合適。這位鬥志頑強的高級指揮官因其在德國的驚險大膽越獄行動而廣為人知。1937 年，我曾在參觀馬奇諾防線時於梅斯與吉羅相遇，那時他負責指揮防線的主要部分。在本書中，我已經描述過這次會面。他當時向我講述了自己在第一次世界大戰期間越獄後在德軍後方的驚險經歷。由於我也曾經越獄，這使我們有了共同的經歷。如今，他晉升為集團軍司令官後，再次重現了他年輕時的英勇事蹟，這次事蹟更加轟動。奇怪的是，早在今年 4 月間，當我們的祕密戰爭計畫「火炬」尚未誕生時，我就曾發給總統如下電報：

1942 年 4 月 29 日

我對吉羅將軍逃離監禁並抵達維琪一事充滿興趣。此人在實現你所寄予厚望的計畫上或將發揮關鍵作用。請告知您所掌握的詳細情況。

如今，經過半年的醞釀，這一切變得特別關鍵。美國人與吉羅將軍舉行了祕密會晤，並制定了計畫，準備在關鍵時刻將他從里維埃拉轉移到直

布羅陀。我們對代號「要人」的吉羅寄予厚望。我在11月3日致電總統說：

「要人」來電表示，他已經決定立刻前來，並要求安排一架飛機將他送至直布羅陀。艾森豪已經回電勸他搭乘一艘由美國艇長指揮的英國潛艇，該潛艇已經在海岸附近待命。

在海上經歷了一場虛驚之後，吉羅和他的兩個兒子被安全地轉移到直布羅陀。

在此期間，我們的龐大艦隊已經接近其目的地。我們決心不惜一切代價確保將計畫執行到底。大多數從英國港口出發的護航隊需要穿越比斯開灣，這個區域是德國潛艇活動的中心，因此需要強大的護航力量。我們不僅在10月初開始在克萊德灣及其他英國西部港口集結大量船隻，還確保護航隊的實際出航時間能夠避開敵人的偵察。我們非常成功地實現了這個目標。德國人根據錯誤的情報認為我們的目標是達卡。到10月底，約有四十艘德國和義大利的潛艇在亞速爾群島以南和以東埋伏，導致一支從獅子山返回英國的龐大運輸船隊遭到重創，十三艘船隻被擊沉。在當時的情況下，這種損失並不算什麼。第一批「火炬」運輸船隊於10月22日離開克萊德灣。到10月26日，所有快速運兵船隻均已出發，美國部隊也從美國直接駛向卡薩布蘭卡。由六百五十多艘艦隻組成的遠征軍現已全部出動，悄然穿越比斯開灣和大西洋，未被德國潛艇或空軍發現。

我們已將所有力量投入其中。在遙遠的北方，巡洋艦正在監控丹麥海峽和北海的出入口，以防止敵方艦隻的騷擾。其他巡洋艦則駐守在亞速爾群島附近，這是美國人必經的航道。同時，英、美轟炸機編隊正在襲擊法國大西洋沿岸的德國潛艇基地。儘管德國潛艇顯然已經集中至直布羅陀海峽，但我們的先鋒艦隻在11月5日至6日晚間進入地中海時仍未被發現。直到7日，運送至阿爾及爾的船隊距離目的地不到二十四小時航程時，才被敵人發現，但即便如此，僅有一艘船遭受攻擊。

展開「火炬」行動

此時，正是該發表總統宣告的時刻。我對他傳遞來的宣告初稿感到有些不安，因為其中他稱貝當為「我親愛的老朋友」，並且重提 1916 年凡爾登的輝煌戰績，這顯然有些過時。我認為，對於戴高樂的支持者而言，這無疑意味著與其切斷連繫。

前海軍人員致羅斯福總統

1942 年 11 月 3 日

我不知可否指出，你給貝當的那封信稿似乎顯得過於客氣。如今他的威望定已大不如前。過去，他曾以其聲望對我們的事業造成了巨大的損害。請考慮這封信對戴高樂支持者的影響；我們對他們有重大責任，他們被排除在「火炬」計畫之外，必定感到極大痛苦。有人告知我，這封信在其他地方也可能引發負面反應。毫無疑問，給他一封友好的信是正確的，但或許可以考慮降低語氣。

羅斯福總統致前海軍人員

1942 年 11 月 4 日

我認可應將致貝當信函的語氣稍作緩和，因此我已經重新撰寫。我堅信這封重寫的信不會激怒我們的法國朋友。

總統針對宣告所進行的修訂令人滿意，建議讀者查閱已發布的霍普金斯文件。

11 月 5 日，艾森豪大膽飛往直布羅陀。我將這個要塞交由他指揮，作為英、美首次大規模軍事行動的臨時總部。

直布羅陀在戰爭的關鍵時刻已經到來。從 1939 年 9 月起，我們就已實施軍事防禦，以避免被圍攻。面對西班牙的邊界，我們逐步建構起一個強力的防禦體系，在直布羅陀的岩壁上開鑿了眾多坑道，用於安置控制地

峽的火炮。同時，也採取了必要的措施以防禦來自空中、海上和空降部隊的攻擊。這裡最需要的是水。到 1940 年年中，堅固的岩石中已經建成幾座蒸餾水工廠，提供了充足的供應和儲備。這是一項巨大的工程。

直布羅陀在戰爭中最顯著的貢獻，展現在其飛機場的創新與應用。最初，這不過是一個位於跑馬場的小型降落地，但自 1942 年起，經過多次擴建，最終建成了一條超過一英里長的寬闊跑道。其西端一直延伸到直布羅陀海灣，由開鑿隧道時所挖出的碎石加以建構。「火炬」行動所需的大量飛機曾在此集結。整個地峽被飛機擠得滿滿的，共有十四個戰鬥機中隊在此待命準備出擊。這些活動都不得不在德國人的監視下公開進行，我們希望他們以為這些飛機是為了支援馬爾他島。我們盡力給他們留下這樣的印象，而他們顯然也接受了這個假象。

正如艾森豪將軍所言：「若無英屬直布羅陀，進攻西北非將無法實現。」

艾森豪將軍致首相

1942 年 11 月 7 日

昨日順利到達此地。

在我們抵達之前，我相信有可能將「要人」接到北非。然而，這需要取決於天氣狀況的好壞。如果天氣良好，可以透過潛艇將他轉送過來。稍後我將正式報告此事。

對於您在過去數個月裡給予我的持續支持與鼓勵，我在此致以誠摯的謝意。我們的士氣高漲，堅信未來一切將順利進行。

吉羅準時抵達指定地點。為了確保事情順利展開，我向他發送了一封電報：

作為一名有過類似越獄經歷的人，我很欣慰能與你共事。我仍然清晰

展開「火炬」行動

記得我們在梅斯的交談。三十五年來,我始終對法國充滿信心,並為我們兩國與美國首次聯合大規模進攻以收復阿爾薩斯-洛林感到欣慰。

艾森豪將軍致首相

1942 年 11 月 8 日

收到你的電報後,「要人」顯然非常愉悅,他委託我向你傳達以下的覆電:

「感謝來電,謝謝。在梅斯的愉快交談我亦銘記於心。與你相同,縱然歷經重重困境,我對最終勝利必將屬於我方的信念始終堅定不移。如今我深信,經過大家的努力,阿爾薩斯和洛林終將歸屬法國。」

吉羅此次到來,原以為會被任命為北非的最高司令官,並預期美、英軍隊將由他指揮,而他此前並未真正了解聯軍的實力。他一直主張在法國登陸,而非北非,或在北非登陸之外再登陸法國,此前,在很長一段時間之內他一直認為這是可行的。經過與艾森豪將軍四十八小時的辯論,這位勇敢的法國人最終才意識到當前的緊迫任務。我們對「要人」往往寄予過高期望,然而,他對法國在北非的省長和將領,尤其是對軍官團的影響力,他自己最為清楚。

戰鬥終於開打。艾森豪將軍在他的回憶錄中生動地描繪了 11 月 7 日至 8 日那晚及隨後的幾天裡他焦慮不安的狀態。他一向能夠承受這樣的緊張壓力。這場戰鬥的賭注之高,天氣的多變(可能因天氣變化而導致失敗),情報的零散,法國人態度的極端複雜,以及來自西班牙的危險——所有這些(更不用說實際戰鬥的激烈),對這位指揮官而言,毫無疑問是一場極為嚴酷的考驗,他肩負的責任既重大又直接。

恰在此時,我們再度遭遇一樁怪異事件的干擾,然而其結局卻對我們極為有益。達爾朗海軍上將巡視北非後返回法國。他的兒子突然罹患小兒

麻痺症，住進了阿爾及爾的醫院。孩子病情危急的消息，促使這位海軍上將於 11 月 5 日飛回北非。於是，在英、美即將展開大規模進攻之際，他正巧身處阿爾及爾。這是一個奇特而棘手的巧合。羅伯特·墨菲先生（美國在北非的政治代表）希望他能在我軍登陸前離開。然而，出於對兒子病情的關心，達爾朗在阿爾及爾多待了一天，住在法國官員費納爾海軍上將的別墅中。

最近幾週，我們在阿爾及爾的主要希望集中在法國軍方指揮官朱安將軍身上。他與墨菲先生關係密切，但我們並未告知具體的登陸時間。11 月 7 日午夜剛過，墨菲拜訪了朱安，告訴他登陸的時刻已經到了。一支強大的英、美聯合部隊，在壓倒性的海、空軍支援下，即將抵達北非，數小時內便可登陸。儘管朱安將軍對內幕心知肚明且忠誠無疑，他仍大感震驚。他原以為自己可以掌控阿爾及爾的局勢，但他明白，由於達爾朗的存在，他的權力無從施展。他麾下僅有幾百名熱情洋溢的法國青年。他深知，軍政府的所有領導權已經轉移至這位維琪政府副首領的海軍上將手中，現在人們絕不會再聽從他的指令。他質疑為何不早些通知他登陸時間。實際上，理由顯而易見，而且告知與否對他的權力毫無影響。因為只要達爾朗在阿爾及爾，所有效忠維琪的法國人都會聽從達爾朗的命令。墨菲和朱安決定給達爾朗打電話，邀請他立刻前來。在凌晨不到兩點時，朱安將軍打電話叫醒了達爾朗，稱有要事需面談，達爾朗便趕來了。當他聽到聯軍即將登陸的消息後，氣得滿臉通紅，他說：「我早知英國人愚蠢，但一直認為美國人比英國人聰明些。現在我開始覺得你們美國人犯的錯誤也不比英國人少。」

眾所周知，達爾朗對英國向來抱有敵意，並長期以來傾向於支持軸心國。1941 年 5 月，他不僅同意讓德國人使用達卡，還允許德國透過突尼西亞為隆美爾的部隊運送補給。當時，魏剛將軍阻止了這個叛變行為，因為他是北非的最高負責人，並成功勸說貝當拒絕了德國的要求。雖然德國海

展開「火炬」行動

軍參謀對此表達反對，但希特勒因為專注於即將展開對蘇聯的軍事行動，並未對此事施加壓力。同年11月，由於被德國人視為不可靠，魏剛被解除職務。儘管後來未曾傳出軸心國計劃利用達卡對付我們，但突尼西亞的港口隨後向軸心國船隻開放，並在1942年夏季為隆美爾的軍隊提供了補給。隨著時間的推移，達爾朗的態度有所轉變，但無論他計劃如何協助英、美占領西北非，他仍然完全忠於貝當。他明白，如果轉投盟國，德國勢必會占領尚未淪陷的法國地區，而他將對此負責。因此，儘管墨菲和朱安竭力勸說，他僅同意發電報請求貝當允許他自由行動。一系列無情的事件將他置於極為艱難的境地，別無選擇，只能如此行事。

期間，預定計畫逐步執行。持槍的反維琪法國青年成群圍住別墅，誓要弄清楚屋內人的態度。黎明前，警方常規派出五十名機動警察到達別墅，驅散這小群違法者。他們接替法國青年監視屋內人員，並逮捕了朱安、墨菲及其助手、美國駐馬拉喀什副領事肯尼斯‧彭達。他們靜候達爾朗的下一步指示，授予彭達將其致貝當的電報送至阿爾及爾法國海軍司令部。值班的法國海軍高級將領考核電報後發出，但扣留了信使。此時，登陸時刻已到，盟軍在阿爾及爾和奧蘭展開登陸。天亮後，消息接踵而至，達爾朗和朱安互存戒心地抵達阿爾及爾法軍總部，墨菲仍被警察軟禁在別墅。達爾朗於上午七點四十分再發給貝當一封電報：

上午七時三十分的情形如下：搭乘英國艦艇的美軍已經在阿爾及爾及其周邊地區展開登陸行動。守軍在數個地點，尤其是港口和海軍司令部，成功擊退了進攻。然而，在其他地方，由於採取了突襲策略，登陸行動取得了成功。局勢逐漸惡化，守軍即將難以維持。來自各個方向的報告顯示，大規模登陸正在籌備中。

11月8日凌晨一時許，英、美聯軍在皇家海軍巴勒海軍少將的指揮下，於阿爾及爾東西兩側的多個地點展開登陸行動。為確保登陸艇在指定

海灘的順利登陸，進行了極為周密的準備。在西側，英國第十一旅的先頭部隊取得了完全的成功；然而，在東側，載運美軍的艦船和登陸艇由於意外的潮汐偏離了預定的登陸點數英里之遠，導致在黑暗中出現了一定的混亂與延誤。幸運的是，我們在沿海地區遭受的襲擊和抵抗並不嚴重。天亮後，增援部隊抵達，我們迅速掌控了局勢。海軍航空兵的一架飛機在卜利達機場發現地面友好訊號後降落，並在當地法國指揮官的協助下，占領了機場，直至海灘上的盟軍前來支援。

最激烈的戰鬥集中在阿爾及爾港。英國驅逐艦「布羅克」號和「馬爾科姆」號試圖強行闖入港口，以便讓美國突擊隊在防波堤上登陸，進而占領港口和炮兵陣地，並防止法國人自沉艦隻。這個大膽的行動使兩艘英國軍艦遭到猛烈的炮火平射，結果極為不利。「馬爾科姆」號很快受損，而「布羅克」號在三次嘗試失敗後，終於成功進入港口並完成登陸。然而，該艦在撤退時重傷沉沒。許多士兵在岸上被圍困，不得不投降。

上午十一時三十分，達爾朗向其上級發送了一封電報，內容為：「阿爾及爾可能於今晚失守。」至下午五時，他再次發出電報稱：「儘管我軍竭力阻擋，美軍已經進入市區。我已經指示當地駐軍司令朱安將軍就阿爾及爾城的投降展開談判。」彭達先生已經獲釋，法方為他提供了一張通行證，允許他前往會見美軍司令。至下午七時，阿爾及爾宣告投降。從此刻起，達爾朗海軍上將被美軍控制，朱安將軍在盟軍的指導下重新掌握大權。

在奧蘭實施進攻的部隊是美軍「中央特種部隊」，這支精銳部隊是在英國完成訓練並登船的。主攻行動於 11 月 8 日凌晨一時左右在阿爾澤灣發起，得到了英國海軍的支援，與此同時，奧蘭西面的兩個地點也遭受了較小規模的攻擊。法軍在這個地區的抵抗比在阿爾及爾更為激烈。許多曾在敘利亞與英軍交戰的法國正規部隊，以及因 1940 年英國進攻米爾斯克比爾而心懷怨恨的法國海軍部隊都進行了頑強抵抗。正是因為這些歷史原

展開「火炬」行動

因，美國人預計這裡的抵抗會比其他地方更為強烈，但登陸仍按計畫進行。在此期間，兩個輔助性戰鬥行動遭遇挫折。首先，目的在占領奧蘭後方機場的一次大膽空降作戰失敗。一營美軍空降步兵從英國出發，執行這次冒險的任務，但因暴風雨，飛機編隊在西班牙上空被打散。先頭的飛機堅持飛行，但由於航行方向錯誤，他們在距機場數英里的地方降落。最終，他們成功與已經登陸的戰友會合，在占領塔法洛伊機場的戰鬥中立下功勳。

第二個遭遇不幸的事件，涉及到兩艘勇敢的英國小型軍艦，它們嘗試在奧蘭港協助美軍部隊登陸。正如在阿爾及爾的任務一樣，他們的目標是確保港口設施不被法國人破壞，並防止法國人鑿沉艦隻。因此，登陸隊伍中包括許多技術精湛的人員。此行動的關鍵在於盡快將奧蘭港轉變為盟軍基地。在主要登陸行動開始後不久，「華爾納」號在皇家海軍上校彼得斯的指揮下進入奧蘭港，隨後是「哈特蘭」號。這兩艘艦船原本是美國的緝私船，通過租借法案轉交給英國。它們遭受了近距離炮火的猛烈攻擊，最終兩艦均被摧毀，艦上大多數人員犧牲。彼得斯上校僥倖逃生，但幾天後因飛機失事而不幸去世。英、美兩國政府分別追授他維多利亞十字勳章和美國的殊勳十字勳章以示悼念。

拂曉時分，法國的驅逐艦與潛艇在奧蘭灣展開行動，然而，由於我軍在數量和火力上的絕對優勢，它們不是被擊沉便是被迫撤退。儘管海岸炮兵仍然對登陸部隊進行頑強抵抗，但他們遭遇了皇家海軍「羅德尼」號戰艦的猛烈炮擊與轟炸。戰鬥持續至11月10日上午，此時登陸的美軍對該城發起了最後的總攻。中午時分，法軍選擇投降。

儘管此時駐紮在奧蘭和阿爾及爾的法軍已經停止抵抗，德軍在北非沿海的抵抗力量卻迅速增強。大量德國潛艇迅速對我們的海上供應線構成威脅。它們取得了一些戰果，包括擊沉三艘從登陸灘頭返航的大型空船；然

而，我方也實施了有效的反潛艇措施，截至 11 月底，在這個地區海域總共擊沉了九艘德國潛艇。

在摩洛哥的登陸行動完全由美軍負責，他們期望能夠獲得當地的全力支持。駐卡薩布蘭卡的法國將領貝圖阿爾將軍曾在納爾維克戰鬥。他對德國人懷有深仇。摩洛哥沿岸的防禦大多由他指揮。我們直到很晚才將祕密告訴他，他願意接受吉羅擔任法軍最高統帥。他希望屆時法國駐摩洛哥總督諾蓋和米歇勒海軍上將會起義。盟軍代表勸他不要冒險，建議逮捕總督。貝圖阿爾不願這麼做，擔心被指責為篡位。11 月 7 日晚上 11 點，他召集參與祕密計畫的軍官到他的司令部。他告訴他們：「美軍將在明早 5 點登陸。」這些人在午夜分乘三輛車離開卡薩布蘭卡，兩小時後，美軍占領了摩洛哥首都拉巴特的法軍司令部、參謀部的電話交換所和郵局。不幸的是，他們忽略了諾蓋將軍的祕密電話線，因此在接下來的幾個小時裡，總督能夠自由地與摩洛哥各地的主要基地指揮官通話。

貝圖阿爾抵達拉巴特後，立即指派副官攜帶吉羅與墨菲商談的詳細紀錄，以及關於即將到來的盟軍登陸的情報前往與諾蓋會面。貝圖阿爾命令一連殖民地步兵包圍諾蓋的住所。諾蓋勃然大怒，逮捕了他的副官——他的親姪子，並立刻撥通了卡薩布蘭卡海軍基地的米歇勒海軍上將的電話。米歇勒告知並無盟軍逼近海岸的跡象。這個否定的答覆促使諾蓋採取行動。他命令米歇勒立即進入「警戒」狀態，並讓他接管目前在拉巴特的貝圖阿爾的職權。實際上，一支載有巴頓將軍登陸部隊的美國艦隊，距摩洛哥僅有三十英里的航程；然而，諾蓋對此事毫無所知，甚至對盟軍已在阿爾及利亞登陸也一無所知。在這個極度緊張的情勢下，貝圖阿爾將軍自然十分焦慮。因為只有他清楚登陸即將到來，但他在拉巴特所領導的一小群支持者的軍事政變，反而使整個摩洛哥在諾蓋的命令下進入警戒狀態。

清晨五點，美國駐拉巴特的副領事將羅斯福總統的一封私人信件交給

諾蓋，信中總統請求他協助盟軍。兩小時後，當登陸行動已經開始，諾蓋通知駐阿爾及爾的達爾朗，他已經拒絕美國的最後通牒。貝圖阿爾及其少數支持者被圍困。諾蓋親自從電話，威脅要處決參與此事的殖民地步兵團軍官。這些軍官立即被逮捕。兩天後，貝圖阿爾接受軍事審判，直到 11 月 17 日才被釋放。

在制定戰術方案時，我們對進攻摩洛哥大西洋沿岸的行動比起地中海沿岸的行動更為憂慮。因為不僅要確保整個遠征軍能夠準時從美國港口橫渡北大西洋抵達登陸灘頭，還極為擔心在預定的登陸日期，摩洛哥大西洋沿岸的氣候條件會阻礙盟軍的登陸，尤其是在季節即將轉變之際，天氣狀況更加不利。11 月 7 日當天，休伊特海軍上將的旗艦從倫敦和華盛頓收到的氣象預報均顯示天氣不佳，因此海軍上將必須果斷決定，是堅持原計畫，還是考慮另一個方案，即率領整個艦隊通過直布羅陀海峽，讓巴頓將軍在奈穆爾附近的一個不知名的海灘登陸。除此之外，該計畫還存在一個值得注意的問題，將會嚴重拖延登陸的時間，這可能對進攻計畫產生致命影響。幸運的是，休伊特海軍上將的參謀團隊預測當地天氣將暫時好轉，他大膽地支持了他們的判斷，結果證明他的決定是正確的。一旦決定做出，艦隊便各自在天黑前分別駛往原先設定的目標地點。

這支「西方特種部隊」於 11 月 8 日拂曉之前抵達摩洛哥海岸。由於夜間航行且距離遙遠，選擇的登陸時間比阿爾及爾附近的登陸時間晚了三小時。對此，巴頓將軍事先曾表示批評，認為總統的告北非法國人書定於當天凌晨一時廣播，即與阿爾及爾登陸同時進行，這將會給予摩洛哥的守軍警惕。他的觀點不無道理。事實證明，這次廣播對摩洛哥並無重大影響，但正如之前所述，守軍確實收到了「警報」。此次行動在三個地點實施登陸。主要進攻位於中部，登陸點是卡薩布蘭卡附近的費達拉。兩翼的側攻分別在卡薩布蘭卡以北的利奧特港和以南的薩菲進行。當天早晨天氣良

好，但多霧，海岸的波浪比預期的小。隨後波浪變得洶湧，但此時登陸部隊已經在所有區域穩固立足。在某些地點，首批登陸部隊未遇抵抗，但抵抗很快增強，戰鬥一度激烈，尤其是在利奧特港附近。

海上激戰亦在進行中。尚未完工的戰鬥艦「讓·巴爾」號駐泊於卡薩布蘭卡，儘管無法航行，卻能運用艦上的四門十五英寸口徑主炮。它很快與美國戰鬥艦「麻薩諸塞」號交火，同時，法國艦隊在巡洋艦「普里馬格」號的掩護下出海，試圖阻止我方登陸。然而，它們遭遇了整支美國艦隊。戰鬥結束後，法軍損失慘重，七艘軍艦和三艘潛艇被擊沉，傷亡人數約一千人。「讓·巴爾」號內部起火，最終擱淺於沙灘。

在11月9日，美軍一方面鞏固據點，另一方面向內地推進。直至11月11日上午，諾蓋才奉達爾朗之命投降。他報告稱：「經過三天激戰，我方所有作戰艦隻與飛機均告損失。」普里馬格號艦長默西埃，儘管希望盟軍勝利，但因服從命令，最終戰死於艦橋。默西埃海軍上校面臨的這種悲劇性困境和他那矛盾的忠誠，使我方士兵付出了生命的代價，倘若不發生這樣的事，我們是該多麼感謝上蒼啊。

駐紮在直布羅陀的艾森豪將軍司令部開始接收到關於戰鬥情況和法國方面對盟軍登陸正式抵抗的零星消息。這位盟軍最高指揮官目前正面臨嚴峻的政治局勢。他早已同意吉羅的建議，即由吉羅擔任可能效忠盟軍的法國部隊的司令。然而，現在一個突然且偶然出現的人物，只需一句話便能讓北非的所有法軍有組織地加入我方。雖然原本預計吉羅會成為眾人期望的領導者，但這個預期尚未得到證實，而登陸地區的初步反應也不容樂觀。因此，吉羅將軍在11月9日清晨飛往阿爾及爾，與當地法國當局商討立即停止敵對行動的事宜，克拉克將軍隨後作為艾森豪將軍的私人代表也為同樣目的前往該地。

法國當地的高級軍事指揮官對吉羅態度冷漠。經過美、英特務長時間

努力建立的抵抗組織已經瓦解。當晚，克拉克主持了達爾朗和吉羅的首次會談，但雙方未能達成共識。顯然，任何在法國擔任重要職務的人都不願承認吉羅為法軍最高司令官。11月10日上午，克拉克將軍為這位海軍上將安排了第二次會議。他透過無線電通知艾森豪，唯一的解決方案是與達爾朗達成協定。與倫敦和華盛頓進行電報磋商已無時間。吉羅未參加此次會議。達爾朗因未收到維琪的指示，顯得猶豫不決。克拉克給了他半小時做決定。這位海軍上將最終同意在北非下令全面「停火」。他「以貝當元帥的名義」掌控法屬北非的全部權力，並命令所有官員維持原職。

當天晚些時候，又傳來重要的消息，那就是德軍這時已經開始侵入法國未淪陷區。如此一來便令達爾朗的處境變得明朗。他現在可以聲稱，貝當元帥已經是個失去自由的人，而當地的文武官員是會相信他的話的。德國人的這種舉動也觸動了達爾朗的心弦。德軍先頭部隊很快即將進入設在土倫的著名法國海軍基地。正如在1940年一樣，法國艦隊的命運又處於危急狀態了。在這種情況下，只有達爾朗享有足夠的威望，能使法國的戰艦駛出土倫。在11月11日下午，他採取果斷行動，打電報到法國本土說，土倫艦隊在可能遭遇被德軍攔截的危險時，應立即駛往海上。盟軍已經布置了海、空軍，以便在這種情況下，保護法國艦隻突圍。

事實證明，德國最高統帥部幾乎直到最後一刻才得知駛向北非的盟軍船隊的真正目的地。儘管在德國潛艇的廣泛巡邏範圍內，許多地點已經被封鎖，但當主力艦隊穿越直布羅陀海峽後，其目的地就變得相對明顯。然而，即使在此時，德國人似乎仍然認為盟軍這支遠征部隊可能計劃在義大利登陸或增援馬爾他島。義大利總參謀長卡瓦洛羅元帥在他的日記中記錄了戈林與凱塞林之間的電話對話，這段對話是他偶然聽到的。

戈林：依據我們的預測，這支船隊將在未來四十至五十小時內進入空軍的航程範圍，所以必須做好全面準備。

凱塞林：元帥先生，倘若有艦隊試圖在非洲登陸，您會如何應對？

　　戈林：我認為他們要麼計劃在科西嘉島或撒丁島登陸，要麼就是打算在德爾納或的黎波里進行登陸。

　　凱塞林：在北非港口登陸的可能性似乎略高。

　　戈林：不錯，但不會在法國殖民地的港口上岸。

　　凱塞林表示，只要這支艦隊越過西西里海峽，我便有足夠時間應對。

　　戈林：若艦艇不駛向撒丁島，必定會穿越西西里海峽，因為義大利人在該區域未布設水雷，這一點應當提醒義大利人。

　　直到11月7日午夜，德國政府與維琪政權才開始正式接觸。駐紮在威斯巴登的德國停戰委員會負責人當天晚上召見了委員會中的一名法國軍官，告知他正在駛向地中海的大型盟軍艦隊目的地很可能是阿爾及利亞和突尼西亞。德國方面向維琪表示願意提供軍事援助。

　　11月8日凌晨，維琪不斷接收到關於盟軍逼近北非的報告。德國駐維琪的政治代表撥通電話，喚醒住在附近的賴伐爾，再次向他重申，若盟軍在北非大規模登陸，德國願意給予軍事支援。賴伐爾匆忙趕往內閣。清晨四時，美國臨時代辦平克尼·塔克先生帶著總統的信件抵達貝當元帥的辦公室。賴伐爾已經掌控局面。他召集親信，起草了一封拒絕且充滿敵意的回信，供貝當上午簽署。一小時後，維琪海軍部通知駐阿爾及爾的達爾朗，德國願意提供空軍支援以抵抗盟軍的登陸。達爾朗在回覆中建議，德國空軍從西西里島和撒丁島起飛，轟炸盟軍的運輸船隻。

　　直到早晨七時，他們才喚醒了貝當元帥，通知他這個消息。他對賴伐爾起草的致美國總統的回信毫無反應，甚至表現出毫無興趣。他一邊吹著一支打獵的曲子，一邊毫無異議地在信稿上簽了字。他在九時接見了平克尼·塔克先生，並將回信交給了他。關於這次會面的情景，眾說紛紜。據說貝當在交信給塔克時，意味深長地輕輕拍了拍這位美國人的肩膀。這位

年邁的元帥在那些日子裡彷彿置身夢境。

儘管維琪政府試圖在盟國與德軍間左右逢源以牟取私利，這種幻想迅速破滅。納粹加強了施壓，所以在當天上午十一時三十分，維琪政府便接受了德方提出從西西里島和撒丁島提供空軍援助的提議。此卑劣決定讓德軍迅速果斷地控制了突尼西亞的各個機場，這個舉動令我們在戰役中付出了巨大代價。

當日稍後，維琪政府再次召開內閣會議，決定與美國正式斷絕外交關係。

11月9日晚，希特勒召見賴伐爾前往貝希特斯加登。賴伐爾在次日清晨啟程，但因濃霧延誤，直到10日早晨才抵達慕尼黑。在達爾朗於阿爾及爾與盟國磋商之際，這個談判的消息給在維琪政府內仍盼望貝當元帥倒向盟國的少數人帶來些許希望，而賴伐爾正趕赴途中。魏剛特意前往維琪勸說貝當元帥勿向德國人屈服，海軍部長奧凡海軍上將亦極力勸阻。他們甚至成功使貝當同意草擬一封支持達爾朗行動的電報。賴伐爾在慕尼黑得知阿爾及爾和維琪的這些舉措後，勃然大怒，以辭職威脅，迫使貝當元帥撤回了那封致達爾朗的電報。

這天下午，賴伐爾拜見了希特勒。德國領袖以一種誇張的方式，向這位法國人詳細講述了法、德之間的歷史關係。他還遞給賴伐爾一份德、義兩國的聯合宣告，要求法國允許軸心國軍隊在突尼西亞登陸。齊亞諾當時也在場，他表示賴伐爾的表現非常可憐。這說法大概是可信的。11月11日清晨，阿貝茨叫醒了賴伐爾，告知他德國領袖已經下令德軍占領法國的自由區。同日，義大利軍隊占領了尼斯和科西嘉。維琪政府至此終結。

德國人在截獲達爾朗發給維琪政府的電報後，向賴伐爾施壓，要求他逼迫貝當發電報給阿爾及爾，否認達爾朗的行動。克拉克將軍發現達爾朗似乎準備撤回命令後，便逮捕了這位海軍上將。然而，貝當用海軍專用密

碼發來的一封密電，以及德軍繼續推進到法國未淪陷區的消息，使阿爾及爾的局勢恢復正常，相關人士的心情也得以平復。次日，即 11 月 11 日，雙方一致同意達爾朗應發出明確指令，命令土倫艦隊出海，並致電法國駐突尼西亞總督埃斯特瓦海軍上將，要求他參加盟軍。

埃斯特瓦海軍上將是維琪政府的忠實支持者。隨著局勢的迅速變化，他的焦慮也日益加劇。由於靠近西西里島和東部邊境的敵軍，他的形勢比達爾朗或諾蓋更為嚴峻。他的高級幕僚同樣優柔寡斷。11 月 9 日，德國空軍已經占領了阿維納的一個重要機場。同一天，德、義部隊進入突尼西亞。在的黎波里塔尼亞的軸心部隊從東面進軍突尼西亞，而盟軍部隊從西面向突尼西亞推進時，埃斯特瓦心情沉重，猶豫不決，但在表面上仍對維琪政府表示忠誠。另一位法國將軍巴雷最初對面臨的問題——親愛的讀者，這樣的問題你們還未曾遇到——感到無所適從，最終他帶著大多數守軍向西投奔吉羅將軍。然而，在比塞大港，卻有三艘魚雷艇和九艘潛艇向軸心國軍隊投降。

自 1940 年起，一支法國艦隊便被凍結於亞歷山大港。儘管在此地進行過多次談判，卻未能取得任何成果。該艦隊的指揮官戈德弗魯瓦海軍上將對維琪政府忠心耿耿，拒絕承認達爾朗海軍上將的權威。他堅信，盟軍必須先行征服突尼西亞，方能宣稱有能力解放法國。因此，在我方尚未占領突尼西亞之前，他的艦隻一直閒置於港口。

在達卡，維琪政權的總督布瓦松接受了達爾朗於 11 月 23 日發布的停戰命令，然而駐紮在當地的法國海軍部隊拒絕與盟軍合作。直至我軍完全控制北非後，「黎歇留」號戰鬥艦及其伴隨的三艘巡洋艦才加入我方陣營。

在安德森將軍成功在阿爾及爾登陸後，他立即按照預定計畫接替美國賴德將軍的指揮權。他命令第三十六步兵旅透過海路進攻布日伊，該旅在 11 月 11 日不費一兵一卒地占領了該城；並於次日派遣一個營抵達季傑利

機場。11月12日，兩連英國傘兵在來自海上的突擊隊支援下於波尼降落。11月16日，其他傘兵降落在蘇格艾爾巴機場，從那裡向巴傑推進，隨後遭遇德軍陣地。第三十六旅則沿公路迅速推進，進入突尼西亞境內，並於11月17日在阿比奧德山與德軍交鋒。同時，美軍傘兵於11月15日降落在尤克斯鹽沼，並在兩天後抵達加夫薩。

我軍以迅雷不及掩耳之勢占領了阿爾及利亞東部的各個機場，這些機場對地面部隊的支援至關重要。因直布羅陀距離這裡已經超過八百英里，無法再為地面部隊提供掩護。我軍的迅速進展彰顯了英勇與膽略，但在與敵軍遭遇後，進展速度不得不放緩。德軍迅速作出反應，11月9日，其首批部隊抵達此地，原計劃增援隆美爾的兩團傘兵和四營援軍也試圖阻止我軍推進。隨後，德軍第十裝甲師的先頭部隊、義軍的兩個貝薩格利里營和蘇配爾加步兵師的六個營相繼投入戰鬥。月底，突尼西亞的軸心國部隊增至一萬五千人，配備一百輛坦克、六十門野戰炮和三十門反坦克炮。以突尼西亞機場為基地的軸心國俯衝轟炸機開始騷擾行動。我們已經減輕了俄軍的壓力，11月間，德軍從東線撤走了四百架作戰飛機，多數為遠端轟炸機，用於地中海戰區。德方在此戰區的空軍力量現已占其總空軍的四分之一，而18個月前僅占十二分之一。

英、美聯軍在北非的登陸在法國引發了直接的後果。早在1940年，德國人便制定好了占領法國自由區的詳細計畫。該計畫的代號為「阿提拉」。希特勒於同年12月10日發布了關於這個計畫的指令，目的是應對魏剛在北非可能採取的任何敵對行動。每逢法、德關係緊張之際，便會提及執行「阿提拉」計畫的問題。其核心目標是完好無損地奪取停泊在土倫的法國艦隊主力。然而，希特勒與雷德爾一直努力與維琪政權合作，試圖避免承受全面占領法國本土所需承擔的責任。

然而，盟軍在北非的登陸行動，徹底改變了局勢的走向。賴伐爾在貝希特斯加登向德國人通報了達爾朗在阿爾及爾與盟國談判的情形，這個消息可能造成了決定性的影響。艾森豪將軍同樣急於像德國人那樣爭取法國艦隊。與達爾朗談判的主要原因，正是因為維琪政權的海、陸軍指揮官們聽命於他。顯然，德國人絕不願意輕易放棄，因此，當達爾朗致電維琪和土倫，要求法國艦隊駛向盟軍控制下的港口時，德軍也在迅速趕往地中海海岸。

維琪海軍部長奧凡海軍上將原本有意協助達爾朗，但在賴伐爾的威逼和土倫法國海軍將領的立場下，他無能為力。拉博德海軍上將對英國人懷有極深的敵意。在得知盟軍登陸的消息後，他計劃出海襲擊盟軍的運輸船隊。他拒絕了達爾朗的起義呼籲，當德軍抵達法國海軍基地外圍時，雙方達成了一項協定，協定規定在港口周圍建立一個由法軍守衛的自由區。奧凡勉強同意了協定，並盡力加強港口的防禦。然而，德方在11月18日要求法軍完全撤出該區，而該區只能由海軍駐守，因此奧凡於次日辭職。

此時，德軍策劃對法國艦隊發動突襲。11月27日，行動驟然展開。憑藉少數幾名軍官的勇敢與機智，尤其是最終加入起義的拉博德，整個法國艦隊得以自沉。在港口沉沒的七十三艘軍艦中，有一艘戰鬥艦、兩艘戰鬥巡洋艦、七艘巡洋艦、二十九艘驅逐艦和魚雷艇，以及十六艘潛艇。

「火炬」戰役的階段性勝利令人矚目，堪稱一次傑出的軍事行動。我軍以較小的代價占領了阿爾及爾和卡薩布蘭卡，這在一定程度上得益於達爾朗海軍上將的干預。然而，我們未能完全獲勝，這與突尼西亞的法軍指揮官猶豫不決有關。坎寧安海軍上將在其關於這些事件的報告中指出：「我感到終身遺憾的是，在最初進攻波尼時未能採取更具冒險精神的策略。當時敵軍慌亂不已，而我軍卻未能乘勢而上，爭取全面勝利。」

展開「火炬」行動

達爾朗事件插曲

　　前章所述的內容，僅簡要地描述了中東事件的大概及其前後發生的一些情況。儘管這些事件涉及一些政治意涵及性質，但與軍事行動一樣，都是此次戰役的一部分。克拉克將軍在與達爾朗交涉時，採取了唯一符合戰役目的的方法，即努力爭取法國人的支持，避免法軍與盟軍之間的流血衝突。他表現出大膽、機智和果斷。艾森豪則負責接受並支持克拉克的行動。這兩位美國軍官在一年前還是准將，他們的行動展現了高度的勇敢和智慧。然而，他們採取的行為也引發了一些道義上和情感上的問題，這對美、英兩國人民而言極為重要。這些事件的過程也在盟國之間引起了廣大的迴響。由於我一直相信自己了解法國的靈魂，因而對於總統對待戴高樂及其領導的運動持極端敵視態度感到憂慮。畢竟，戴高樂及其運動是未投降法國勢力抗戰的核心和法國尊嚴的象徵。

前海軍人員致羅斯福總統

1942 年 11 月 11 日

　　盡全力團結所有對德國懷有敵意的法國人，顯然至關重要。希特勒對法國非占領區的入侵為這種團結提供了契機。我深信你會理解，英王陛下的政府對戴高樂及其領導的運動負有明確而神聖的責任。我們必須確保他們獲得公正的對待。我認為你我都應竭盡所能避免在你我支持下成立兩個相互對立的流亡政府。我們必須努力團結一切反德的法國派別，建立一個聯合政府。雖然這可能需要時間，而且任何狀況都不可妨礙軍事行動，但我們應當讓各方清楚我們的目標和工作的目的。

　　在這段時間內，我們顯然已經在阿拉曼贏得了關鍵性的勝利。

達爾朗事件插曲

羅斯福總統致前海軍人員

1942 年 11 月 12 日

獲悉你們在埃及取得了輝煌勝利，以及我們兩國在西非和北非的聯合登陸的最新消息，令人振奮。在此情形下，應迅速考慮下一步行動計畫，即當地中海南岸的敵軍被清除並處於我方掌控時所採取的措施。希望你和你的參謀長委員會在倫敦，我和我的參謀長聯席會議在此間能夠探討這些可能性，包括推進至撒丁島、西西里島、義大利、希臘及巴爾幹其他地區，以及爭取土耳其協助，從黑海方向攻擊德國側翼的可能性。

關於戴高樂，迄今為止我對於將他交給你一事感到非常安心。顯然現在我也面臨一個相似的困境，那就是吉羅。對此我完全同意，我們絕不能允許法國各流亡黨派之間產生對立，我也不反對戴高樂派遣一名使者前往阿爾及爾與吉羅會面。請勿忘記，吉羅和達爾朗兩人之間正進行著激烈的爭論，他們都聲稱擁有指揮北非和西非全部法軍部隊的權利。

主要目的是讓這三位主角明白當前的局勢完全屬於軍事領域，無論是他們個人的決定，還是三人共同的決策，都需要艾森豪的審查和批准。

我依然認為，應該在戴高樂的特使啟程赴非洲之前，確定他到底下達了哪些指令。

11 月 13 日，艾森豪將軍從直布羅陀飛抵阿爾及爾，開始負責克拉克和達爾朗達成協定的事項，並直接指揮。當地的盟國將領和官員一致認為，達爾朗是能夠使西北非洲支持盟國的唯一法國人。吉羅能使法國人效忠的傳言已被揭穿，因此在德國入侵法國未淪陷區後，他表達了與達爾朗合作的意願。達爾朗的權力已被奧蘭、摩洛哥和全阿爾及利亞遵從他的「停火」令一事證實。因此在這一天，達爾朗和艾森豪簽署了一份最終的正式協定。在倫敦，我認為艾森豪的行動在軍事上是有充分理由的。11 月 14 日，我在給他發出的電報中說：「軍事優先，但政治問題必須隨後解決。」

我隨即向總統發送了以下電報：

前海軍人員致羅斯福總統

1942 年 11 月 15 日

1. 我們認為，當前方案未能徹底消除我們的疑慮和擔憂，而且這個解決方式既非永久，也不健全。然而，考慮到迅速行動的極端重要性，以及盟軍最高司令的有力意見表達，在場的我方將領，包括坎寧安海軍上將，均表示贊同。我們認為，唯有接受艾森豪將軍的提議，才能維持該地區的暫時穩定，並掌控突尼西亞的戰略要地。

2. 我們堅信你將始終堅持聯合所有願意對抗希特勒的法國人士這個策略，與我們協商制定長遠的策略。

當達爾朗協定的真相被揭露後，它在英國引發了廣泛的不安。我清楚地覺察到周圍輿論的日益激烈。許多朋友都認為這是一種無法像項的結果，現在領導西北非洲法國的領導者，竟然是我們的死對頭。因此，在他們看來，這場史無前例的戰爭勝利，以及阿拉曼戰役的獲勝，都因此而失色。意識到這一點讓我感到非常難過。我認為他們的態度不夠理智，對戰爭的嚴酷性和士兵的生命缺乏深思。當批評越加激烈時，我也越加憤怒，並對這種短視的觀點感到輕蔑。然而，我理解他們為何如此憤怒，並且我自己也有相似的感受。儘管美國的反應沒有英國那麼強烈，但仍有不少人感到非常激動。我認為羅斯福總統並不在意這種情緒，尤其是對英國人的激動更是不以為然。

前海軍人員致羅斯福總統

1942 年 11 月 17 日

我必須讓你知曉，與達爾朗達成的協定引發了極大的憤慨。我越是思索此事，便越發確信這不過是因為戰爭緊迫而不得不採取的臨時權宜之計。人們可能會認為我們願意與各地的奎斯林這一類搖擺不定的人物妥

達爾朗事件插曲

協，這種觀感不僅在法國，而且在整個歐洲都會對我們的共同事業產生不利的政治影響，這一點我們絕對不能忽視。達爾朗聲名狼藉。他正是那位提拔下屬指揮法國海軍，進而使法國海軍對我們懷有敵意的人。正是他，命令法國海軍在卡薩布蘭卡附近海域與你的艦隊交戰，導致這些法國海員喪命。此事猶如昨日，如今為了權力，達爾朗又倒向了我們。與達爾朗簽署一個永久性協定，或在法屬北非建立一個達爾朗政府，將是千百萬普通民眾無法理解的，而他們的誠心才是我們的力量所在。

依我之見，首要之務仍在於持續作戰，而談判應居其次。聽聞艾森豪將軍預計數日內將指揮我第一集團軍的先遣部隊攻打駐紮在突尼西亞和比塞大的德軍，我們無比欣喜。

總統回電內容如下：

羅斯福總統致前海軍人員

1942 年 11 月 18 日

我同樣遭遇了反對達爾朗意見的猛烈轟炸。我認為應該迅速行動，因此我已經在記者會上發表了一份宣告，希望這份宣告能讓你滿意，也希望人們不會懷疑我的誠意。

他透過電報將這份公開宣告傳送給我。閱讀過後，我心中安定了下來：

我贊同艾森豪將軍在北非和西非所作的臨時政治安排。鑑於過去兩年的歷史，美國、英國以及其他同盟國中，有人認為不應與達爾朗海軍上將簽署任何永久性協定，我完全理解並支持這種觀點。各同盟國的人民同樣無法理解，為何要承認一個在法國或任何法國領土上改頭換面的維琪政府。我們一直反對那些支持希特勒和軸心國的法國人。

在美國陸軍中，任何人無權談論法國或法蘭西帝國的未來政府。未來的法國政府絕不能由法國本土或海外的任何個人來成立，它只能在法國人民被同盟國的勝利所解放後，由法國人民自己來成立。目前在北非和西非

所做的安排，僅是由於戰事緊迫而不得已採取的一種權宜之計。

他的宣告隨後補充道：

我們的主要軍事目標在於保護美軍、英軍和法軍的生命。其次是爭取時間這個關鍵因素……當前的戰事每延遲一天，德軍和義軍就多獲得一天來準備頑抗，修築戰壕以便死守，這迫使我們必須進行大規模作戰才能取勝。這再次證明，當前的迅速攻勢比我們被迫拖延1個多月能拯救更多生命……我收到的報告顯示，北非的法國人優先考慮建立對抗共同敵人的統一戰線，並將所有政治問題置於次要地位。

這份公開宣告與我的觀點相符，同時也讓公眾感到滿意。

前海軍人員致羅斯福總統

1942年11月19日

您關於達爾朗的公開宣告，確實是解決問題的最佳途徑。然而，我與您和艾森豪一樣，迫切希望在即將展開的軍事行動中獲得法國人的合作，這將帶來最大的優勢。我也完全理解，如果達爾朗及其團隊在作戰中表現出色，理應給予他們應有的認可。我確信在這一點上，我們的觀點是一致的。順致問候。

在此期間，史末資將軍留在國內與我們同行，我與他的觀點頗為一致，這令我感到寬慰。經過一次詳盡的交談，他現已啟程返回南非戰場，途中在阿爾及爾進行了詳盡的討論後，他以務實的態度表達了如下看法：

史末資陸軍元帥致首相

1942年11月20日

我於早晨抵達後，與艾森豪和坎寧安進行了深入交談，現將結果簡要彙報如下。關於下週日或週一的作戰，安德森是否具備足夠的實力攻占比塞大仍存疑，但對突尼西亞的攻克則更有把握。無論如何，定會竭盡全力

將敵軍壓縮至極小的區域或橋頭堡，以便透過空襲或其他方式將其消滅。隨後，我軍將努力肅清斯福克斯及其他地點的敵軍小股部隊，但目前不打算在的黎波里投入大量兵力。海上的損失已經得到補償。我方損失的運兵船已由獲得的相等數量法國船艦補充，而每損失一艘商船，就有一艘潛艇被擊沉。

關於達爾朗，某些已經發布的宣告已經令當地法國領導人感到極度不安，此類行為若再加劇，將會變得危險。諾蓋已經威脅要辭職，因其掌控摩洛哥居民，他若採取此舉，可能導致嚴重後果。從爭取法方合作及維持局勢穩定的角度來看，最糟糕的情況莫過於讓法國人產生這樣的印象：我們僅僅在利用這些領導者以實現我們的目標，一旦目標達成，就會將他們拋棄。在這場戰爭中，達爾朗及其同伴已經毫無退路，並全力與軸心國作戰，團結法國人支持我們，這是毋庸置疑的。法軍在非戰鬥任務中，甚至在小規模戰鬥中與我方合作，但由於缺乏正規武器，他們的戰鬥力目前不高。達爾朗並非由艾森豪，而是由其他法國領導人選定，其中一些人甚至是他的敵人，曾經竭力支持我們；他們一致認為，由他領導合作，對於我方的軍事行動是必要的。若讓人覺得他很快會被拋棄，那將是一個嚴重錯誤。軍事局勢可能要求在較長時間內保留他，在此期間不應公開表現出相反的態度。

我向艾森豪解釋，我認為無需再重申已經發表的宣告或發表更激烈的宣告，因為那宣告的目的僅在於扭轉我們與維琪分子在政治上妥協的印象。未來的政治安排應由相關國家政府和法國人民的共同意願決定。我希望你能將我這種強烈的印象轉達給羅斯福總統：再發表更多反對達爾朗的宣告可能對我們的事業不利，而且實際上也是不必要的。我們將於今日傍晚出發，我將在開羅再次發送電報。昨天有幸與你暢談一晚，受益匪淺。特此致謝。

總統亦持續向我傾訴他的心情。

羅斯福總統致前海軍人員

1942 年 11 月 20 日

　　昨日，我私下向媒體分享了一則流傳於巴爾幹的古老希臘教會格言，因其似乎契合我們當前面臨的達爾朗－戴高樂問題。格言曰：「孩子們，當大難當前時，你們可以與魔鬼同行，直至渡過橋為止。」

　　對於北非以及其他未來可能擴展的地區，我建議我們可以考慮指派一位英國人和一名美國人，他們無權涉及民政事務，但可以對法國行政官員行使否決權，並在極少數情況下指揮他們執行特定政策。例如，我已經告知艾森豪，必須釋放北非和西非的所有政治犯。如果達爾朗不遵從這個指令，艾森豪就必須立即運用其最高統帥的權力，在此問題上採取獨立行動。

　　12 月 5 日，艾森豪將軍發來電報告知我：

　　……我再次向你保證，我們並沒有參與將達爾朗立為領導者（除當地機構外）的陰謀計畫。他在此地是不可或缺的人物，因為我們所獲得的一切實際援助都是透過他一人得來的。只要你仔細觀察及思考從此地穿越山區一直延伸到突尼西亞長達五百英里的交通線，你就會發現，該地的法國人原本可以在不為人知的情況下給我們造成重大損失，進而迫使我們必須撤回到能從海上獲得補給的那些港口。吉羅很快就選擇放棄了試圖給予我們幫助的意圖了；多虧達爾朗的幫助，我們現在才得以在突尼西亞，而不是在波尼附近甚至比波尼更往西的地方與德軍作戰。我們認為，布瓦松和達爾朗已經全心全意地效忠盟國了……

　　總統提及的「權宜之計」令達爾朗感到極為困擾，他開始意識到自己正陷入越發孤立的處境。此時，他致函克拉克將軍，信中寫道：

尊敬的將軍：

　　來自各方的消息都印證了這個觀點，即我不過是「被美國人榨乾後即將拋棄的檸檬」。

達爾朗事件插曲

　　我並不在意個人的地位，否則我為何要在情勢可以輕鬆放任之時，在對我個人極為不利的情況下，憑藉作為法國人的純粹愛國心而採取這樣的行動呢。

　　我之所以採取這個行動，完全是基於美國政府曾經鄭重承諾，將法國的主權恢復至1939年之前的狀態；並且因為軸心國與法蘭西簽署的停戰協定在納粹全面占領法國本土之後而失效——對此貝當元帥已經正式表示抗議。

　　我採取這個行動，並非源於虛榮、雄心或某種計畫，而是由於我在我的國家中身居要職，擔負這個責任。

　　我一生效忠於國家，我決心在法國的主權完整恢復之後——希望這能在最短的時間內實現——卸任隱退，安度餘生。

　　這位海軍上將之所以繼續任職，僅僅是因為他認為當時北非的盟軍統帥部無法在沒有他的情況下運作，而且他是手握實權的人。11月22日，克拉克－達爾朗協定完成簽署，設立了管理該地區的臨時機構。兩天後，在達爾朗的影響下，布瓦松總督帶領法屬西非及達卡這個關鍵基地起義，加入盟國陣營。

　　然而，與達爾朗達成的協定在英國引發了廣泛的民憤。我的一些朋友對此感到極其憤怒，這些人曾對慕尼黑協定同樣感到極為不滿，而在戰前的緊要關頭，我正是受到他們這種情緒的鼓舞而採取行動的。「我們參戰就是為了這個嗎？」他們質問道。許多與我志同道合的人對此深感痛苦。戴高樂的委員會和組織在我們中間製造分裂，激化矛盾。媒體充分反映了這種情緒。這無疑是一個可以大做文章的機會。無論是議會還是全國民眾，都難以相信「戴高樂被排斥，而達爾朗受到支持」這樣的情況。然而，事實無法公開說明，也無法進行公開辯論。在我的思想中，我從未有過絲毫動搖，無論對錯與否，我認為支持艾森豪將軍和保護為這場戰爭獻

身的士兵生命是我的責任，但我對反對的觀點非常敏感，儘管我已經摒棄了這種信念，我仍能理解它。

12月9日，我向總統表達了我的憂慮：

前海軍人員致羅斯福總統

1942年12月9日

1. 近幾日來自北非的報告，尤其是關於法屬摩洛哥與阿爾及利亞局勢的消息，引發了我的擔憂。這些報告源自多個可靠管道，描述了因為我們未能在當前形勢下有效監管該地區的法國當局而導致的後果，且內容一致。我堅信你已經充分了解這個情況，但我有責任告訴你，我們收到的報告中顯示的局勢。

2. 這些報告顯示，退伍軍人團（維琪時期的一個退伍軍人組織）以及那些與之相仿的法西斯團體依舊在進行一些不法的行徑，迫害曾經支持我們的法國人，部分人士至今仍未獲釋。這些團體對盟軍登陸的初步反應是恐慌，這是自然的，但如今看來，他們似乎重新振作，重整旗鼓，繼續迫害敵對勢力的人士。那些先前被驅逐的德國支持者現在又回到了他們原來的職位。如此一來，不僅助長了敵人的聲勢，也讓我們的盟友感到無所適從、士氣低落。已經陸續出現一些法國士兵因逃亡罪而受罰的事件，因為他們在我們登陸時試圖支援盟軍……

翌日，也就是12月10日，登陸滿月之際，我因為感受到各方壓力越加沉重，便試圖透過下議院的祕密會議來化解困境。我當時發表演說的唯一目的是扭轉當時占據上風的社會輿論，我仔細斟酌了所要提出的觀點。我開場便說了一些既嚴厲又謹慎的話。

我們應該詢問自己的問題不是我們是否喜歡當前的狀況，而是我們將如何面對。在戰時，事情的發展不可能總是令人滿意。在與盟國合作時，難免會出現他們有自己見解的情況。自從1776年以來，我們已經無法再

達爾朗事件插曲

左右美國的政策。這是一場美國人的遠征,因為在這次行動中,他們的地面部隊規模將是我們的兩到三倍,而他們的空軍飛機數量也是我們的三倍。

這在當時確實是真相,然而我們將見證的是,這種狀況很快就被各種事實所推翻。

在海洋上,我軍的影響力顯然大大超過美軍,而且我們在各個方面都進行了全面的組織和協助工作。儘管如此,美國仍然認為此次遠征是由美國總統所主導指揮的美軍行動,並認為西北非是他們負責的戰區,就如同我們將東地中海視為我們負責的戰場一樣。我們從一開始就認可了這一點,並且現在也在他們的指揮下行動。這並不意味著我們沒有重大的發言權,而且我當然與總統保持著非常密切的溝通。然而,這也並不表示我們在軍事或政治上可以直接掌控事態的發展。由於公開討論美國政策或英、美關係極不適當,甚至有害,因此英王陛下政府請求下議院召開這次祕密會議。只有在祕密會議中討論這個問題,才不會冒犯我們偉大的盟友,也不會使我們與法國人的關係複雜化,因為無論這些法國人過去如何,他們現在正與德國人交戰。

我絕非在為達爾朗海軍上將辯護。與我相似,他也是希特勒先生和賴伐爾先生誹謗的對象。除此之外,我和他毫無共同之處。然而,下議院必須意識到,美國政府及大多數美國人民對達爾朗的看法與我們截然不同。他沒有背叛他們,也沒有撕毀與他們簽訂的任何條約。他沒有詆毀過他們,或虐待過他們的任何公民。他們對他不會太重視,但也不像我們英國人那樣憎恨和輕視他。許多人認為士兵的生命比法國政治人物過去的履歷更加重要。此外,美國人直到最後一刻仍與維琪政府維持著極為密切的關係,我認為這種關係對我們的整體利益是有利的。無論如何,美國與維琪的正常交流,至少為我們提供了一扇可以觀察那片領域動向的窗戶,而這扇窗戶原本是不存在的……

直到近期，李海海軍上將仍然擔任駐維琪大使一職，並與貝當元帥關係密切。他始終利用自己的影響力，盡力防止維琪法國成為德國的盟友，或在我們被迫對駐紮於奧蘭、達卡、敘利亞或馬達加斯加的維琪部隊開火時，避免維琪政府對我們宣戰。在上述情境中，我始終相信法國不會對我們宣戰，並且事先表達了這個觀點，這是有記錄的；其中一個促使我抱持這種看法的因素，是美國對全體法國人的強大影響力，而這種影響在美國參戰之後自然越發顯著。李海海軍上將是羅斯福總統的摯友，近期被任命為總統的私人參謀長。必須基於這個背景，理解美國總統和國務院對維琪及其一切行動的態度……

　　我現在要深入探討法國人一種獨特的心理狀態，這種狀態普遍存在於那些經歷國破家亡的法國人中。我並非為這種心理狀態辯護，更無意讚美它。然而，若不去理解他人內心的想法或他們反應的深層動機，便是愚蠢至極。全知全能的上帝深諳，法國人絕不能被塑造成與英國人相同的模樣。在法國這個歷經君主制、國民議會制、督政制、執政制、帝國制、君主制、帝國制，最終成為共和制等巨大變遷的國家，已經形成一種以法治（Droit Administratif）為基石的原則。革命與變革時期，許多法國軍官和官員的行為無疑是出於對這個原則的遵循。這是一種極度守法的思維習慣，源於對民族自衛的潛在意識，以避免陷入絕對無政府狀態的危險。譬如，任何軍官，只要他是遵循合法上司或他認為是合法上司的命令列事，他之後便不會因此受到處分。因此，在法國軍官的思維中，關鍵在於是否存在一個直接且不間斷的合法指揮體系，許多法國人將此視為比道義、國家或國際關係等問題更為重要。因此，許多法國人雖欽佩戴高樂將軍並羨慕他的地位，卻仍視他為對法蘭西國家政權的叛徒；而這些戰敗者則認為，代表國家的是他們的凡爾登英雄和法蘭西唯一希望，那位聲名顯赫、德高望重的貝當元帥──一個年邁的失敗主義者。

　　在我們看來，這一切或許顯得頗為滑稽。然而，有一點對我們尤為重

達爾朗事件插曲

要：正是由於貝當元帥發布的或被稱作他發布的命令和指示，駐紮在西北非的法軍才停止了對英軍和美軍的射擊，並將槍口轉向德軍和義軍。我很遺憾必須提及此事，但對於一名士兵而言，決定是向友軍還是敵人開火，絕非小事；即使是這位士兵的妻子或父親，也可能持有相同的看法……

這一切皆以元帥的神聖名義進行，而當元帥在電話中無力地發布相反命令或剝奪達爾朗國籍時，那位海軍上將卻坦然自若地認為──無論這是事實還是虛構──元帥是在德軍入侵的壓力下才如此行事，而他，達爾朗，仍在實現元帥的真實意願。坦白說，若達爾朗海軍上將不得不處決貝當元帥，他定會以貝當元帥的名義來執行……

然而，我必須承認，我個人相信，在當時的情形下，艾森豪將軍的決策是恰當的；即使他的決定並非完全正確，我也不願在牽涉如此多生命和重大事務的情況下去阻止他。我絕不會以美國人或他人為盾牌而逃避責任。

我所承受的壓力，促使我在演講結束時說出幾句憤懣不平的話。

坦率地說，我認為，如果有人在非洲如此重大的事件中（無論是在西非還是東非），除了艾森豪將軍與達爾朗海軍上將之間的協定之外，竟找不到任何其他能激發他興趣的事情，那麼這個人就是一個偏狹且毫無主見的可憐蟲。爭奪突尼西亞關鍵地區的戰鬥如今已經進入高潮，重大戰役即將爆發。在昔蘭尼加邊境上，不久也將有另一場軍事較量。這兩場戰鬥幾乎全部由英國士兵負責。英國的第一集團軍和第八集團軍將全力以赴。我時刻惦記著這些將士以及他們的努力，希望下議院與我有同樣的感受……

我懇請下議院對那些心存惡意、試圖傳播這種無恥且毫無根據的懷疑政府的少數別有用心之人給予應有的譴責，以便我們能夠團結一致，堅定順利地克服困難。

我一生中發表過數百次演講，但從未有哪一次像這次演講那樣，感受到聽眾態度的明顯轉變。此次演講的目的並非贏得喝采，而是為了達成結

果。下議院被說服了，在這次閉門會議之後，議會再無異議，使得敵對的報紙無話可說，全國人民也因此鬆了口氣。同時，在經歷了數個月的失望和挫敗後，我們終於取得了一次重大勝利，這更是振奮人心。

在戰後撰寫的著作中，艾森豪將軍以一種符合軍人風範的方式，從本身視角出發，客觀地印證了我之前所描述的情形：

法國陸軍軍官們對戴高樂的反感是可以理解的。1940年法國投降時，現役軍官們遵循政府的命令，選擇了放下武器。在他們眼中，如果戴高樂的選擇是正確的，那麼所有遵循政府命令的軍官就成了貪生怕死之輩。如果戴高樂被視為忠誠的法國人，那麼他們就必須視自己為懦夫。這些軍官自然不願承認自己是懦夫；相反，他們自認為是忠實執行文官政府命令的法國人，因此他們必然會在公開和私下裡將戴高樂視作逃兵。

1942年末，北非的政治局勢迅速惡化。達爾朗、諾蓋、布瓦松及其他的起義者之間，為了反對吉羅、爭權奪利以及爭取青睞，產生了劇烈的內部鬥爭。同時，那些在11月8日協助盟軍登陸的群體，以及一小群全力支持戴高樂的擁護者中間，明顯存在對彼此的不滿情緒。此外，還有人主張推舉隱居在丹吉爾的巴黎伯爵，擔任一個與維琪對立的北非臨時戰時政府的領導者。達爾朗作為民政領導人和吉羅作為駐北非法國武裝部隊司令的地位，源於一份拼湊的協定，如今這份協定已經岌岌可危。

12月19日，戴高樂的首位特使法蘭索瓦·達斯蒂埃·德拉維熱里將軍以私人身分抵達阿爾及爾，以便為其領袖蒐集情報。他是11月8日阿爾及爾起義中的關鍵人物亨利的兄弟，當時亨利已經涉入試圖讓巴黎伯爵執政的保皇黨陰謀。此時戴高樂派代表的訪問具試探性質。12月20日和21日，他與吉羅和艾森豪會面，正式提議自由法國部隊願意在軍事上與他們合作，但未作出任何決定。達斯蒂埃·德拉維熱里將軍的訪問實際上僅增強了戴高樂派對達爾朗的反對。在會談期間，阿爾及爾的保皇黨人士

達爾朗事件插曲

決定迫使達爾朗下臺，並將政權移交給一個全由保皇黨人組成的政府。至今，我們仍不清楚他們當時獲得了多少支持。

12月24日下午，達爾朗從他的別墅駕車前往位於夏宮的辦公室。在辦公室門前，他遭到了一位名叫博尼埃·德拉夏佩爾的青年槍擊。年僅二十的刺客成功狙殺了這位海軍上將，達爾朗在不到一小時後便在附近醫院的手術檯上去世。傳聞，這名年輕刺客與亨利·達斯蒂埃有連繫，並在多方慫恿下，立志從無惡不作的領導者手中拯救法蘭西。除了一小部分支持達斯蒂埃的密友外，阿爾及爾無人公開支持這個行動。之後根據吉羅將軍的命令，他很快就被軍事法庭審訊判刑，並在12月26日拂曉後不久被行刑隊槍決，據說這的結果令他大感意外。

得知達爾朗遇刺身亡的消息後，艾森豪將軍立刻從突尼西亞前線返回阿爾及爾。在當時的情勢下，除了任命吉羅將軍填補空缺，別無選擇。我們絕不能允許後方行政體系出現混亂，因此，美國當局透過間接但堅決的方式施加壓力，以確保吉羅被任命為北非政權的臨時最高領導人。

儘管達爾朗被暗殺一事極為嚴重，但發生這件事從另一個角度來說，也免去了盟國與他合作的尷尬。隨後，他的權力順利移交給根據美方意圖在11月和12月成立的組織。吉羅接替了達爾朗的位置。這樣一來，便消除了障礙，使得當時在北非和西北非集結的法軍能夠與戴高樂領導的自由法國運動合作，並團結所有不在德國統治下的法國人。戴高樂在得知達爾朗被刺的消息後，率先提出了這樣的建議。當消息傳到倫敦時，他正準備啟程前往華盛頓，與總統進行首次會晤。他立即起草了一封電報，透過盟友轉交給吉羅。我認為，推遲訪問華盛頓以團結法國的抗戰力量是明智的。因此，我向總統發電報說明情況，並附上戴高樂致吉羅的電報副本。

前海軍人員致羅斯福總統

1942 年 12 月 27 日

1. 我已經請求駐倫敦的美軍總部將戴高樂所乘的飛機延後四十八小時起飛，以便觀察「火炬」作戰計畫地區的形勢變化，這件事我已經告知哈里。我認為我們應優先努力將他們團結在一起，形成某種堅強且團結的法國核心，以便能與之合作。我今天將與戴高樂會晤，餘下情形稍後再電告。

2. 我堅信不應該因為「象徵」計畫（即我們的卡薩布蘭卡會議）而延遲解決北非問題。我們得知，當地的法國知名人士一致推選「要人」擔任高級專員兼總司令。我已經通知艾森豪，我方完全支持這個解決方案。

3. 戰時內閣非常重視麥克米倫的任命以及派遣他前往阿爾及爾。我們深感在此地缺乏代表的不便，然而此地與我們的命運密切相關，我們正竭力為你們的事業提供實際支持。既然墨菲的任命已經公布，我希望你同意我宣布麥克米倫的任命。我堅信他將有所作為。他對美國懷有極大的友好感情，而且他的母親來自肯塔基州。

附在電文後的是戴高樂透過倫敦的美國大使館傳達給吉羅的電報：

1942 年 12 月 27 日

阿爾及爾的暗殺事件象徵並警告著：它代表法國的悲劇已經將法國人民的思想和靈魂激勵到了何種程度；同時也警告著在法國歷史上前所未有的國難中，因為缺乏一個全國性的領導當局而不可避免地導致出現各種負面後果。建立這樣一個領導核心是當務之急。親愛的將軍，我提議我們應該盡快在法國領土上會面，無論是在阿爾及利亞還是查德，以能共同探討如何將國內外以及法國所有領土上，一切能夠為解放和拯救法蘭西而奮戰的力量團結在一個臨時中央當局下的途徑。

像達爾朗海軍上將這樣因為判斷失誤和性格缺陷而付出慘痛代價的例子並不多見。他是一名職業軍人，性格堅毅。他一生致力於重建法國海

達爾朗事件插曲

軍，使其地位提升至法國歷代王朝以來未曾達到的高度。不僅海軍的軍官團，整個海軍官兵都對他忠誠。在 1940 年，他原本應該按照他再三承諾的，命令法國艦隊駛向英國、美國或非洲的港口，任何德國勢力無法觸及之地。除了他自願的承諾以外，沒有條約或義務強迫他這樣做。然而，當他在 1940 年 6 月 20 日這個不幸的日子從貝當元帥手中接受海軍部長職位時，他的決心改變了。或許因為成為部長的緣故，他開始效忠於貝當元帥的政府。由海軍軍人轉變成為政治家，他從一門自己精通的領域轉換到另一門複雜的工作，在這其中，他的反英偏見成為行動的主要指導因素。我已經提及，這種偏見源於特拉法加之役，因為他的曾祖父在那次戰役中陣亡。

在這種新情勢之下，他展現出果敢與決斷，但對其行為在道德上的意義卻缺乏全面的理解。野心驅使他犯下多種錯誤。擔任海軍上將時，他的視野僅限於海軍，而作為海軍部長時，他的視野也只著眼於當前的區域性或個人利益。過去一年半中，他一直是這個支離破碎的法國政府當中的強勢人物。當我們在北非登陸時，他無疑是那位年邁元帥的繼承者。此時，他遭遇了一系列意外的事件。因為兒子生病的偶然機會將他帶到了阿爾及爾，於是他成為英、美勢力下的關鍵人物。

之前我們已經詳細描述了他所承受的各種苦難。法屬北非和西非都對他寄予厚望。希特勒占領維琪法國後，他獲得了作出新決策的權力，擁有權力也許是無可厚非的。他也為英、美盟軍帶來了他們夢寐以求的東西，即一個能在這片戰火紛飛的廣闊戰場上召喚所有法國官兵的聲音。他為我們做出了最後的努力，因此，那些因為他投奔我方而大獲其利的人不應在他去世後辱罵他。一位嚴酷而公正的法官或許會說，他本可拒絕與他曾經批評過的盟國談判，並無視它們的嚴厲制裁。我們或許都希望他能夠選擇不同的道路。現實中，這個選擇使他喪命，但即使活著，他的生命也已

經沒有多大意義。顯然，他在 1940 年 6 月沒有將法國艦隊駛向盟國或中立國港口是個錯誤，但他第二次的霹靂抉擇卻是正確的。他最感遺憾的恐怕是未能將土倫艦隊爭取到我們這邊，因為他始終宣稱絕不讓它落入德國人之手。在這件事情上他並未失敗，歷史可以為他作證。願他安息，願我們感謝上蒼，從未面臨過使他身敗名裂的那些考驗。

達爾朗事件插曲

勝利之後的難題

美軍高層人士,以及其他軍界人士普遍認為,一旦決定執行「火炬」行動計畫,就不可能在 1943 年發起大規模跨越英吉利海峽直接進攻法國占領區的戰役。我對此觀點持保留態度。我依舊希望,在幾個月的戰鬥後,我們能夠占領法屬西北非,包括突尼西亞的戰略要地。若能如此,我們仍有可能在 1943 年 7 月或 8 月,從英國大規模進攻法國占領區。因此,我希望在執行「火炬」行動計畫期間,根據我方運輸能力的許可,在英國建立一支前所未有的美軍部隊。採用同時從兩側打擊敵人的策略,要求敵人準備應付兩面夾擊,這似乎是符合戰爭經濟原則的。至於是否從英吉利海峽發起進攻,或在地中海展開攻勢,甚至同時進行,則需根據局勢發展而定。對於整體戰局,尤其是對蘇聯的援助而言,英、美聯軍在來年從西方或東方攻入歐洲,顯得極為重要。

然而,當時存在一種風險,即我們可能兩件事情都不執行。即便我們在阿爾及利亞和突尼西亞的戰役迅速取得勝利,我們可能會心滿意足於僅占領撒丁島或西西里島,甚至同時占領這兩個島嶼,而將橫渡英吉利海峽的行動推遲至 1944 年。對於西方盟國而言,這將意味著浪費一年時間,雖然不會危及我們的生存,但可能導致一次決定性勝利的失去。我們每個月損失五、六十萬噸的船舶,這種狀況不能持續。德國人最希望的就是雙方陷入僵局。

在阿拉曼戰役和「火炬」行動的結果以及高加索的重大衝突尚未明朗之際,英國參謀長委員會已經在對上述計畫進行評估。作戰計劃委員會在他們的指導下也在全力運作當中。我認為他們的報告過於消極,因此在 11

勝利之後的難題

月9日,當北非登陸仍在進行時,我向三軍參謀長們表達了我對這些報告的看法。

若在1943年,僅在「火炬」作戰計畫和阿拉曼戰役勝利後占領西西里島和撒丁島,那將是極大的遺憾。我們已經與美方商定在1943年實施「圍殲」作戰計畫,這是史無前例的軍事行動。絕不能以目前參與「火炬」作戰計畫為由,在1943年僅限於進攻西西里島和撒丁島或類似於迪耶普的零星行動,而無所作為。1943年的軍事努力應聚焦於為進攻歐洲大陸做準備,以便透過強大兵力牽制敵軍於法國北部和低地國家,並果斷進攻義大利,若可能,進攻法國南部亦佳,同時進行一些不至於造成船隻重大損失的軍事行動,並施加其他形式的壓力,以促使土耳其與我們並肩作戰,進而使我們能夠與俄國人一起從陸路進攻巴爾幹。

若將法屬北非作為託詞,保持龐大兵力靜止不動並採取守勢,稱其為「義務」,那麼當初進攻該地便失去了意義。當希特勒計劃於1943年對蘇聯發動第三次攻勢時,難道我們認為俄國人會對我們全年的不作為感到滿意嗎?我們必須在1943年設法登陸歐洲大陸與敵軍作戰,無論這個前景多麼令人恐懼。

在11月18日,我再次發表了以下觀點:

……依據我方與馬歇爾將軍就「圍殲」和「波麗露」計畫達成的協定,到1943年4月1日,我們將準備好二十七個美國師和二十一個英國師,以及所有必要的登陸艇等設施,以備戰歐洲大陸。這項工作已經正式展開,並完成了相當一部分……隨後,我們開始準備「火炬」作戰計畫,該計畫目前正在執行。然而,「火炬」計畫僅動用了十三個師,而我們原計劃在1943年動用四十八個師攻打敵人。因此,我們將原計畫進攻敵人的兵力減少至三十五個師。誠然,從這裡到「火炬」計畫的戰場距離遠於橫渡英吉利海峽的距離,這一點需要考慮。然而,我們已經告訴史達林,我們將在1943年對歐洲大陸發起大規模進攻,當前我們以三十五個師為基

礎進行準備，這個數目比原計劃4月至7月期間使用的部隊數少了四分之一多一點。

無視這種局勢，或認為這個矛盾會被忽略，皆行不通。我個人覺得，馬歇爾將軍和我們當初對本身能力的評估，像是船舶運輸能力以及美軍特種登陸艇的準備速度，顯然是過高了。然而，參謀長委員會在1942年夏天所設想的1943年戰役目標，與現在他們所稱我們此次行動能夠達成的目標之間，存在著令人震驚的差異。我並不是在指責誰，因為對此我個人負有全部責任。但我認為我們必須深入研究這個問題。我恐怕不得不很快地再度前往美國一趟。我們在今年夏天顯然對1943年的計畫給予了過高的評價，但現在顯然又評價過低。我必須再次強調，「火炬」作戰計畫絕不能取代「圍殲」作戰計畫。

我們必須銘記在心，原本的策略是同時推進「圍殲」作戰計畫和中東戰事。如今，隨著隆美爾的全軍覆沒，中東局勢已無後顧之憂。實際上，我們的策略已經降至幾乎無法再低的程度。我不確定俄國人發現這個情況後會有何反應。我個人的立場是，仍然支持推遲到8月實施「圍殲」計畫。除非有人能夠提供大量事實和資料，證明該計畫在實際操作中不可行，否則我絕不放棄這個立場。然而，倘若資料表明這個計畫確實無法實現，那麼我們與美國在今夏所設定的雄心與判斷將化為烏有……

我從未要求英、美聯軍在北非按兵不動。北非是一塊跳板，而非一張沙發……

或許我們能在6月底之前結束地中海的戰事，以便在8月實施「圍殲」作戰計畫。在最高層就此議題做出決策之前，我們必須先達成共識。

因此，橫跨大西洋的這兩個國家陷入了一種雙重僵局。英國的參謀人員主張在地中海發動攻勢，目標是西西里島和撒丁島，以義大利為中心。美國的專家則放棄了在1943年橫渡英吉利海峽的所有希望，但努力避免

勝利之後的難題

被地中海事務所纏住，以確保他們能夠在1944年實施宏偉計畫。我當時寫道：「英國方面擔憂的每一點似乎都增加了美國方面的顧慮，而這些擔憂都是由各自的軍方忠實反映的。」

由於美國軍方人員偏愛合乎邏輯且明確的決策——儘管這些決策的價值如何，在前幾章中我已經冒昧提及——事實上，在「火炬」作戰計畫一旦決定後，他們便立即放緩了在英國有關「波麗露」計畫的準備工作。11月下旬，我們收到來自美國政府的一份書面通知，這讓大家非常震驚。當時美國有許多流言，說我極力反對1943年橫渡英吉利海峽的大規模計畫，蘇聯戰後也聲稱我故意用「火炬」作戰計畫來阻礙「1943年第二戰場的開闢」。我在給總統的電報中嚴肅說明，我希望從此永遠地將這些無稽之談一掃而空。

前海軍人員致羅斯福總統

1942年11月24日

1. 我們收到哈特爾將軍的來信，信中聲稱，根據美國陸軍部的指示，「任何超過四十二萬七千人的編成工作都必須由英方自行提供人力和物力」，「在這種情況下，不會提供租借法案物資」。這讓我們感到極為不安，這種不安並非源於租借法案，而是基於整體戰略考量。我方一直在根據「波麗露」計畫為一百一十萬名士兵做準備，這是我們首次接到關於此計畫即將放棄的通知。此前，我們並不知曉你已經決定完全放棄「圍殲」作戰計畫，且我方的一切準備工作均按照「波麗露」計畫全面進行。

2. 我認為，若是決定放棄「圍殲」作戰計畫，將會令人感到極為惋惜。「火炬」作戰計畫絕對無法替代「圍殲」作戰計畫，且僅動用了十三個師的兵力，而「圍殲」作戰計畫原定動用四十八個師。我在艾夫里爾面前對史達林所言，確實是基於一個延遲進行的「圍殲」作戰計畫，但我從未暗示過我們不應在1943年，甚至在1944年，在歐洲開闢第二戰場。

3. 總統閣下，對於這個問題必須予以極為謹慎的思考。馬歇爾將軍曾提出論證，認為唯有實施「圍殲」作戰計畫，才能將主力部隊投入法國及低地國家，而唯有在此地區，英國本土空軍與美國海外空軍的主力才能參戰；他的論證令我印象深刻。我們反對「痛擊」作戰計畫的原因之一，是它將在 1942 年耗盡 1943 年規模遠超更大的「圍殲」作戰計畫的資源。誠然，我們雙方對船舶運輸能力的估計過高，但這個錯誤可以透過時間糾正。唯有在滿足船舶等其他緊迫需求的情況下，迅速且持續地在此地建立一支「圍殲」大軍，我們才算真正具備了與敵軍主力決一死戰並解放歐洲各國的力量。然而，儘管我們竭盡全力，到 1943 年我們的力量仍可能達不到預期水準。然而若果真如此，則更需確保在 1944 年達到。

4. 即便是在 1943 年，也存在一個相當有利的時機。假如史達林成功地推進到頓河岸邊的羅斯托夫，德軍的南部戰線將面臨巨大的危機。在「火炬」行動之後，我們在地中海的軍事行動也有可能促使義大利退出戰爭。德軍的士氣可能會普遍下滑，因此我們必須做好準備，以便隨時抓住任何出現的機會。

5. 總統先生，請務必告訴我究竟為何。這個消息及其傳遞方式讓我們深感困惑。我認為極有必要讓馬歇爾將軍與金海軍上將隨同哈里前來，或者由我攜帶幕僚前往您處。

總統立刻修正了這個由下屬人員引發的誤會。

羅斯福總統致前海軍人員

1942 年 11 月 26 日

我們無意放棄「圍殲」作戰計畫。至於 1943 年是否能爭取到橫渡英吉利海峽進行大規模進攻的機會，目前無人能夠預測。顯然，若有機會，我們絕不會錯失。然而，決定 1943 年「波麗露」計畫所需的具體兵力規模，這是一個需要我們雙方共同探討的戰略問題。我目前的觀點是，在當前軍事行動允許的範圍內，我們應當盡快在聯合王國建立一支日益壯大的攻擊

力量，以便在德國崩潰時可以隨時投入使用，或者在德國依然保持完整並採取防禦態勢時，隨後再籌組一支龐大的軍力。

去年夏季於倫敦召開的聯合參謀長委員會會議得出的結論顯示，為了推進「火炬」作戰計畫，不得不暫停在英國集結所需部隊的工作。我們的研究顯示，由於我們需要發動並繼續進行「火炬」作戰計畫，目前運往英國的部隊和物資無法超過哈特爾將軍提出的數量。在我們對北非提供的兵力和物資尚未足以應對來自西屬摩洛哥的潛在反擊之前，且在突尼西亞的戰局尚未明朗時，北非顯然享有優先權。我們在西南太平洋投入的兵力和物資，遠超出我數月前的預期。即便如此，我們將在運輸能力和其他資源允許的範圍內，盡快繼續推進「波麗露」計畫。

此刻，我試圖全面評估地中海的戰局。

國防大臣提出的備忘錄

1942 年 11 月 25 日

1. 在如此大範圍的戰局中做出決策時，專注於執行某個關鍵軍事行動並將其貫徹到底，而將其他事務置於次要地位，有時比將全球戰局的所有資料雜亂無序地彙總在一起更為有效。在盡力滿足這個關鍵軍事行動的需求之後，戰局其他方面的狀況自然會調整得當。此外，只有持續強化這個主要軍事行動，才能迫使敵人遵循我方意志，進而重新掌握主動權。

2. 我們當前的首要任務是占領地中海的非洲沿岸，並建立必要的海、空軍設施以開闢有效的軍事通道；其次是利用這些基地在最短時間內對軸心國的下腹部進行有力打擊。

3. 因此，過程可劃分為兩個時期——穩固期和拓展期。首先談論穩固期。我們可以預期，亞歷山大將軍將在本月內占領整個昔蘭尼加，並逼近防守阿蓋拉陣地甚至蘇爾特的敵軍。同樣可以假設，如果英軍和美軍繼

續以當前不可阻擋的勢頭推進，在同一時期或不久之後，英、美軍隊將掌控包括突尼西亞在內的整個法屬北非。

4. 在我方所控制的非洲海岸區域，需按適當的間隔建立航空站，尤其是在突尼西亞的突出地帶，更是刻不容緩。最大型的機場應為美方轟炸機而設，以便美國派往北非的遠端轟炸機能與已在中東設有基地的美方轟炸機協同轟炸義大利的目標。美國式的白晝轟炸在地中海的良好氣候中將展現出極大的威力。

5. 只要天候條件更有利於對義大利的轟炸而非德國，就應讓義大利充分體驗英國夜間轟炸的威力。

6. 對卡塔尼亞與卡利亞里機場的攻擊，確保敵人在我軍穩固期間無法襲擊突尼西亞，無疑是必要的。

7. 一旦我們在法屬北非，尤其是突尼西亞部隊可以站穩並得到鞏固，就應立即展開兩個相連的軍事行動。第一個行動是向的黎波里推進。亞歷山大將軍可能會從東邊奪取這塊要地，我已經徵詢過他的意見，並詢問他認為需要多長時間；然而，我們也必須考慮從西邊快速進軍的可能性。如果美軍和效忠盟國的法軍能夠堅守突尼西亞，那麼由安德森將軍指揮的兩個英國師是否足夠？請提供所需時間的最樂觀估計。

8. 當前的第二個目標顯然是撒丁島或西西里島。占領這兩個島嶼中的任何一個以及南方的機場，將形成一個空中三角區域，我們必須奪取並維持該區域的制空權。此外，無論從哪個島嶼出發對那不勒斯、羅馬以及義大利海軍基地進行持續的近距離攻擊，都會加劇義大利戰事的激烈程度。請立即就此撰寫報告，以便進行決策。不論選擇何種方案，應當趁軸心國飛機數量不足時，優先進行中地中海制空權的爭奪戰……注意，準備進攻撒丁島的時間可能與進攻西西里島相同，而西西里島無疑比撒丁島更具策略意義。

備忘錄的其餘部分闡述了爭取土耳其參戰的必要性，這些論點將在本書後續章節中詳加探討。

此刻，我再次著手研究1943年橫渡英倫海峽的這個關鍵計畫。

國防大臣提出的備忘錄

1942年12月3日

1. 去年4月，馬歇爾將軍向我們透露了後來被稱為「圍殲」的軍事方案，而「波麗露」正是該計畫的後勤部分。一個有力的論點是，唯有「圍殲」計畫能夠讓大批美軍和英軍直接與敵軍交鋒，同時發揮英國本土空軍和美國海外空軍的最大威力。此軍事行動獲得了美國軍方的一致支持，自那時起，準備工作便按照「波麗露」計畫持續進行，僅因「火炬」作戰計畫的實施而暫時中止。7月間，提出了「痛擊」計畫作為「圍殲」計畫的補充。英、美聯合參謀部一致認為，應執行「火炬」計畫而非「痛擊」計畫。同時，繼續推進「波麗露」計畫，為推遲或伺機進行的「圍殲」計畫做好準備。

2. 然而，美方的參謀人員認為，捨棄「痛擊」作戰計畫而採用「火炬」作戰計畫，實際上意味著「圍殲」作戰計畫即使推遲也無法實現。其原因之一是，到1943年，俄國可能會被嚴重削弱，希特勒因此能夠從東線調回大量部隊，導致用於「圍殲」作戰計畫的兵力不足。另外一個理由是，由於將船舶分配給「火炬」作戰計畫使用，將極大拖延集結「圍殲」作戰計畫所需兵力的時間，致使在1943年的進攻季節，即便敵軍兵力較弱，我們也無法在歐洲大陸登陸。因此，美方軍事參謀人員預測，他們的部隊將在聯合王國無所事事，這種情況正是總統與馬歇爾將軍極力避免的。

3. 此外，船隻短缺的情況顯然越發嚴峻。儘管登陸艇的建造和船員的培訓工作尚未完全停止，但其進度明顯放緩。「火炬」作戰計畫正在全速推進，而此計畫需要大量船隻，更何況我們可以預見，未來還將展開各

種規模不小的「硫黃」作戰計畫（如撒丁島），儘管這些軍事行動屬於次要任務。

4. 反之，我們曾向俄國人承諾將在1943年開闢第二戰場。我在美國代表哈里曼先生在場的情況下，向俄國人解釋了「圍殲」作戰計畫。在莫斯科進行的這些談話，已經及時向總統報告。如果我們在1943年對德國和義大利的陸上攻勢從原來告訴史達林的近五十個師驟減至約十三個師，我認為史達林總理有充分的理由不滿。此外，除了對俄國的所有義務，我認為將英、美的人力物力相比，我們1943年的攻勢計畫規模實在過於小了。

5. 近期發生極為重大的事件，已經並且正在改變著一直以來為大西洋兩岸人們提供清晰思路的依據。1942年，俄國人在戰事中並未遭遇全盤崩潰或徹底失敗。相反，遭遇慘敗的是希特勒，蒙受重大傷亡的是德國軍隊。據馮·托馬將軍透露，在俄國前線的180個德國師中，許多師的兵力甚至不足一個旅。在東線，匈牙利、羅馬尼亞和義大利的軍隊士氣顯然已經低落。芬蘭軍隊除少數山地部隊外，已經停止戰鬥。

6. 當前，史達林格勒以及俄國前線的中央地帶正爆發數場激烈戰役，勝負仍未明朗。俄軍的攻勢極有可能對德國的實力產生重大影響。如果被包圍在史達林格勒前線的德國第六集團軍遭到殲滅，俄軍的南方攻勢可能會直指頓河岸邊的羅斯托夫。在此情形下，留駐北高加索並已經多次遭受俄軍猛烈攻擊的三個德國集團軍不僅地位岌岌可危，甚至可能全軍覆沒，其後果將難以估量。俄軍在中央地帶的攻勢以及在整個戰線多處發動的反攻，可能迫使德軍陣線收縮至冬季防線。冬季將使已然疲憊不堪的德軍面臨艱難處境，儘管他們目前擁有較為完善的鐵路系統。在1942年年底之前，我們或許至少可以確信：在1943年，德軍不太可能將大量部隊從東線轉移至西線。這將成為一個具有重大意義的新事實。

……

勝利之後的難題

9. 法國的局勢已經迫使德軍從駐紮在英國對岸的法國和低地國家的四十個師中撤回十一個師，以防禦法國南部海岸。維持法國內部的治安任務越發艱鉅。面對「火炬」作戰計畫的威脅，他們或許還需要再多調動四至六個師來保衛並壓制義大利，防守西西里島，甚至可能還需防守撒丁島。南斯拉夫的抵抗運動仍在持續，軸心國在巴爾幹半島各地難以喘息，反而因戰局整體需要及土耳其可能參戰 —— 我們將為此努力 —— 他們不得不增援希臘、羅馬尼亞及保加利亞。當 7 月間在倫敦召開的會議研究「圍殲」和「痛擊」作戰計畫時，這些情況尚未出現。

10. 因此，我認為有必要對整體情況進行全面重新研究，以尋找讓美軍和英軍能夠直接進攻歐洲大陸的方法。為此，應基於上述各節所提的假設。此外，還應循以下條件為前提：北非海岸具備充足的空軍力量，同時地中海的軍事運輸在 3 月底前暢通無阻，進而大幅緩解船隻緊張；所有類似登陸撒丁島的軍事行動應在 6 月初完成；「圍殲」作戰計畫所需的所有登陸艇等應於 6 月底之前返回英國；在 7 月期間進行準備和演習；進攻應定於 8 月，如果當時天氣不佳則可推遲至 9 月。

我持續透過迪爾向馬歇爾將軍傳達詳細情況，當得知馬歇爾將軍支持我的觀點時，我感到非常欣慰。

陸軍元帥迪爾致首相

1942 年 12 月 14 日

1. 我與馬歇爾進行了私人交談，當他了解到你的想法與他的想法一致時，他非常高興。然而，他明確表示，在北非的戰事未見分曉且尚未徵詢艾森豪的意見前，他無法對我們未來的策略發表明確意見。

2. 然而，他越發堅信，一旦北非的軸心國部隊被肅清，我們應立即將美軍部隊源源不斷地運往英國，而非將他們派往非洲以擴大「火炬」作戰計畫的成果，這樣我們就能在 1943 年夏季之前實施一個經過修正的

「圍殲」作戰計畫。他認為，這樣的軍事行動將比「硫黃」作戰計畫或「哈斯基」作戰計畫更為有效，在船舶運輸上更具經濟性，也更能讓俄國滿意，並能牽制更多的德國空軍，同時也是防止德國經由西班牙進攻的最佳策略。

3. 馬歇爾當然樂於與您及三軍參謀長商討這些問題，但鑑於美、英雙方的立場如此相近，他覺得面談的必要性不大。

至此，我已經將我於 1942 年底對戰局的看法告知讀者。顯然，事態的發展證明我當時對西北非的戰局前景過於樂觀，同時也證實了美方參謀人員的觀點，即我們在 7 月間對「火炬」作戰計畫的決定，確實阻礙了我們在 1943 年實施「圍殲」作戰計畫的可能性。事實正是如此。沒有人能預知希特勒會不惜巨大犧牲，透過海、空兩路向突尼西亞尖端地區增援近十萬名精銳部隊。他的這個舉動是嚴重的戰略錯誤。也確實導致我們在非洲的勝利被拖延了數個月。然而，若他不動用這些最終在 1943 年 5 月被俘或被殲的部隊，他原本可以用來支援在俄羅斯逐步後退的戰線，或在諾曼第集結足夠兵力，使得即便我們堅定不移，也難以在 1943 年實施「圍殲」作戰計畫。如今幾乎無人質疑將「圍殲」計畫推遲至 1944 年是明智之舉。我沒有欺騙史達林，問心無愧，我已經竭盡所能。另一方面，只要我們能在下一次戰役中通過地中海進攻歐洲大陸，且英、美聯軍與敵軍全面交戰，我對命運和事實迫使我們做出的選擇便無怨無悔。

勝利之後的難題

主張召開高峰會

　　北非的攻勢此刻顯然遭遇了挫折。儘管我們保持著主動並屢屢出奇制勝，但兵力增援的速度卻非常緩慢，這實在是無可奈何的情況。船舶數量本來就不多，加之敵機對阿爾及爾和波尼的空襲進一步影響了卸船作業。陸路運輸工具亦十分匱乏。那條長達五百英里的單線海岸鐵路狀況不佳，其數百座橋梁和涵洞中的任何一座都可能遭到破壞。隨著大量德軍搭乘飛機抵達突尼西亞，一場激烈且強硬的對抗隨之展開。當時，加入我方的法軍已有十萬多人，多數是素養良好的當地部隊，但裝備依然不足，組織也不完善。艾森豪將軍將所有美軍部隊交由安德森指揮。我們全力以赴。一個英國步兵旅和美國第一裝甲師的一部分發起進攻並占領了邁傑茲，1942年11月28日，他們幾乎推進到了距離突尼西亞僅十二英里的吉地達。至此，冬季作戰已經達到頂點。

　　隨後，雨季降臨，暴雨如注。我軍臨時搭建的機場淪為泥濘不堪的沼澤。儘管德國空軍在數量上遜於我方，卻能從良好天候的機場起飛。12月1日，他們發起反擊，擾亂了我方既定的進攻計畫。幾天後，該英國旅被迫撤回邁傑茲。前線部隊只能透過海路獲取少量補給，這些物資僅夠他們果腹，談不上儲備。直到12月22日夜間，我軍才得以重新發動攻勢。起初取得小勝，但從次日拂曉起，接連三天的大雨傾盆而下。我方機場無法使用，車輛只能在惡劣的道路上艱難行駛。

　　在聖誕節前夕的一次會議上，艾森豪將軍決定不再立即攻占突尼西亞，而是堅守已占據的前進機場陣地。儘管德軍在海上遭受重大損失，他們在突尼西亞的兵力仍然持續增加中。截至12月底，德軍人數接近五萬。

主張召開高峰會

　　在這些戰事如火如荼之際，我方第八集團軍取得了顯著的進展。隆美爾終於將其殘餘部隊從阿拉曼撤退至阿蓋拉。早已潛伏在阿蓋拉附近遠端沙漠空軍大隊的一支巡邏隊始終持續在監視中，並對沿途的所有動態進行了計算和報告。儘管他的後衛部隊遭受我方猛烈追擊，但試圖將他們阻擋在班加西以南的計畫失敗了。蒙哥馬利在長途跋涉後，正在克服他前任因運輸和供應困難而遭受的挫折，而隆美爾則在阿蓋拉稍作停留。12月13日，第二紐西蘭師藉由一次大規模迂迴行動，將隆美爾趕出阿蓋拉，並幾乎切斷了他的退路。他損失慘重，沙漠空軍對他在海岸公路上的車輛造成了重大的破壞。蒙哥馬利最初只能派出輕裝部隊進行追擊。自阿拉曼戰役以來，第八集團軍推進了一千二百英里。在聖誕節占領蘇爾特及其機場後，我軍在年底對隆美爾在比拉特附近的第二個主要陣地發起進攻。

　　11月26日，總統發給我一封電報，其中部分內容已在前一章提及；在這封電報中，他還建議召開一次三國參謀部代表會議。

　　我認為，一旦我們將德國人逐出突尼西亞，為了使非洲後續的軍事局勢能迅速發展，我希望應立即召開英國、俄國和美國的三方軍事戰略會議。最好能在1個月或六個星期以內舉行這樣的會議。我相信，我們兩國聯合參謀部的參謀長們將在數日內提出進一步行動的建議，但我強烈感到我們必須與俄國人面對面會談。我的建議是在開羅或莫斯科舉行會議，你、我各自派出少數代表，舉行祕密會議。會議的結論自然需要我們三人的批准。我可能會派馬歇爾作為我們代表團的團長。我認為每個國家派出的代表最好不超過三人。

　　盼望您盡快告訴我對這項建議的看法。

　　當日我立即回電總統，表示我認為召集專家會議無法解決我們的問題。

前海軍人員致羅斯福總統

1942 年 11 月 26 日

原則上，我完全贊同與俄國人進行會晤。然而，我深感懷疑，軍官們召開的戰略性會議能否在解決某些專業問題之外發揮更大的作用。倘若俄國人派遣代表團前往開羅（對此我持懷疑態度），其許可權必然受到嚴苛限制，需要在所有重要議題上向莫斯科的史達林請示。若會議在莫斯科召開，將不會有任何延誤，但我期望英、美兩國代表團在赴莫斯科前至少形成一致的共識，以此作為會談基礎。若派遣馬歇爾將軍前往，我希望他能先入境英國。

我想我能提前告知蘇聯人的看法。他們會質問我們兩個國家：「你們計劃在 1943 年夏季與多少個德軍師團作戰？在 1942 年時，你們已經與多少個德軍師團交鋒？」他們必定會要求我們在 1943 年開闢一個大規模的第二戰場，無論是從西方或東方，或同時從東西方對歐洲大陸發動大規模進攻。在莫斯科，我常聽到這樣的論點，而這些問題需要由相關負責人或海軍及負責船舶運輸的官員來解答，所以他們必須出席。目前，要讓我們所有的參謀長騰出這麼長的時間是很困難的。

史達林曾經在莫斯科對我表示，他希望在今年冬天於某地與我們會晤，並提議選擇冰島。我建議英國不僅距離相仿且更為便利。他當時既未接受也未拒絕。此外，除了天氣因素外，在冰島召開新的三國大西洋會議還有許多其他問題需要考慮。我們的艦隻可能會在哈爾夫峽灣共同停泊，還需要找到一艘合適的軍艦供史達林使用，並暫時懸掛蘇聯國旗。他曾熱切表示願意搭乘飛機，並對俄國飛機充滿信心。只有在最高級別的會議上，才能取得實質性的成果。若建議在 1 月舉行會議，你有何看法？屆時非洲的敵軍理應已被肅清，而俄國南部的大戰結果也將揭曉。

此外，我必須強調，若我成功勸說你前往冰島，就請在返回本國之前務必光臨英國一趟，否則我將感到極為不滿。

主張召開高峰會

12月3日，總統再次撥打了電話給我。

羅斯福總統致前海軍人員

1942年12月3日

我對之前提議與俄羅斯人舉行聯合會議的建議深思熟慮後，同意你的看法，只有當你我與史達林親自會晤時，才能達成重要的戰略結論，以適應軍事形勢的需求。我認為我們可以個別帶極少數的隨員，包括我們的首席陸、空、海軍參謀長。我計劃帶霍普金斯和哈里曼，但不打算帶任何國務院的代表，儘管我認為我們應該達成初步共識，以便在德國崩潰時立即實施。我認為會議最好在1月15日左右或稍後舉行。在會議前，突尼西亞應該已經被清理，隆美爾也應該已經全軍覆沒。關於地點，在目前的季節，我不可能去冰島或阿拉斯加，我相信史達林也是如此。我建議在阿爾及爾以南或喀土穆或附近的一個更安全的地方。我不喜歡蚊子。我認為會議應該極度保密，對媒體更應嚴加防範。我認為馬歇爾或其他人在會議前不去英國為好，因為我不希望給史達林留下我們在與他會面前私下談妥一切的印象。

我相信我們之間已經有了深刻的了解，因此無需預先進行會談，待會議時可即時討論。我們的軍事人員也應該從今往後繼續密切合作。

我相信此次會議的成果可能會加快我們戰勝德國的速度，超出我們之前的預期。正如你所知，史達林已經同意在莫斯科召開一次純軍事性質的會議，我今日已經致電他，敦促他安排與你我會晤。我相信他不會拒絕。

在我看來，安樂的綠洲優於提爾錫特的木筏。

我隨即回電如下：

前海軍人員致羅斯福總統

1942年12月3日

1. 你的建議讓我深感欣慰，因為這才是為1943年制定良好計畫的途徑。目前我們尚未為1943年制定出任何稱得上宏偉或符合形勢發展的計

畫。你能出席實在太好了，我願在任何地方與你見面。我已經致電史達林，支持你的邀請。

2. 同時，我反對派遣我們的軍事代表前往莫斯科，此舉只會導致僵局並使局勢惡化。我仍然認為馬歇爾、金和阿諾德應先來此一趟，以便在我們明年1月在「非洲某地」會面時，至少能有一些明確的計畫作為討論的基礎。否則，史達林見到我們時會質問：「你們曾經答應我將在1943年開闢第二戰場，但為何至今尚未制定計畫？」

3. 喀土穆的氣候、安全與通訊條件極為理想，任君使用。關於居住條件，我將在明日詳細告知。我們將以盡地主之誼為榮。我雖渴望了解阿爾及爾以南的綠洲，但尚未聽聞。我個人保證，馬拉喀什的居住條件良好，氣候除非特殊情況外，一般也很適宜。

4. 如此高級別的軍事會議，必須安排好適當的參與人員。就我方而言，我計劃攜艾登以及戰時內閣中的三軍參謀長或副參謀長出席，並搭配一名高效的祕書、密碼員、地圖室工作人員等，總計約二十五人。

5. 關於時間問題，越早越佳。每一天都極為珍貴。我們可以確信，突尼西亞的戰事將於12月底結束，而的黎波里塔尼亞的戰事將於1月底結束。我們不需要等到這些戰事真正結束之後再召開會議。在1943年進攻歐洲的所有希望，都依賴於早日做出決策。

6. 然而，最終的關鍵在於「巴吉斯是否願意」這一點。

正如以下通訊所示，結果是他不情願。

首相致史達林總理

1942年12月3日

總統建議我們三人在1月分於北非某地會晤。這遠比我們在莫斯科討論的冰島方案更為理想。你可以在三日內抵達北非任何地點，我則只需兩日，而總統與你所需的時間相仿。我誠摯地希望你能同意。我們必須儘早

主張召開高峰會

決定在 1943 年從歐洲對德國發起最理想的進攻方案。這個問題只有透過三國政府和國家領導者的會議，並由他們的高級專家參與，才能解決。只有召開這樣一次會議，才能根據各自的條件與可能性，共同承擔戰爭的整體重擔。

史達林總理致邱吉爾首相

1942 年 12 月 6 日

我支持召開三國政府領袖會議，以便制定一致的軍事戰略政策。

然而，我深感遺憾地表示，屆時我將無法離開蘇聯。既然無法安排我們的會面，是否可以透過通訊的方式來討論這些問題呢？我承認我們之間並無分歧。在 1 月分，有些戰役可能不會平息，反而更加激烈。

在我先前寄給你的信中，曾談及關於在 1943 年春季於西歐開闢第二戰場的議題，我正期待你對此的回覆。

史達林格勒地區和中部戰線的軍事行動正在有條不紊地推進。在史達林格勒地區，我們已經包圍了大量德軍，期望能夠徹底殲滅他們。

總統在回覆我所發出的相同電報時，對史達林表示極其失望。他對我說道：

在我看來，我們的參謀人員在莫斯科商討明年夏季計畫進行的任何重大軍事行動是不妥當的。從實際出發，首先，他們所制定的任何重大軍事行動都不能約束貴國政府或美國政府，其次，這些最終方案必須先經兩國國內的參謀人員詳加研究後，才可能得到批准。

因此，倘若提議在非洲的地點，如阿爾及爾、喀土穆或其他適合之地舉行聯合王國、俄國及美國三國軍事參謀會談，你的看法如何？此會議的成果及所提建議在最終批准前，必然需要三國領袖的審議。

我的立場依然如故。總統已經覺察到在莫斯科召開專家會議的各種弊端，這令我頗感欣慰，但我同樣反對在喀土穆或阿爾及爾舉行此類會議。我堅信讓我們的軍事代表在遙遠的地點會晤，且在我方與美方未事先就共同事務達成協定的情況下，單獨召開會議，只會徒勞無功，在交換大量冗長的密電後，很可能陷入僵局，甚至日益僵化。唯有三國的國家或政府領導者面對面坐在一起，才能解決這些公開的重大問題。為何史達林拒絕出席三國會議會影響英、美早日舉行會議？然而，總統似乎堅持要召開一次三國軍事會議，我當時不得不同意他的主張。12月17日，他將史達林關於召開三國領袖會議這個主要問題的最新回電轉交給我。史達林說：

　　我也不得不向您表達深切的遺憾，我在近期甚至3月初都無法離開蘇聯。前線的事務使我必須時常與我國的將士共處，因此難以抽身。至今，我仍不清楚您，總統先生，和邱吉爾先生，在我們的聯席會議上計劃討論哪些具體議題？是否可以透過通訊方式來探討這些問題？只要我們未能相見，我相信我們之間不會有任何爭論。

　　請允許我表達我的信心，我堅信時機尚未失去，並且相信您，總統先生，以及邱吉爾先生，定會履行你們關於在1942年，最遲在1943年春季開闢第二戰場的承諾，因此明年春季，英、美聯軍將在歐洲開闢第二戰場這個事實即將成真。

　　鑑於關於蘇維埃社會主義共和國聯盟對達爾朗等人物態度的各種傳言，我和我的同事相信，艾森豪對待達爾朗、布瓦松、吉羅等人的策略是完全正確的，我想告訴你這一點或許是有必要的。我認為你成功地讓達爾朗等人加入盟國對抗希特勒的戰鬥，這是一個重大成就。前幾天，我也對邱吉爾先生表達了同樣的看法。

　　此時，總統派遣使者為我送來一封非常友好的信函，詢問我是否同意。

主張召開高峰會

華盛頓，白宮

親啟信件

1942 年 12 月 14 日

致溫斯頓：

　　至今，我尚未收到「約大叔」對我第二次邀請的回覆。但即便他再次拒絕，我仍然認為我們應該會晤，因為顯然有許多問題需要透過你我及雙方參謀人員的會議來解決。我深信，我們都不願類似去年 7 月決定「火炬」作戰計畫時的拖延重演。

　　1. 鑑於令人厭煩的天氣以及機翼可能結冰的情況，我們無論如何都無法前往冰島。

　　2. 基於政治因素，我絕無可能前往英國。

　　3. 若美國民眾知道我搭乘飛機飛越任何大洋，定會引起軒然大波。因此，對我而言，百慕達與非洲同樣無法前往。然而，若能在極端保密的情況下離開，並在回國前保持此次旅行的祕密，我基本上會選擇了非洲 —— 原因是，儘管公共輿論在事後得知此事時會感到震驚，但終究會滿意我們的會議成果。

　　4. 如果民眾知曉我在西北非與軍事領袖會晤，批評聲可能會減輕。基於此，我認為我們最好在西北非某地而非喀土穆見面。此外，我也能親自視察我們的士兵。

　　5. 順便一提，這對我個人也非常有益，因為我可以擺脫華盛頓的政治氛圍達兩週之久。

　　6. 因此，我的想法是，若你覺得合適，我們可以在 1 月 15 日左右在阿爾及爾或卡薩布蘭卡以北會晤。這意味著我會在 1 月 11 日左右出發，希望那時候的天氣良好。我的路線可能是從這裡到特立尼達，然後前往達

卡，再從達卡向北，或者從這裡到納塔爾（巴西），然後飛越大西洋到賴比瑞亞或弗里敦，再從那裡向北。

7. 既然史達林無法參會，我認為我們無需攜帶外交事務人員，因為會議主要是軍事性質的。或許你的三位參謀長和我的三位參謀長可以在我們抵達之前的四、五天內，在同一地點預先舉行會議，這樣等我們抵達時，就有一個相對完整的計畫草案。我已經指派比德爾·史密斯將軍提前四、五天出發，祕密勘察一些可供訪問的綠洲，這些綠洲越遠離城市或人群越好。有一本字典提到「綠洲從來不是完全乾燥的」。字典的描述真妙。

8. 若「約大叔」表示他將在大約 3 月 1 日與我們會面，則計畫可以做如下調整：

我提議我們雙方的參謀人員在非洲某地，甚至可以遠至巴格達，與俄國參謀人員會面，以研究出至少能展開新軍事行動準備工作的建議。等到我們三人會晤時，便能解決剩餘問題，並討論某些戰後事宜。

此致最熱烈的問候

富蘭克林·羅斯福

為節省時間，羅斯福先生先以電報形式將信件的主要內容告知我。

儘管史達林無法與我們會面，我依然認為我們雙方以及我們的參謀團隊應盡快設法會晤。我建議在 1 月 15 日左右於非洲與你會談。據我所知，卡薩布蘭卡以北有一處既合適又安全的地點。最好我們的軍事人員提前幾天到達，以便初步處理一些問題。我相信，如果我們能在一起開四到五天的會，就能解決所有的問題。請告知你的看法。

我對這個解決方案感到滿意，堅信其優於單純技術性專家會議。我立刻回覆如下：

主張召開高峰會

前海軍人員致羅斯福總統

1942 年 12 月 21 日

欣然接受。越快越好。我深感安慰。唯有如此方能解決問題。此間將完全依據此次會議僅為參謀性質而進行準備。建議會議代號為「象徵」。

接下來的幾週專注於起草參謀人員的戰局評估報告，為即將召開的會議做準備。除了軍事策略的問題，還需考慮「火炬」行動計畫的影響和達爾朗被暗殺在北非引發的重大政治問題。我得到總統的許可，任命哈羅德・麥克米倫協助美國駐北非的政治代表羅伯特・墨菲先生，麥克米倫因此前往當地進行實地考察。

在這段期間，「象徵」計畫的籌備工作正順利推進。

前海軍人員致羅斯福總統

1942 年 12 月 30 日

1. 聖誕節時，我已經派遣雅各布准將前往北非，與艾森豪將軍和比德爾・史密斯商討「象徵」計畫的準備工作。雅各布現已來電表示，他們找到了絕佳的住所，並提到比德爾・史密斯將軍完全贊同他的看法，且已經將調查結果電告於你。

2. 我認為我們理應接納他們的建議，鑑於時間有限，我將假設你們同意該建議，並以此為依據展開工作。

3. 我的計畫是，讓代表團之中級別較低的參謀軍官、譯電人員及其他人員於1月4日左右搭乘「伯樂樂」號英艦從聯合王國出發。這艘艦船配備了特殊設備，是一艘可在港口停泊並作為通訊連繫的指揮艦。

4. 您建議我們的軍事人員應提前數日，以便初步解決若干問題，我對此意見完全贊同。我將設法安排英國三軍參謀長與美國三軍參謀長在同一天搭乘飛機抵達指定集合地點，日期可靈活，只需確定適合美國三軍參謀長的行程安排。盼告知適當日期。

5. 若能盡快告知我你的計畫安排，將對擬定我的行程有極大地助益。

6. 對麥克米倫任命事宜的認可，我深表謝意。我完全贊同你所提及艾森豪擁有最終的決策權。

總統和我在這段時間內就安全事務進行了幾次愉快的書信往來。他自己建議稱呼他為「Q 海軍上將」。

前海軍人員致羅斯福總統

1943 年 1 月 3 日

你是如何構思出如此無懈可擊的偽裝呢？為了讓敵人更難識破並增加神祕感，我建議你稱為 Q 海軍上將，而我則稱為 P 先生。

注意——我們的言談舉止務必更加小心翼翼。

關於戴高樂。我認為他的訪問最好等到「火炬」作戰計畫的問題「象徵化」之後再進行。

參謀長委員會向戰時內閣提交了兩份報告，報告中總結了他們對未來戰略的研究結果。他們在結論中強調：他們與美國同僚在意見上存在嚴重分歧。此分歧在於側重點和優先地位，而非原則。實際上，即將召開的會議目的在達成一致協定。英國三軍參謀長認為，最佳策略是竭力完成「火炬」作戰計畫，同時盡可能大規模進行「波麗露」的準備工作，以便啟動「圍殲」作戰計畫，而美國三軍參謀長則主張將我們在歐洲的主力投入「圍殲」作戰計畫，而在北非則保持現狀。英國三軍參謀長在他們的第一份報告中，就美國的建議表達了如下意見：

我們認為，我方的策略應當是：

1. 竭盡所能地拓展「火炬」作戰計畫的成果，以便——

（1）擊潰義大利；

（2）促使土耳其參戰，

（3）決不給予軸心國任何喘息的機會。

2. 加大對德國的轟炸力度。

3. 繼續向俄國運輸補給品。

4. 在允許執行上述軍事行動的條件下，應盡力強化「波麗露」計畫，以確保在1943年8月或9月能夠以二十一個師的兵力重返歐洲大陸，前提是屆時有勝算。

5. 鑑於1943年夏末我們無法在歐洲部署超過二十五個師，我們認為這個策略優於單純執行「波麗露」計畫而不採取其他軍事行動的方案，因為它能更直接、間接地、更早和更多地緩解俄國面臨的壓力。

我已將我們的會面計畫告知史達林。他回應道：

史達林總理致邱吉爾首相

1943年1月5日

感謝告知您即將與羅斯福總統會晤。盼望獲悉會談結果。

最終的安排終於落實。

我們並不是毫無準備地參加這場至關重要的會議。此時，亞歷山大與蒙哥馬利已經擬定了進軍的黎波里的計畫。

亞歷山大將軍致首相

1943年1月5日

第八集團軍因為後勤問題，其主力在1月14日至15日夜間之前無法前進，但蒙哥馬利仍計劃在該日以重兵推進。激戰將在抵達的黎波里前持續不斷。

1月4日，班加西遭遇狂風，導致船舶與卸船設備嚴重受損。這可能導致進軍延誤或兵力縮減。我已經詢問蒙哥馬利是否調整計畫。

亞歷山大將軍致首相

1943年1月6日

維持原定日期，蒙哥馬利補充前電保持不變。

亞歷山大將軍致函首相及帝國總參謀長

1943年1月9日

以下是作戰方案：

此次進軍將於1月14日至15日夜間由第三十軍發起。英軍第七裝甲師和第二紐西蘭師將向塞達達推進。在格達希亞地區，可能會遇到抵抗。消滅該地抵抗後，將繼續向貝尼烏利德－塔古納方向前進，先鋒部隊為英軍第七裝甲師；英軍第五十一師將沿海岸公路主幹道推進；英軍第二十二裝甲旅與集團軍司令部將共同行動；英軍第十軍將不參與戰鬥。自1月8日起，我方將對的黎波里及海岸公路瓶頸地帶進行猛烈轟炸。

第三十軍將攜帶足夠全軍行駛五百英里的汽油，以及可以維持十天的口糧和飲水。彈藥隊將準備充足的彈藥。整體而言，後勤狀況能夠滿足十天的需求。第十軍將協助將補給從托布魯克運至班加西。在我們抵達的黎波里後，在港口暢通之前，我軍的口糧將會極為短缺。透過公路每日能為第三十軍提供的補給約為八百噸，如果在占領的黎波里後、港口暢通之前這個時期中我軍無需作戰的話，這個數量應該可以滿足我軍的需求。

攻占的黎波里將是一場極為重要的勝利。這將使第八集團軍逼近突尼西亞二百英里，進而為北非戰局引入一種顯然具有重要意義的新優勢。

主張召開高峰會

卡薩布蘭卡會議

　　1943 年 1 月 12 日，我啟程前往北非。在這次空中旅行中，發生了一件略顯不安的事情。為了保持 C-46 飛機的溫暖，機上配備了一臺汽油引擎，產生的熱氣能讓暖氣片升溫。凌晨兩點，當我們飛越大西洋，遠離任何陸地約五百英里時，一個暖氣片燙醒了我，熱度灼痛了我的腳趾。我擔心這個暖氣片的溫度過高，甚至可能點燃毯子。於是，我從床上爬起來，喚醒了在下層艙椅中打盹的彼得・波特爾，讓他檢查這個過熱的暖氣片。我們巡視了整個機艙，發現還有另外兩個暖氣片同樣過度發熱。於是，我們走向後方的炸彈艙（這架飛機已經改裝為轟炸機），發現有兩個人正在努力讓汽油加熱器燃燒旺盛。在我看來，這個行為極為危險。汽油暖氣片可能引發火災，而周圍的汽油則會立即爆炸。波特爾也認同這個看法。我決定寧可忍受寒冷，也不願冒被燒死的風險，因此命令關閉所有暖氣設備，然後回到八千英尺的高空中——為了飛越雲層，我們不得不飛得如此之高——在冬季的寒冷中顫抖著入睡。我必須承認，這讓我感到非常不愉快。

　　當我們抵達卡薩布蘭卡，我們發現準備工作極為完善。在安法郊區有一家大型旅館，房間充足，足以容納所有英、美參謀人員，並設有寬敞的會議室。旅館周圍有幾棟別墅，分別為羅斯福總統、我、吉羅將軍及可能到來的戴高樂將軍預留。整個區域被鐵絲網圍繞，並由美軍嚴密守衛。我和參謀人員比總統提前兩天到達。我和龐德以及其他兩位參謀長在懸崖和海灘上進行了幾次愉快的散步。海浪拍打岸邊，捲起大片泡沫，令人難以想像有人能從海面攀登上灘頭。海浪在我在的期間沒有一天是風平浪靜

的。高達十五英尺的巨浪以強大的力量衝擊著岩崖。難怪那麼多的登陸艇和小艇以及艇上人員被掀翻。我的兒子倫道夫從突尼西亞前線抵達卡薩布蘭卡。

許多事項都需要深思熟慮，反覆討論，因此兩天時光轉瞬即逝。期間，參謀人員每天都召開長時間的會議。

總統於1月14日下午抵達。我們的會晤極為熱烈而友好，這片曾經被征服而今獲得解放的土地，是這位偉大的戰友和我不顧軍事專家的反對意見堅持執行計畫之後所獲得的，我能在這片土地上與他會面，內心感到非常高興。艾森豪將軍次日經過一段危險的飛行後也抵達卡薩布蘭卡。他急於了解聯合參謀長委員會準備採取的方針，並希望與他們保持密切連繫。他們的權力遠高於他。一、兩天之後，亞歷山大也抵達卡薩布蘭卡，向我和總統彙報第八集團軍的進展。總統對他的印象極佳，並對他本人與其帶來關於第八集團軍即將占領的黎波里的消息極感興趣。他解釋了情況，解說擁有兩個強大軍團的蒙哥馬利，如何將一個軍的車輛全部交給另一個軍使用，使這個軍得以不斷前進，並且強大到足以將隆美爾從的黎波里一路趕到馬雷斯邊境防線。馬雷斯防線是一道危險重重的障礙。這個消息令大家振奮，亞歷山大平易近人的態度也讓大家心生好感。他的那種自信，不用開口說話，卻已經感染了在場的每一個人。

我向國內提交以下報告：

首相致副首相及戰時內閣

1943年1月18日

三軍參謀長每天單獨或與美國同僚進行兩到三次會議，研究各個戰場的整體局勢。金海軍上將顯然認為太平洋應該成為優先關注的目標，而美國陸、海軍則希望在緬甸採取更有力的行動，以支援中國，並在年底前逐步發展為大規模的「安納吉姆」（緬甸）戰役。馬歇爾將軍對此非常感興

趣，但除此之外，他似乎傾向於犧牲地中海戰場，以準備「圍殲」或「痛擊」作戰計畫。

換句話說，我感到欣慰的是，總統非常支持將地中海戰場置於優先地位。他似乎也越來越傾向於支持執行「哈斯基」計畫（進攻西西里島）。昨晚他建議將該計畫命名為「腹部」（Belly），而我提議稱其為「女戰神」（Bellona）。儘管參謀人員會議尚未作出明確決定，我們之間也尚未達成協定，但我深信在基本問題上我們兩人的觀點無疑是一致的。

與此同時，在聯合參謀長委員會的會議中也顯現出，美國人傾向於選擇西西里島而非撒丁島。金海軍上將甚至表示，一旦決定進攻西西里島，他能夠找到所需的護航艦艇。

地中海的戰局因沙漠集團軍的持續勝利而明顯改變。已經抵達此地的亞歷山大在總統於1月15日召開的會議上，以清晰、準確且自信的方式描述了他的進展和計畫，給所有與會者留下了極好的印象。他希望在1月26日完成攻占的黎波里，並在3月前用六個師攻擊馬雷斯防線。少量的師可以提前調動預作攻擊準備。因此，加上安德森的四個師，我們可以期望，第一集團軍和第八集團軍的十個英軍師將用於爭奪突尼西亞頂端地區的最後決戰。

鑑於美國在突尼西亞的駐軍最多不會超過兩個師，而法軍裝備不佳，英軍將在該戰場擔任主攻角色。在這樣的情況下，如果當前對的黎波里的爭奪戰進展順利，並且清理的黎波里港口也不太費力，沙漠集團軍以雄糾糾氣昂昂地姿態進入突尼西亞戰場，將具有決定性意義。英軍的增援人數之多，顯然將使我們在最高統帥部中擁有更大的發言權。昨晚，我根據帝國總參謀長的建議，提議在適當時機任命亞歷山大為艾森豪的副司令，因為克拉克已經被任命為美軍第五集團軍司令官；總統對此提議反應良好。任命一名英國將領來統率全突尼西亞的部隊，可能會與法國人產生摩擦，而這樣做，將避免此類問題。

卡薩布蘭卡會議

　　我們能在此相聚,並且亞歷山大將軍也參與此次會議,實在令人欣慰。艾森豪將軍計劃對斯福克斯展開一次極具膽識和果決的攻擊,因為他意圖占領該地,並部分依賴馬爾他為其提供補給。顯然,這場戰役必須與亞歷山大的攻勢協調一致,否則當沙漠集團軍在的黎波里停駐以補充燃料和物資並依賴港口時,駐紮在斯福克斯的美軍將面臨德軍的猛烈攻擊。

　　因此,我將亞歷山大與艾森豪撮合,他們無論是在私人會談中,還是在與帝國總參謀長及馬歇爾的共同會議上,都相處融洽。結果,他們之間有了對彼此深刻的理解,並同意在需要時互相拜訪。艾森豪感到如釋重負,因為他意識到亞歷山大的部隊即將發揮適當的戰力,並且實力雄厚。從此,他不再孤軍奮戰,而是可以依靠一支真正強大的聯合力量作戰了。這四個人一致認為,在突尼西亞,只要我們不犯錯誤,勝利在望。我個人對局勢的這種發展感到非常滿意。

　　總統和我未能參加參謀人員的會議,但他們每天都會向我們彙報整個會議進行的情況與達成的結論,我們也每天與我們的軍官進行討論。會議上的分歧並非存在於英、美兩國之間,而是在聯合參謀長委員會與聯合計劃委員會之間。我個人堅定地認為,下一步的目標應是西西里島,聯合參謀長委員會也同樣支持這個觀點。然而,聯合計劃委員會和蒙巴頓勳爵則主張擱置西西里島,先攻打撒丁島,因為他們認為這樣安排可以提前3個月實現目標;蒙巴頓全力向霍普金斯和其他人遊說這個立場。我始終堅持自己的觀點,並得到聯合參謀長委員會的強力支持,堅持優先攻打西西里島。聯合計劃委員會雖態度禮貌但立場堅定地表示,這項方案在8月30日之前無法實現。於是,我親自與他們一起核算了數字,隨後,總統和我下令,將進攻日期定在7月分月色良好的日子,或如有可能,6月分月色良好的日子。最終,空降部隊定案將於7月9日晚執行任務,7月10日清晨開始登陸。

188

在 1 月的會議期間，美國駐英國的空軍部隊司令埃克將軍請求與我會面。我們探討了美軍使用裝甲飛行堡壘對白天轟炸德國的計畫。對此，我個人持懷疑態度。我對於在白晝轟炸上投入如此多的精力感到惋惜，並始終認為若美國集中力量進行夜間轟炸，投放的炸彈數量將遠超白晝轟炸。此外，藉助科學方法，夜間轟炸的精確度將逐步提高，正如我們後來所實現的那樣。我向埃克表達了這些看法，他對此深感不安。他極為真誠地為白晝轟炸的策略辯護，強調英國已經為此進行了大規模的準備工作——從美國調來多個飛行堡壘中隊，集結人力、物資和零件，且機場設施現今也已經完備。

在我答覆時，我提到如今已是 1943 年初。美國參戰已有一年多，他們一直在英國籌組空軍。然而，迄今為止，尚未以白晝轟炸方式對德國投下任何炸彈，僅有一次在英國戰鬥機掩護下短暫的白晝轟炸。去年在華盛頓，我們認為不出 4、5 個月，美國飛機肯定會向德國投下大量炸彈，結果是投入了大量資源，至今還沒有丟過一顆炸彈。然而，埃克巧妙而堅定地為自己辯護，他表示，誠然，他們尚未對德國進行打擊，但只需再給他們一、兩個月，他們定會投入戰鬥，且規模將不斷擴大。

鑑於美國已經在這項事務上投入了大量的人力和資源，而且他們對這項決策極為珍視，我決定支持埃克及其主張。因此，我徹底改變了立場，撤回了我對使用空中堡壘進行白晝轟炸的所有反對意見。這讓他非常高興，因為他擔心他的政府對白晝轟炸的信心已經不如從前。在 1942 年下半年，整整 6 個月的時間裡，這項龐大的計畫和行動卻沒有任何結果，甚至未曾對德國投下一顆炸彈，這確實難以接受。當時部署在東英吉利的有超過兩萬人和五百架飛機，但一直都沒有動靜。然而，當我改變立場，不再追究那個曾經窮追不捨的問題時，大家都感到如釋重負，美方的計畫從此沒有再遭受英方的批評。他們繼續推進計畫，並很快取得了成果。儘管

如此，我仍然認為，如果他們當初將資金投入到夜間轟炸上，對德國的轟炸高潮原本可以更早到來。埃克事後多次表示，在飛行堡壘即將大顯身手之際，我及時拯救了它們，使之免於被美國政府放棄。如果這話屬實，那麼我之所以救了它們，僅僅是因為我不再那麼全力反對它們。

此時，戴高樂的問題浮現。我當時極為希望他能親臨卡薩布蘭卡，總統也基本贊同我的看法。我甚至請總統親自發電邀請戴高樂。然而，這位將軍態度傲慢，多次拒絕了總統的邀請。於是，我指示艾登對他施加最大壓力，甚至威脅他若不前來，我們將建議由他人取代他在倫敦領導的法國解放委員會主席一職。總統的兒子埃利奧特·羅斯福在他的著作中對此事進行了精彩的描述。他在書中匆忙記錄了他在餐桌上聽到的私密對話。他似乎暗示，總統懷疑我在阻撓戴高樂的到來，並反對邀請他；事實上，我是在對他施加最大的壓力，促使他前來。這種謬論長期以來廣為流傳。以下電報可以永久駁斥這種謬論。

首相致外交大臣

1943 年 1 月 18 日

如你認為合適，請將以下電報轉交給戴高樂。

我被授予權力告知你，邀請你前來此地的是美國總統以及我。

吉羅將軍已經抵達此地，隨行僅有兩位參謀軍官，現正等候你的到來。我尚未告訴他你可能不會前來的決定。我認為若你堅持不來，這將對你及你所領導的運動產生不利影響。首先，我們即將針對北非問題進行安排，我們非常希望能與你討論此事，但若情勢所逼，則必須在你缺席的情況下進行安排。英國和美國將會支持這樣的安排。

我相信，你拒絕參加計劃中的會晤，將被輿論一致譴責，並成為指責你的最佳理由。如果此刻你拒絕總統的邀請，那麼你希望在不久的將來受邀訪問美國的願望也將落空。我為了彌合你領導的運動與美國之間的分歧

所做的努力也將注定失敗。在你繼續擔任該運動領袖期間，我顯然無法在這方面繼續努力。

如果你仍然是該運動的領袖，那麼英王政府將重新評估對該運動的立場。倘若你錯失良機，我們將在沒有你的情況下，盡力與其建立良好關係。

目前，大門依然敞開著。

你可以根據你的判斷，適當調整這封信的內容，只需保持其嚴謹性即可。麻煩在於，為了保密，我們無法繞過他直接向法國民族委員會呼籲。最近，我一直在為戴高樂奔走，並竭盡全力促成法國各派的和解。若他拒絕當前提供的機會，我將認為只有在他不再領導自由法國運動的情況下，英王政府才能繼續支持該運動。我希望你能根據自己的看法，向他明確說明這一點。對他要非常嚴厲，這也是為他好。

1月22日，戴高樂終於抵達。他被帶到了他的別墅，該別墅就位於吉羅別墅的旁邊。他拒絕拜訪吉羅，經過我們長時間的勸說，幾個小時後，他終於被說服，同意與吉羅會面。我與戴高樂進行了一次非常嚴肅的談話，明確指出，如果他繼續阻撓，我們將果斷地與他徹底決裂。他彬彬有禮地昂首走出別墅，跑到花園裡。最終，他被迫同意與吉羅會談。這次會談持續了兩、三個小時，對雙方而言應該都很愉快。當天下午，他去見總統，令我欣慰的是，他們兩人意外地相處得很好。總統被他那「聰慧明亮的眼神」所吸引，只是還無法讓兩人在部分事項上達成一致意見。

在本書的這個部分，我記錄了與戴高樂將軍關係中的一系列嚴重事件。確實，我與他經常發生爭執，並進行過多次激烈的爭吵。然而，在我們之間的關係中，有一個極其重要的因素。我既不能視他為一個屈辱的法國代表，也不能認為他是一個可以自由決定法國未來的代表。我明白，他對英國並無好感。然而，我總能在他身上看到歷史在其民族之中所刻劃的

「法蘭西」精神和信念。他那種傲慢的態度雖然令我不悅，但我能夠理解並欽佩這種態度。他是一個逃亡者，一個在本國被判處死刑而流亡海外的人。他今日的地位完全依賴於英國政府──現在還包括美國政府──的支持。他的祖國被德國人征服，他實際上已經無處可去。然而，他對此毫不在意，傲視一切。即便在他表現得最為傲慢的時候，他身上似乎也展現了法蘭西的特質──一個充滿自豪、能力和雄心的偉大民族。有人嘲笑他自封為當代的聖女貞德，因為據說他的祖先當中有一位是聖女貞德的忠實追隨者。我並不覺得這有什麼可笑。據說他還將自己比作克里蒙梭，雖然克里蒙梭是一位比他更聰明且更有經驗的政治家，但兩人都給予人法國人不可征服的印象。

我再次向戰時內閣呈報如下：

首相致副首相及戰時內閣

1943 年 1 月 20 日

今日下午，「Q」海軍上將（總統）與我共同主持了一場全體會議，會上聯合參謀長委員會對他們的進展進行了彙報，結果甚為滿意。在經過五天的討論和統合明顯的分歧意見後，聯合參謀長委員會已經就 1943 年的作戰基本方針達成一致共識。儘管他們的最終報告尚未完成，但帝國總參謀長在會上代表聯合參謀長委員會所作的報告要點如下：

1. 雙方同意，首先應將兩國聯合的力量用於確保海上交通的安全，並重申必須集中力量優先擊敗德國的原則。同時立即開始全力準備攻占西西里島，以儘早實現這個計畫。我們還希望今年年底可以啟動緬甸的作戰計畫。美方已經承諾，將承擔大部分所需的部隊運輸與登陸艇，這些艦艇將由美方人員操作，並承諾提供部分海軍掩護。在英國本土，我們將迅速實施「波麗露」計畫，以便在今年若德國出現崩潰跡象時，能夠發起類似「痛擊」作戰計畫的軍事行動，或全力進軍歐洲大陸。在太平洋方面，攻

占拉包爾和掃蕩新幾內亞的軍事行動將繼續進行，以保持主動權並牽制日本。至於是否將該行動推進至特魯克，將在今年年底決定。我與「Q」海軍上將對上述各點的看法完全相同，均表贊成。

2. 在聯合參謀長委員會的討論中，美方代表曾表達了對德國一旦被擊敗後我方可能退出戰爭的憂慮。獲悉此事後，我認為需要用明確的措辭來表態。這不僅關乎英國的利益，也關乎英國的榮譽。英國議會和人民在德國被打敗後，必定會全力以赴地繼續與日本作戰。我認為這種表態是必要的。我還表示，我相信戰時內閣完全願意就此問題與美國簽訂正式協定或條約。「Q」海軍上將沒有採納這個建議，他表示深信美國與英國在此問題上完全一致。然而，他補充說，如果可能的話，應該與俄國明確協定——必要時可以是祕密的——在德國戰敗後，他們將參與對日作戰。

3. 在大原則達成一致後，聯合參謀長委員會將在接下來的十天內探討具體的實施策略。由於仍有大量細節需要處理，我建議他們在未來幾天中持續合作。不管怎樣，必須在6個月內再舉行一次類似會議。馬歇爾將軍特別強調了這一點的重要性。

4. 在全體會議上，我建議在適當時機讓亞歷山大擔任艾森豪的副總司令，因為我認為這是提出這個建議的良機。馬歇爾將軍和金海軍上將對此表示極大的歡迎。空軍司令的問題正被熱烈討論中，我相信會得到圓滿的解決。

5. 馬歇爾將軍對坎寧安海軍上將在同盟國北非行動中所作出的卓越貢獻深感敬佩，並要求將此意見正式記錄，戰時內閣應知曉此事。坎寧安在海軍領導方面的才能無與倫比，他的智慧和建議對艾森豪將軍是極大的支持。「Q」海軍上將也對陸軍元帥約翰‧迪爾爵士給予了高度讚美。美方現在視他為美、英兩國參謀長在軍事政策上的關鍵樞紐。

6. 我們正在準備一份關於此次會議情況的宣告，計劃在適當時機向記者發布。我們打算在宣告中宣稱，美國與大英帝國決心不屈不撓地將戰爭

進行到底，直至德國和日本「無條件投降」為止。希望能得到戰時內閣對此的意見。宣告中沒有提到義大利，意在促使三國聯盟儘早瓦解。總統對此表示贊同，因為這將激勵我們在各國的盟友。

7. 會議結束時，還需要起草一份致史達林總理的宣告。我們認為該宣告應表達英、美兩國的共同意圖，但不應包含任何承諾。

8. 上述情況是由伊斯梅將軍根據我的指示撰寫的，儘管它描述了會議的當前狀況，並且如同閣員們所知，完全符合我們的共同意願；但必須承認，與英、美兩國龐大的力量相比，我們的軍事行動整體規模仍然顯得微不足道，與俄羅斯的巨大努力相比更是顯得渺小。我相信總統也會有同感，因為霍普金斯昨天還向我提到這一點，他說：「還可以，不過不夠。」即便考慮到我們在海、空方面的重大努力，我仍對此深有感觸，在接下來的會議期間，我們必須致力於增大我們的打擊力度。

讀者需要特別留意上述電文的第六段，因為總統在記者會上提及「無條件投降」一詞，此事曾經引發爭論，這些爭論將在本書中出現，並且人們勢必長久地爭論不休。無論在英國還是美國，都存在一種觀點，認為這句話延長了戰爭，正中「獨裁者們」希望迫使德、日兩國人民和軍隊殊死搏鬥的下懷。我個人不同意這種觀點，理由將在後面的內容中探討。鑑於我已經意識到自己在某些事情上的記憶有所偏差，最好依靠我的紀錄來如實敘述。埃利奧特‧羅斯福在他的書中聲稱，總統是在一次晚宴上說了這句話的。據他所述，我當時「思考了一下，皺了眉頭，又稍作思索，最終微笑著說『這句話好極了』」，還提到我那天晚上喝最後一杯酒時的祝詞是「無條件投降」。我完全不記得這些私人間的非正式交談，因為當時的談話是隨意且不拘形式的。然而，在我與總統的正式會談中，無疑會討論這個問題。不然怎麼會有第六段呢。

戰時內閣的紀錄顯示，這個問題在1月20日下午的戰時內閣會議上被提出。會議討論的重點似乎並非「無條件投降」這個原則，而是是否應

將義大利排除在外。因此,戰時內閣於 1 月 21 日發出了以下電文,我當然立即收到了。

副首相及外交大臣致首相

內閣一致認為,若排除義大利,可能會帶來不利後果,因為這勢必會在土耳其、巴爾幹地區和其他地方引發疑慮。我們還認為,這樣做對義大利並無益處。若讓他們知道災難將至,反而可能對義大利的士氣產生他們預期的影響。

因此,無可置疑,我確實曾向戰時內閣傳達過正在草擬聯合宣告中的「無條件投降」一詞,他們對此沒有任何異議。相反,他們僅希望義大利不被排除在外。我不記得,也沒有任何紀錄顯示,在我收到內閣電文後,總統與我曾就此問題進行過討論。很可能由於事務繁忙,尤其是處理吉羅與戴高樂之間的關係及與他們的各種會談,使得我們未再提及此事。在此期間,我們的顧問和聯合參謀長委員會正忙於擬定正式聯合宣告。這是一份經過仔細推敲和措辭嚴謹的文件,最終由總統和我審閱並批准。大概由於我當時不贊成將無條件投降適用於義大利,所以後來未再向總統提及此事。總之,我們確實一致同意了由我們和顧問們擬定的公報內容。在這份宣告中,並未提及「無條件投降」。該宣告已經提交戰時內閣審核,戰時內閣也很快就批准了。

當我在 1 月 24 日的新聞發布會上聽到總統提及我們將要求所有敵國「無條件投降」時,我感到頗為意外。我原本以為雙方事先達成的公報已經取代了之前的任何對話。伊斯梅將軍也表現出驚訝的態度,因為他一直非常了解我的想法,並且參與了聯合參謀長委員會的所有會議,協助起草宣告。儘管如此,在我跟隨總統發言時,當然還是支持並認可了他的言論。在這種場合和時機,若我們之間有任何分歧,即便是無意的,也可能對兩國的共同努力造成破壞甚至危險。對此,我無疑與英國戰時內閣共同

承擔責任。

然而，總統對霍普金斯所表達的以下言辭卻毫無異議。

我們為促成這兩位法國將領的會晤付出了巨大的努力，以至於讓我覺得這幾乎像是讓格蘭特和李重歸於好那般困難。後來，記者招待會突然召開，溫斯頓和我都沒有時間準備。我忽然想起格蘭特被稱為「無條件投降的老將」，於是我意識到自己說過這句話。

在我看來，這次直言不諱的對話，其力量絕不會因為那句出現在他朗讀的演講稿中的話而削弱。

戰爭的回憶或許仍然清晰可見，但在未經考核前絕對不可靠，特別是事件的順序。關於「無條件投降」這一點，我顯然多次發表了不準確的言論，因為我當時想到什麼就說什麼，還以為自己所說的是事實，並未檢視紀錄。記錯的不只是我一人，1949 年 7 月 21 日，貝文先生在下議院報告中提到，由於「無條件投降」政策，他在戰後重建德國的問題上遇到了極大的困難。他曾聲稱，當時根本沒有人就這個政策與他或戰時內閣進行磋商。我當時同樣不準確且堅信不疑地回答說，我第一次聽到這個術語是在卡薩布蘭卡的新聞發布會上，從總統那裡聽到的。直到回家查閱文件後，我才發現事實如本書所述。這讓我想起一位教授，在臨終時，他忠誠的學生想聽他的遺言，他說：「引文要準確啊！」

「無條件投降」一詞在當時備受歡迎，但後來被多位權威人士批評為英、美戰時政策的重大失策。對此問題我認為需要澄清。據稱該政策延長了戰爭，並使戰後重建更為艱難。我認為這種觀點並不正確。1943 年 6 月 30 日，我在倫敦市政廳發表演說時表示：

我們這些盟國要求納粹、法西斯以及日本的極權政府無條件投降。無條件投降意味著他們的抵抗意志必須被徹底粉碎，他們必須完全接受我們的安排。這也意味著我們必須採取一切必要且具前瞻性的措施，以確保世

界不再因他們的陰謀和侵略而陷入混亂、遭受破壞或再度被戰火摧毀。這並不意味著，也絕不可能代表著，我們會因不人道的行為或純粹的復仇欲望而玷汙我們的勝利果實，也不是說我們不計劃創造一個這樣的世界，在這個世界中，所有國家的人民都可以享有美國獨立宣言所美好地稱之為「生命權、自由權和追求幸福的權利」。

1943 年 12 月 24 日，羅斯福總統曾提及：

同盟國無意奴役德國人民。我們希望他們能夠獲得正常的機會，成為歐洲大家庭中有用且受尊重的一員，在和平中發展。然而我們堅定地強調「受尊重」一詞，因為我們決心徹底清除他們身上的納粹主義、普魯士軍國主義以及他們是「優秀種族」這個可能引發災難的狂妄思想。

不斷有人力主宣布其他和平條件，我始終反對這類提議，主要原因在於，我認為，若三大盟國堅持，而且輿論也會促使其堅持某些具體的投降條件，這些條件要比「無條件投降」這個模糊概念更讓德國國內的和平運動無法接受。我依然記得，曾多次嘗試起草能夠讓擊敗德國者感到滿足的和平條件。然而，這些條件一旦寫出，便顯得如此駭人，事實上也絕無可能實現，以至於若將其公布，只會激發德國人更頑強的抵抗。它們寫出來實際上也只能成為廢紙。

1944 年 1 月 14 日，俄國在德黑蘭表達立場後，我撰寫了一份備忘錄，呈交內閣同事。

所謂「無條件投降」，意味著德國人完全沒有資格獲得任何特殊待遇。例如，大西洋憲章無法作為權利依據適用於德國人。相對地，戰勝國是否履行人道和文明責任，將由它們自主決定。

問題在於，我們當下是否需要更具體地提出，我的看法是，應先觀察德國將面臨何種命運，然後再決定公布更詳細的投降條件是否會促使其投降。

首先，他們將被完全解除武裝，並且失去任何重新武裝的可能性。

其次，他們將被禁止乘坐任何類型的航空器，無論是民用還是軍用，並且不得學習飛行技能。

第三，許多被判定實施暴行的人將被移交至他們犯下罪行的國家接受審判。史達林總理曾在德黑蘭表示，他堅信至少需要四百萬德國人為他工作多年，才能重建被德國人摧毀的家園。我相信俄國人將堅持索取大量德國機械設備，以充分補償德國人破壞的所有機械設備。其他戰勝國也很可能會提出類似的要求。鑑於大量法國和俄羅斯的戰俘及被拘留者所遭受的嚴酷待遇，這樣的要求似乎並非不公正。

第四，據我了解，英、美、蘇三國政府已經達成共識，德國將被明確分割成若干獨立國家。東普魯士及奧德河以東的德國領土將被永久割讓，居民將被遷出。普魯士將被分割和縮小。魯爾及其他重要的煤鋼產地必須脫離普魯士的控制。

第五，作為德國武裝力量核心的總參謀部必須完全解散，俄國人可能會要求將德軍總參謀部的許多成員判處死刑和長期監禁。我原本希望能公布一份名單，列出五十到一百多名罪大惡極者的名字，以便將大多數人民與那些將被盟國判處極刑的人區分開，進而避免任何類似大屠殺的事件發生。這無疑會讓普通德國人感到安心。然而，這些建議在德黑蘭被視為過於寬容並遭到輕蔑地拒絕，但我不確定史達林總理的這部分談話是否是認真的。

無論如何，以上內容足以證明，一份對德國未來的直率宣告，不一定能讓德國人民感到安心，或許「無條件投降」這種令人恐懼但更模糊的措辭反而能讓他們更加安心，尤其是在總統發布的宣告中已經有所緩和。

最終，我於1944年2月22日在下議院發言：

「無條件投降」這個術語，並不意味著德國民眾將遭受奴役或面臨滅亡。然而，它確實代表著盟軍在接受投降時不被任何條約或承諾所限制。

比如，不存在大西洋憲章自動適用於德國的情況，也不存在禁止敵國領土轉移或調整的限制。我們絕不接受德國人在第一次世界大戰後所聲稱的那種論調，即他們因威爾遜總統的「十四點」而投降。無條件投降意味著勝利者擁有行動的自由，但這並不賦予他們為所欲為的權力，也不意味著他們打算將德國從歐洲國家中抹去。如果我們受到任何約束，那只是我們對文明的良心責任。這便是「無條件投降」的真意。

戰爭接近尾聲，德國對此毫無誤解，這一點毋庸置疑。

在對各項關鍵問題進行了十天的深入研究後，聯合參謀長委員會終於達成了一致意見。總統和我每天都關注他們的進展，並對其工作表示一致贊同。委員會決定，我們應動用沙漠集團軍與英國的所有兵力，以及艾森豪部隊的部分力量，全力攻取突尼西亞；同時決定由亞歷山大將軍擔任艾森豪的副司令官，並實際負責指揮所有戰鬥。此外，由坎寧安海軍上將和特德空軍上將分別擔任海軍和空軍的作戰指揮官。顯然，如果第八集團軍能夠將其六至七個師調至該戰場，這些兵力，加上安德森將軍所率領的英國第一集團軍所屬四至五個師，英國方面將擁有大約十二個師，而美軍因為其餘兵力駐守在摩洛哥和阿爾及利亞，僅能派出三至四個師參與突尼西亞決戰。兩年後，馬歇爾將軍曾在馬爾他對我說，他當時對此事深感驚訝，儘管英軍在突尼西亞的兵力遠超美軍，卻未曾要求將艾森豪的指揮權交給一位英國指揮官。這一點我從未考慮過，因為這與總統和我合作的基本原則背道而馳。關於艾森豪和亞歷山大之間的關係，後續還會涉及。這兩位都是無私奉獻的人，彼此真誠相待。艾森豪將作戰指揮權完全交給了亞歷山大。

此刻，我們的會議已經接近尾聲。1月23日，我們與參謀長們進行了最後一次正式全體會議。會上，他們向我們兩人提交了關於「1943年作戰方針」的最終報告。該報告的概要如下：

盟國的資源仍需優先用於消滅德國潛艇。此外,必須盡力向俄國運送物資,以支援蘇聯部隊。

在歐洲戰場的軍事行動將遵循以下目標:即在1943年內,動用同盟國可用於對德作戰的所有兵力,全力擊敗德國。

攻勢作戰的核心戰略如下:

地中海地區:

1. 攻占西西里島,目的是——

(1)提升地中海航路的安全性。

(2)削弱德軍在俄國前線的壓力。

(3)強化對義大利施加的壓力。

2. 努力創造一種情況,使土耳其能夠加入我們一方,成為一個活躍的盟友。

英國方面:

1. 對德國發動最強烈的空襲,以削弱其軍事行動。

2. 依據現有兩棲部隊的兵力,展開區域攻勢。

3. 力求集結極其強大的兵力,隨時準備行動,以便在德方抵抗減弱到適當程度時,能夠重新登陸歐洲大陸。

太平洋及遠東的軍事行動將持續進行,目的在於保持對日本的壓力,並在德國戰敗後,立即對日本展開全面攻勢。聯合參謀長委員會認為,這些行動必須在不影響盟軍於1943年徹底擊敗德國的能力範圍內進行。在不妨礙此計畫的前提下,可制定在1943年內重奪緬甸的計畫(「安納吉姆」計畫),並為此做好準備。在不影響「安納吉姆」計畫的前提下,如有多餘的時間、人力和物資,可制定攻打馬紹爾群島及加羅林群島的計畫,並進行相關準備。

這項戰略計畫是由我們二人與專家顧問們逐步制定的。在批准此計畫時，總統與我還各自致函本國的參謀長委員會，信中寫道：

欣然批准聯合參謀長委員會在對各種問題進行深入研究後所擬定的報告之時，總統及首相希望強調，在所有準備工作中，應始終關注以下各點：

（1）必須設法確保，即便在實施「哈斯基」作戰計畫時，駛往俄國的W.J.運輸船隊也能保持不中斷。

（2）急需以航空力量支援駐紮在中國的陳納德將軍部隊，同時甄選合適的人員，以確保這些飛機能夠最大限度地展現其戰鬥效能。

（3）在6月月色宜人的日子來臨前，做好進攻西西里島的準備工作；。

（4）為了在8月的大好天氣中及時實施某種形式的「痛擊」作戰計畫，聯合王國必須加速建立一支美軍攻擊力量。為達此目的，需全面重新評估已經分發的作戰裝備和每月供應，並根據進攻日可能出現的作戰情況，調整從美國運往英國的作戰物資和人力的優先次序。

最終，在1月24日早晨，我們兩人出席了新聞發布會。我們強迫戴高樂和吉羅與總統及我交錯坐在同一排椅子上，並在記者和攝影師面前握手。他們照做了，即便在那樣悲慘的日子裡，看到這些照片仍讓人忍俊不禁。總統和我在卡薩布蘭卡的行蹤始終保密。因此，當記者們見到我們時，幾乎不敢相信自己的眼睛，而當他們聽說我們已經在此待了近兩週時，更是難以置信。

在這場費盡千辛萬苦才促成的強制婚禮或「持槍婚禮」（正如美國人所稱的）結束後，總統向記者發表了談話。對此，我表示贊同。

總統即將啟程。然而，我對他說：「你千里迢迢而來，若不遊覽馬拉喀什便返回，豈不白來一趟？讓我們去那裡玩兩天。我必須和你一起欣賞阿特拉斯山被白雪覆蓋的夕陽。」我也用同樣的言辭勸說哈里·霍普金

斯。正巧，馬拉喀什有一座美麗的別墅，是美國副領事肯尼斯・彭達先生從一位美國人泰勒太太那裡租來的。我此前對這座別墅毫不知情。總統和我可以住在這座別墅，外面的地方足以容納我們的隨行人員。因此，我們決定一同前往馬拉喀什。羅斯福與我同乘一輛車穿越沙漠——在我看來，沙漠已經開始綠意盎然——行駛了一百五十英里後，抵達了這片著名的綠洲。我稱馬拉喀什為「撒哈拉的巴黎」，因為幾個世紀以來，中非各地的商隊寧願在途中向山中部落繳納重稅，並且在馬拉喀什的市場上被欺騙，也要享受這座城市的放蕩生活，包括算命、耍蛇、大量飲食，以及就整個非洲大陸而言最大、組織最完善的妓院。這些都是古今聞名的。

我們達成共識，由我負責準備午餐，因此湯米承擔了相關事務。一路上，我與總統同乘一車，歷時五個小時，總統談論了許多公務內容，偶爾也聊些其他話題。沿途數千名美軍駐守，以確保我們的安全，頭頂上空則有飛機持續盤旋。傍晚時分，我們抵達彭達先生的別墅，受到熱情款待。我陪同總統登上別墅的大廈，他坐在椅子上被抬上去，坐在那裡欣賞白雪覆蓋的阿特拉斯山落日美景。晚餐時，我們十五、六人歡聚一堂，氣氛熱烈，大家紛紛高歌。我唱了一首歌，總統也參與合唱，並一度想獨唱一曲。遺憾的是，有人阻止了他，因此我始終未能聽到總統的歌聲。

我的這位孜孜不倦的戰友定於1月25日清晨啟程，展開他的漫長飛行旅程。他將途經拉各斯和達卡，然後跨越大西洋抵達巴西，再繼續飛往華盛頓。我們在前一晚已作告別，但他在次日清晨前往機場時仍到我這裡再次道別。我那時尚未起床，但我不願讓他獨自前往機場。因此，我匆忙起身，穿上拉鍊外套，僅搭配一雙拖鞋，便以這身隨意的裝扮陪他乘車前往機場。隨後，我登上飛機，確保他舒適就座，一方面對他行動不便卻勇氣可嘉的行為深感欽佩，另一方面也為他所面臨的風險感到擔憂。在戰爭

時期，乘飛機旅行是再正常不過的事情，但我仍對此心存畏懼。幸好總統一路平安無事。之後，我返回泰勒夫人的別墅，又在那裡停留了兩日，為戰時內閣寫信，告知他們我的後續計畫，並在大廈上繪製了一幅畫作，這是我在整個戰爭期間唯一創作的一幅。

卡薩布蘭卡會議

阿達納與的黎波里

盟軍占領西北非，徹底改變了地中海的戰略局勢。在地中海南岸取得穩固基地後，便有能力向敵方發起進攻。羅斯福總統和我一直希望開闢一條通往俄國的新道路，並對德國的南翼發動攻勢。土耳其在這些計畫中可以發揮至關重要的作用。數個月以來，我們一直在努力爭取土耳其加入同盟國陣營，對抗德國。此事如今再度燃起希望，但在時間上比以往更加緊迫。

阿拉曼戰役與「火炬」行動的結果揭曉後，我於11月18日立即向英國參謀長委員會遞交了一份備忘錄。我們在埃及和中東部署了大量部隊，這些部隊本來就要駐留，但隨著戰局的改善，現在可以讓他們發揮正面作用。備忘錄的大意如下：

必須持續進行長期的努力以爭取土耳其在來年春季參戰。我們必須考慮到，我方的海軍力量、艦艇和登陸艇等屆時將全部用於中地中海地區，而在地中海東岸地區，僅有小規模的兩棲作戰力量可供使用。然而，透過敘利亞的鐵路和沿海航路，可能會獲得通往土耳其的途徑，只要能夠逐步建立起空中保護力量，不僅安塔利亞，連同達達尼爾海峽也可以開放，以供向土耳其輸送補給。部隊可以透過敘利亞的鐵路和公路進入土耳其。

請將下述觀點納入正式紀錄：只要採取適當措施，就能爭取土耳其加入我方陣營。土耳其是我們的盟國，渴望在未來的和平會議中作為戰勝國之一占據一席之地。土耳其希望加強武裝，軍隊狀況良好，僅缺乏現代化的武器，而在這方面，保加利亞因為德國的支持而占據顯著優勢。土耳其陸軍已經動員近三年，具有戰鬥力。迄今為止，由於恐懼，土耳其未能履

行義務。我方因無法提供幫助，對其政策一直持寬容態度。現在局勢已經改變。由於隆美爾的部隊被消滅，在埃及和昔蘭尼加將很快有大量兵力可用。俄國的抵抗力量也已經增強，並可能在高加索發動反攻，我們也將推動俄國人進行反攻，因此我方在波斯的壓力將大為減輕，這使得第十集團軍或許可以撤回。在敘利亞還有第九集團軍。只要俄國人在高加索北部山脈和裏海區域堅守，我們就能從上述兵力中抽調力量，籌組強大的英軍陸、空部隊以支援土耳其。集結此兵力的預定日期應為4月或5月。請提出你們的建議。

以下是關於政治與軍事的程序：

（1）俄羅斯、美國和英國三國應確保土耳其的領土完整及現狀。俄方已經同意我們的觀點。如今再加上美國，應該能使土耳其更加放心。提供上述保證之後，應立即派遣一個強大的英、美軍事代表團前往土耳其。

（2）從現在開始，整個冬季必須使用從埃及和美國運來的坦克、反坦克炮和高射炮來裝備土耳其軍隊，同時全力建設飛機場。兩年來，我們一直在土耳其修建機場。迄今為止，進展如何？在埃及，隆美爾已經被擊敗，顯然有多餘的物資。中東集團軍擁有超過二千五百輛坦克，並繳獲了大量德軍和義軍物資。反坦克炮和高射炮的情況也是如此。必須向土耳其派遣專家，教授他們如何使用和維護這些武器。必須持續不斷地將武器和裝備運往土耳其。我們已經承諾提供一批武器和裝備，但一旦土耳其祕密同意上述計畫，就必須立即運送大量武器和裝備，其數量將遠遠超過原先承諾的。從敘利亞到伊斯坦堡海峽和達達尼爾海峽的鐵路運輸能力如何？請予告知。在我們未爭取到土耳其加入之前就攻擊羅得島和東地中海其他敵占島嶼，恐怕是嚴重的失策。因為土耳其加入後，可以利用沿海的強大空軍來支持所有攻勢。我們必須一邊透過陸、海兩路祕密繞過這一帶海岸，一邊增強我們的空軍。

（3）與上述兩點相關聯的是，我們還必須敦促俄國人增強他們南翼的

力量,清除高加索的敵軍,並重新占領諾沃羅西斯克。史達林總理向我透露,最為關鍵的是,應儘早從史達林格勒以北地區繼續向西南推進,直至頓河上的羅斯托夫。這一系列軍事行動若成功,將最終使物資在強大空軍的護航下透過達達尼爾海峽運抵俄國黑海各港口,任何俄國在黑海所需的海軍支援也可通過該海峽抵達⋯⋯

這份備忘錄中記錄的僅是初步階段。我在11月24日向史達林闡述了這個構想。

我已經向羅斯福總統傳達了我對土耳其的初步看法,並發現我們的觀點不謀而合。我認為我們應該再次努力,以爭取土耳其與我們並肩作戰。因此,首先,我希望美國能參加一項由英國和蘇聯對土耳其領土完整和現狀的保證。第二,我們已經開始將一批相當數量的軍火,包括二百輛坦克,從中東運往土耳其。第三,我希望明年初春在敘利亞集結一支強大的兵力,以便在土耳其遭受威脅時或願意加入我們時,能夠派遣這支兵力就近支援土耳其。顯然,你在高加索或該地以北地區的作戰行動,對此具有重大影響。如果土耳其加入我們,我們不僅可以展開作戰,以打通通往黑海的左翼航線,還可以利用土耳其的基地猛烈轟炸羅馬尼亞的油田。鑑於你方已經守住高加索的主要產油區,羅馬尼亞的油田對軸心國來說已經變得極為重要。

11月28日,史達林回覆稱他在土耳其問題上完全贊同總統和我的觀點:「應竭盡全力促使土耳其在明年春天與我方並肩作戰。這對加速擊敗希特勒及其同夥至關重要。」

這個問題一直拖延到卡薩布蘭卡會議召開之際,並成為此會議的主要議題之一。我們已經將關於土耳其參戰必要性的全面協定納入聯合參謀長委員會的報告及其附註中。這時,我希望能在土耳其境內與伊諾努總統會面,以解決這個問題。在開羅也有許多事務需要處理,我還希望在回國途

阿達納與的黎波里

中順便拜訪位於的黎波里的第八集團軍，並訪問如果已經被攻克的阿爾及爾。有些事情我可以立即解決，但更多的事情需要親自考察後再做決定。因此，我於1月20日從卡薩布蘭卡發了一封電報給副首相及外交大臣，內容如下：

經過預先研究情況後，我向羅斯福總統提出了有關土耳其的問題。我們達成共識，土耳其事務，無論是軍事還是外交，都由我們負責，而中國和法屬北非則由美國負責。我相信你們對此會感到滿意……在總統離開後，如果天氣允許，我將立刻從馬拉喀什飛往開羅，計劃在那裡停留兩到三天，以解決一些重要事務……現在是否正是我直接與土耳其方面接觸的時機？……如果你們兩位認為可行，外交大臣應立即向土耳其方面提出建議。

次日，我收到回覆電報，電文表示艾德禮先生和艾登先生已經與戰時內閣商議此事，結果是他們敦促我立即返回倫敦，以便向議會彙報我與總統會晤的詳情。我的內閣同事們反對我前往開羅，認為此舉過於冒險且沒有必要。至於與土耳其方面接觸的提議，他們的反對意見更為強烈。他們堅信時機尚未成熟，若我執意而為，結果「不是遭到拒絕就是以失敗告終」。

這些論據完全未能令我信服。

首相致外交大臣

1943 年 1 月 21 日

我對內閣回覆我有關土耳其的情況深感惋惜。我認為這將錯失一個絕佳的機會。我的意圖並非強迫土耳其做出任何承諾，僅希望向他們闡明我們目前能夠以何種方式協助他們，以確保他們的國家安全。這些方法包括三點：（1）提供安全保證；（2）給予大量軍事裝備援助；（3）在他們遭受攻

擊時，支援他們以特種高射炮部隊、飛機、反坦克武器、雷達等。即便土耳其不願參戰，我也不會感到失落。

艾登先生發來私人電報，表示戰時內閣的論據頗具合理性，並指出透過其他途徑也能實現我所認為的重要結果。我依照倫敦這兩份電報，與總統對此問題進行了商討。於是，1月24日我再次致電倫敦如下：

首相致副首相及外交大臣

1943年1月24日

我鄭重要求戰時內閣重新審議此事，並盡快告知我他們的決定。我現在希望並請求以我的名義向伊諾努總統或土耳其總理發送以下電報——可由你們決定發送對象：

「在與美國總統於北非會晤之後，我即將前往開羅。英國和美國政府已經授權我，就為土耳其陸軍提供最新武器裝備及有關土耳其整體防務安全的問題上，代表兩國政府發表意見。因此，我願在某個祕密地點與土耳其總理會面，必要時，我可以安排帝國總參謀長與查克麥克元帥或其他土耳其高級指揮官會晤。若您認為適合，塞普勒斯是一個可靠且安全的地點，可以用於舉行關於整體局勢的友好會談，我將樂意前往。」

羅斯福總統對奉行這個方針的舉措極為看重，當我的內閣同事願意發送上述電報時，他將親自致電伊諾努如下：

「伊諾努總統：邱吉爾首相在與我會談後，將啟程前往開羅。他很希望能在某個合適的祕密地點與你或你的總理會面。若他確實有此意，我非常希望你或你的總理能撥冗與他會晤。羅斯福。」

即便土耳其方面不願與我們會談，那也無妨。在這些問題上我並無虛榮心。的黎波里的攻克、俄國的連連勝利，以及我代表兩大盟國發言的情形，皆使當前成為難得的良機，因此我懇求諸位切勿坐失良機。

阿達納與的黎波里

　　經過詳盡的調查與研究，從馬拉喀什到開羅的航線被認為沒有任何障礙。這條航線既不穿越敵占區，也不靠近任何前線。空軍參謀長和飛行員都確信這次飛行非常安全可靠。無論如何，帝國總參謀長和我需要前往那裡，與威爾遜探討他新戰區的整體事宜以及第十集團軍的部署，因為我們即將從該集團軍調遣大量兵力用以進攻西西里島。

　　我堅信，二位以及我內閣中的其他同事會給予我行動的自由，以便我能夠採取我認為有利於國家的措施。

　　戰時內閣重申了他們反對我與土耳其領袖會晤的理由。他們主張繼續進行參謀人員的會談，認為在沒有充分準備的情況下，尤其是在一旦達成協定需要運輸供應品時所需的船隻和交通工具尚未就緒的情況下，與土耳其高層接觸為時尚早。我躺在泰勒別墅舒適的床上，望著阿特拉斯山，對戰時內閣的阻撓感到十分惱火，因為我渴望立刻登上在機場耐心等待的那架 C-46 飛機，飛越阿特拉斯山。

　　此外，我堅信我的觀點無誤，總統在此問題上的立場亦與我完全一致。因此，我於 1 月 25 日再次答覆如下：

首相致副首相及戰時內閣

1943 年 1 月 25 日

　　1. 你們提出的論據完全未能說服總統和我。我們從未想過在不考慮客觀條件與情況的狀態下催促土耳其參戰。這些條件和情況需要預先創造。首先，土耳其必須得到充分武裝。其次，義大利的進攻和俄國人的推進所造成的局勢，首先會對土耳其的安全產生重大影響。然而，我認為，如果適當的條件已經創造，而仍有人質疑土耳其參戰是否對我方有利，那才令人驚訝。沒有人想要催促土耳其越過邊界，而只是讓我們使用他們的機場。因為透過這些機場，我們能夠使普洛耶什蒂油田陷入癱瘓，據參謀長委員會判斷，這將產生深遠的影響。此外，4、5 個月後，當我們決心進行

大規模的戰役時，如果土耳其能加入同盟國對敵作戰，將無疑為我方的努力增添一份寶貴的作戰力量。我毫不懷疑聯合參謀長委員會也持有相同的觀點，只是他們現在意見已經分散了。我只能說，帝國總參謀長與總統及其顧問們的看法是一致的。

2. 我誠摯地請求發送那份備受爭議的電報。我堅信，即便遭遇你們所謂的「拒絕」（儘管這種可能性極小），其後果也不會過於嚴重，總統也認同我的觀點。相反，若土耳其方面接受，為了他們本身的利益，他們絕不會讓這次與戰勝國的重要接觸失敗。如果他們向總統和我提出無限制的軍火要求，我會先將這些要求報告給你們，再決定是否滿足。

3. 因此，我特此請求你們發送我的那封電報。總統將在數小時內（星期一早晨）啟程，他已經授權我在你們一旦決策後，立即發送他的電報。

如此一來，自然迫使內閣不得不做出決定。當天下午，我收到了戰時內閣的一封電報，勉為其難地同意了我的計畫，因此我心情稍微放鬆地向倫敦發出了如下電報：

首相致副首相及外交大臣

1943 年 1 月 25 日

我非常感激你們給予我嘗試的機會。我們或許會被直接拒絕，如果是那樣，責任全部在我。我覺得他們同意的可能性較高。如果他們同意，我認為我能取得一些進展。當無法直接與各方溝通時，事情確實困難重重！

除了土耳其之外，南突尼西亞同樣蘊藏著無限可能。我將竭盡所能地加以利用。沙漠集團軍在歷經一千五百英里的征戰後取得了輝煌的戰果，已經成為北非海岸上最具影響力的事件之一。而我上次見到沙漠集團軍時，他們的士氣低迷，狀況混亂。直到今天中午，我仍不清楚明天是否會在下議院回答對我的質詢，還是在開羅與威爾遜將軍會面，想到這一點，實在有些滑稽（看看上帝如何安排吧）。

阿達納與的黎波里

我忍不住再次發送了如下電報：

首相致副首相及外交大臣

1943 年 1 月 26 日

此時我們正在飛越阿特拉斯山脈，陽光照耀下的白雪熠熠生輝。你們可以想像，我多麼渴望明天能在下議院的席位上與大家會面，但公務纏身，無法成行。

因此，在 1 月 26 日下午，我們在泰勒別墅享用了由彭達先生準備的美味晚餐後，便搭乘 C-46 飛機出發。我在飛機上好好地睡了一覺，接著坐在副駕駛座上——這是 8 個月以來的第一次——與年輕的美國飛行員范德克路特上尉一起，再次欣賞尼羅河上的日出。由於阿拉曼戰役的勝利，我們不必再向南飛行，因為敵人已經被趕到西邊一千五百英里之外。當我們抵達離金字塔十英里的機場時，受到英國大使基勒恩勳爵和開羅司令部人員的歡迎。隨後，我們一同前往大使館。在那裡，我見到了外交部常務次長亞歷山大·卡多根爵士，他是應內閣要求由英國派來的。我們得以懷著寬慰和滿足的心情，將當前局勢與 1942 年 8 月的情況進行比較。

此時，我收到一份電報，內容是土耳其總統伊斯麥特·伊諾努對此次會晤提議表示歡迎。關於會晤的時間和地點，曾有幾種方案被提出考慮過。其中一項計畫是我親自前往安卡拉。然而，由於最近發生了針對德國大使巴本的炸彈襲擊未遂事件，顯示出安全隱憂，因此外交部極力反對這個方案。另一項提議來自土耳其總統，他表示我可以在 1 月 31 日於塞普勒斯與他的首相薩拉喬盧先生會面，薩拉喬盧在那天於德國大使館參加晚宴後，將前往該地。此外，土耳其方面還提議，他們的總統及其隨行人員可以在土耳其境內任何適合地點，利用他的專車與我祕密會晤。此選項顯然更為便利。最終商定於 1 月 30 日在靠近土耳其與敘利亞邊界海岸的阿達納舉行會談。我立即將這個決定通知總統和史達林。

前海軍人員致羅斯福總統

1943年1月27日

從土耳其傳來的電報中可以看出，他們對此表示極大的歡迎。目前我身在開羅，預計一、兩天後將前往土耳其某個祕密會晤地點，具體方位稍後電告。我會將所有情況詳細告知。希望你一切安好，精神振奮。看來各地報紙對我們會議的反應不錯。

首相致史達林總理

1943年1月27日

羅斯福總統與我達成協定，由我向土耳其總統提議進行會晤，以便更有效率地裝備土耳其軍隊，預防潛在威脅。土耳其總統已回覆表示，他熱烈歡迎這個目的在增強土耳其「側翼防禦能力」的計畫，並且，如果我同意，他願在會談結束後，適時將此事公開。你從我們之間的電文往來中，應該已經了解我對此問題的看法，我會及時告知詳情。

請允許我再次對蘇軍連續取得的輝煌戰績表示欽佩。

我乘坐C-46型飛機，前往與土耳其代表會面。穿越地中海僅用了四個小時，大部分時間都能看到巴勒斯坦和敘利亞的景色，隨後我們在阿達納降落。同行的還有卡多根和布魯克、亞歷山大、威爾遜三位將軍及其他軍官；他們乘坐的是另一架飛機。我們費了不少力氣才在土耳其的小型機場著陸。歡迎儀式剛結束，一列漆得光彩奪目的火車便從山隘中駛出，車上載有土耳其總統、全體內閣成員及查克麥克元帥，他們熱情地接待了我們。由於附近沒有住宿設施，火車上特地加掛了幾節臥車供我們居住。在火車上我們住了兩晚，每天都與土耳其方面進行了長時間的商談，並在用餐時與伊諾努總統進行了愉快的交流。我在途中擬定了一份文件交給土耳其方面以供研究，其初衷等同是一封求婚信，我和總統在這封信中提出了

阿達納與的黎波里

精神結合的要求。

1. 土耳其北方的威脅因俄軍擊敗德軍而暫時解除；南方的威脅亦因亞歷山大與蒙哥馬利將隆美爾從開羅擊退至一千六百英里之外，消滅其四分之三的部隊並摧毀九成裝備而解除。然而，德國人仍不甘心放棄，他們迫切需要石油並可能在今夏嘗試從中部突圍。土耳其必須做好準備，以武力抵禦任何此類入侵。我們此行的目的是在這關鍵時刻，探討如何最有效地支持我們的盟友。為此，我們計劃加速並增加對土耳其軍隊的現代化武器供應，因為這些正是土耳其所需。美國總統已經委託我不僅代表英國，也代表他處理此事。這當然不意味著我能代表美國提供無限支持，某些具體問題仍需與美方協商。然而，總統非常希望能促成此次會談，因為他希望土耳其能在戰爭結束階段及戰後重建中，與我們這兩個西方民主國家緊密合作。因此，我期望你們會以極為支持的態度考慮我們所提出的任何建議。

2. 為了增加我們所提供武器的數量，並確保這些武器能迅速有效地使用，我們需要在哪些方面進行改進？當前的運輸狀況如何？我們應採取哪些措施來消除運輸擁堵？為了確保盟國能夠正確使用這些裝備，應採取哪些行動？在這些問題上，我們英國人並不自滿，只是專注於增強本身的武裝實力。例如，美國人曾派遣教官來訓練我們使用他們在中東提供的各種坦克和武器。在他們參戰之前，為了教會我們如何維護和操作這些車輛，他們甚至派遣了大批便服技術人員。另一個例子是橫貫波斯的鐵路。我們原以為管理得不錯，但美國人提出了一些建議，建議由他們派遣大量人員來接管，以幫助我們更好地管理。目前，他們正逐步從我們手中接管鐵路。我提到這些，是為了說明，當我們建議派遣大量便服專家和技術人員到土耳其協助處理軍用物資，以便貴國軍隊能夠掌握並維護這些物資時，我們絕無意傷害貴國的尊嚴。此外，我們還願意派遣在坦克戰和其他作戰方式上有豐富經驗的軍官，並盡力提供所需的一切情報。

3. 讓我尤為擔憂的是，儘管土耳其軍隊擁有卓越的步兵和出色的炮兵，然而在戰爭爆發後的整整三年半時間裡，他們卻未能獲得能夠決定戰爭勝負的現代化武器。與此同時，德國人不斷將他們所掠奪的現代化武器提供給諸如保加利亞這樣的國家。因此，我完全理解土耳其迄今為止在各個階段所採取的一貫立場。現在已經到了能夠並且必須迅速消除這種差距的時刻……

4. 一旦土耳其捲入戰爭，英、美兩方必定迅速聯合派遣至少二十五個空軍中隊。已有若干機場準備就緒，許多物資也已經運抵這些機場。然而，另一類機場的建設在一年半前被中止，其工程必須大力推進。物資、零件、戰地修理站等需完全準備妥當。必須搭建好鳥巢，以便讓這些鐵鳥立即飛往目的地。在鳥巢尚未搭好前，鐵鳥既無法棲息，也無法出擊。此項工作必須全力進行，因為它對土耳其防務至關重要，英、美雙方的技術人員與空軍軍官自願盡力為此貢獻。一旦雙方參謀人員達成協定，就不應有任何拖延……

5. 假設在這個夏初發生意外，土耳其軍隊此時尚未全面配備各種新式武器。屆時，英國方面可以派遣一些特種部隊，這些部隊訓練有素，行動靈活，不會像大規模部隊那樣導致交通線的擁堵，但對機場防禦和反坦克攻擊至關重要。為了防衛這些機場並反擊坦克攻擊，我們可以獲得的美國支援，包含反坦克炮團，以及一些全新的十七磅炮，在適當地點嚴陣以待。我們還準備提供若干高射炮團前來支援防守部隊。我們計劃迅速調遣兩個作戰經驗豐富的裝甲師。此外，還包括第九集團軍和第十集團軍。第十集團軍的一部分兵力將用於地中海地區作戰，其中波蘭軍團已有四分之三的人員裝備齊全，且素養優秀，因此可以動用，除非德國人突破俄軍高加索防線，直逼波斯，但這幾乎不可能。此外，在敘利亞的第九集團軍正擴編為約五個師。然而，調動如此大規模的部隊可能會導致交通線的擁堵，因此最好先迅速調遣特種部隊……

6. 我將向你方通報卡薩布蘭卡會議的情況，以及我們決定在中地中海集結大量兵力的計畫。儘管具體的計畫和日期無法透露，但我們的意圖是從突尼西亞和英國對義大利發動猛烈轟炸，穿越地中海向義大利發起強攻，以便徹底擊潰其戰鬥力；這需要大量的準備工作，目前這些準備工作正在進行中。擊潰義大利將使我們與西巴爾幹取得連繫，並與米海洛維奇將軍在塞爾維亞的抵抗運動及在克羅埃西亞和斯洛維尼亞的游擊隊行動取得連繫。根據我們的估計和合理期望，我們將在夏季前將敵軍從非洲沿海各地擊退，時間可能會提前。一旦如此，到今年夏季時，在地中海將進行英國和美國能夠開展的最大規模作戰行動。這些行動，特別是義大利的態度，將對整個巴爾幹產生巨大影響。我們必須考慮到俄軍可能繼續推進，也要考慮俄國人可能利用其強大艦隊橫越黑海作戰。因此，我們必須預計到夏季時局勢將變得非常緊張，土耳其屆時將最需要安全保障。

7. 我深知，史達林總理熱切希望土耳其能夠充分武裝，具備抵抗侵略的能力。我知道，羅斯福總統與英國政府一樣，希望土耳其能夠不負盟國之名，參加和會，因為在和會上，勢必要解決各種改變當前現狀的問題。儘管目前無法確定這場世界大戰何時結束，但英、美雙方堅信我們將取得勝利。因此，總統將卡薩布蘭卡會議稱為「無條件投降會議」。請回想，我們原本是毫無戰備愛好和平的國家，如今卻已經成為在兵員和軍火方面遠超德、日、義的尚武之國。我們決心堅持作戰，並堅定要徹底擊敗敵人，不達目標誓不罷休。關於德國的內部狀況，你們可能與我們了解得一樣多，甚至可能比我們更清楚。我們並不寄希望於德國的早日或突然崩潰，但也不能排除其再次突然崩潰的可能性。我們必須為最好的和最壞的局面做好準備。

8. 我上次踏上土耳其的土地，是在 1909 年，那次我與許多勇敢的志士會面，他們是現代土耳其的奠基者。英國與土耳其之間的友誼源遠流長。儘管此關係曾因上次世界大戰而中斷，那時由於德國的陰謀以及英、

土雙方的失誤，使我們站在對立面。我們曾勇敢地彼此交鋒。然而，這些日子已成往事。如今，我們與美國盟國願意共同努力，團結一致，追求一種新的世界秩序，在這種秩序中，熱愛和平的各國人民能夠自由地生活，各國人民將有機會互相幫助。

抵達阿達納當天黃昏，我在與土耳其總統的專車內首次會談時，將這份文件遞交給他。

接下來的廣泛會談集中討論兩個核心議題：戰後世界的建構及國際組織的安排，還有土耳其與俄國未來關係的走向。我僅引用一些我曾經對土耳其領袖所說的、且有記錄的言論為例。我提到我曾經與莫洛托夫和史達林會面，我的印象是這兩位都希望與英、美保持和平友好的關係。在經濟領域，這兩個西方大國有很多可以給予俄國的，它們能夠幫助俄國彌補其遭受的損失。我無法預見二十年後的局勢，但我們還是簽署了一項為期二十年的條約。我認為在未來十年中，俄國會專注於復興工作。或許會有種種變化，因為某些內容已經被修改。我認為我們應當與俄國保持良好關係，並且，如果英、美能夠攜手並進且維持一支強大的空軍，它們應該能夠確保一段時期的穩定。這甚至對俄國也有益處，因為它擁有廣大的未開發地區，例如西伯利亞。

土耳其總理向我提到，我曾經表示俄國有可能走上帝國主義的道路，因此土耳其必須保持高度警惕。我回應說，將會成立一個比國際聯盟更強大的國際組織以確保和平與安全。我還補充道，我並不畏懼。薩拉喬盧先生表示，他所追求的是一種更為實際的方案。他認為，歐洲將被斯拉夫人和共產黨人占據；一旦德國戰敗，所有的失敗國家都將被斯拉夫人和布爾什維克統治。我回答，事情的結果往往不像預想的那樣糟糕，即便如此，土耳其更應加強本身實力並與英、美緊密合作。如果俄國毫無理由地襲擊土耳其，我所提及的這個國際組織將用於保護土耳其的利益，不僅是戰後

阿達納與的黎波里

對土耳其的保障，對整個歐洲的保障也會更加嚴格。如果俄國仿效德國，我絕不會再視其為朋友。如果發生這種情況，我們將全力以赴共同對抗，我會毫不猶豫地告知史達林。莫洛托夫曾經要求簽署一項協定，該協定將巴爾幹國家視為俄國的省分。我們拒絕簽署該協定，因為：第一，領土重新安排的問題將推遲到戰後解決；第二，我們認為，各國必須保留自主權。

翌日清晨，我躺在臥車的床上，依據所進行的廣泛會談，記錄下我對戰後安全的見解。我將這篇文章命名為《晨思》。考慮到日後事態的發展，其中有一段或許值得摘錄：

同盟國的領袖們計劃基於自由、正義和繁榮恢復的理念，建立一個目的在維護全球和平的國際組織。作為該組織的一部分，將設立一個歐洲政府機構，該機構將反映前國際聯盟的精神，但不會有它所有的缺陷。構成這個機構的成員，不僅包括歐洲和小亞細亞地區的歷史大國，還涵蓋由若干小國組成的聯邦，其中顯然將包括一個斯堪地那維亞集團、一個多瑙河集團和一個巴爾幹集團。在遠東地區，也將成立一個類似的機構，只是成員不同。整個組織將基於以下原則團結，即戰勝國將繼續保持強大的武裝力量，特別是在空軍方面，同時迫使戰敗國徹底解除武裝。誰也無法斷言戰勝國之間不會發生爭執，或是美國不會再次退出歐洲，但鑑於各國經歷了這一切後的教訓，鑑於它們所承受的苦難，鑑於第三次大衝突勢必會摧毀人類所保留的文化、財富和文明，使我們幾乎退化為野獸——主要大國必將竭盡全力延續它們之間的光榮聯合，並因犧牲與自制而載入史冊。英國必將全力以赴地組織聯合抵抗運動，以抵禦任何大國的侵略行為，並相信美國將與之合作，甚至可能應用該國在人力和物力上的優勢，在這種侵略傾向尚未發展成為公開戰爭之前挺身而出，制止這個傾向。

在這些廣泛的政治會談期間，帝國總參謀長以及我方其他高級將領也與土方進行了軍事會談。所討論的兩個主要問題是：在土耳其採取任何政

治行動之前和之後，為土耳其部隊提供裝備的問題，以及制定一個一旦土耳其參戰時英軍援助土軍的計畫。這些會談的結果，被納入一項軍事協定內。

我們現在需要重新審視在史達林格勒周圍發生的那場震撼人心的事件。此前已經提及，1942 年 11 月的會戰結果是，保盧斯指揮的德國第六集團軍被俄軍的鉗形攻勢包圍，陷入困境。12 月間，曼施泰因嘗試從西南方向突破俄軍封鎖，解救被圍困的部隊，但最終未能成功。他在深入俄軍防線四十英里後被阻擋，此時距離史達林格勒尚有五十英里。俄軍從北方發動的新攻勢威脅到他的側翼，迫使他從整個德軍南線，包括高加索地區，全面後撤，一直退至頓河上的羅斯托夫後方。

保盧斯如今已經陷入絕境。儘管德軍嘗試經由空運為他提供補給，但僅有少數飛機突破封鎖，且損失慘重。嚴寒的天氣中，糧食與彈藥匱乏，又爆發了斑疹傷寒，他的士兵的苦難顯而易見。1943 年 1 月 8 日，他拒絕了投降的最後通牒。次日，俄軍從西方發起猛攻，戰役的最後階段隨之展開。德軍頑強抵抗，俄軍多日猛攻僅推進五英里。然而，德軍最終不支，至 1 月 17 日，俄軍距史達林格勒城已經不到十英里。保盧斯將所有能戰鬥的人投入戰鬥，但無濟於事。1 月 22 日，俄軍再度猛攻，將德軍逼至他們妄圖占領的城市近郊。在此地，曾經不可一世的大軍殘部被壓縮在一個四英里長、八英里寬的長方形地帶內。他們在猛烈的炮火和轟炸下，為自衛而激戰，然而已經無力迴天。隨著俄軍逼近，這些疲憊不堪的部隊開始大批投降。保盧斯與其幕僚於 1 月 31 日被俘，至 2 月 2 日，沃羅諾夫元帥宣布所有抵抗結束，共俘擄德軍九萬人。這些人是二十一個德國師與一個羅馬尼亞師的殘部。希特勒竭盡全力妄圖以武力征服俄國，並以極權制度消滅共產主義，然而在德軍遭受毀滅性打擊後，這一切終成泡影。

阿達納與的黎波里

首相致史達林總理

1943 年 2 月 2 日

1. 你日前發送有關土耳其的電報已經收悉，十分感謝。我於 1 月 30 日在阿達納會晤了土耳其的所有關鍵人物，並進行了長時間且極為友好的談話。他們希望與我們兩國加強連繫，這無疑是一個重大進展。他們從德國方面獲得的消息也使他們相信，德國的形勢不容樂觀。當前的首要任務是用現代化武器裝備他們，但到目前為止，我們能夠提供的現代化武器數量仍然有限。我已經透過陶魯斯鐵路努力加速運送他們所需的一切，因為這是唯一的陸上交通路線；還借給他們一些船隻，以便能夠從埃及運送更多的物資。此外，我還提供了一些我們在沙漠中繳獲的德國軍用物資。我們雙方已經在安卡拉成立了一個英、土聯合軍事委員會，用以解決運輸軍火的交通問題。雙方正在制定聯合計畫，以便在德國或保加利亞進攻時可以支援他們。

2. 我並未要求土耳其在參與我方作戰問題上與我們達成任何具體的政治協定或做出任何明確的承諾，但依我看，他們不出一年就會這麼做，甚至可能更早。他們或許會依據他們對中立的廣泛解釋 —— 類似於美國參戰前對中立的解釋 —— 允許我們使用他們的機場，為轟炸普洛耶什蒂油田的飛機進行加油。這些油田如今已經成為希特勒的命脈，尤其是在你的軍隊收復了邁科普之後。我重申，我並未要求或得到一個明確的政治協定，並且告知他們完全有權這樣決定。然而，他們與我會面這件事本身，他們的全體態度以及我即將電報給你的聯合宣告，都使他們比以往更明顯地站在反希特勒陣營一邊，全世界也會這樣認為。

3. 鑑於蘇維埃共和國的強大實力，他們自然對戰後地位心存顧慮。我告訴他們，根據我的經驗，蘇聯從未失信過；此刻正是他們制定良好計畫的時機；對土耳其而言，作為戰勝國在和會上占有一席之地是最安全的。我在不違背我們同盟的情況下，為雙方共同利益而表達此意，因此希望你

會同意。我相信，他們會對蘇聯的任何友好姿態立即作出回應。我非常希望聽到你對這個問題的坦率意見。我已經與他們，尤其是與伊諾努總統建立了非常密切的私人關係。

4. 在您發給羅斯福總統的最新電報中，您曾提及對盟軍在北非行動進展緩慢的關切。就英國第八集團軍而言，自從那時以來，我們已經成功占領的黎波里，並希望不久後能夠大舉進軍突尼西亞，將駐紮在馬雷斯和加貝斯的敵軍驅逐出去。的黎波里港的清理和修復工作正在快速進行，但目前我們的補給線僅延伸至班加西，部分甚至僅到達一千五百英里外的開羅。我們的第一集團軍已經獲得強大美軍的增援，正在將補給運往前線，該部隊將盡快與第八集團軍協同發起攻勢。雨季目前成為一個嚴重問題，交通線也是如此，因為無論公路還是鐵路都狀況不佳且僅有五百英里長。然而，我希望能在4月底或更早之前將敵軍徹底消滅或驅逐出非洲沿海地區。根據我個人的估計，而這種估計是基於可靠的情報來源，在突尼西亞的德國第五裝甲集團軍兵力約為八萬名德軍，此外還有二萬五千至三萬名義大利軍隊。隆美爾的兵力為十五萬名德軍和義大利軍隊，其中作戰部隊大約只有四萬名，而且武器不足。我們當前的目標便是消滅這些部隊。

5. 稍後再針對你所提出的有關總統與我在卡薩布蘭卡具體作戰計畫的問題作出適當的回覆。

6. 請接受我對保盧斯元帥投降及德國第六集團軍覆滅的祝賀。這確實是非凡的成就。

蘇聯人並沒有因為勝利而顯得更為友善，2月6日，我接到了如下這封冷漠的回電。

史達林總理致邱吉爾首相

1943年2月6日

1. 非常感謝您將在阿達納與土耳其領導人會談的情況告知。

2. 關於您建議土耳其對蘇聯的友好表示作出回應的問題，我想指出，在蘇、德戰爭爆發前後數個月，我們曾發表若干宣告，這些宣告的友好態度是英國政府所熟知的。然而，土耳其對此並未採取任何相應的行動。他們顯然害怕激怒德國人。恐怕您所建議的表示也會遭遇同樣的命運。

3. 土耳其在國際舞臺上的地位仍然極為複雜。它一方面與蘇聯簽署了中立友好條約，同時也與英國簽訂了反對侵略的互助條約；另一方面，德國對蘇聯發起進攻前三天，土耳其也與德國簽署了友好條約。土耳其既對蘇聯和英國有條約義務，又對德國承擔條約責任。目前，我尚不清楚在當前局勢下，土耳其對此有何看法。然而，如果土耳其願意增強與蘇聯的友好關係，那就由它自己決定。若果真如此，蘇聯也可能願意對土耳其作出讓步。

4. 我當然不反對你發表宣告聲稱我一直了解英、土會談的動態，儘管我獲得的消息不會太詳盡。

5. 我衷心祝願駐紮在北非的英國第一集團軍和第八集團軍，以及美國部隊，在即將展開的攻勢中取得重大勝利，並期盼德、義軍隊早日被逐出非洲。

6. 感謝您對保盧斯元帥投降及史達林格勒周圍被包圍敵軍全殲的電報祝賀，謹致謝意。

直到3月2日，我才收到史達林關於蘇、土關係的第二封電報。事態已經有所進展。

就我而言，我鄭重通知你，2月13日，土耳其外長告知蘇聯駐安卡拉大使，土耳其政府願意就改善蘇、土關係問題與蘇聯政府展開談判。蘇聯政府透過駐安卡拉大使回應，歡迎土耳其政府的這個意願，並表示樂於進行此類談判。目前，我們正等待土耳其大使從安卡拉返回，計劃在他回國後立即展開談判。

我與土耳其的會談，原本意在為其於 1943 年秋天參戰鋪平道路。然而，由於當年下半年在愛琴海發生了一些不幸事件，直到義大利崩潰和俄國人向黑海北岸的德軍步步進逼後，土耳其才加入戰爭。這些事件將在後續詳述。

在我們取得勝利之後，所有事情似乎都會變得順利，但當年我們面對的是一場漫長而艱辛的鬥爭。我堅信，若當時按照我的設想行動（我已經表述了我的觀點），我原本可以在 1943 年底之前讓土耳其參戰，而不影響我們的主要計畫，這對盟國和土耳其都是有利無害的。如今，在戰後的歲月中，這些失誤已經被糾正，因為美國已經全力援助土耳其。然而，當年由於我們在巴爾幹沒有得到土耳其的支持，導致了 1944 年初的種種後果。

阿達納與的黎波里

回國後的政治困局

在 1942 年 12 月間對突尼西亞的征服未果後，我們消耗了最初進攻西北非的力量，因此德軍最高司令部得以暫時恢復突尼西亞的穩定。希特勒拒絕承認他甚至無法用海、空力量保衛西西里島與突尼西亞之間的短短航道，竟下令在突尼西亞籌組一支新的陸軍，用以應付即將從東西兩側進攻的盟軍。在隆美爾的非洲軍團被擊潰後，面對英國第八集團軍的猛烈進攻，繼續撤退。

在中地中海，馬爾他再度獲得了糧食和軍備的補給，重新煥發了活力。我們的海軍和空軍現在從阿爾及利亞和昔蘭尼加的新基地出發，在廣闊的區域內巡邏，保護盟軍的航運，並對敵方的補給和增援造成重大損失。除了封鎖仍有強大德國空軍的突尼西亞以外，我們的力量已經能夠觸及義大利本土的港口。隨著我們的力量增強，巴勒莫、那不勒斯和拉斯佩齊亞都受到了威脅，英國皇家空軍的轟炸機開始從英國本土對義大利北部發動襲擊。義大利艦隊再也不敢干預，即使不提英國艦隊的出現，義大利艦隊的燃油短缺問題已經非常嚴重。有些日子，全西西里島竟沒有一噸燃料可供護送補給物資到突尼西亞的艦隻使用。

在陸軍方面，艾森豪將軍已經意識到，他在西北非的部隊需要一個休整期，以便重組和增援。在北方，英國第七十八師和第六裝甲師所占領的地區必須得到鞏固。南部，法國第十九軍在中央，美國第二軍的一部分在右側，以有限的兵力防守一條漫長而脆弱的戰線，這可能引誘敵軍突破並包抄整個盟軍戰線。盟軍部隊混合部署，由於吉羅將軍不允許法軍受英方指揮，情況更加複雜。1943 年 1 月中旬，法國第十九軍遭到猛烈攻擊，迫

回國後的政治困局

使英、美方面增派部隊支援，因此艾森豪不得不下令全線接受英國第一集團軍司令安德森將軍的指揮，吉羅也同意了這個命令。

在1943年1月間，英國第八集團軍取得了顯著的進展。月初，他們在比拉特的敵軍陣地前遭遇阻礙。蒙哥馬利將軍判斷，必須推遲進攻，直到有足夠的準備以確保前進的勝利。第八集團軍的補給來自班加西、托布魯克，最初甚至是的黎波里。1月15日，蒙哥馬利指揮第五十一師沿海岸公路發動進攻，並命令第二十二裝甲旅在中線展開攻擊，第七裝甲師和第二紐西蘭師則包圍沙漠側翼。英軍在1月23日如期占領的黎波里，這個港口遭受嚴重破壞，入口被沉船堵塞，航道布滿水雷。由於事先已經預料到這種情況，第一艘供應船直到2月2日才進入港口。一週後，每日可輸入兩千噸物資。雖然第八集團軍還有很長的路要走，但從阿拉曼起的一千五百英里路途上，補給始終未斷，的黎波里港的迅速開放更是將供應補給推至頂峰。這個後勤上的成就應歸功於第八集團軍在開羅的林塞爾將軍和羅伯遜將軍。月底，勒克萊爾將軍率領約兩千五百名自由法軍混合部隊，從法屬赤道非洲穿越沙漠的一千五百英里與第八集團軍會合，勒克萊爾及其部隊完全遵從蒙哥馬利的指揮，他們在突尼西亞戰役的後期發揮了重要作用。

2月4日，第八集團軍越境進入突尼西亞，完成了大不列顛征服義大利帝國的使命。根據卡薩布蘭卡會議的決議，第八集團軍現由艾森豪將軍指揮，亞歷山大將軍擔任艾森豪將軍的副總司令，負責陸上戰鬥的指揮。

我從阿達納返回塞普勒斯，在那裡停留了兩夜，並再次視察我曾經擔任團長的第四輕騎兵團，這次是在大戰期間。上次造訪是在阿拉曼戰役前1個月。塞普勒斯的繁榮景象依舊，人民如我所見的任何地方一樣友好熱情。他們普遍感到比1941年安全許多，島上的土耳其和希臘居民對盟軍的勝利表示欣慰，毫無反對英國統治的跡象。我數次與當地居民進行了

和諧的交流，並在總督府花園中對名流發表演說。這是我第三次訪問此島 —— 首次為 1907 年，當時我擔任坎貝爾 - 班納曼政府的殖民地事務部次長；第二次則是在 1936 年搭乘華特・莫因的遊艇巡遊；如今則是 1943 年的第三次訪問。我一直對島上事務保持關注，並以我提案幫助廢除財政部對該島的苛稅而感到欣慰。

我們在開羅停留了兩晚，隨後飛往的黎波里；在那裡，歷史性進軍的勝利者蒙哥馬利正在機場迎接我。敵軍已經被驅逐到城市以西四、五十英里的地方。我在的黎波里停留了兩日，見證了第八集團軍在華麗街道上的壯觀入城式。第五十一高地師的管樂隊走在最前面。儘管他們經歷了長途跋涉和戰鬥，服裝依然顯得嶄新整潔。下午，我參加了兩個師的密集隊形閱兵式。我住在蒙哥馬利的車廂中；自從阿拉曼戰役前我們的會面以來，我很久沒有在這樣的車廂中過夜了。我對他的總部中大約二千名官兵發表了演講。我對他們所說的話大概是關於——

每夜還得架起我們的活動帳篷，

一天的跋涉讓我們更接近故鄉。

然而，他們距離家園仍有一段漫長的旅程，而這條路也並非直通。

我原本計劃搭乘飛機前往馬爾他；由於我在開羅發出了指示，蒙哥馬利已經做好了一切安排。因為敵機的出現，此次飛行被視為危險行程，我將乘坐一架雙座小飛機，並由六架「噴火」戰鬥機護航。然而，當我對蒙哥馬利的這些周全安排表示欣喜和驚訝時，他才意識到他把我僅僅是個人願望的事情當作了正式命令。他於是強力反對這次冒險的飛行，最終我接受了他的建議。我對此感到遺憾，因為我本可以有機會目睹馬爾他，留存一個關於戰鬥中的馬爾他島的記憶。

讀者或許能回憶起，半年前我自開羅出發時，曾向亞歷山大將軍下達

回國後的政治困局

以下指令：

首相致中東總司令亞歷山大將軍

1942 年 8 月 10 日

你的首要任務是在最早的時機內俘擄或殲滅隆美爾元帥所指揮的德、義聯軍，以及其在埃及和利比亞的所有補給與設備。

你在執行或下令執行類似任務時：以下內容屬於你的指揮許可權之內，且不妨礙第一段中所述的、必須視為對陛下利益至關重要的任務。

他回覆我如下電文：

亞歷山大將軍致首相大人：

1942 年 8 月 10 日，您交付的命令已經全部完成。敵軍已經被徹底逐出埃及、昔蘭尼加、利比亞和的黎波里塔尼亞。我現正等待您的進一步指示。

歷經這兩天的漫長且充滿活力的時光後，我們一行從的黎波里啟程，前往阿爾及爾拜訪艾森豪及其他人員。

首相致艾森豪將軍（在非洲）

1943 年 2 月 3 日

根據我的行程安排，我預計將在 5 日抵達。我想確認與幾位同仁共進午餐是否合適。我希望能與吉羅、墨菲會面，當然還有麥克米倫。若非必要，我不打算特意從前線召回安德森將軍，除非您認為這樣做非常妥當並願意安排。午餐後，我計劃前往直布羅陀。我十分期待能見到您。請僅告知坎寧安海軍上將。

阿爾及爾的局勢極為緊繃。達爾朗遇刺後，所有知名人士皆更加謹慎。戰時內閣依然關注我的安全，顯然希望我盡快回國。這至少是關心的表現。然而，我很快意識到，我應在阿爾及爾多停留幾日。

首相致副首相

1943 年 2 月 5 日

我們入住在緊鄰艾森豪將軍的海軍上將別墅。兩棟建築都被鐵絲網圍住，士兵嚴密守護和巡邏。我們乘坐防彈汽車繞道來到此地。由於戒備森嚴，沒有人認為在這種環境中有任何危險。

我正準備等天氣完全好轉後，立刻從此地直飛英格蘭。然而，經歷了一週的緊張後，我想休息一天。昨日，我在的黎波里檢閱了我們超過四萬人的部隊。蘇格蘭人在熱情上毫不遜色於他人。

請不要擔心我的安全，因為我非常謹慎，並且對危險所在相當敏感。我原本希望於星期二在下議院討論我的問題。現在我必須請求在我回國後，推遲幾天再進行報告。我計劃在星期四進行報告。

這一天異常繁忙。我與艾森豪進行了幾次深入的交談，並從他和海軍上將那裡了解到許多無法透過電文傳達的消息。我們的別墅相距僅一百碼。在午餐時，戴高樂和吉羅兩人都到場。事務繁多，直到星期六的深夜我才得以離開。艾森豪和我在海軍上將的別墅中與幾位頗具趣味的人共進午餐。2 月 6 日，我見到了諾蓋和佩盧東。這兩位法國人雖然身居高位但實際上面臨極大困難。儘管諾蓋在美軍登陸時曾有抵抗行為，他仍是摩洛哥的總督。佩盧東應美方邀請，從駐阿根廷的維琪大使身分來到此地，接任阿爾及利亞總督。我對他們表示，若能與我們並肩作戰，我們將摒棄前嫌。他們的態度莊重，但憂慮顯而易見。

午夜之前，我啟程前往機場。我們在飛機上都已經做好座位，靜候起飛，但飛機卻遲遲未動。其中一位助理祕書身材矮小，我忍不住調侃道：「你的體型輕盈，飛行時大有裨益，但若是在沙漠降落，你恐怕難以跟隨我們長途跋涉。」最終，我因為久等而不耐煩，決定乘車返回海軍上將的舒適別墅過夜。我的醫生查爾斯·威爾遜爵士登機之後很快就入睡，並未

回國後的政治困局

察覺我們已經離去，結果被鎖在飛機中過了一夜。天亮時，他才被放出來。於是，我們不得不在阿爾及爾多停留一天，事務繁多。我發了一封海底電報給外交大臣：

> 昨晚由於磁電機故障，我們的起飛時間被延遲了兩個半小時，若當時起飛，次日白天飛臨英格蘭時可能無法獲得護航，因此我們一致決定寧願再延遲二十四小時。磁電機在我們起飛前而非之後損壞，對我們而言實屬幸事。

我們終於在2月7日（星期日）夜間起飛，直接而安全地返回祖國。這是我最後一次乘坐C-46型飛機，後來這架飛機與所有機組人員——雖然是不同的駕駛員和組員——都一同遇難了。

回國後的首要任務是向下議院提交一份關於卡薩布蘭卡會議、地中海之行及整體形勢的詳細報告。由於希望在這個時機公布雙方同意的重要軍事人員任命，我向羅斯福總統發送了如下海底電報：

> 1943年2月8日
>
> 我計劃於2月11日星期四中午，在下議院就我們的共同事務發表一些說明。
>
> 我已經收到亞歷山大將軍的電報，告知我去年8月10日的命令已經完成，敵軍已經被逐出埃及、昔蘭尼加和的黎波里塔尼亞。同時，沙漠集團軍的先頭部隊目前正在突尼西亞境內。因此，現在是第八集團軍應該歸屬艾森豪將軍指揮的時候。我建議對外宣布這個消息，因為這是不可避免的結果。因此，我建議在我向國會報告時，同時宣布亞歷山大和特德的任命。我希望在我向下議院報告之前，不要提前公布關於第八集團軍的消息。
>
> 我剛從阿爾及爾返回，期間與艾森豪、史密斯、吉羅和墨非進行了幾次非常滿意的會晤。自上次與您見面以來，我幾乎一直在旅行，近日我將再提交一份報告給您。
>
> 藉此表達敬意，並向哈里及所有朋友致以問候。

總統迅速回應。

羅斯福總統致前海軍人員

1943 年 2 月 9 日

我同意你在 2 月 11 日宣布將第八集團軍交由艾森豪將軍指揮，並任命亞歷山大為艾森豪的副司令，同時對特德的任命表示贊同。我認為，若能強調美國在北非的最高統帥地位，將對法國軍隊與我們的合作大有裨益；此外，若任何關於亞歷山大或特德任命的消息可能利於敵方，則不應發布。我對你平安歸國感到欣慰。你已經完成了卓越的成就。

我認為，總統對於英國的輿論應該採取一種冷靜的態度。

前海軍人員致羅斯福總統

1943 年 2 月 10 日

我願意按照你的要求行事，不過我無法確保沒有批評之聲。我已經從與此地英、美新聞界密切連繫的新聞大臣布倫丹・布雷肯那裡收到以下消息：

我嘗試勸說某些報紙不要批評美國在北非戰役中的表現，但遇到了諸多障礙。若僅強調任命艾森豪將軍為最高司令，而沒有明確亞歷山大將軍和特德空軍上將的相關任命，我相信英國媒體必然會發起猛烈批評。在這個問題上，我認為報紙會反映國內的普遍情緒，並且許多人會直言不諱地認為，由於某些國際政治舉措，英國的指揮官和部隊遭到了不應有的忽視。

「英國政府習慣於承受指責，不會因此大動肝火。然而，美國人對艾森豪將軍被任命為最高司令而難免受到的批評，或是對他與亞歷山大將軍之間軍事資歷的任何比較，都會感到極為不滿。因此，我認為應該向公眾說明，艾森豪將軍是最高統帥，亞歷山大負責指揮在突尼西亞作戰的盟軍，而特德負責指揮空軍，這一點至關重要。」

回國後的政治困局

我鄭重警告這些問題引發的爭論，布雷肯也將在幕後付出巨大努力。請在你們這邊同樣努力，協助你們忠實的夥伴。俄國人的勝利，我認為，徹底開創了一個新局面。我衷心祝賀瓜達卡納爾島的勝利。

1943年2月11日，我進行了兩個多小時的演講。我意識到還有許多關鍵事項需要討論。最為重要的是1942年8月我給亞歷山大將軍的指令，以及1943年2月2日我在的黎波里蒙哥馬利總部收到的回信。我還總結了法屬西北非的整體局勢，並宣布了我與總統共同決定的指揮權安排，以及艾森豪將軍被任命為最高統帥的消息。

仍有諸多複雜的問題急待解決，因此，我認為最為妥當的是讓外交大臣親自前往華盛頓進行大戰以來的首次訪問，以便與總統建立緊密的私人關係，並與赫爾先生及國務院進行深入接觸。總統對此表示認同，我也準備在艾登先生外訪期間親自管理外交部事務。

羅斯福總統致前海軍人員

1943年2月12日

關於安東尼・艾登訪問美國的建議，確實是個極佳的主意。我會很高興與他會面，越早越好。你的演講非常出色，對各方面都大有裨益。

我此刻的疲憊超過了旅途中的感受，而且似乎我染上了感冒。幾天後，感冒症狀與喉嚨痛將我困於床榻。2月16日晚，當我單獨與夫人相處時，體溫驟然升高，一直照顧我的莫蘭勳爵判斷我一側肺部的底部發炎了。經過診斷，他開出了名為「M和B」的藥方。次日拍攝的幾張精準的X光片證實了這個診斷；蓋伊醫院的傑弗里・馬歇爾醫生被請來會診。在新樓中，我必須處理的事務不斷送來，儘管身體不適，我仍然堅持工作。不過，隨後我很快注意到送來的文件明顯減少。我提出異議，醫生以及我的夫人都認為我應該徹底停止工作。我對此表示不同意。整天我該做些什麼呢？他們於是告訴我罹患了肺炎。我回應：「哦，你一定能治癒它。你

不相信你的新藥嗎？」馬歇爾醫生說，他稱肺炎為「老人之友」。我問：「為何如此稱呼？」「因為它能讓他們安然離世。」我作了合適的回應。我們制定了雙方同意的辦法：我僅可檢視最重要和感興趣的文件，還可以讀些小說。我選擇了《摩爾·弗蘭德斯》，曾經聽聞此書的精彩片段，但過去未曾有時間閱讀。就這樣，我在發熱與不適中度過了整整一週，期間有時候病情頗為嚴重。從2月19日至25日，我的記事簿中空無一字。

菲茨羅伊上校議長幾乎與我在同一天病倒，同樣患上了肺炎。起初，我們互致問候。然而，他的回信讓我感到不安。議長年長我五歲，病情頗為嚴重。

最近，我的日子過得特別緩慢，但並非缺乏令人愉悅的趣事。湯姆森先生慷慨地贈送給我一頭獅子，並附上一張精美的照片，祝願我早日康復。獅子的名字叫「羅塔」。我只得透過湯姆森先生的引薦，懇請動物園的德文郡公爵為獅子尋找一個合適的棲息地。這隻雄獅狀況良好，已有八歲，並且是許多幼獅的父親。當天，與我同行的助理祕書帶著文件前來拜訪，他個性幽默且極具才能，但身材不高。我與他開了個玩笑，展示了一張羅塔張嘴的照片，說：「如果你在工作中犯了錯，我就把你送給獅子。它正缺肉食呢。」他竟然信以為真，告訴辦公室的同事，說我精神失常了。

我致函公爵：

如果動物園能夠確保獅子不會逃脫，而我又無需負責餵養和照料它，那麼我非常願意成為它的主人。

鑑於唐寧街或契克斯需要維持政府機構的安寧，你推測我此刻不願在這兩地養獅子，確實再合適不過。然而，動物園離得不遠，或許某天我會改變想法。

倘若天候允許，我渴望觀賞獅子，同時也想一睹我的黑天鵝。

回國後的政治困局

我相信，若所有其他替代法案皆告失敗，你就有責任在恰茲華斯收養這頭獅子。

羅斯福總統、史末資將軍以及其他友人很快得知我的病情，多次發電報敦促我遵從醫生建議，因此我嚴格遵循醫囑。讀完《摩爾·弗蘭德斯》後，我將它轉交給馬歇爾醫師，希望能激發他閱讀的興趣。我的治療進展顯著。

就在此時，我再次收到羅斯福總統寄來的一幅肖像，描繪的是一位名叫西爾威斯特·邱吉爾的美國將軍。這位將軍於 1862 年去世，顯然是多塞特郡邱吉爾的直系後代。肖像上附有他的家譜。總統覺得我們似乎長得很像。

1943 年 3 月 2 日

華盛頓，白宮

敬愛的溫斯頓：

請和夫人一起欣賞這張照片，此信不必回覆。然而，我相信，哈里森夫人提到某些相似之處的看法是正確的。她是我們駐瑞士公使的夫人。

你永久的朋友

富蘭克林·羅斯福

附件

尊敬的總統閣下：

1943 年 2 月 27 日

我想分享一張我珍藏我們家族高祖父西爾威斯特·邱吉爾將軍肖像的照片給你。

許多造訪我家的人看到這幅畫像時，往往不知其名，只會驚呼：「哎呀，這不是溫斯頓·邱吉爾嗎！」我則回應道：「他是美國的邱吉爾！」他

們對此充滿好奇。總統先生，我想您也會感到好奇，因此我特地拍下了畫像，這是一張照片。

我撰寫了回信：

前海軍人員致羅斯福總統

1943 年 3 月 19 日

承蒙 3 月 2 日來信，甚為感激。我已經將照片及哈里森夫人的信件呈予邱吉爾夫人閱覽，彼此均感興趣。哈里森夫人向我們展示了這張照片。能否請你代為轉達我們的謝意？

數位精通鑑賞的專家認為此處確實存在相似之處。

儘管盟軍在北非東線的推進速度超出了預期，但到了 1943 年 2 月中旬，局勢依然令人擔憂。儘管我們在海、空軍方面對敵方造成了重大損失，但還是未能阻止德國集結了一支包括隆美爾部隊在內共計十四個師的軍力。大部分德軍是透過空運抵達的。其中包含德軍有三個師和義軍一個師的裝甲部隊，合計四個裝甲師。盟軍能夠投入戰鬥的只有九個師，其中法軍第十九軍的兩個師裝備不佳。美軍第二軍尚未完全部署；所屬的四個師當中，僅有第一步兵師和第一裝甲師在前線作戰。從海岸到布阿臘達的北部戰線由三個師的英軍第五軍防守。右翼由法軍第十九軍的一個師、美軍步兵第一師和英軍兩個步兵旅防守。該軍駐守在俯瞰海岸平原的山脊各處隘口。在南部地區，由包括美軍第一裝甲師和法軍一個師的美軍第二軍以及正在集結的另一個美軍步兵師接續防守。這些部隊也準備守衛前線上的隘口，但不包括關鍵的菲德隘口，因為它已經於 1 月 30 日被德軍奪取。

隆美爾獲得晉升後，指揮突尼西亞地區的所有軸心國軍隊。他一面與英軍第八集團軍交戰，另一面在菲德以東集結兩支德軍裝甲師組成的部隊，用以擊退美軍第二軍並防止其攻擊側翼和後方。他於 2 月 14 日展開攻擊。我軍最初的判斷錯誤，以為主要的攻擊來自封都克，而非菲德。因

回國後的政治困局

此，安德森將軍的美軍第一裝甲師大部分部隊被分散防禦；只有一半的部隊在封都克以東抵禦這次突襲。由於壓力過大，他們陷入極大混亂。2月17日，卡塞林、弗里亞納和斯貝特拉相繼被德軍占領。

隆美爾面臨選擇：他可以經由卡塞林隘口攻擊特貝薩，這裡是一個主要的交通樞紐，背後有重要的尤克斯鹽沼機場；或者向北推進。他選擇了向北，遭遇了第一警衛旅和安德森迅速調來美軍第九師先遣隊的頑強抵抗。在塔拉公路上，擔任先鋒的德軍第二十一裝甲師與我們的第二十六裝甲旅、兩營英軍以及美軍步兵和炮兵狹路相逢。激烈的戰鬥隨之爆發，但到2月22日中午，隆美爾開始有序撤退。2月27日，我軍重新占領了卡塞林和費里亞納，2月28日攻克了斯貝特拉。隨後，我軍恢復了原有的陣線。

然而，隆美爾並未放棄侵略計畫，至少希望在突尼西亞留下一席之地。2月26日，他對英軍第五軍的前線發起了一系列猛烈攻勢。在邁傑茲以南，敵軍未能取得顯著進展，很快被擊退；在其北面，他們雖然推進了數英里，但反而使該城處於尷尬的突出狀態。在靠近海岸的地區，我軍被迫後撤兩英里至阿比奧德山，但在此處堅守住了陣地。

此刻我收到國王的詔令，他對戰爭的進展保持高度關注，並對某些局勢存有擔憂。

1943年2月22日
白金漢宮

親愛的溫斯頓：

聽聞你生病了，深感憂慮，願你早日康復。請認真利用這次機會，好好休息。上次旅行後你原本應該好好休養一番，而且為了未來幾個月的繁重工作，你也需要恢復精力。上週二，我錯失了與您交談的機會。我知道，下週二也可能見不到您，所以寫信給您。

我對北非現時的政治局勢並不感到完全樂觀。我明白，我們需要將「火炬」行動的政治事務交由美國處理，而我們可以在戰事展開期間，確保西班牙和葡萄牙對我們保持友好。我也明白最初需要謹慎行事；然而，我們現在是否能夠在政治和軍事上增強麥克米倫和亞歷山大的實力，以便促使法國在這兩方面協力合作呢？

　　現據我所聞，根據美方的看法，「哈斯基」作戰計畫的啟動時間被迫延後至較晚日期，雖然我們能夠按較早日期進行規劃，但較晚日期無疑會增加我們備戰時的困難。

　　這個狀況將使我們對運輸船隊的所有精心計畫化為烏有，並擾亂我們的輸入安排。目前，我無意以這些問題來煩擾你，但我對此確實感到擔憂，希望能得到你的保證，確保這些問題得到密切關注。

　　除了你，我無法與任何人討論這些重要的問題。

　　請相信我！

你的十分真誠的
喬治

我立刻回應。一旦我著手口述信件草稿，便不由自主地涉獵諸多話題。

1943 年 2 月 22 日

尊敬的陛下：

　　陛下親筆賜函於我，令我感激涕零。

　　對於北非戰爭的進展，無論是政治層面還是軍事方面，我都未感到嚴重的不安，儘管在這兩方面仍有許多情況不盡如人意。

　　我一向非常重視閱讀所有主要的電文，然而直到兩天前，我不得不承認，我已經無法繼續閱讀。我確信，墨菲的目標在於支持吉羅，並為法屬北非的一千六百萬人民建立一個溫和且穩定的政府。在這方面，他已經值得讚譽。確實，為了這個目標，也為了保障我們的主要交通，我們必須與

回國後的政治困局

維琪政府所任命的許多法國官員合作；沒有他們，我實在無法想像如何管理這個地區。即便在敘利亞，我們在某種程度上也採取了類似的步驟。我個人看不出這些官員有任何改變立場的意圖，也不認為他們會阻礙我們的戰爭行動。他們依賴他們的良好表現，甚至可能依賴他們的生命，以獲取他們的利益。

戴高樂或其代表的突然進入這個地區，尤其是在我們全力促使他們進入的情況下，只會造成混亂，絕無其他結果。兩派的法國人無法達成良好協定，完全是因為他的過錯。他拒絕了總統和我的邀請，未能前來卡薩布蘭卡商討友好和解之道。此種粗暴態度導致他和法蘭西民族委員會實際上被美國人視為不合理。

在我們上次的會晤中，我曾向陛下表示，我將竭盡全力確保「哈斯基」行動計畫能在 6 月中旬實施。對此，參謀長委員會及所有相關人員都完全支持。然而，艾森豪卻表達了堅定的看法，認為 6 月中旬的行動「不會成功」，最早要推遲到 7 月。我們的參謀長委員會因此向華盛頓的聯合參謀長委員會提交了報告，我也致電霍普金斯，要求他推動計畫的執行；根據最新消息，結果是聯合參謀長委員會──作為執行指揮權的最高正式機構──命令艾森豪將軍全力以赴為 6 月分的行動做準備，並在 4 月 10 日之前報告進展。因此，你可以理解，美國參謀長聯席會議所持的立場與我們的參謀長委員會一致，如果我可以這樣說的話。這就是當前的狀況。

在收到亞歷山大的報告前，我對戰事不作任何評估。美國陸軍第二軍遭遇嚴重潰敗，顯然丟失了約一半的重要武器，而未能對敵軍造成顯著損害。然而，目前在該區域有六個最精銳的步兵旅、第六裝甲師以及配備「邱吉爾」重型坦克的一個旅。此外，更多部隊正在趕來，補給品的運送情況也有所改善。第一警衛旅已經在斯貝特拉參戰，並讓敵軍意識到遇到了頑強的對手。

敵人為了這次原定計畫以外的新攻勢，已經將馬雷斯防線的力量削弱到了極低的程度。蒙哥馬利對整體戰局瞭如指掌；他從的黎波里港口和班加西每天獲得大量物資，有時總量高達六千噸；他很快就能調來第十軍，此前他一直利用第十軍的運輸工具來維持本身需要並建立物資儲備。我希望在3月中旬之前，或者更早，第十軍和第三十軍能在突尼西亞投入戰鬥。儘管如此，也許不需要等那麼久，因為如果蒙哥馬利發現敵軍在陣線上的力量正在減弱，他必然會利用現有力量主動出擊。

我推測，陛下已經知悉第八集團軍這兩個軍的總人數約為十六萬人，可能是全球最優秀的部隊。因此我懷著高度信心希望他們參與作戰。此外，我們還有亞歷山大將軍在艾森豪的指揮下進行協調與配合。可以說，由於敵軍錯誤的假設而導致力量的浪費，這將為蒙哥馬利提供一個提前獲勝的機會。

毋庸多言，我絕無意圖冒犯美國人民。美軍勇敢無畏，但缺乏實戰經驗，他們將迅速從挫折中汲取教訓，並在失敗中獲得提升，直至所有最優秀的軍人素養得以展現。幸好我曾不斷敦促艾森豪將軍擔任指揮，否則若由英國將領掌舵，美國軍隊的挫敗將為我們在美國的敵人提供一個諷刺的機會。

總之，我認為，我們有充分理由對北非局勢的發展抱持樂觀態度，我期望不久後情況會有所改善。

儘管因發燒無法閱讀任何電文，但我相信我對這些情況有清楚的理解，並且非常希望在午餐時能向陛下進行口頭陳述。謹此稟覆。

卑職

溫斯頓・邱吉爾

的黎波里的運輸量顯著上升。我在2月24日撥通港口司令的電話，說：「請轉達我的話，他們正肩負歷史重任。」

回國後的政治困局

我翻閱公文箱中那些逐漸減少的報告，儘管它們偶爾送達，關於英國第一集團軍在突尼西亞激烈戰鬥中被調遣的情況，它們讓我留下了不佳的印象。

首相致亞歷山大將軍

1943 年 2 月 24 日

1. 大約在去年聖誕節前後，第一集團軍已經放棄進攻的任何計畫；而在過去兩個月中，他們全力以赴地將物資運往前線，並增加了援軍。確實，法國人的掉隊引發了混亂，但美國人則以龐大的兵力投入戰鬥。然而，如你所描述的那樣，受安德森指揮的美軍被零星地部署在一個面積遼闊但防禦薄弱的戰線上。當時若將山南的防線撤回山上，或許是明智之舉；但實際上既未形成一條堅固的防線，也未能謹慎地撤退。在攻擊展開前，我們的情報部門已應發出了充分的預警。即使在那時撤退，仍是極具遠見的措施。那些地方無人關注，直到失守時，人們才聽說那些地方的名字。設立某種假前線的策略或許是個聰明的做法，但這種方法一點效果也沒有，還導致美國第二軍在敵人一百五十輛坦克的攻擊下遭受了重大損失。

2. 局勢如今已經恢復正常，但往事仍然需要全面審查。我對你及你的判斷深具信心，也確信你不會隱瞞任何瑕疵或失當之舉。

3. 看到曾經遭受批評的「邱吉爾」式坦克表現優異，我感到非常欣慰。關於它們的主要看法自然集中在裝甲能力上，我相信它們能夠承受多次攻擊。你派遣的軍官已經將情報送達或即將送達，我對此非常感興趣。

4. 今天我已經好幾個小時沒有發燒；我希望這是從極不愉快生活經歷中復原的開始。祝你一切順利。我深知，4 月中旬前必需完成的一件大事所需要的所有線索，現在都掌握在你手中。有你在那裡指揮，我非常高興。的黎波里卸貨情況良好。有事請隨時告知。

致哈里・霍普金斯先生

1943 年 2 月 24 日

我病了幾天，情況可能很容易惡化。現在，我確實感覺好些了。我認為，突尼西亞的戰鬥形勢良好，且正在朝更好的方向發展；我們的士兵，無論是英國還是美國的，像兄弟一樣並肩作戰。戰利品正展現在他們面前。的黎波里昨天卸下了六千三百噸的軍需品。蒙哥馬利正整裝待發。

我非常感謝你協助將（西西里島）的攻擊日期安排在 6 月。即使有人聲稱最近的戰役會對其產生影響，但實際上不會有任何影響。

請代我向總統致以熱烈的問候。

致艾森豪將軍（在阿爾及爾）

1943 年 2 月 25 日

感謝您的來信，心中無限感激。我深信卡塞林隘口的戰役即將迎來圓滿的結果。

不久之後，總統也到了臥病在床的境地。

前海軍人員致羅斯福總統

1943 年 2 月 27 日

我殷切期盼你的健康狀況好轉，發燒的症狀不久便會消退。我已經發燒了一段時間，病情相當嚴重，但如今已經退燒了，我希望能從此恢復如常。

祝願你一切順遂。

在我身陷困境之際，我必須極為關注另一位體弱者的健康狀況，其健康報告在報紙上頻繁出現。身處開羅時，印度總督在戰時內閣授權下，逮捕並監禁了數百名印度國大黨成員。甘地先生在 2 月初宣告，他將進行為期三

回國後的政治困局

週的絕食。他被拘留在浦那一座小王宮內，那裡的條件優越，英國醫生和他自己的印度醫生晝夜不離地照料他。他執意繼續絕食，因而全球的媒體報導越演越烈，紛紛稱他瀕臨死亡。總督府行政會議幾乎所有的印度委員都要求釋放他，並因我們的拒絕而辭職以示抗議。最終，在理解到我們的態度堅定後，他放棄了絕食；儘管身體虛弱，但他的健康未遭嚴重影響。

自始至終，我向總統彙報了所有的經過，美國方面對我們沒有施加任何壓力。此意外事件當時確實令我憂慮，因為甘地先生的逝世可能在全印度引發深遠的影響，他聖徒般品格在全國贏得極高的讚賞。然而，我們對情況的判斷非常準確。

史達林此時贈予我一部關於史達林格勒勝利的影片，影片中描繪的激烈戰鬥極為感人，並且展示了保盧斯元帥最終投降以及出現在蘇聯軍事法庭的場景。俄國政府對這位重要的德國軍事領袖給予了細心照顧，從此他便為他們工作。另外一大批德國戰俘正等待著比保盧斯更為悲慘的命運，影片展現了他們在無邊的冰天雪地中疲憊前行的情景。

在我寢室附近，有一間放映室。大約在2月24日，我的身體已經逐漸恢復，能夠起床觀看這部影片。這是一部極具價值的作品，適當地紀念了東戰場戰鬥的光輝片段。我們自己也製作了一部名為《沙漠大捷記》的阿拉曼戰役影片，正好完成，我贈送了一部給史達林，同時也分發給總統及各自治領政府。這些影片與俄國的作品一樣，都是攝影師在猛烈炮火中拍攝的，其中一些人甚至獻出了生命。他們的犧牲沒有白費，因為他們的工作成果在各同盟國中引起了極大的讚賞和迴響，並使我們在執行共同任務時心情更加接近。

致尚在病榻上的總統，我提筆寫下：

附上一部新影片《沙漠大捷記》，希望您能收下。昨晚我觀賞過，感到非常出色。影片展示了生動且真實的戰鬥場面；我知道，您會對片中

作戰的「謝爾曼」坦克感興趣。我透過航運將影片送達，以便您能盡快觀看。

我了解到你的病情，深感不安。希望你已經康復。我目前感覺好多了，並期望能立即恢復所有工作。

向羅斯福夫人、哈里以及你本人致以問候，並祝願你們幸福……

總統回應道：

敬愛的溫斯頓：

1943 年 3 月 17 日

《沙漠大捷記》這部新影片是關於交戰雙方即時戰況拍攝得最為出色的一部作品。大家對此充滿期待。我已經為白宮工作人員安排了一場特別放映，今晚也將為內政部職員進行專場放映，因為這部電影在這裡引起了廣泛關注。我知道，不出十天，各大影院就會陸續上映，勢必取得巨大的成功。

我懷疑自己感染了昏睡病或甘比亞熱病，或者是在非洲的巴瑟斯特被某種蟲子傳染。這種病使我無精打采 —— 在床上躺了四天 —— 期間服用了大量磺胺噻唑，這藥物雖然讓我的發燒退了燒，但也使我全身乏力並且盜汗不止。每日一到下午兩點之後便感到不適，經過將近一週的煎熬，我在海德公園住了五天；在氣溫零度的良好天氣下徹底康復了 —— 上週返回此地，從此感覺如鬥志昂揚的公雞。

安東尼與我共度了三個夜晚。他是一位非凡的人，我們討論的話題廣泛，從盧西塔尼亞到花生的生產，幾乎無所不包！

這是一個有趣的事實：對於所有問題，我們幾乎在百分之九十五的情況下完全達成共識 —— 這是一個相當不錯的平均水準。

他似乎相信，你與下議院領導層的關係會處理得很好 —— 然而，我們兩人更關注你與外交部的互動。我們擔心，他回國後，不會認可你在外

回國後的政治困局

交部的所有努力。

　　請務必為全球利益著想,切勿在近期過度勞累。也請銘記,恢復全力需要間歇性休息大約 1 個月。

　　哈里精神抖擻,這裡一切如常。

　　請轉告邱吉爾夫人,我在臥床休養期間表現得如同一個典範病人,我希望您能幫助我洗刷報紙上關於我是「世界上最差病人」的不實指控。

　　願你安康。

俄國與西方盟邦關係

1943年春季成為東線戰事的關鍵轉捩點。即便在史達林格勒的德軍尚未完全崩潰之前，俄軍已經在全線展開強力反擊。德國在高加索的部隊進行了精妙的撤退，一部分退至羅斯托夫，其餘則在諾沃羅西斯克和庫班半島建立了堅固的橋頭堡。俄軍從頓河一路將敵軍逼退至頓涅茨河，這正是希特勒去年夏季發動進攻時的起始戰線。更北的地區，德軍同樣喪失了地盤，被迫退至距離莫斯科超過250英里的地方。對列寧格勒的圍困也被打破。德國及其盟國在人力和物資上遭受了巨大損失，前一年所占領的領土紛紛被收復。在地面上，他們對俄軍的優勢已經不復存在。在空中，他們也必須顧及英、美空軍的日益強大，這些空軍以英國和非洲為基地。

倘若史達林能親臨卡薩布蘭卡，三國盟友便能面對面制定統一計畫。然而，這種期望已經無法實現，只能透過電報討論。1月26日，我們已經將會議上的軍事決策告知他。

羅斯福總統及邱吉爾首相致史達林總理

1943年1月26日

1. 我們已經與軍事顧問召開會議，並決定了英、美軍隊在1943年前9個月應採取的作戰行動。我們希望立即將我們的計畫告知你。我們堅信，這些行動，加上你方的猛烈攻勢，必將迫使德國在1943年屈服。必須竭盡全力實現這個目標。

2. 毫無疑問，我們堅信，正確的策略是全力擊敗德國，以便儘早在歐洲取得決定性勝利。同時，我們必須繼續對日本施加足夠壓力，以保持在太平洋和遠東地區的主動權；此外，還需支援中國，並防止日本侵略擴張

至其他地區，例如你們的沿海省分。

3. 我們的首要目標是將德國的陸軍和空軍從俄國前線吸引開，並向俄國增加供應量。我們將竭盡全力透過現有的所有通路向你方運送物資援助。

4. 我們現階段的計畫是將軸心國的部隊逐出北非，並建設海軍及空軍基地，以便：

（1）在地中海區域建立一條高效的軍事運輸路線；

（2）持續對南歐軸心國的關鍵目標進行猛烈轟炸。

5. 我們已經決議於儘早之時，在地中海展開大規模兩棲攻勢。準備工作正在進行，需要集結大量軍事力量，其中包括登陸艇和埃及及北非港口的各類船隻。

此外，我們將在英國集結一支強大的美軍地面和空中部隊。這些力量，與駐紮在聯合王國的英國部隊一起，將在可行的最早時機，重新登陸歐洲大陸。敵人對此或許已經知曉，但他們無法預測我們的攻擊將在何時、何地、以何種規模展開。因此，他們被迫將陸、空軍部署在法國、低地國家、科西嘉島、西西里島、義大利南部、南斯拉夫、希臘、克里特島以及多德卡尼斯群島等地的沿海地區。

6. 在歐洲，我們將迅速擴大聯合王國對德國的轟炸攻勢；到仲夏，其威力將增至當前的兩倍多。迄今為止的經驗顯示，白晝轟炸已經對德國戰鬥機造成大量毀滅和損傷。我們確信，隨著白晝和夜間攻擊的頻率和規模不斷增加，德國將在物資和士氣上受到嚴重打擊，其戰鬥力將迅速枯竭。正如你所知，我們在西歐和地中海已經牽制了德國空軍超過一半的力量。我相信，我們在多方面加強的轟炸攻勢，結合當前進行的其他作戰行動，將迫使德國進一步從俄國戰線上抽調更多的空軍和其他部隊。

7. 對於太平洋地區，我們計畫在未來數個月內將日本勢力逐出拉包爾，並進而對日本展開全面攻勢。我們還計畫擴大在緬甸的軍事行動，以

重新開通通往中國的補給線。我們打算立即增強在中國的空軍力量。然而，我們不會讓對日作戰分散了對德國戰爭中可能出現的所有機會，目前首要目標是在1943年於歐洲獲得決定性的勝利。

8. 我們的現階段目標是透過海、陸、空三路，動用可投入的最大軍事力量，對德國和義大利發起進攻。

此外，我歸國後經總統批准，發布了以下補充說明：

1943年2月9日

（1）在東突尼西亞駐紮著二十五萬德國和義大利的部隊。我們期望即便不能提前，至少在4月分能將他們殲滅或驅逐。

（2）此事完成後，我們計劃在7月或更早進攻西西里島，以清除地中海障礙，促使義大利迅速崩潰，影響希臘和南斯拉夫，並削弱德國空軍。隨後將在東地中海發起行動，可能是攻擊多德卡尼斯群島。

（3）此次軍事行動將動員我們在地中海能夠集結的所有艦艇和登陸艇，以及所有已經接受登陸進攻訓練的部隊，總人數將達到三、四十萬人。一旦港口和登陸基地建立起來，我們將最大限度地利用我們獲得的優勢。

（4）我們正全力以赴地為計劃在8月橫渡海峽的軍事行動做準備。英國和美國的軍隊都將參與其中。在這個環節，船隻和用於攻擊的登陸艇再次成為限制因素。如果因為天氣或其他原因而推遲了這次行動計劃，那麼9月將準備更強大的兵力。這次進攻的時間，當然依賴於德國在海峽對岸的防禦態勢。

（5）這兩項作戰計畫將獲得英、美空軍的大力支援，尤其是在橫渡海峽的戰役中，英國首都空軍將全力協助。這些軍事行動的聯合實施，將消耗掉英國和美國的全部運輸資源。

（6）總統與我已經指示聯合參謀長委員會，以最高速度和最大限度的資源與人力，強化此次攻勢。

俄國與西方盟邦關係

若干天後：

首相致史達林總理

1943 年 2 月 14 日

在經歷了一連串輝煌的勝利之後，你們今晚再次傳來了解放頓河上羅斯托夫的捷報，這讓我難以用言語表達我們對俄國軍隊的敬佩和感激。我們最誠摯的願望是加倍努力以協助你們。

他迅速回覆道：

史達林總理致邱吉爾首相

1943 年 2 月 16 日

1. 我收到了你 2 月 9 日關於擬定英、美軍事作戰計畫的來函。感謝你對卡薩布蘭卡會議決議的補充說明。鑑於來信中也表達了總統的觀點，我忍不住想對此提出一些看法。

2. 從你的來信中可以明顯看出，與之前的預測不同，突尼西亞方面的軍事行動計畫預計將於 4 月結束，而非 2 月。無需贅言，這個推遲是多麼令人失望。目前，在蘇軍仍能保持強大攻勢的情況下，英、美軍隊在北非全力展開行動比以往任何時候都更加重要。如果我們和你們同時對希特勒施加壓力，我們將能取得巨大的成果。這種局勢將給希特勒和墨索里尼帶來嚴重困難，進而使在西西里島和東地中海的作戰計畫迅速取得成功。

3. 從你的信中可以明顯看出，開闢第二戰場，尤其是在法國，似乎要到 8、9 月間才能實現。我認為，當前的局勢需要盡快推進這個計畫中的行動 —— 即在遠早於你所提到的日期開闢西方第二戰場。為了不給敵人留下喘息的機會，必須在春季或初夏，而非下半年，在西線對敵人發動進攻，這至關重要。

4. 我們獲得可靠的情報顯示，自去年 12 月底起，由於某種原因，英、美在突尼西亞的軍事行動放緩，德國從法國、比利時、荷蘭及本土調

動了二十七個師，其中包括五個裝甲師，增援蘇、德前線。這樣一來，不僅沒有透過撤離德國軍隊而減輕蘇聯的壓力，反而使得希特勒的局勢得以緩解。正是因為突尼西亞方面的軍事行動放緩，希特勒才得以將更多部隊投入與蘇聯的對抗中。

5. 所有這些因素引導我們得出結論：越早團結一致利用希特勒在前線的困境，我們就越有可能早日擊敗他。若我們忽視這些因素，未能利用當前形勢促進共同利益，德國人可能會在喘息過後重新集結軍隊，恢復元氣。我們都明白，這種情況對我們是多麼不利！

我認為應將此回信同時寄給羅斯福先生。

感謝您熱情慶祝解放羅斯托夫。我們的部隊今日再次攻下哈爾科夫。

這封信是在我患病期間收到的。

首相致史達林總理

1943 年 2 月 24 日

我很抱歉未能及時回覆你最近的來電。我原本已經起草了回信，但由於發高燒，只得暫時擱置。希望幾天後能向你提供更多整體情況的消息。你們的戰鬥進行得非常出色。突尼西亞的戰事進展順利。敵人已經是強弩之末，即將被包圍。此致良好的祝願。

3 月 5 日，總統將他致史達林的回信副本寄給我：

我已經收到你於 2 月 16 日寄來的信。在信中，你陳述了在回覆邱吉爾先生 2 月 9 日信件時所提出的建議。

我與您一樣，對盟軍在北非未能如期展開行動深感遺憾。計畫被迫中斷，緣於突如其來的大雨，使得軍隊和物資從登陸港口至前線的運輸受阻，導致田野和山巒難以通行。

我深深了解到此次延誤對盟軍合作的負面影響。我正盡一切可能，力求在最早的時機，對非洲的軸心軍發起全面攻勢，以便將其消滅。

你非常了解，如今美國的交通工具已經廣泛分布各地。我可以保證，我們正全力以赴地增加船舶生產，以提升運輸條件。

我深知在歐洲大陸提早發動軍事行動的關鍵意義，這將削弱軸心國對你們英勇部隊的抵抗力；請相信，在北非勝利之後，美國將在我們最大限度地提供運輸支持時，盡快將軍力投入到歐洲大陸。

我們期盼你們無畏的軍隊再創佳績，這將激勵我們每一個人。

我覺得應當用我個人的語言闡述我們的整體狀況。

首相致史達林總理

1943 年 3 月 11 日

1. 羅斯福先生已經將他在 2 月 16 日給您的信件回信副本寄給了我。如今我已經完全康復，可以親自作答。

2. 我們的首要任務是透過代號「火神」的作戰計畫消滅北非的軸心軍。我們期望在 4 月底前完成這項任務，屆時我們將牽制約二十五萬的軸心部隊。

……

5. 英、美試圖迅速奪取突尼西亞和比塞大的計畫在 12 月已經被放棄。這是由於敵軍的強大實力、即將來臨的雨季、已經泥濘的地面，以及從阿爾及爾延伸的五百英里和從波尼延伸的一百六十英里的補給線，這些線路由糟糕的道路和需要一週時間通行的法國單軌鐵路構成。由於敵軍空軍的力量和潛艇的襲擊，我們的陸軍只能透過海上小規模地獲得補給。因此，在前線地區儲備汽油或其他物資成為不可能。實際上，這些補給僅能維持當地現有的軍隊。空軍方面也是如此，臨時修建的機場都變成了泥濘的沼澤。我們停止進攻時，突尼西亞約有四萬名德國士兵，另有義大利人及仍在的黎波里的隆美爾部隊。北突尼西亞的德軍如今已經增加了一倍多，並且正透過運輸機和驅逐艦全力運送兵員。到上個月底，儘管某些地

方遭受嚴重損失，但我方局勢已經得以恢復。我們希望這種挫折造成的延誤能因蒙哥馬利軍隊的早日到達而得以彌補。在3月6日，蒙哥馬利的部隊擊退了隆美爾的先發制人進攻，使其遭受嚴重損失。在3月底前，他將擁有六個師（約二十萬人）的兵力，並有充足的補給，從的黎波里向馬雷斯陣地發起進攻。在突尼西亞北部的英、美軍隊將與蒙哥馬利的行動相配合。

6. 雖然這場戰鬥的規模相對你指揮的大型軍事行動而言微不足道，但我相信你仍然樂於知悉其詳細情況。

7. 英國參謀部評估，自去年11月起，從法國和低地國家調往蘇、德前線的德國師中，約半數已經由來自俄國和德國的師替換，部分則是由在法國新籌組的師替代。他們估計，目前在法國和低地國家仍有三十個德國師。

8. 我非常希望你能夠準確地了解（此機密情報僅供你個人使用），我們在地中海或英吉利海峽對歐洲發動進攻的力量。英國的絕大部分軍隊駐紮在北非、中東和印度，實際上無法透過海路調回到英倫三島。到4月底，除了蒙哥馬利將軍所指揮的大約六個師之外，我們將在北突尼西亞集結約二十萬人。此外，我們從波斯調動了兩個接受過特殊訓練的英國師，並從國內派遣一個師支援西西里島攻勢，總計十四個師。在中東，我們有四個機動的英國師、兩個波蘭師、一個自由法國師和一個希臘師。在直布羅陀、馬爾他和塞普勒斯，我們擁有相當於四個常備師的兵力。在印度，除了駐軍和邊防軍之外，已經或正在為雨季後收復緬甸及重開與中國的通道（「安納吉姆」作戰計畫）籌組十到十二個師。如此一來，分布在從直布羅陀到加爾各答這片橫跨六千三百英里的廣闊區域中，由英國指揮的軍隊共有三十八個師，包括強大的裝甲部隊和適當比例的完整空軍。所有這些軍事力量已經被賦予了1943年清晰明確的任務。

9. 英國的一個師，包括輜重、作戰和補給線部隊在內，總計實力約為

四萬人。在聯合王國國內，尚餘約十九個在編師、四個本土防衛師、四個補充師，其中十六個師計劃在 8 月間跨海作戰時投入使用。考慮到我們總人口為四千六百萬人，首先需要維持的是皇家海軍和商船隊，因為沒有它們，我們無法生存。其次是我們約十二萬人的龐大空軍，以及軍火、農業和防空所需的人員。這樣計算下來，國內幾乎所有成年男女已經被完全動員了。

10. 去年 7 月，美國計劃向聯合王國派遣二十七個師準備進攻法國，每個師的規模在四萬至五萬人之間。從那時起，他們已經為「火炬」作戰計畫派遣了七個師，另有三個師即將出發。在英國，除了強大的空軍之外，只有一個美國師。這並非對美國努力的指責。美國未能實現去年預期的原因，不在於缺乏軍隊，而是因為我們缺少運輸船隻和護航力量。實際上，在此期間內運往聯合王國的兵力不可能超過上述規模……

在詳細描述了對德轟炸的情形後，我總結道：

12. 關於跨越英吉利海峽的攻勢，總統與我都真誠地希望我們的軍隊能夠參與你在歐洲發動的全面戰爭。然而，為了支持北非、太平洋和印度的軍事行動，並確保對俄國的物資運輸，聯合王國的人力計畫已經被壓縮到極限，並正在消耗我們的儲備。如果敵人的力量被削弱到一定程度，我們準備在 8 月之前發起攻勢，我們的計畫每週都在調整。如果敵人沒有被削弱，以劣勢和兵力不足的部隊發動不成熟的攻勢，只會導致慘重失敗，並使納粹對當地起義的人民施加報復，成為敵人的巨大勝利。海峽的形勢只有在臨近攻勢時才能評估；至於我為你個人參考而提供的這份關於我們意圖的宣告，請勿將其理解為對我們自由決策權的限制。

顯而易見，我們能為俄國人提供的最有效援助，是迅速將軸心部隊從北非驅逐，並加大對德國的空中作戰力度。史達林自然再次提出了開闢第二戰場的要求。

史達林總理致邱吉爾首相

1943 年 3 月 15 日

顯然，英、美在北非的軍事行動不僅未能加速，反而推遲至 4 月底。甚至這個日期也不十分確定。在我們與希特勒軍隊交戰達到高峰的 2、3 月間，英、美在北非的攻勢不僅未有增強，反而完全未展開，你們為這次行動設定的期限也被推遲。在此期間，德國成功從西線調遣三十六個師（包括六個裝甲師）來對抗蘇軍。這給蘇軍帶來了多大的困難，使德國在蘇、德前線得到多大的緩解，是顯而易見的。

儘管我深知西西里島的戰略重要性，但我必須強調，它無法替代法國作為第二戰場。然而，我當然歡迎你們加速推進這個軍事行動。

目前，我依然堅信，首要任務是加快在法國建立第二戰場。你應該還記得，早在 1942 年，你便承認過這種可能性，並且認為無論如何不會晚於 1943 年春季。這種說法確實有其合理之處。因此，我在之前的信中強調，從西方發起的攻勢，絕不能晚於今年春季或初夏。

整個冬季，蘇軍一直奮戰不息，現今亦在持續作戰。希特勒為備戰春、夏季對蘇作戰，已經採取多項重要措施以補充和增強他的軍力。在此情形下，我們認為，西方的進攻不應該再被推遲，而應在春季或夏初發起。

我已經仔細審視你在第 8、9 和 10 段中提及的英、美在歐洲作戰所面臨的挑戰。我承認這些挑戰。然而，我覺得有必要以最堅定的方式提醒你，從我們共同事業的角度來看，進一步延遲在法國開闢第二戰場的風險極大。你在關於英、美籌劃橫渡海峽進攻的宣告中所表現出的模糊態度，正是讓我深感憂慮的原因；對此，我認為我不能再保持沉默。

此時，因蘇聯對德軍春季攻勢的成功，俄國政府就其西部邊境戰後安排問題，向英、美外交部進行試探。美國輿論對任何暗示承認俄國在波羅的海沿岸國家地位的言論都極為敏感，芬蘭問題也在華盛頓獲得了廣泛支

持。為了讓芬蘭退出戰爭，美國曾提出在芬蘭與蘇聯之間進行調停的建議，但遭到俄國的拒絕。

史達林總理致邱吉爾首相

1943 年 3 月 15 日

3 月 12 日，美國政府代表、斯坦德利海軍上將向莫洛托夫先生遞交了以下信函：

「美國政府願意在蘇聯與芬蘭之間擔任調解者，進行談判，以探索單獨和平條約的可能性。」

莫洛托夫詢問美國政府是否知悉芬蘭尋求和解的意圖，以及其真正立場；斯坦德利海軍上將回應稱，他對此問題無可置評。眾所周知，1942 年 5 月 26 日簽署的英、蘇條約明確規定，未經雙方同意，我們兩國不得與德國或其盟國單獨締結和約或進行談判。我認為這是一項根本且不可更改的原則。基於此，我認為有義務先將美國的建議告知你，再徵求你對此問題的看法。

我看不出芬蘭真心想要和談，並且已經下定決心脫離德國，同時願意提出可接受的條件。在我看來，芬蘭尚未完全擺脫希特勒的控制，儘管有意圖這樣做。芬蘭當前的政府，既然能在與蘇聯締結和約後違反協定，與德國聯手進攻蘇聯，就很難與希特勒決裂。

然而，鑑於美國政府的建議，我感到有責任將上述事項告知你。

對此，我作出如下回應：

首相致史達林總理

1943 年 3 月 20 日

你應該仔細評估，在當前對德戰爭中，促使芬蘭退出戰爭將為己方前線帶來何種利益。我認為，這將使蘇聯比德國更有能力調動更多的師用於其他地區。此外，芬蘭的背離將對希特勒的其他附庸國產生重大影響……

整體而言，我相信，只要芬蘭確信德國必敗，它將迫切希望退出戰爭。若如此，我認為時機已到，你可以在不暴露意圖的情況下，請美國政府探詢芬蘭願意接受的條件。然而，最終制定正確策略的關鍵在於你本人。

我們為西西里島制定的方案，使得我們的運輸資源承受巨大壓力，可能需要推遲發往俄國的船隊。我們已經透過仍在華盛頓的艾登先生，與美國方面討論此事。

艾登先生致首相

1943 年 3 月 19 日

今天早晨，我與總統會晤，並向他傳達了你關於駛往俄國的運輸船隊的情報。鑑於敵軍的布防，他也贊同推遲 3 月分的船隊是明智之舉。然而，他尚未確定是否應在西西里島戰事結束前暫停所有運輸船隊。他意識到，這可能會對史達林造成又一次嚴重打擊；同時，他認為如果在接下來的幾週內，敵人因任何原因而分散兵力，我們的船隊或許可以繼續航行。總之，他將在全面考慮後，於不久後親自致函與你討論此事。

總統也收到了史達林的一封信，與您收到的同樣措辭粗暴。這顯然在他的預料之中。

隔天收到了一封信：

羅斯福總統致前海軍人員

1943 年 3 月 20 日

鑑於德國海、空軍已經在 3 月集結於運輸船隊的航線上，軍事上看，似乎沒有理由讓運輸船隊按原定時間出發……三、四週之後，當然需要向史達林通報此事，說明駛往俄國的運輸船隊必須在 8、9 月之前暫停，以便為西西里島作戰做準備。然而，我目前認為，暫不向他透露這個壞消息可能是更為明智的選擇。此外，接下來 4、5 個月的局勢我們也無法確定。

俄國與西方盟邦關係

在我與史達林的通訊中，如今不禁顯現出一種更加和諧的語氣。

史達林總理致邱吉爾首相

1943 年 3 月 27 日

我已經收到你關於突尼西亞那場關鍵戰役的消息。我期盼英、美聯軍迅速取得全面勝利。願你能立即摧毀並擊退敵軍，將其徹底逐出突尼西亞。

我同樣期待，針對德國的空中攻勢將會無情地加劇。如能寄來埃森破壞情形的照片，我將非常感激。

史達林總理致邱吉爾首相

1943 年 3 月 29 日

我向英國空軍祝賀此次轟炸柏林取得的偉大勝利。

我期盼英國裝甲部隊能有效利用突尼西亞形勢的改善，不讓敵軍有任何喘息之機。

昨天，我與同事們共同欣賞了您寄來的影片《沙漠大捷記》。影片令人印象深刻。它精彩地展示了英國的作戰方式，並批評了那些聲稱英國無所作為、毫無戰鬥力的無賴（在俄國也有這樣的人）。我迫切期待您在突尼西亞勝利的類似影片。

《沙漠大捷記》將在前線所有部隊及俄國廣大民眾中廣泛上映。

我認為，是時候向他通報有關運輸船隊的壞消息了。

首相致史達林總理

1943 年 3 月 30 日

1. 德國在納爾維克集結了一支龐大的戰艦編隊，包括「提爾皮茨」號、「沙恩霍斯特」號、「盧佐夫」號、一艘裝備六英寸火炮的巡洋艦和八

艘驅逐艦。因此，去年7月17日我在信中提到的駛向俄羅斯的運輸船隊所面臨的危險，將以更為惡劣的形式重現。當時我曾經告訴你，我們認為不應該讓本土艦隊冒險駛入巴倫支海，因為在那裡艦隊會受到德國岸基飛機和潛艇的攻擊，而我們缺乏應付這兩種威脅的防禦能力；我還指出，如果我們的一、兩艘最新式戰鬥艦遭受損失，甚至是嚴重受損，而德國戰鬥艦隊的「提爾皮茨」號和其他大型艦艇仍具有作戰能力，那麼我們在大西洋的海上控制權將受到威脅，我們的共同事業也將面臨可怕的後果。

2. 因此，羅斯福總統和本人都在極不情願的情況下決定，無法為下一次駛往俄國的船隊提供足夠的護航。而在缺乏這種保護，並且明知德國已經準備消滅它們的情況下，任何船隻都無法實現你方的期望。因此，已經下令推遲原定於3月啟航的船隊。

3. 羅斯福總統和我本人對於必須推遲這次運輸船隊的航行都感到極為失望。若非德方的集結，我們原計劃在3月和5月初派遣兩支船隊，每支包括三十艘船。然而，我們認為有必要立即通知您，5月初之後，北路將無法繼續航行運輸船隊，因為屆時我們必須將所有護航艦用於支持地中海的攻勢，剩下的力量僅能勉強維持大西洋的生命線。在過去的三個星期內，我們在這一方面已經遭遇了慘重的損失，幾乎可謂空前。假如西西里島的行動進展順利，只要英國主要軍艦的部署允許，並且北大西洋的局勢使我們能夠提供必要的護航艦隻和空軍掩護，我們希望能在9月初恢復運輸船隊的航行。

4. 我們正竭盡全力提升南路的物資供應。過去半年間，每個月的數量已經翻倍以上。我們有理由相信這個增長趨勢將延續，8月的數字有望達到24萬噸。如果這個目標實現，年內每月輸送量將增加至八倍。此外，美國也將顯著增加經由海參崴的運輸。這些措施或多或少能彌補你我對北路運輸船隊暫停的失望。

俄國與西方盟邦關係

史達林總理致首相

1943 年 4 月 2 日

我已經收到你於 3 月 30 日來信，這使我得知你和羅斯福總統在 9 月前不得不停止開往蘇聯的運輸船隊。

我認為此意外舉動實質上意味著英、美將大幅減少對蘇聯的武器及軍需物資的供應。因為經由太平洋的運輸不僅受到噸位限制，而且不夠可靠，而南線的運輸量也非常有限。因此，以上述兩條線路無法彌補北線的中斷。

你明白，這種局勢必然會對蘇軍的態勢產生影響。

首相致史達林總理

1943 年 4 月 6 日

1. 我認可你關於運輸船隊電報中所提出的見解非常合理。我向你承諾，我將竭盡全力尋求改善。我深刻理解俄國軍隊所承受的沉重負擔，以及他們對共同事業的重大貢獻。

2. 星期六，我們派遣了三百四十八架重型轟炸機前往埃森，投下九百噸炸彈，目的是希望對克虜伯工廠造成更大程度的破壞，使其再次遭受有效打擊；此外，我們還將該市此前未曾遭受嚴重破壞的西南部變成了廢墟。昨晚，總共出動五百零七架飛機（其中除了一百六十六架以外，均為重型轟炸機），向基爾投下了一千四百噸炸彈。這是我們迄今為止最猛烈的一次轟炸行動。儘管雲層比預期更厚，但我們期待這次轟炸能擊中目標。美國利用飛行堡壘進行的白晝轟炸越發有效。昨日，他們襲擊了在巴黎近郊重新活躍的雷諾工廠。他們不僅在白晝於高空進行這種驚人準確的轟炸，還引發了敵方戰鬥機的反擊，許多敵機在此過程中被飛行堡壘的重型武器摧毀。在這三次行動中，美國轟炸機損失四架，英國轟炸機損失

三十三架。我必須再次強調，對德轟炸的規模將持續擴大，而且我們在選擇目標方面將更加精準。

3. 突尼西亞的全面戰爭將於本週展開，英國第八集團軍、第一集團軍以及美、法軍隊均按計畫參與作戰。敵人正準備撤退至他們最後的橋頭堡。他們已經開始破壞設施，並從斯福克斯撤走海岸炮。面臨迫在眉睫的壓力下，敵人勢必撤退，而且可能很快會退至他們從哈馬馬特灣內昂菲達維爾開始構築的防線。這個新陣地將與他們目前在北突尼西亞的主要防線合併，它的北翼位於地中海上距比塞約三十英里的地方，面向西方。我們將對這個北翼防線發起攻擊。我會隨時向你報告我們的進展，以及是否能在所謂的「隆美爾集團軍」到達其最後橋頭堡之前截斷其大部分軍隊等情況。

4. 固執己見的希特勒將海爾曼·戈林師和德國第九師派往突尼西亞，主要是依靠運輸機進行調動，使用的大型飛機至少有一百架。這兩個師的先鋒部隊已經抵達。因此，我們必須預見，儘管途中可能有損失，他們將在突尼西亞境內集結約二十五萬人，進行頑強防守。我們的部隊在人數和裝備上具有顯著優勢。我們正對該海港進行猛烈的空襲，並從各個角度準備，以防止敵人進行類似敦克爾克的撤退。為了西西里島戰役的利益，這一點尤為重要。大約1個月後，當我們控制比塞大和突尼西亞時，我們希望能夠透過地中海航行物資供應船隻，進而縮短前往埃及和波斯灣的航程。

我的詳細解釋和說明並非毫無成效。對方的回應比以前更加友善。

史達林總理致邱吉爾首相

1943 年 4 月 12 日

英、美軍隊在突尼西亞的迅速推進，象徵了對希特勒和墨索里尼的作戰取得了一次重要勝利。我期望你們消滅敵人，並盡可能多地俘擄敵軍和繳獲戰利品。

我們很高興地了解到你們對希特勒毫不留情。在你們成功轟炸德國主要城市的同時，我們也對東普魯士的德國工業核心進行了空中打擊。感謝提供展示埃森轟炸結果的影片。這部影片，以及你承諾寄來的其他影片，都將在我們的軍隊和人民中廣泛播放。

你們計劃從已經取消的運輸船隊中運送一些戰鬥機，這將對我們極具價值。我非常感激你建議提供六十架裝備四十公釐炮的「旋風」式飛機。這種飛機尤其需要，特別適用於對抗重型坦克。我希望你與哈里曼先生為確保向蘇聯輸送飛機所作的努力能迅速成功。

俄國人民對英國人民在援俄基金上的熱情支持深表感激。請向主持該基金的夫人轉達我的謝意，感謝她在此事上的不懈努力。

目前，蘇聯政府與流亡倫敦的波蘭政府關係破裂。在納粹德國和蘇聯共同占領波蘭後，成千上萬的波蘭人於1939年9月里賓特洛甫與莫洛托夫簽署協定後向未與波蘭交戰的蘇聯投降，並被拘留。根據後續納粹與蘇聯間的協定，這些人之中有許多人被移交給德國用於強迫勞動。依據日內瓦公約，軍官級的戰俘不應遭此對待。在斯摩倫斯克地區的三個蘇聯戰俘營中，有14,500名波蘭人被拘禁，其中包括8,000名軍官。這些軍官當中有不少是波蘭知識分子，如大學教授、工程師及被徵召服後備役的知名人士。在1940年春之前，關於這些俘虜的生存情況仍有零星消息。然而，自1940年4月起，這三個戰俘營陷入沉寂。在接下來的13、4個月中，這些居住於此的人員毫無音訊，儘管他們顯然處於蘇聯的管轄下，但始終沒有任何信件或消息傳出，沒有俘虜逃脫，也沒有任何報導。

當希特勒於1941年6月20日對俄國發動突襲時，俄國與波蘭的關係立刻發生了轉變，成為盟友。曾在俄國監獄中遭受殘酷對待的安德斯將軍以及其他波蘭將領如今已經被釋放，受到熱烈歡迎，並在蘇聯組織的波蘭軍隊中擔任高級指揮官，以抵禦德國的入侵。這些波蘭人對於三個集中營

之中大批軍官的命運一直憂心忡忡，現在他們要求釋放這些人，以便加入新成立的波蘭軍隊，因為他們將是這支軍隊的寶貴資產。從俄國其他地區徵召了約四百名軍官，但沒有一個是來自德軍控制的三個集中營。波蘭人不斷詢問，但他們的新盟友卻無言以對。波蘭領袖們在與蘇聯權威人士合作籌組軍隊時，儘管察覺到蘇聯官員的尷尬，卻從未獲得關於那三處集中營的 14,500 名囚犯的消息，也從未見到任何生還者。這種情況自然在波蘭和蘇聯政府之間引發了懷疑和摩擦。

戰火依然燃燒，德軍依舊控制著這些集中營所在的地區。轉眼間，又將近一年過去了。

1943 年 4 月初，西科爾斯基前往唐寧街十號與我共進午餐。他告訴我，他掌握了蘇聯政府謀害一萬五千名波蘭軍官及其他俘虜的證據，這些人被埋在以卡廷為中心的森林中一個大墓穴裡。他手中有大量證據。我回應道：「若他們已經去世，再也無法復生。」他則表示，不能阻止他的人民發聲，他們已經將所有消息發布給媒體。在倫敦的波蘭內閣並未告知英國政府他們的計畫，但在 4 月 17 日發布了一份宣告，聲稱他們已與瑞士的國際紅十字會連繫，請其派遣代表團前往卡廷進行實地調查。4 月 20 日，波蘭駐蘇聯大使遵循本國政府的指示，向俄國人詢問他們對德國人說法的看法。

1943 年 4 月 13 日，德國廣播電臺公開譴責蘇聯政府，指控其在三個集中營中殺害了一萬四千五百名波蘭人，並主張在現場展開關於這些受害者命運的國際調查。波蘭政府對此計畫表現出極大的興趣，這一點我們無可置疑；然而，國際紅十字會在日內瓦宣布，除非接到蘇聯政府的正式請求，否則不能基於德國的指控進行任何調查。德國隨後開展了自己的調查，由德國控制下的多國專家組成的委員會編寫了一份詳細報告，聲稱在萬人塚中發現了超過一萬具屍體，並且從他們身上找到的書面證據以及塚

上植樹的年輪表明，處決發生在 1940 年春，當時該地區正處於蘇聯的控制之下。

1943 年 9 月，卡廷地區再次被俄國人掌控。收復斯摩倫斯克後，他們設立了一個全由俄國人組成的委員會，負責調查卡廷波蘭人的命運。1944 年 1 月，該委員會的報告稱，由於德軍迅速推進，三個集中營無法撤離，大批波蘭俘虜因此落入德軍之手並被屠殺。接受這個說法意味著承認：自 1940 年春季以來，約有一萬五千名的波蘭軍官和士兵無任何記錄，直至 1941 年 7 月被德軍消滅，無人逃脫或向俄國當局、駐俄波蘭領事或波蘭地下組織報告。考慮到德軍入侵時的混亂，集中營警衛在敵軍逼近時必定逃走，而在俄、波合作階段又有多次接觸，這種說法的可信度似乎取決於信仰所在。

我前往查特韋爾進行了一次罕見的行程，意圖在我的別墅中度過一晚。在那裡，我接到了一個電話，通知我蘇聯大使即將到訪，已在路上。麥斯基抵達時，顯得非常不安。他遞給我史達林的一封信，信中提到，由於倫敦的波蘭政府支持並傳播了關於俄羅斯大規模屠殺波蘭軍官戰俘的指控，因此決定立即廢除 1941 年的協定。我表示，我認為波蘭人追隨這種言論是不明智的。然而，我真心希望如此重大的錯誤不會導致他們與蘇聯關係的破裂。我依據這個想法草擬了一封電報給史達林。隨後，麥斯基對指控的荒謬性進行了辯駁，並提出各種理由來證明俄羅斯不可能實施這樣的罪行。我已經從多方面聽聞這個事件的各種說法，但我不打算討論其真偽。我說：「我們必須集中力量對抗希特勒，現在不是爭吵和指責的時候。」然而，我的言行未能阻止俄國和波蘭政府之間的決裂。這種分裂引發了問題。無論如何，我們已經將許多波蘭軍人、他們的家屬及兒童從俄國撤出。這項慈善行動仍在繼續，我在波斯組織並裝備了三個由安德斯將軍指揮的波蘭師。

在紐倫堡對德國戰犯的審判中，起訴書中提及了卡廷事件，但戈林等人提供了德國調查的白皮書。各勝利國政府決定不對這個問題進行討論，因此卡廷的罪行沒有得到深入的調查。蘇聯政府沒有利用這個機會為自己洗脫這個嚴重且廣為人知的指控，也沒有將責任歸咎於德國政府，而當時德國納粹的主要人物正在接受審判。紐倫堡國際法庭的最終判決中，在納粹德國對待戰俘的部分未提及卡廷事件。因此，各方有權形成自己的結論，流亡的波蘭領導人所出版的許多作品中，尤其是米科瓦伊奇克和安德斯將軍的著作中，肯定有相關材料。米科瓦伊奇克是前總理，戰後參加了首屆波蘭政府。

俄國與西方盟邦關係

突尼西亞的勝利

在 1943 年 2 月的最後一週，亞歷山大將軍被任命為全線指揮官。此時，空軍上將特德依據卡薩布蘭卡協定負責盟軍的空軍指揮。而此時，突尼西亞的戰事正達到高潮。艾森豪將軍因肩負最高責任，無法在距離約四百英里外的阿爾及爾總部指揮這場由英、美、法軍隊共同參與且性質複雜、變化劇烈的戰役。需要一名當地指揮官，而這名全權負責的人現已抵達現場。

亞歷山大將軍致首相

1943 年 2 月 27 日

在美國和法國前線停留三天後，我現已返回。改編、整頓與重組工作正在進行，但由於敵軍在北方的活動，進度略有延誤。整體而言，美國人需要經驗，而法國人則需要武器。我已經派遣了現有最優秀的軍官給美國人，以便在戰爭技術上給予指導，並協助他們訓練。我也已經向國內和中東發電報，請求將重要武器和輕裝備空運至此地，並在我能力範圍內提供了援助。由於在南方擊退敵軍並重新奪回先前失去的陣地，美國人的士氣有所提升。我還下令在南方展開激烈但小規模的進攻行動，目的在重新奪回主動權。坦白說，當我看到整個局勢時，感到非常驚訝。安德森本應迅速了解事態的真實情況，並著手進行我現在所採取的措施，但他在 1 月 24 日才開始全線指揮工作。

我現在將全軍重組為三個部分：英國和法國部隊由安德森領導，全體美軍由弗里登德爾統領，第八集團軍由蒙哥馬利指揮。

雖然不想讓你感到失望，但北非的最終勝利尚未迫在眉睫。無論是在

陸地上還是在空中，仍需付出巨大的努力。再沒有比艾森豪將軍更有幫助的人了。

得知你的健康狀況有所改善，我感到非常欣慰。致以誠摯的祝福。

在的黎波里港能完全運作之前，蒙哥馬利只能率領部分部隊向突尼西亞出發。意識到卡塞林戰役結束後，隆美爾勢必對他發起進攻，他因此在梅德寧周圍的陣地上安排了他的三個先遣部隊，即第七裝甲師、英國第五十一師和第二紐西蘭師。他沒有時間布設地雷區和鐵絲網，但已經部署了至少五百門反坦克炮，準備迎戰。

蒙哥馬利將軍致首相

1943 年 2 月 28 日

第十軍已經成功收復所有運輸工具，目前正從班加西向前推進。先頭部隊預計在 3 月 10 日全部抵達的黎波里地區，其他部隊隨後跟進。到 3 月 19 日，第十軍將在前線地區與我會合。我正在採取必要措施，以便在目前陣地上與隆美爾交戰。在我準備好恢復對他的攻勢之前，如果他試圖採取任何不當行動，我將全力回擊。我計劃堅守現有陣地，因為這正是我即將對馬雷斯發起進攻時所需的立足點。

3 月 6 日，隆美爾發動了四次大規模進攻，動用了所有三個德國裝甲師。每次進攻都遭受重大損失並被擊退。敵軍撤退後，戰場上遺留了五十二輛被炮火擊毀的坦克。我們沒有損失一輛坦克，僅傷亡士兵一百三十人。在對抗裝甲部隊時，如此密集的反坦克炮火力前所未見。在隆美爾的非洲戰役中，這可能是他最嚴重的一次失敗。此外，這也是他在該地區的最後一場戰鬥。不久後，他因病被遣返回德國，由馮·阿尼姆接任指揮。

第八集團軍目前正在推進，目標是圍攻敵軍的主要據點，即馬雷斯防線。這條防線是法國為了防禦義大利入侵突尼西亞而在戰前建造，長達

二十英里的堅固防禦系統。而今，義大利人卻在此抵禦英國人的進攻！在其臨海一端，陡峭的瓦迪濟佐成為防線正面一道強而有力的反坦克屏障；向南延伸，可以看到混凝土炮樓、反坦克壕溝和鐵絲網，這些防禦設施一直延伸到邁特馬泰的山丘。除非繞道特巴戈山和梅拉布山之間的峽道，否則無法進行迂迴運動。法國人曾聲稱此路車輛無法通行，但遠端沙漠空軍大隊在 1943 年 1 月間的偵察後表示，儘管艱難，仍可通過。這支高度機動化的偵察部隊在整個非洲戰役中做出了許多寶貴貢獻。顯然，敵人並未掉以輕心，因為在這個隘口已經構築工事，並由德軍裝甲師和義大利步兵駐守。然而，鑑於馬雷斯防線的強大防禦，由包括兩個德國師在內的六個師把守，且有第十五裝甲師作為後備，蒙哥馬利決定在他的計畫中加入一支側翼部隊，以突破這個隘口，並在敵軍主防線後方立足。

要對這條穩固的防線發起一次謹慎的進攻，需花費兩週時間進行準備。此時，美國第二軍已經重新占領加夫薩並向東推進。儘管他們未能突破沿海平原，但在整個馬雷斯戰役中，他們成功牽制了德國第十裝甲師。3 月 10 日，勒克萊爾將軍也遭遇了一支由裝甲車和炮隊組成的聯合部隊在空軍支援下的猛烈攻擊。法國人堅守陣地，並在皇家空軍的協助下，擊退了敵軍，給敵方造成了相當大的損失。

於是，在馬雷斯防線上的戰鬥舞臺已然搭建完成。這次軍事行動被命名為「拳擊家」作戰計畫。已經下達白天猛烈轟炸的命令以便開關前路，但惡劣的天氣條件導致轟炸機群直到 20 日才能展開行動。3 月 16 日，第二零一警衛旅的初步進攻被證明為失敗且代價慘重。蒙哥馬利加緊推進其他計畫部分。3 月 19 日夜間，他在進行迂迴行軍時，派出了一支由弗賴伯格將軍指揮的部隊，包括第二紐西蘭師、第八裝甲旅和一個中型炮兵團。次日，即 3 月 20 日晚，他們抵達峽道。

突尼西亞的勝利

亞歷山大將軍致首相

1943 年 3 月 21 日

「齊普」的行動時間定在今晚，第八集團軍已經做好準備。舞臺設置完畢，帷幕拉開後，你將收到確切消息。美國第二軍已經占領加夫薩，第一裝甲師正向梅克納西推進。此舉意在分散德國人對第八集團軍的注意力；目前德國人尚無反應，但明天我們可能會看到更多跡象。蒙哥馬利明天將親自與你通訊。

亞歷山大將軍致首相

1943 年 3 月 21 日

「齊普。」

蒙哥馬利將軍致首相

1943 年 3 月 21 日

「拳擊家」作戰計畫已於昨日順利展開。紐西蘭軍隊包抄了敵軍西側，今日已經推進至哈馬西南十五英里處，現正朝加貝斯灣出發。昨夜，第三十軍襲擊了敵軍東側，成功突破馬雷斯陣地的主要障礙和雷區，建立了一個橋頭堡，目前正在擴展其規模，並已經開始利用以求擴大戰果。敵軍顯然有意堅持作戰，我預計在馬雷斯地區將進行一場激烈的戰鬥，可能會持續數日。紐西蘭軍在加貝斯灣的行動將對戰局產生決定性影響。

午夜前，第三十軍在馬雷斯防線的沿海地區發起了一次重大攻勢。第五十師成功渡過瓦迪濟佐，建立了立足點。瓦迪濟佐這個障礙比預料的更為棘手；儘管工兵們不斷努力，坦克和反坦克炮依然無法通過。次日，整個白天，該師堅守陣地，但在 3 月 22 日，德國第十五裝甲師與德國步兵

的猛烈反攻迫使他們撤退。當晚，他們撤回到瓦迪濟佐的另一側。

在正面進攻受挫後，蒙哥馬利迅速調整戰略。他指派與馬雷斯陣線對峙的部隊負責牽制敵人，同時將主力轉移至左翼。第十軍和第一裝甲師司令部被命令沿著同一條漫長而險峻的道路前往峽道，與弗賴伯格會合；而第四印度師則經由梅德寧以西的邁特馬泰山地開闢了一條新路。

要突破峽道前往哈馬的問題相當複雜，即便弗賴伯格得到了強而有力的增援。敵軍意識到了這個威脅，以德國第一百六十四步兵旅和第十五裝甲師的部分兵力增強了該側翼的防禦。我方必須施以重擊，才能強行突破。此時，第八集團軍在各場戰役中獲得可靠支援的西部沙漠空軍再度做出了傑出的貢獻。三十個空軍中隊，其中包括八個美國中隊，對該隘口的防線進行了強烈的轟炸。3月26日下午，轟炸達到了頂峰，轟炸機和低飛戰鬥機輪番進行了兩個半小時的連續攻擊。在這種打擊和強大炮火的支援下，紐西蘭部隊和第八裝甲旅突破了敵軍的防線。接著，第一裝甲師在月亮升起時趕到了他們身後；到黎明時分，已經接近哈馬。在紐西蘭部隊和該裝甲師的前後夾擊下，敵軍拚命抵抗，但無濟於事。他們的損失使其失去了戰鬥力；七千人被俘。就此獲得勝利，這期間，不僅軍隊的素養出色，指揮官的戰術也顯得非常卓越。

蒙哥馬利將軍致首相

1943年3月28日

歷經七日的持續激戰，第八集團軍已對敵軍造成重大損害。敵人在哈馬至加貝斯灣戰線南部的抵抗正逐漸瓦解。我的部隊已經全面控制馬雷斯防線。

意識到退路可能被封鎖，指揮此戰線的義大利梅斯將軍迅速撤退，並在瓦迪阿卡利特附近、加貝斯以北十英里的位置重新設立防線。該防線通過海洋與西方沼澤間的一條狹窄通道。第八集團軍向敵軍逼近，但在進攻

突尼西亞的勝利

準備完成之前，北方發生了一系列引人注目的事件。3月底，駐紮沿海的英國第四十六師開始推進，經過數日戰鬥，奪回了之前失去的所有領土；在巴傑以東，英國第四師和第七十八師也取得勝利。不到兩週，邁傑茲以北的陣地大多被收復，推進至德國進攻時撤退前的防線。3月31日，美國第二軍沿加夫薩至加貝斯灣的公路再次推進，威脅瓦迪阿卡利特敵軍後方。儘管未能成功突破，但此次行動導致德國第二十一裝甲師增援德軍第十師，進而在瓦迪阿卡利特的進攻中，這兩個師被美軍完全牽制。同時，戰術空軍對敵方機場進行了一系列成功的襲擊，幾乎將敵方空軍逐出突尼西亞。

4月5日，亞歷山大將軍將他的詳細計畫提交給艾森豪將軍。到4月6日，第八集團軍已經為新的進攻做好準備。瓦迪阿卡利特本身就是一個巨大的障礙，北面有群山居高臨下地監視著，因此，整個戰線形成了一條天然堅固的防禦陣地。蒙哥馬利以其特有的方式利用了炮兵。在黎明前，英國第五十一師、五十師及第四印度師在密集炮火的支援下，冒著激烈的抵抗發起了進攻。敵軍也進行了頑強的反攻，我方直至傍晚才贏得了這場戰鬥。

蒙哥馬利將軍致首相

1943年4月6日

今日清晨，我對瓦迪阿卡利特陣地上的敵軍發起了一次猛烈的攻擊。我採取了兩種前所未有的策略，這次我選擇了敵軍陣地的中心作為攻擊目標，而且是在漆黑無月的夜晚進行的。這次進攻動用了大約三個步兵師，並由四百五十門大炮提供火力支援；敵軍被突襲，措手不及。所有目標都已經被我軍占領。經由我開闢的突破口，我正將包括紐西蘭師和一個裝甲師在內的第十軍派遣過去；在我給你寫這封信的時候，這項行動剛剛開始。經過僅僅六個小時的戰鬥，估計我們已經俘擄了兩千名敵軍，預計還

會有更多俘虜被捕。

我將竭盡全力使這個區域的敵人陷入癱瘓,並遭受重大損失,以確保他們在後續陣地上的戰鬥中,不論是兵力還是物資都逐漸減少。激烈戰鬥正在持續,當敵人從震驚中恢復後,他們可能會拚死抵抗。然而,在瓦迪阿卡利特陣地,他們將無力再戰,因為我已經深深楔入陣地核心,占領了所有關鍵據點。

我的軍隊以龐大的陣型推進,戰鬥表現亦十分出色。

戰鬥結束後,我將向北推進。

次日,在通往北方的兩條道路上,敵人遭到了追擊,所有可用的英國和美國飛機對撤退的敵軍縱隊進行了轟炸。4月7日,第四印度師的巡邏兵與美國第二軍的巡邏兵相遇。美國士兵用「哈囉!林米」打招呼,儘管無人能完全理解其含義,卻被熱情地接受。這兩支出發前原本相距將近兩千英里的部隊終於會合。同一天,為切斷敵軍北撤的路線,英國第九軍與英國第六裝甲師、第四十六師的一個旅及美國第三十四步兵師嘗試突破封都克隘口。皮雄已經占領,但直到4月9日,裝甲師才穿過防線;4月11日,在與德國第十和第二十一裝甲師交戰獲勝後,進入了凱魯萬。

儘管第六裝甲師的大膽行動無疑加速了敵軍撤退的計畫,敵軍在第八集團軍面前的撤退仍然顯得相當巧妙。如今,隨著原的黎波里駐軍已經退至三百英里之外,斯福克斯因其港口設施而變得重要;4月10日,斯福克斯被我方占領,兩天後蘇塞也被攻克。4月13日,我們在昂菲達維爾以北的山區與敵軍最後的陣地交鋒。這次試探性的初次進攻證明,他們的防禦非常堅固。

我們已經成功占領前線機場,艾森豪將軍得以加強對突尼西亞的海上和空中封鎖。隨著封鎖力度的增強,敵人越發依賴空中運輸;大批運輸機在戰鬥機護航下每日抵達。我們的戰鬥機,將這些誘人的目標作為主要攻

擊任務。4月10日和11日，據報導擊毀了七十一架運輸機。4月18日，超過一百架組成的大型運輸機隊在邦角外遭遇我們「噴火」戰機和四個美國「戰鷹」中隊的攔截，倉皇逃竄，最終五十多架被擊落。次日，南非的「小鷹」戰機擊毀了十八架敵機中的十五架；最終在4月22日，又有三十架敵機被擊落，其中許多裝載汽油，在烈焰中墜海。這實際上終結了希特勒的妄想，因為德國再無力提供飛機。運輸機不再勇於白日飛行。然而，這些運輸機先前的成就顯著。從去年12月至今年3月的4個月中，四萬人和一萬四千噸物資被運送至非洲。

在全面評估昂菲達維爾陣地的實力之後，亞歷山大意識到，若要對突尼西亞發動主要攻勢，西部將是最佳的突破點。4月上半月，從南部前線撤出的美國第二軍已經被調配至此，接替了巴傑至海岸地帶的英國第五軍。與此同時，英國第一裝甲師也從第八集團軍轉至第一集團軍。然而，第八集團軍仍肩負著牽制昂菲達維爾前線敵軍的重任；在主要攻擊準備就緒後，該軍於4月19日晚在炮兵和空軍的強力支援下，動用三個師的兵力發起猛烈進攻。經過兩日激戰，他們取得了顯著的進展，但也逐漸意識到，若要從此方向進一步推進，勢必付出極為慘重的傷亡代價。

第一集團軍的主要攻勢於4月22日展開。在右翼，即古拜拉特以南，第九軍與第四十六步兵師、第一和第六裝甲師協同前進；北部則由第五軍以及第一、第四和第七十八師跨越邁傑爾達河，向馬西考特挺進。經過5日的激戰，雖然未能徹底擊潰敵軍抵抗，但已經令其蒙受重創，並占領了關鍵據點，這些據點在一週後被證明極具戰略價值。在英軍作戰區域南部，法國第十九軍成功占領弗基林山；其北，美國第二軍於4月23日發起進攻，穩步向馬特爾推進。儘管地形條件嚴峻，美國軍隊仍持續施壓，迫使德軍節節敗退。

亞歷山大將軍致首相

1943 年 4 月 30 日

今日,我與蒙哥馬利進行了一次長時間的會談,我們達成共識,由於地形極為不利,敵軍在沿海地區集中了強大的炮兵力量來對抗第八集團軍,因此,他原定向布菲舍推進的計畫有極大可能會付出高昂的傷亡代價,勝利亦無把握。我因此取消了他的這個大規模作戰計畫,第八集團軍將在當地採取必要的行動,主要目的是防止敵人從他們這一線將軍隊調往第一集團軍的前線。第四印度師、第七裝甲師和第二零一警衛旅正在前往第一集團軍,預計今晚啟程。而第五軍將在 5 月 4 日,在現有空軍和炮兵的配合下,對邁傑茲－突尼西亞軸線發起猛烈攻擊。第九軍與兩、三個裝甲師將超越第五軍,直衝突尼西亞。我對這次進攻充滿信心,必將取得決定性的成果。

在過去兩天,敵軍在第四師、第一師以及美國第二軍的戰線上發動了多次的反攻。在第五軍的前線上,戰鬥尤為激烈凶猛。某些地區的控制權多次易手。第一師和第四師的表現卓越,我方陣地整體上仍然保持完整。敵軍遭受了重大損失。在多次反攻中,他們動用了坦克,其中約有七輛第六型號坦克被摧毀。

以下是敵軍奮力反抗的一個例子:海爾曼・戈林師的五十人剛剛投降,其中一人便重新鼓舞了士氣,大家再次拿起武器,投入戰鬥,直至全員陣亡。

克羅克將軍負傷,霍羅克斯遂接任第九軍軍長,而弗賴伯格則接任第十軍軍長。

突尼西亞的勝利

首相致史達林總理

1943 年 5 月 3 日

　　突尼西亞地區的戰事依舊處於高度緊張的狀態，雙方都遭受了相當嚴重的傷亡。自從進軍突尼西亞以來，我們已經俘擄了四萬名敵軍；此外，對方還有三萬五千名的傷亡。而我方第一集團軍的傷亡人數約為二萬三千人，第八集團軍約為一萬人。盟軍的傷亡總數約為五萬人，其中三分之二為英國士兵。全線的戰事將持續緊繃，亞歷山大將軍正在為即將展開的猛烈攻勢重新編組部隊。敵軍方面，被包圍的部隊接近二十萬人。他們仍在不斷增援，但在最近幾天，我們日益強大的空軍成功進行了攔截。由於許多驅逐艦和運輸艦，包括若干載有德國增援部隊的船隻，已被擊沉，所有交通暫時中斷。除非敵人能夠立即恢復交通，否則他們的補給將陷入困境。不僅如此，他們想從海上撤走任何數量部隊的可能性也很小。這個地方地形起伏，許多高聳的山峰俯視著平原，每個地方都是一個堡壘，這種特徵對敵軍的防守有利，但妨礙了我們的推進。然而，我希望在本月底之前能帶來好消息。同時，這整個戰役對敵人來說消耗極大，因為還要加上途中額外的損失。

　　顯而易見，敵方需要再遭受一次重大挫敗，才能徹底瓦解。第八集團軍於 4 月 24 日的最後進攻，證實昂菲達維爾的防線極為堅固，若無重大損失，無法突破。正如所見，亞歷山大將軍已經將第八集團軍的三個經驗豐富的師調至第一集團軍，它們自始便活躍於沙漠戰場。5 月 6 日，最後的攻勢已然展開。第九軍在邁傑茲至突尼西亞公路兩側的狹窄戰線上，發動了主要攻勢。緊隨先鋒步兵師英國第四師和第四印度師之後，是第六和第七裝甲師。在他們的左翼，第五軍掩護著前進隊伍的側翼。盟軍空軍再次展現出卓越的表現，一日之內出動多達二千五百架次。數週以來，軸心國空軍已經逐漸敗退，此時僅能以六十架次的出擊進行反擊。戰事的高潮已然臨近。海上與空中已經對德、義軍形成全面而無情的封鎖。敵軍在海

上的活動幾乎全面終止，空軍的努力亦告一段落。現在引用德國人報告中的一段：

在敵人的戰鬥勝利中，英、美空軍發揮了關鍵性的作用，最終導致了德、義在突尼西亞橋頭堡的崩潰。他們的飛機參與地面作戰，已經達到史無前例的水準。

第九軍在敵人前線實施了一次果斷的突破行動。兩支裝甲師越過步兵陣地，抵達了通往突尼西亞中途的馬西考特。次日，即5月7日，他們繼續推進；第七裝甲師已經進入突尼西亞，並轉向北方，與美軍會合。與此同時，美軍前線遇到的抵抗也已經被消滅，他們的第九步兵師抵達了比塞大。這樣，三個德國師被盟軍包圍，最終在5月9日投降。

亞歷山大將軍致首相

1943年5月8日

事態的發展比我預期的還要理想。我已經進行了調整，將比塞大的防務交給美國人自行負責。正如你所知，在第一集團軍占領突尼西亞的同時，他們已進入比塞大。我已經派遣一支法國團前往突尼西亞接管防務，並升起了三色旗。我們運用了一個策略成功迷惑了敵人，讓他們誤以為攻擊來自南方。結果，他們將大部分坦克和八十八公釐炮調至英國第一裝甲師對面，如此就削弱了第九軍對面的防線。第九軍在空軍的全力支持下，攜帶大量武器和裝甲部隊展開大規模攻勢；這確實是一場突如其來的打擊。最終，第九軍在三十六小時內推進了三十英里，抵達突尼西亞城。

軸心國的防線已經徹底崩潰。儘管仍需要清剿殘餘的德軍小部隊，但截至今日，已有約兩萬名士兵被俘，同時繳獲了大量槍炮、卡車及軍需物資。我們的士兵及坦克損失都較輕。第一集團軍的傷亡約為一千二百人。

科寧厄姆和我剛從突尼西亞城返回；我們在那裡受到居民的熱烈歡迎。隨後，我們前往第九軍前線，當時第二十六裝甲旅正攻打哈曼利夫。

突尼西亞的勝利

第一警衛旅正在清理該地南部的一些高地。英國第一裝甲師已經推進至大路。法國坦克部隊正在宰格萬以西作戰。

目前，我們的首要目標是盡力阻隔敵軍，防止其佔領邦角半島。皇家空軍表現出色，全軍士氣高昂。

第六裝甲師與隨後抵達的英國第四師，以及右側的第一裝甲師，已經向東推進，穿越突尼西亞，抵達更遠的地區。距該城東部數英里的海岸附近地區，他們遇到了臨時籌組的抵抗；但在5月10日傍晚，他們的坦克突圍而過，抵達東岸的哈馬馬特。第四師在其後面，橫掃邦角半島，未遇任何抵抗。南部的殘敵已經被徹底圍剿肅清。

亞歷山大將軍致首相

1943年5月10日

科寧厄姆和我剛從比塞大和突尼西亞之間的地區巡視歸來，我們乘坐汽車和飛機。在那裡，地面上散落著敵人的車輛、火炮和各種裝備，有些被遺棄，許多則已損毀。在關押地點清點人數，俘虜人數已經高達五萬，並且還在源源不斷的增加之中。截至目前，已有九名德國將官被俘。第一集團軍的先頭部隊於今日下午6時抵達古蘭巴利耶。如果運氣好的話，第八集團軍對面的所有軸心國部隊將全部投降。

首相致亞歷山大將軍

1943年5月10日

在一系列以摧毀非洲德意志和義大利力量而告終的戰役中，指揮重任始終由你承擔。在過去的6個月裡，從阿拉曼到突尼西亞的無休止戰鬥和行軍中，你與傑出的副指揮官蒙哥馬利為英聯邦和大英帝國的歷史增添了光輝的一頁。你們在最後那場偉大戰役中的合作，將被歷史視為軍事藝術的典範。而且，你懂得如何以信心和熱情激勵你的士兵，使他們能夠克服

一切困難，經歷千辛萬苦。現在可以告訴他們，以及可以信賴的美、法盟軍的士兵和飛行員們，全體英國人民和整個英帝國是以欽佩和感激的心情看待他們及其卓越成就的。英國第一和第八集團軍的激烈武裝戰鬥已經取得了勝利。光榮屬於全體官兵。

亞歷山大將軍致首相

1943 年 5 月 11 日

我預料，不出兩天內，所有有組織的抵抗將會瓦解，徹底消滅軸心國的武裝力量也將在兩三天內完成。到目前為止，我估計俘擄的人數已經超過十萬，儘管尚未確認，並且還在不斷增加。昨日，我親眼目睹德國人自己駕駛一輛雙輪馬車，將許多同胞送往俘虜營。經過時，我們忍不住笑出聲來，他們也在笑。整個場面如同賽馬節日。各種裝備需要時間進行清點；有些已被損壞，但許多仍完好無損。

除去那些搭乘飛機逃走的少數人，其他人無一倖免。

我們成功解救了兩千名被俘的人員，其中包括傷者。所有跡象表明，未來的發展將非常順利。

首相致函艾森豪將軍（位於阿爾及爾）

1943 年 5 月 11 日

除了向您在英王陛下和戰時內閣的英明領導下指揮的軍隊在北非戰役中取得的卓越成就表示祝賀，我還要表達我個人的由衷祝賀。

你在曾經於突尼西亞參加過那場激烈而漫長戰役的軍隊中所展現的同志情誼和領導，以及英、美軍隊和法國盟軍在這場驚心動魄的戰事中彼此保持的全面諒解和協調，均證明是勝利的堅實基礎。

英、美兩國軍隊同時進入突尼西亞和比塞大，攜手並肩，這個事件預

示著世界的未來充滿希望。願他們永遠並肩前行，推翻人類的暴君與壓迫者。

艾森豪將軍致首相

1943 年 5 月 11 日

昨日我致函於你，以表達我內心深切的感激之情，因為你對我及盟國軍隊的堅定信賴與支持。今天，我收到你那封讓人倍感溫暖的電報。遺憾的是，無法用言語完全表達我的歡欣。我只能說「謝謝你」，並向你保證，在希特勒主義未從地球上消除之前，這支軍隊將不會停止戰鬥。

首相致吉羅將軍（在阿爾及爾）

1943 年 5 月 12 日

目睹一隊法國士兵在我們共同敵人的面前取得勝利，攜帶成千上萬的德國俘虜撤回後方，全體成員無不為之振奮。請接受我最真誠的祝賀，因為你所指揮的法國軍隊雖然在裝備上處於劣勢，但仍然展現出強烈的戰鬥精神，防守時堅韌不拔，進攻時全力以赴。此致良好的祝願。

坎寧安海軍上將已經為了軸心國最終的崩潰做好了準備，並在 5 月 7 日下令所有海軍力量在海峽巡邏，以防止軸心國嘗試「敦克爾克式」的撤退。此次行動的代號為「報復」。5 月 8 日，他發出了指令：「擊沉、焚毀、消滅，不允許任何船隻通過。」只有幾艘小船試圖逃跑，但幾乎全部被俘或被擊沉。驅逐艦和海防艦艇與皇家空軍協同作戰，日夜不停地進行無情的巡邏。整體而言，有八百七十九人向海軍投降；逃脫的，已知有六百五十三人，多數是在夜間搭乘飛機逃走的。我們的傷亡微乎其微。

直至 1 個月後我親臨阿爾及爾，我方能對海軍各部門在此戰役中所發揮的作用作出公平的評估。

首相致坎寧安海軍上將

1943 年 6 月 11 日

我們的潛艇因其英勇和忠誠,共擊沉了四十七艘船隻,而我們的海面艦艇也擊沉了四十二艘,總計為二十六萬八千六百噸。再加上空軍的戰果,總共達到一百三十七艘,四十三萬三千四百噸。這相當於軸心國在突尼西亞戰役開始時所有船隻估計數的 32%。

在艱困的持久戰鬥中,海軍與空軍緊密合作,共同擊沉了 21 艘驅逐艦或魚雷艇以及多艘小型船隻,並導致敵方 35% 的補給船和運輸船無法抵達突尼西亞。

因為在 5 月 9 日至 21 日期間已經清理了長達六百英里的海峽,掃雷艇因此獲得了地中海恢復通航的榮譽。

我們運輸船隊的護航效率達到了頂尖水準。從 1942 年 11 月 8 日至 1943 年 5 月 8 日期間,進入地中海的船隻數量龐大,而損失率卻低於 2.25%……

自 1941 年以來,首支全程航行地中海的運輸船隊於 1943 年 5 月 17 日自直布羅陀啟程,且在毫無損失的情況下,於 5 月 26 日順利抵達亞歷山大港。此航線的開通使航程縮短將近九千英里,這意味著通常的物資運輸船可節省大約四十五天的航行時間。

5 月 12 日,我收到了一封電報,內容如下。

亞歷山大將軍致首相

1943 年 5 月 12 日

結局已然逼近。馮‧阿尼姆已經被捕,俘擄人數預計將超過十五萬。所有有組織的抵抗已經崩潰,只剩下零星的敵方小隊仍在堅持。我們繳獲的大炮預計將超過一千門,其中包括一百八十門八十八公釐口徑炮,還有二百五十輛坦克及數千輛各種汽車,其中許多仍可使用。整整一天,駕駛著自有車輛的德國俘虜在古蘭巴利耶至邁傑茲艾爾巴布的公路上,形成了

突尼西亞的勝利

密集的縱隊。

我期盼著能夠在數小時後發送一份宣布此次戰役正式結束的電報。

那一天，第六裝甲師與第八集團軍成功會合。包圍圈已經閉合。敵軍放下了武器。正如亞歷山大電報中所述：

目睹一長隊德國人，駕駛著私家交通工具或徵用的馬車，向西行進以尋找戰俘營，實在是令人驚嘆的景象。

5月13日14時15分，他告訴我：

尊敬的首相：

我有義務向您彙報，突尼西亞戰役已然落幕。敵方的所有抵抗行動皆已停止。我們現已掌控北非沿岸。

任何人都無法否認突尼西亞勝利的重要性。它與史達林格勒的意義相當。俘擄的戰俘數量接近二十五萬。敵人在人力方面遭受了重大損失。他們的供應船有三分之一被擊沉。非洲的敵人已經被全面清除。一個大陸得到了拯救。自大戰以來，倫敦首次出現了真正的精神振奮。議會以關注和熱情迎接了各大臣，並以最熱烈的辭句向各指揮官表達了感激。我已經命令各教堂一致鳴鐘。可惜我沒有聽到它們的聲響，因為我在大西洋彼岸還有更重要的工作。

抵達白宮後，我接到了國王發來的這封親切來電：

1943年5月13日

非洲戰役現已光榮結束，我想表達我深刻感受到，這次戰役的初步規劃和成功執行，主要依賴於你的遠見卓識和迎難而上的毅力。這場戰役使英國，事實上也使所有盟國，再次受惠於你的無盡恩德。

國王喬治

第三度訪問華盛頓

一旦非洲局勢明朗，就有迫切的理由讓我必須趕往華盛頓。非洲勝利之後，我們的下一步該如何行動？是僅僅滿足於突尼西亞的占領，還是應該將義大利排除在戰爭之外，並爭取土耳其加入我們的陣營？這些關鍵問題只能透過我與總統的直接會談來解決。此外，義大利戰場的作戰計畫也需要認真審視。我意識到潛在的嚴重分歧，如果不加以解決，這些分歧將在未來的日子裡造成重大困難和行動遲滯。因此，我決定召集一次最高級別的會議。

4月29日，我致電羅斯福總統：

在我看來，當前我們急需解決的首要問題是西西里島問題，以及隨後的戰果擴展戰略。其次，基於我們已有的經驗和船舶資源的不足，我們應審視緬甸戰役的未來發展。此外，還有許多緊迫的問題值得討論，我們或許能趁機及時提出。我計劃在5月11日星期四之前設法前來與你會面。請告知你是否願意這樣安排，或你是否更傾向於派人前來我們這邊，這對我們而言會更為方便。

醫生們擔心我的身體狀況，所以禁止我搭乘超過轟炸機起飛之後所需的最高高度，而北方航線的快速水上飛機由於近期的冰凍情況，直到5月20日之前無法起飛。因此，我們決定採用海路前往。我們於5月4日離開倫敦，次日在克萊德河口登上了「瑪麗皇后」號。這艘船的設施令人嘆為觀止，能夠滿足我們的一切需求。整個代表團都居住在主要艙位，該部分甲板與船的其他艙樓層完全隔離。辦公室、會議室以及地圖室等一應俱全，隨時可供使用。從我們登船的那一刻起，我們的工作就未曾中斷。

第三度訪問華盛頓

為了掩蓋「瑪麗皇后」號上乘客的真實身分，各種巧妙的防範措施都被加以應用。多張以荷蘭文書寫的通告被張貼在各個角落，暗示荷蘭女王威廉明娜及其隨行人員搭乘此船前往美國。船內的樓梯都被改造成華麗的斜坡，以方便輪椅順利通行。這個安排目的在製造謠言，稱美國總統及其龐大的隨行團隊將在此船返航時造訪英國。傳聞越多，安全越有保障。掩飾計畫執行得如此成功，以至於一些前往美國參加霍特斯普林斯糧食會議的內閣成員在船上見到我們時，驚訝得目瞪口呆。超過五千名德國戰俘也被安置在船上。有人建議將他們轉移到其他船隻，但我認為他們不會對我們構成威脅，因為他們已經被妥善管理且沒有武器。當這個問題擺在我面前時，我指示他們可以繼續隨行。

我將這場會議命名為「三叉戟」，期間將持續兩週，目的在探討戰爭的各個方面。因此，我們的代表團必須具備相當的規模。所有「正式出席人員」都將悉數到場：參謀長委員會率領著大批參謀；萊瑟斯勛爵則帶來了軍事運輸部的高級官員；伊斯梅與我的國防部職員同行。印度總司令韋維爾陸軍元帥、薩默維爾海軍上將和皮爾斯空軍上將也將與我們一同出席。我邀請他們參與會議，因為我相信我們的美國朋友必定熱切希望我們盡一切可能 —— 甚至挑戰不可能 —— 從印度立即展開軍事行動。此次會議必須直接聆聽那些將承擔任務者的意見。

在抵達華盛頓之前，我們必須先解決內部的諸多事務。目前，所有人員都集中在同一層甲板上。聯合計劃部與情報參謀部幾乎不斷地召開會議。參謀長委員會每日召開一次，有時甚至兩次。我保持一貫的習慣，每天早晨藉由備忘錄和指令傳達我的意見；通常在下午或晚上，我會與他們進行一次討論。這些研究和籌劃的討論過程在整個航程中持續不斷，經過慎重的思考後也做出了各種重要的決定。

我們必須立刻考慮到各個戰場。關於非洲勝利後在歐洲的作戰計畫，

我們的看法完全一致。攻打西西里島是我們在卡薩布蘭卡會議上決定的，而且如上文所述，一切準備均已經就緒。參謀長委員會確信，在占領西西里島之後，甚至在襲擊西西里島的同時，應攻打義大利本土。他們建議在義大利的趾形地區奪取一片橋頭陣地，隨後在踵形地區進行進一步襲擊，這兩地的軍事行動是向巴里和那不勒斯推進的序幕。關於陳述這些觀點和論點的文件是在船上準備好的，在我們抵達華盛頓後，即將此文件交給美國參謀長聯席會議，作為討論的基礎。

關於英國軍事行動的第二個大規模計畫，從印度開始的軍事行動需與美國盟友達成共識，我們預見會有更多的困難。在卡薩布蘭卡會議上已經達成協定，目標是在 1943 年 5 月前攻占若開（阿恰布），以便從阿薩姆進行有效的進攻，獲得新的出發點，進而改善對中國的航空路線和空運。我們還曾經設定 1943 年 11 月 15 日為對緬甸攻擊的暫定日期，並將在 7 月時根據可能動用的兵力再做最後決定。這些都在文件上有記錄，但實際上我們沒有採取什麼行動。向若開（阿恰布）的進攻已告失敗，雨季前攻占該地已經不可能。由於後勤困難重重，加上中國部隊無法在春季調往雲南，因此從阿薩姆的進攻尚未展開。對中國的空運雖然略有增加，但要充分發展空運路線和進行對緬甸中部的陸路進攻，仍然超出了我們當時的人力和物資的負擔能力。因此，「安納吉姆」計畫在 1943 至 1944 年冬季期間將無法執行，似乎已經無可爭議。

我深知，這些結論可能會讓美國人感到失望。總統及其幕僚仍然高估了給予中國足夠武器和裝備的效果，認為這能充分激發其軍事潛力。他們也有一種不必要地擔憂，認為如果援助不及時送達，中國將會立即崩潰。我完全反對透過阿薩姆境內那條狀況極差的交通線進軍以重新奪回緬甸的計畫。我厭惡叢林──它終將落入勝利者之手。我關注的是空軍力量、海軍力量、兩棲作戰及重要據點等問題。不過，對於我們偉大事業至關重

第三度訪問華盛頓

要的一點是，我們的盟友不應該認為我們在執行卡薩布蘭卡計畫時有所鬆懈，而應該相信我們正盡最大努力滿足他們的期望。因此，在這次航行的最初幾天，我為印度和遠東地區的整體形勢，尤其是那些我們負主要責任的區域，準備了一篇詳盡的文件。

……計畫中的「安納吉姆」戰役，我們都認為在1943年根本無法實現；參謀長委員會正在探討替代方案或其他可行的途徑。對於這些途徑，可以提出幾條概括的意見。

5. 進入到處是沼澤的叢林中打日本人，就如同在水中與鯊魚搏鬥。更佳的策略是，將其引入陷阱，或引誘鯊魚咬上魚鉤，然後拖上岸，用斧頭將其劈死。那麼，如何欺騙這條鯊魚，使其進入圈套呢？

6. 「火炬」作戰計畫的戰略價值在於迫使敵人或引誘敵人在對他們本身消耗最大的戰場進行作戰。這場戰役使我們獲得了重要的領土和基地，並且還得到了一支新的法國集團軍，這支法軍大約有八到十個師。這次戰役的成功反轉了地中海的局勢，進而使我們的海上交通得以自由通行。我們能否在美、英、荷、澳戰區內奪取某個或多個戰略據點，迫使日本人在不利於他們而有利於我們的條件下進行反攻？為此目的，孟加拉灣的制海權必須得到鞏固。此外，必須以占領的主要據點為中心，建立有效的海岸基地制空權。有了這樣的保護，除非敵人以過大的兵力來襲擊，否則相對少量的軍隊就能夠各自為戰；萬一敵人大舉來犯，我們便按照全面計畫增援駐軍或使他們撤退。

7. 要實現一次成功的登陸，最可靠的方法是在敵人未預期的地點進行登陸。若有需要，我們可以運送三萬或四萬人穿越孟加拉灣，到從毛淡棉到帝汶島的新月形地帶的某一個或多個據點，此舉應該是可行的。這個新月形地帶包括：（1）安達曼群島；（2）丹老，以曼谷為目標；（3）克拉地峽；（4）北蘇門答臘的襲擊；（5）蘇門答臘的南端；（6）爪哇。

8. 在決定登岸策略時，首先應評估登陸的重要性，並迅速在此建立一

個強大的空軍基地，前提是已經做好了充分的準備。初始階段無需立即攻占最終目標。可以在後續階段，藉助海岸基地空軍的有效掩護，獲取該目標，進而提高成功率。然而，如果登陸遭遇抵抗，唯有具備大量空軍的航空母艦提供支援，才能確保成功。當海岸基地空軍（無論是臨時的還是永久的）建立後，海軍的空中掩護便可轉移至其他任務。即便僅奪取敵方一個難以容忍的據點，也會迫使敵人集中力量反攻，並導致在漫長海岸線上分散兵力，受到海軍威脅。只有對特定地點進行決定性打擊，才能迫使敵人兵力分散。否則，敵人將穩居有利的防禦位置，享有選擇最佳防禦地的優勢。敵人滿足於已經占據的寶貴資源，而我們必須採取攻勢以圖恢復。所有其他戰略應該以認真的態度進行研究，堅決克服實際困難，排除阻礙行動的臆想困難。

9. 一旦義大利的艦隊遭到摧毀或被中立化，並且我們在地中海航線掌握了制空權，強大的英國海軍部隊就能重組東方艦隊，由主力艦、航空母艦和輔助艦艇組成。我們不應誇大日本的實力。他們無法在所有據點抵擋加上空軍支援的海上進攻所形成的集結壓力。他們的空軍持續衰弱，經過美軍和澳軍在太平洋的戰役後，必將更加緊張。攻擊某一點後，可以輕鬆迫使敵人力量分散。

10. 我們的報告指出，蘇門答臘島長達六百英里，而駐紮的日軍僅約兩萬人，爪哇則約有四萬人。日軍曾以較少兵力攻陷駐軍數量遠超現有駐軍的蘇門答臘和爪哇，為何我們認為無法同樣以勇敢的精神和海、陸、空軍的緊密合作來制定並執行作戰計畫？我們現在擁有更強大的兵力；海軍的力量賦予我們選擇攻擊地點的各種可能性，而且我們應該從過去 15 個月的事件中吸取許多教訓。我們不應該滿足於那些已經提出微不足道的計畫，因為那僅是勉強應付之策。

11. 無論上述情形如何，未來的會議中，我們應謹慎地避免對任何特定計畫作出承諾。偏見可能削弱每個計畫的可信度。此外，如果我們對某

第三度訪問華盛頓

一計畫表現出過度關注,由於盟國間固有的矛盾,其他計畫可能被視為更好的選擇,迫使我們接受。我們提出修改「安納吉姆」作戰計畫的理由,首先會遭到盟友的反對。我們應堅持表明,我們非常願意按照卡薩布蘭卡會議所設定的順序和重要性在該戰場作戰。我們應引導他們考慮其他替代方案,只有當討論達到這個階段時,才能進入詳細辯論。我個人認為,美國人必須在這個戰場採取最大限度的行動,並且只有當我們堅定不移地確認這個戰場的重要性,他們才會感到滿意,並在這些問題得到明確保證之後,他們才準備考慮靈活變通和其他方式。我們必須在此刻做好相關研究的準備。

12. 我認同,制定一個打敗日本的長期計畫時機已經成熟,並且應該盡可能地將該計畫與對抗希特勒的主要戰役各階段相結合……

15. 緬甸戰役近期表現不佳的情況,絕不能在1943至1944年間以更大規模重演。除非我們對按計畫並及時發動戰役的能力充滿信心,否則必須選擇其他兩條可行的作戰途徑,即:(1)大幅提升對中國的空中運輸;(2)如我在第7節中提到的,派遣海外遠征軍占領一個或多個主要據點。

我們內部在看法上並無重大差異,參謀長委員會亦已經備妥一份報告,準備在華盛頓提交並進行討論。

我們面臨的另一個緊迫問題是,如何獲取葡屬大西洋島嶼的使用權。為了讓我們的遠端及超遠端飛機能夠從特塞拉島和聖米格爾群島起飛,我們需要在亞速爾群島獲得便利使用的條件。我們希望葡萄牙允許我們的護航艦在聖米格爾或法亞爾島加油,並准許我們的偵察機自由使用維德角群島。所有這些便利條件將為我們的運輸船隊提供更廣泛且更好的空中掩護,進而擴大安全飛航的範圍。由於這些島嶼使我們能夠更直接地通過大西洋中部,這樣可以大幅增加我們的運輸能力。使用這些島嶼還能增強我們打擊潛艇的能力,不僅能攻擊那些往返於比斯開灣基地的潛艇,還能對

付那些在大西洋中部休整、加油和充電的潛艇。在所有這些問題上，我們發現美國人比我們更加熱情用心。

5月8日，我撥通了電話給史達林：

我當下正穿越大西洋前往華盛頓，這次行程的目的是為了一旦解決西西里島之後歐洲局勢的推進，同時也為了消除盟國間對太平洋不當的偏見，並進一步商討印度洋問題以及如何在該地對日本進行攻勢。

我亦連繫了總統，他並沒有贊同我提出居住於大使館的建議。在電報中，我寫道：

1943年5月10日

自昨日始，我等已經受到美國海軍之庇護，對於您在我們行程上的無價協助，我們深表感激。我預計明日下午抵達白宮，並於週末與您同赴海德公園。迄今，此次航程頗為愉悅，幕僚們亦完成諸多工作。

5月11日，我們抵達史泰登島，哈里‧霍普金斯在此迎接，隨即搭乘火車前往華盛頓。總統在月臺迎接，隨後急忙帶我到我曾經住過的白宮住所。次日，5月12日下午兩點半，我們齊聚於他的橢圓形辦公室，全面商議並規劃會議事宜。

以下是本次會議中英、美雙方達成共識的紀要：

參加者：

總統向我們致上了歡迎辭。他提到，距離我們上次在白宮聚會並開始研究推動「火炬」作戰計畫的各種建議還不到一年。而現在，正值這次戰役即將取得勝利之際，我們再次聚集在一起，這非常合適。卡薩布蘭卡會議開始策劃「哈斯基」戰役，他希望此次戰役能夠取得同樣的成功。他認為，我們當前計畫的核心應該在於動用所有的人力和武器對抗敵人，任何能夠參戰的力量都不應該棄之不用。

第三度訪問華盛頓

他立刻邀請我提出議題，隨即展開討論。根據紀錄顯示，我的發言如下：

首相回憶起，自從上次他坐在總統的桌旁，聽聞托布魯克陷落的消息後，形勢發生了驚人的變化。他永遠不會忘記當時總統對他的支持態度，以及慷慨撥給的「謝爾曼」坦克。這些坦克在非洲贏得了聲譽。英國人以堅持卡薩布蘭卡決議的精神參與當前的會議。由於我們的成功，那些決議可能需要進行調整，調整之後，我們也能夠對未來有更長遠的展望。「火炬」行動已經過去，西西里島的占領指日可待；接下來應該是什麼？過去我們透過集思廣益，才能夠創造出一系列改變整個戰爭發展的輝煌事項。我們有勝利的機會和能力。我們的責任是加倍努力，緊緊抓住成功的果實。唯一需要雙方參謀長們解決的問題，是輕重緩急和優先順序的問題。他堅信，這些問題都能解決。

他不打算提議討論潛艇戰爭和對德國空襲的問題。在這些議題上沒有分歧意見。他希望提出一些任務和在後續研究中可能需要關注的問題供大家思考。首要任務是在地中海。那裡最大的成就是透過最有效的方法使義大利退出戰爭。他回憶起1918年的情景，當時德國可能會退到默茲河或萊茵河並繼續戰鬥，而保加利亞的背叛使得敵人的整個組織完全崩潰。義大利的崩潰將會讓德國人民感到孤立無援，也許這就是他們覆滅的開始。即便義大利退出戰爭對德國不會立即造成致命打擊，其影響也必定巨大。首先是對土耳其的影響，它在地中海常常以義大利為參照。美、俄、英三國對土耳其提出聯合要求的時機到了：要求土耳其允許三國使用其境內的基地，以便轟炸普洛耶什蒂和掃清愛琴海。促使義大利退出戰爭，這種要求不至於不成功，提出的時機應選擇在德國無法對土耳其採取強而有力行動的時候。義大利退出戰爭帶來的另一個重大影響是在巴爾幹地區。

巴爾幹地區的愛國者面臨艱難處境，因他們被大量軸心國軍隊壓制，其中包括二十五個或更多的義大利師。倘若義軍撤退，可能導致德國不得

不放棄巴爾幹，或迫使其從俄國戰場撤出大量軍隊以填補缺口。今年內，沒有其他方法能對俄國戰場提供如此大規模的援助。第三種可能的影響是清除義大利艦隊，這將使得英國戰鬥艦和航空母艦分艦隊得以轉移至孟加拉灣或太平洋，與日本作戰。

關於地中海，某些問題已經顯現。我們是否需要直接入侵義大利領土，還是可以透過空襲令其屈服？德國是否會為義大利提供防禦？義大利會成為我們的經濟負擔嗎？首相不這樣認為。反對全面征服義大利的理由，是否同樣可以反對透過「逐步推進」的方式與南斯拉夫取得連繫？最後，英、美政府面臨一個重大的政治難題。如果義大利完全投降，戰後我們該為其提供何種生活條件？邱吉爾先生認為，若義大利單獨媾和，我們便無需作戰即可利用撒丁島和多德卡尼斯群島。

第二項任務是減輕俄國的巨大壓力。儘管北極運輸船隊已經停止，邱吉爾先生仍對史達林的態度深感動容。史達林在最近的演講中首次承認了盟國的努力與勝利。然而，我們不能忽視，在俄國戰場上有 185 個德國師。我們在非洲已經摧毀了德國陸軍，但不久後我們將無法在任何地方與他們交戰。俄國的努力是重大的，我們也因此受益。1943 年，解除俄國戰場重大壓力的最佳途徑是使義大利退出戰爭，或將其擊退出局，這樣可迫使德國派遣大量軍隊去鎮壓巴爾幹各國。

總統在開幕詞中已經提及第三項任務，即動用龐大的陸軍、空軍和武器來對抗敵人。所有計畫都應以此為標準進行評估。我們在英國擁有大量的陸軍和本土空軍戰鬥機群。在地中海，我們擁有最精銳且經驗豐富的部隊。在非洲西北部，僅英國軍隊就有十三個師。假設西西里島戰役在 8 月底徹底結束，而橫渡海峽的行動可能要到 7、8 個月後才展開，那麼在西西里島戰役結束後到橫渡海峽戰役開始（預計在 1944 年）之間，這些軍隊該如何行動？他們絕對不能閒置無為，而且如此長時間的無所作為將對承受巨大壓力的俄國產生嚴重影響。

第三度訪問華盛頓

邱吉爾先生指出，他無法輕言解決在海峽沿岸登陸的挑戰。潮汐變幻莫測的險灘、敵軍防禦的強度、敵軍後援部隊的數量以及他們交通設備的便捷，所有這些因素都使得這個任務不容小覷。然而，許多經驗可以從西西里島獲得。他明確表示，英王陛下政府非常願意在制定出有合理成功希望的計畫時，承擔從英國對歐洲大陸大規模進攻的責任。

下一個任務是針對中國的援助。緬甸戰役的困難顯而易見。叢林限制了現代武器的運用。雨季嚴重限制了戰鬥的時限，且無法讓海軍力量參與其中⋯⋯如果進一步的分析顯示有繞過緬甸的更好方案，他渴望尋找替代方法，以便調動駐印度的大量軍隊。他認為，這種替代方案可能是在蘇門答臘的尖端和馬來半島中部的檳榔嶼作戰。他希望我們能在該戰場找到方法，利用那些在「火炬」計畫中極為寶貴的優勢。在那次行動中，海軍力量發揮了全部作用；可以進行完全的突然襲擊；我們奪取了重要領土，不僅將一支新軍隊轉向我方，還迫使敵人在對其極為不利的地點作戰。這些條件可能適用於其他地點。

他認為，現在已經到了需要制定長期計畫來擊敗日本的時候。他願意再次強調英國決心將戰爭推進到日本本土。唯一的問題是如何以最佳方式實現。他認為，美國的參謀長聯席會議應該在聯合研究中發揮領導作用，其設想基於：德國於1944年退出戰爭，我們能夠在1945年集中力量對日本發動全面進攻⋯⋯

總統在回應中強調，同盟國的生產能力已經超越了德國和日本。因此，動員大量陸軍和海軍部隊進行全力戰鬥至關重要。關於土耳其，他持樂觀態度。該國的參戰能夠為空軍襲擊德國通往俄國戰場的交通線提供重要基地。思考「我們從西西里島接下來去哪」是一個迫切的問題。在地中海地區，顯然需要維持至少二十個師的英、美軍隊。在義大利被占領後，對於同盟國的人力和物力消耗，必需根據未來在地中海的任何戰役情況進行仔細研究。無論如何，在「哈斯基」作戰計畫完成後，人力將有餘裕。

這應被用於加強「波麗露」計畫，並應該立即開始籌備。他認為，任何人都會同意，今年橫渡英吉利海峽進行戰役是不可能的，但在1944年春必須以最大規模進行。

在太平洋區域，總統表示，日本的實力正在逐漸減弱。美國軍隊已經在阿留申群島登陸，並在索羅門群島和新幾內亞展開軍事行動。尤其關鍵的是集中力量打擊日本的漫長供應線。自從戰爭爆發以來，日本已經損失了一百萬噸的船舶，若情況持續下去，他們的軍事活動範圍必然受限。日本空軍也遭受類似的損失。為了維持海上攻勢，在中國建立空軍基地至關重要。總統指出，忽視中國崩潰的可能性是不合理的。在1943年和1944年，必須優先考慮中國問題。僅僅奪回緬甸是不夠的，對中國的援助只能透過空中直接進行。為此，必須不惜一切代價確保阿薩姆機場的安全。加強在中國基地的美國空軍活動，將對日本航運施加更大壓力。總統最後表示，為了援助俄國，我們必須與德國作戰。他質疑占領義大利可能讓德國軍隊轉移到其他戰場。他認為，迫使德國參戰的最佳策略是橫渡英吉利海峽發動攻勢。

於是我答道，由於我們一致認定在1944年之前無法進行海峽橫渡作戰，因此必須將大軍用於攻打義大利。我並不認為完全占領義大利是必要的。如果義大利崩潰，為了在巴爾幹和歐洲南部繼續作戰，同盟國勢必要占領港口和機場。在同盟國監督下的義大利政府，能夠掌控國家。

這些重要問題現已交由我們的聯合參謀長及其專家進行全面討論和解決。

5月15日的週末，總統提議我們前往「香格里拉」，而非海德公園；總統將其位於馬里蘭州凱托克廷山約四千尺高的隱居處命名為「香格里拉」。每當有機會，他便從華盛頓的悶熱和喧鬧中逃離至此。旅途中關於座位的問題曾引發一場爭論。考慮到總統的身分和健康狀況，唯一合適的

第三度訪問華盛頓

正式座位自然屬於總統。羅斯福夫人希望坐在前面的小座位上，讓我坐在總統旁邊。而我不願意坐在那個位置——大英帝國採取了行動。在經過大約三分鐘的意志較量後，我贏得了勝利，羅斯福夫人坐在了她應有的位置，陪伴在丈夫身旁。而哈里·霍普金斯坐在第四個座位上，我們在摩托車隊的護送下迅速前往。經過大約兩個小時，我們接近菲德里克鎮。儘管幾年前我曾參觀過著名的蓋茨堡戰場，但現在我才詢問起芭芭拉·弗里奇的故事及其住所。這引發了哈里·霍普金斯的背誦：

「『若你們執意開槍，就瞄準我這顆斑白的頭顱，但切莫傷害你們的國旗，』她說道。」

當我確定車中無人能夠接續詩句時，我便開始背誦：

「天高氣爽的 9 月清晨，

在莊稼長得茂盛的田野上，

菲德里克鎮被成群的尖塔所矗立著⋯⋯」

然後以輕鬆的語氣接著朗誦：

「年已七十而彎腰駝背的

芭芭拉·弗里奇站了起來；

她，菲德里克鎮最勇敢的人，

撿起了他們拋棄的旗幟。

⋯⋯

止步！身著褐色衣物、滿身灰塵的士兵在原地佇立。

開火！步槍子彈如雨點般飛出。

窗架和窗框震得發抖，

旗幟裂開數道破口。

芭芭拉老太太，就像那面旗子

從折斷的旗竿上落下那麼快，

他將那塊綢巾攫住。

她上身探出窗外，

以真正的善意向前揮舞那面旗幟。

『若你們執意開槍，就瞄準我這顆斑白的頭顱，

但切莫傷害你們的國旗』……」

當讀到這一段時，他們齊聲合唱：

「……她表示。」

我接著背誦：

「憂傷的陰影籠罩心頭，羞愧的情感油然而生。

出現在那位軍官的臉上，

在這位婦人的言行前面

他內心湧動著一種崇高的本能。

無論是誰，若敢觸碰那斑白頭顱上的一根頭髮

（據稱他曾如此呼喊，所用的詞句與他先前的命令不太一致）

讓他死得如同一條狗。『前進！』他說。

因此菲德里克的大街上

整天響著前進的腳步聲，

自由的旗幟

也整日徘徊在這些叛軍的上空。」

我從美國的高貴聽眾那裡獲得了滿分的評價，他們沒有糾正我許多錯誤的引述；在受到鼓勵後，我詳細探討了「石牆」傑克森和羅伯特・愛德

華·李的性格，他們是美洲大陸歷史上最崇高的兩位人物。

過了一段時間，當我們在阿勒格尼山脈的山脊上盤旋上升時，同行的人都陷入了沉默，並顯得有些睏倦。沒多久，我們抵達了「香格里拉」，這基本上是一座用木材建造的小屋，配備了所有現代化的設施。小屋前方有一道泉水和一個清澈的水池，池中有許多大鱒魚悠遊其中，這些鱒魚是剛從附近的小溪中捕捉來的，正等待它們生命的終結。

總統希望能在他的集郵簿上度過幾個小時。他的私人侍從武官沃森「老爸」將軍為他帶來了他期待已久的幾大本郵票和許多郵票樣品包。當他將這些郵票逐一放入集郵簿中，各歸其位，暫時忘卻國事的煩擾時，我懷著極大的興趣觀察著他，默默地看了大約半個小時。然而，不久後又有一輛車抵達門口，比德爾·史密斯將軍從艾森豪的總部帶著一些急需決策的重要問題乘飛機趕來。羅斯福不得不遺憾地放下集郵，重新投入到工作中。晚上我們都已經非常疲倦，十時便上床休息。

在週末，我們討論了與在美國旅行的蔣介石夫人會面的事宜。她當時身處紐約，並暗示願意在那裡接見我。然而，由於工作繁忙，我在美國的停留時間有限，必須很快返國，因此無暇進行這樣一趟長途旅行。總統於是邀請這位夫人到白宮共進午餐，以便與我會面。她卻傲慢地拒絕了總統的邀請，認為我應該專程到紐約拜訪她。總統對她不接受他的安排感到不快。我非常希望維護偉大同盟的和諧，因而提議若她願意，我可以在中途與她會面。然而，這個提議被視為荒謬，因此我在開羅會議之前既無意願也無機會見到這位夫人。

星期天，總統前往一條從幽靜森林流出的溪流垂釣。他被特別安排在一個小池塘旁，竭盡所能地吸引那些敏捷而狡猾的魚上鉤。我在附近的幾個地方試了試。雖然未能釣到魚，但他對此樂在其中，整日興味盎然。他

顯然具備釣魚者的首要特質,即不以魚獲多少來評判樂趣。星期一,我們不得不離開這個舒適涼爽的地方,走下阿勒格尼山,前往酷熱難耐的華盛頓。在回程中經過菲德里克鎮時,我要求他們讓我參觀芭芭拉·弗里奇女士的住所。我驚訝地發現,那座房子僅有一層半樓高。我原以為至少有三層,甚至四層,並仔細推測這位勇敢的女士應站在窗臺後多遠,以免被街上射來的子彈擊中。如今看來,我初次見到這個聞名遐邇的窗戶離地不過十二尺,南部聯邦軍隊要避免傷害她,顯然需特別小心。這個故事便以對雙方皆好的結局告終。哈里·霍普金斯莊重地背誦:

「若你們執意開槍,就瞄準我這顆斑白的頭顱,

但切莫傷害你們的國旗,她說道。」

由於蔣介石夫人未能出席而使得場面略感遺憾,但是總統和我在他的房間裡獨自享用午餐,我們的交談使氣氛變得十分愉快。

在眾議院議長的邀請下,我於5月19日星期三中午在國會發表演講。自從我上次對這個尊貴的國會演講以來,已經過了17個月。這次演講被完整記錄下來並向全球播出。我在演講中努力涵蓋各方面的情況。以下是一個簡單的摘錄:

在北非,我們的成就超出了預期。計畫意外地獲得助力,因此事半功倍。在這方面,我們必須特別感謝希特勒伍長的軍事才華。正如我3個月前在英國下議院預言的,我們現在可以檢驗這位軍事專家的能力。他導致馮·保盧斯陸軍元帥和他的部隊在史達林格勒遭遇毀滅的固執,如今同樣地使我們的敵人在突尼西亞遭受新的災難⋯⋯

兩位獨裁者的非洲遠征導致他們國家之中共有九十五萬名士兵傷亡或被俘。此外,沉沒的船舶總量接近二百四十萬噸,擊毀的飛機數量接近八千架,這兩個數字均不包含船舶和飛機的受損數量。敵人還損失了

第三度訪問華盛頓

六千二百門大砲、二千五百五十輛坦克以及七萬輛卡車……在戰爭達到這個階段時，我們可以宣稱：「一個大陸的局勢已經產生重大的翻轉了。」……

幾日前，我乘車穿越蓋茨堡的原野，這個地區與大多數戰場相似，我對此非常了解。它是美國內戰中一場決定性的戰役。蓋茨堡戰役後，再沒有人懷疑戰爭的天平將傾向何方，但聯邦軍在蓋茨堡的勝利後流的血比以往更多。因此，我們需要振作精神，彼此真誠地協商，以免喪失在對日作戰以及在歐洲對抗希特勒和墨索里尼中已取得的優勢……

這份報告在國會中大受歡迎，總統也在廣播中聽聞此事。當我重返白宮時，他似乎對我頗為滿意。

戰爭與和平的多重議題

　　三軍參謀長們不斷進行磋商，有時一天召開四次會議。初期的分歧似乎難以克服，幾乎無法調和。在此期間，美國高級軍官將會議內容洩漏給民主黨和共和黨的參議員，導致參議院展開了一場辯論。經過耐心和堅持，我們逐步克服了困難。在 5 月 20 日發表給國會的演講中，我詳盡地闡述了整個局勢的真實前景與輕重緩急，凡是可以公開的我都提及。總統和我共處一室，頻繁會面，眾人皆知我們完全一致，並且總統計劃在最後階段親自做出決定——這些事實，加上霍普金斯的重要工作，始終在參謀討論中發揮了一種緩和且決定性的作用。在經歷了嚴重的分歧之後，由於軍方人員間保持高度和諧的個人關係，關於進攻西西里島的問題幾乎達成了完全一致的協定。

　　緬甸近期的戰鬥情勢顯得毫無活力。華盛頓對此表示強烈不滿，我們對此也持相同看法。我正在考慮指揮部的重組方案，擬任命韋維爾為印度總司令，奧金萊克為副司令，並選拔一位最優秀且較年輕的軍長擔任東亞戰場總司令。我堅信，若要以應有的重視程度來處理該戰場的各種問題，這樣的調整是必要的。

　　在華盛頓，戴高樂引發了一種令人厭惡的情緒。總統幾乎每天都向我提及此事。儘管他的態度友好甚至帶有幽默感，但我相信他對這個問題的情緒極為強烈。幾乎每天，他都會遞給我一份或多份來自國務院或美國情報機構的文件，這些文件都在指責戴高樂。這些文件斷言，戴高樂曾用英國的資金誘使「黎歇留」號戰艦的水兵站到他個人一邊。出於禮貌，我們的領袖才沒有直接點明，由於我們與美國之間的財政關係，這筆錢在某種

程度上幾乎可以看作是美國的。在那段期間，我對戴高樂也極為不滿。我意識到，繼續支持他可能導致英、美兩國政府關係的疏離，而戴高樂對此現象樂見其成。我竭力將這些問題提請國內同事關注。至於是否應在此時與這位難以相處的人斷絕關係，我仍然猶豫不決，然而，時間與耐心為我們提供了一種可以接受的解決方案。

大西洋的島嶼問題極其棘手。戰時內閣希望藉助古老的同盟條約，要求葡萄牙政府提供各種便利。總統和我在聯合參謀長委員會的建議下對此高度重視。專家估計，如此一來將可保全百萬噸船舶及數萬人的生命。我對葡萄牙的權利非常尊重，但意識到我們是在為其生存與獨立而戰，同時也是為自己而戰。經過近 6 個月並遭受巨大損失後，我們才獲得急需的援助。然而，這個結果是經由長期友好的談判和我們軍事成就的支持才獲得的。

5 月 22 日，在英國大使館的午宴，我發表了一篇關於戰後機構的關鍵演講。我事先請求英國大使邀請他認為應該參加此一重大議題討論的關鍵人物。我們邀請了副總統華萊士先生、陸軍部長史汀生先生、內政部長伊克斯先生、參議院外交委員會主席康納利參議員及副國務卿薩姆納・韋爾斯先生，並提前告知他們討論的議題。大使館人員將整個過程及我應客人正式請求所做的報告記錄下來。

在正式的討論中，我提到，首要任務是防止德國或日本在未來發動新的侵略。為實現這個目標，我認為美國、英國和俄國應該建立一個聯合組織。如果美國願意將中國納入這個聯合組織，我會非常支持；然而，無論中國多麼重要，它無法與其他三國相提並論。維護和平的真正重任在於這些大國。它們應與某些其他國家共同籌組一個世界最高理事會。

在這個世界理事會之下，應設立三個區域性理事會：一個負責歐洲，一個負責美洲大陸，一個負責太平洋地區。

在歐洲方面，我設想戰後它能夠由約十二個國家或聯邦組成一個歐洲區域理事會。同時，重建一個強大的法國至關重要，因為在地圖上英、俄兩國之間缺乏一個強大國家的局面是不恰當的。此外，我認為美國不可能無限期地在歐洲保持大量駐軍承擔警戒任務。英國同樣無法做到這一點。毫無疑問，美國必須以某種方式共同維護歐洲的秩序，而英國顯然也需要參與。

我也期望在東南歐會出現幾個聯邦——一個基於維也納的多瑙河聯邦，以填補奧匈帝國消失後留下的空白。巴伐利亞可以加入這個聯盟。另一個是巴爾幹聯邦。

我表達了希望普魯士從德國的其餘部分中獨立出來的願望，認為由四千萬普魯士人組成的歐洲實體較易管理。儘管有些人提議進一步分裂普魯士，我對此持保留態度。波蘭和捷克斯洛伐克都應該維持與俄國的友好關係。剩下的國家包括斯堪地那維亞各國，以及土耳其，它在最後可能願意或不願意與希臘一起承擔巴爾幹體系中的某些職責。

華萊士先生提及比利時和荷蘭，他建議二者與法國合併。我回應稱，它們可以與丹麥形成一個低地國家聯盟。華萊士先生進一步詢問，我是否考慮過瑞士併入法國的可能性，我回答說，瑞士是一個獨特的情況。這些歐洲國家應各自派遣代表加入歐洲區域理事會，以此建立一個歐洲合眾國組織。我認為庫登霍夫・卡勒吉伯爵在這個問題上的理想非常值得他們採納。

同樣地，美洲各國也可以建立一個地區理事會。加拿大自然會成為該理事會的成員，並代表英聯邦。太平洋地區也應設立一個地區理事會，我認為俄國應加入其中。當俄國西部邊境的壓力緩解後，它將把注意力轉向遠東。這些地區理事會應歸屬於世界理事會。世界理事會的成員應參與與其有直接關聯的地區理事會；我希望美國除了在美洲和太平洋地區理事會

派代表外,還應參與歐洲地區理事會。然而,最終決定權仍然歸屬於世界最高理事會,因為任何地區理事會無法解決的問題,自然會由世界理事會負責。

華萊士先生認為,其他國家可能不會同意世界理事會僅由四大國組成。我認同他的觀點,並建議在四大國之外,增加由區域委員會輪流選出的其他國家代表。這種結構的核心理念類似於三腳凳——世界理事會建立在三個區域理事會的基礎上。然而,我極為重視區域性原則。在發生爭端時,只有那些直接利益攸關的國家才能全力以赴地解決問題。如果一開始就邀請那些與爭端無關的國家參與解決方案,結果可能只會是無力且淪為純學術性的空洞討論。

華萊士先生提出疑問,比如說,秘魯與厄瓜多在發生爭執時,究竟採取何種處理程序。我答道,此事應由美洲區域理事會首先處理,但該理事會始終受制於世界理事會的最高權力。在這樣的例子中,其他區域國家的利益不會被影響;然而,顯然,一個威脅全球和平的爭端並不適合僅在一個區域層面解決,世界最高理事會將迅速介入。

有人詢問我,我所設想的國家聯合會是否僅限於同盟國,或者是否也包含中立國家。我答道,在戰爭結束之前,努力勸說那些尚未加入同盟的中立國家是有利的,只要能夠增強相關國家的安全,我們就應該利用一切可能的說服和壓力手段以實現這個目標。土耳其即為範例。我的方針是協助土耳其建立自己的軍隊,使其在適當時刻能夠執行有效的必要行動。否則,當同盟國將犯罪國家繩之以法時,我只看到始終保持中立的德·瓦萊拉先生及其他一些人的角色是何等軟弱無力和不光彩。

我提到,我們從國際聯盟的經驗中有許多值得學習的地方。完全否定國際聯盟的觀點是錯誤的。應當批評的是會員國未能履行對聯盟的責任。康納利參議員認可我的觀點,並指出1919年後數年間聯盟的成就。史汀

先生也持相同看法，他認為如果當初對法國的承諾得以實現，那麼法國的政策和聯盟的歷史會迥然不同。

為了維持和平，武力顯然是不可或缺的。關於每個國家應保持的最低和最高武裝力量，我建議，各同盟國之間簽署一項協定。每個國家的武力可分為兩部分：一部分是國家部隊，另一部分則組成國際警察部隊，接受世界最高理事會的指導並由區域理事會管理。如此一來，若歐洲十二國中某國威脅到和平，必要時，其他十一國的國際警察部隊便可對該國採取行動。根據世界理事會的決定，各國提供的國際警察部隊成員有義務在本國之外與任何國家作戰。

華萊士先生表示，這些國際警察部隊需要設立基地。我說，我仍有一些想法可以補充之前的發言。提議建立一個世界安全組織，並不排斥與其他國家建立不帶敵意的特殊友誼。我最後指出，若非美國與英聯邦在兄弟般的聯合下通力合作，我認為世界前景不容樂觀。我相信，這種聯合可以實現互利而不需犧牲。我希望，這兩國的公民在不失去現有國籍的情況下，能夠在對方領土上享有同等的旅行、定居和自由貿易的權利。他們可以使用一般護照或特殊護照，以及簽證。甚至可以持有某種形式的聯合公民身分證，美國和英聯邦公民憑此身分證，根據居住條件享有選舉權，並有資格在對方國家的領土上擔任公職，當然要遵循當地的法律和制度。

接著討論基地的問題。關於驅逐艦基地的交換方案，我已經表示歡迎，這並非僅僅是因為驅逐艦的需要，而是因為我認為這是兩國互利的舉措。美國在英國領土上使用這些基地，就如同英國在自我防禦中需要這樣做一樣；因為一個強大的美國對英聯邦至關重要，反之亦然。因此，為了共同利益的防禦，我希望擴大基地的共同使用。敵國在太平洋擁有眾多島嶼，英國也擁有部分島嶼和港口。如果戰後我仍在公職，我一定會主張美國可以使用那些他們需要作為基地的港口。

所有出席的美國客人都表示，他們對我提出的問題有相似的看法，並認為美國公共輿論接受這些或類似的觀點是有可能的。哈利福克斯勳爵詢問韋爾斯先生，他是否認為，設立歐洲區域理事會會導致美國公眾對歐洲事務失去興趣。韋爾斯先生考慮到世界最高理事會的至高責任及其與區域理事會的關係，他對此並不擔心。史汀先生強調說，在他看來，戰爭結束後必然會出現國際關係鬆懈的趨勢，以及對嘗試新國際機構缺乏興趣的情緒。他相信，在戰爭期間與美國達成協定會更為容易；事實上，這在戰爭時期才可行，否則就不可能實現。其他人也傾向於同意這種觀點，我們都感覺到，最佳的方法是將這類未來計畫作為我們現有合作的延續，在戰爭期間就開始實施。

我提出了另外兩項建議，均獲得了熱烈的支持。首先，我們應該在戰後延續聯合參謀會談的機制；其次，我們應該透過經常接觸，採取一切必要措施，確保我們的外交政策主要方針能夠緊密合作。

華萊士先生在告別之際對英國大使表示，這是他兩年來參與談話中最振奮人心的一次。我自然謹慎地指出，這僅為我個人的觀點。

副總統在次日與總統及我共進午餐時顯得有些擔憂，他擔心其他國家會誤以為英國和美國意圖成為全球的領導者。我明確地表示，他們不應該因為這種看法而放棄必要和正當的行動。我的核心觀點是，即便其他國家不採納，英、美之間仍應維持共同的公民身分證制度。總統對這些理想的自由表達頗感興趣，尤其是在軍事領域。我們一致認為，英、美聯合參謀長委員會的架構有必要在戰後繼續相當長的一段時間──至少要持續到我們徹底相信世界已然和平為止。

關於大戰策略的核心問題，我們在「三叉戟」會議期間召開了六次全體會議，總統和我皆有出席。聯合參謀長委員會每日向我們提出若干問題，要求我們下達決策，以確保他們的努力能夠結出果實。所有會議進展順

利，在 5 月 25 日上午的最終會議上，他們提交了一份報告。我提出了一些修正意見，聯合參謀長委員會同意了。總統和我正式批准了經修正後的報告：

進行戰爭的全面戰略思想

1. 與俄國及其他盟國合作，盡快實現歐洲軸心國的無條件投降。

2. 同時，與太平洋其他相關國家合作，保持並增加對日本的持續壓力，以進一步削弱其軍事實力，達到迫使日本最終投降的程度。在行動之前，聯合參謀長委員會應考慮任何可能影響全面目標的擴大計畫。

3. 在歐洲軸心國戰敗之際，與其他太平洋國家合作，若有可能，還應與俄國聯手，充分運用美國及英國的實力，儘早實現日本的無條件投降。

支持全面戰略思想的基本任務

為了全面戰略思想的支持，無論作戰計畫如何決定，以下所規定的任務在我們的人力和物力分配上享有優先權，這些問題自然需要聯合參謀長委員會根據情況變化重新稽核。

1. 維護西半球及不列顛群島的安全與作戰效能。

2. 確保我方部隊在各地區的作戰效能。

3. 確保主要國際航線的暢通，特別注重消除潛艇的威脅。

4. 增強對歐洲軸心國的空中攻擊力度。

5. 為對軸心國根據地展開決定性攻勢，務必在盡可能早的時間於某選定區域集中最大限度的人力與物力。

6. 實施必要且確實可行的行動，支援俄羅斯的軍事行動。

7. 採取必要且確實可行的措施支持中國，使其成為有效的盟國及對日作戰的基地。

8. 為土耳其創造條件，以便其主動或被動地加入同盟國陣營參戰。

9. 為使非洲法軍能在與軸心國的戰爭中發揮正面作用而創造條件。

我如今可以致電國內，告知我們在整體策略上已經達成令參謀長委員會極為滿意的協定。這要歸功於總統的權威以及我與總統的密切連繫。兩國參謀長之間的分歧曾一度相當嚴重。此外，我們現在希望達成一項戰時調撥協定，在 10 個月內每月從美國獲得二十艘新船，並懸掛英國旗使用，進而為我們多餘的海員提供了充分的就業機會。若非總統說服了眾多反對者，這個目標無疑難以實現。

關於原子彈及英、美的研究工作，我也能向約翰·安德森爵士提交以下文件：

首相致樞密院長

1943 年 5 月 26 日

總統同意恢復關於「合金管」的情報交流，並將此視為英、美雙方的聯合事業，雙方須全力以赴。據我所知，他的決定基於這種武器很可能及時發展用於當前戰爭，因此被納入交換研究和發明祕密的一般協定範圍。

應當告知徹韋爾勳爵。

儘管在諸多領域取得了顯著進展，但聯合參謀長委員會對攻占西西里島後進攻義大利的具體計畫尚未提出，這點令我頗為關注。我所能獲得的最詳盡計畫是聯合參謀長委員會作出的以下決議：

作為緊急任務，北非盟軍總司令被指派在擴大戰果的「哈斯基」作戰計畫中開展軍事行動，以最有效的方式將義大利排除於當前的戰爭之外，並牽制盡可能多的德軍。至於採取哪種具體軍事行動、計畫的決定及其執行等問題，留待聯合參謀長委員會決定。

我了解到美國參謀長們的注意力已經轉向撒丁島。他們認為，這是1943年剩餘時間內，地中海地區大軍唯一尚未實現的目標。從軍事和政治角度來看，我認為這是一種令人遺憾的計畫。俄國人在他們廣闊的戰場上日復一日地戰鬥，他們的鮮血匯聚成激流。而我們是否會在將近一年的時間內讓超過一百五十萬的精銳部隊及其龐大的空軍和海軍無所作為呢？

總統似乎尚未準備促使顧問們更準確地理解進攻義大利的問題。然而，由於這是我跨越大西洋的主要目的，我無法置之不理。霍普金斯私下對我說：「如果你想完成你的目標，你必須在這裡再待一個星期，不過，即便如此，也不一定能成功。」在這種情況下，我感到十分苦惱，5月25日，我親自向總統請求，讓馬歇爾將軍與我一同前往阿爾及爾。因此，在最後一次會議上，羅斯福先生表示，首相不久後將有機會與北非總司令討論「攻占西西里島之後」的政策，並且他建議，如果馬歇爾將軍也能前往，那將極有幫助。因此總統轉向馬歇爾將軍，詢問他是否能夠推遲東南太平洋的視察以滿足首相的請求。馬歇爾將軍答道，他十分樂意。

當時我在會議上表示，在缺乏最高級別美國代表出席的情況下，我與艾森豪將軍探討這些議題，令我感到頗為不安。若做出決定，事後可能會被認為我施加了不當影響。當得知馬歇爾將軍能夠與我同行時，我感到欣慰；我確信，現在有機會在阿爾及爾將一切處理得當，並向聯合參謀長委員會提交一份供其研究的報告。

當時已經達成共識，總統和我需要撰寫一份關於會議的報告遞交給俄國。我們起草了數個版本，並立刻用打字機影印出來。在影印稿上，我們反覆修改，直到紙上寫滿我們塗改的筆跡，幾乎難以辨認。我們對哪些內容該增添或刪減感到困惑不已。最終，在午夜兩點多時，我提議：「讓我明天帶走，我會整理好，在巴特伍德機場再交給你。」此言讓總統如釋重

負，他對這個提議表示滿意。我又補充道：「若馬歇爾能與我同行，那就更好了。飛機上空間充裕。」我們因為持續的腦力勞動而感到疲憊不堪，便決定去休息。就在這時候，馬歇爾將軍出現了。儘管早就已經計劃他前往北非，顯然他未料到會與我同機或同時出發，因此前來告別。然而，此時總統對他說：「為何不與溫斯頓同行？你們可以在飛機上商討給俄國的公報。」將軍雖感到意外，但欣然同意，揮手道：「我會登上他的飛機。」

向義大利進軍

翌日,即 5 月 26 日清晨,馬歇爾將軍、帝國總參謀長伊斯梅及其他的隨行成員與我,搭乘水上飛機從波托馬克河出發。羅斯福總統在那裡為我們送行。

一旦我們飛上天空,我便全神貫注於為俄國公報撰寫的任務。由於發現這份草稿上滿是總統和我潦草的修改痕跡,難以釐清頭緒,我將其交給馬歇爾將軍。兩小時後,他遞給我一份整潔的打字稿。我對這份文件感到非常滿意,它精準地傳達了總統和我想要表達的觀點,既清晰又含蓄,同時闡明了軍事和相關政治問題。這讓我對他心生敬佩。此前,我一直認為馬歇爾是一位嚴謹的軍人和陸軍中傑出的組織者和奠基者 —— 美國的卡諾。然而,現在我意識到,他是一位具備全局視野和非凡見解的政治家。我對他提交的稿子非常滿意,任務也因此完成。我寫信告訴總統,這篇文章已經盡善盡美,若他想做任何修改,無需與我商量,可直接發布。我們在紐芬蘭的博特伍德降落加油,馬歇爾的稿件和我的信件從那裡被飛機帶回華盛頓。總統沒有更改一個字。

在提前享用晚餐後,我們展開了三千英里的跨洋飛行,目的地是直布羅陀。這段飛行似乎遙遠無比,但負責通知我行程的湯普森中校(「湯米」)解釋道,我們幾乎沿著「大圓航線」(Great Circle)航行,實際距離並不如想像中那麼遙遠。起飛時夜幕已經降臨,我們準備就寢。波音飛機上的雙人大床舒適無比,我酣然入睡了幾個小時。突然,一次意外的震動和急遽的下降將我喚醒。顯然出事了,但並未造成影響,空中旅行的關鍵就在於避免事故。我完全清醒後,披上拉鍊服,沿著寬敞飛機的中央走廊,

向義大利進軍

攀上通往駕駛艙的梯子。我坐到了副駕駛的位置。此時月色動人。過了一會兒，我詢問駕駛員為何會突然下降。「我們遭遇了閃電擊中，」他答道，「但沒有造成任何損害。」這無疑是個好消息。我們沒有起火或在空中解體，也不必在千里之外的任何地方緊急迫降。我一直覺得奇怪，飛機為何對電擊毫不在意，而地面工作人員卻視之為極其危險。後來得知，當時飛機上的每個人都感到焦慮。

我俯瞰著七千英尺下的寧靜海洋；從如此高度俯視，海洋總顯得無比安詳。在我們下方，似乎有一艘小型的貨船偶爾出現。它的存在，讓我產生了一種獨特的安慰感。在這種心曠神怡的幻覺中，我再次入眠，直到黎明才醒來。

我喜愛黎明的到來，因此再次走到前面。以每小時一百六十英里的速度向東飛行時，你會很早遇見太陽，而且它升起得極快。在這樣的長途飛行中，我堅持按照胃口需求來安排用餐時間。人們在天亮後起床時應該吃早餐；並在五個小時之後吃午餐；午餐後六小時進晚餐。如此一來，他便不會受到太陽的影響，否則太陽會過多干涉並擾亂工作習慣。我與馬歇爾將軍進行了一次非常愉快的談話。他詳細詢問我關於美國憲法允許的「彈劾」與英國議會仍保留的「褫奪公權」之間的區別。我輕而易舉地使他相信保留這種極具尊嚴的法律程序的必要性。我們兩人利用空閒時間清理了一些積壓文件。當接近直布羅陀時，我們尋找周圍的護航機，卻一架也沒有。每個人的注意力都被一架身分不明的飛機所吸引，起初我們以為它對我們感興趣。由於它不再靠近，我們判斷它是一架西班牙飛機。但直到那架飛機消失，他們似乎都很關注。降落時大約是下午五點，總督在那裡迎接我們。當晚繼續飛往阿爾及爾已經太晚，他開車將我們送到他居住的「修道院」，那裡的修女們在兩個世紀前就已經搬走。

關於「修道院」這個名稱，有一段歷史。直到 1908 年，總督的官邸一

直被稱為「修道院」。然而在那一年，國王愛德華七世的御前祕書亨利‧龐森比爵士致函總督，表示國王認為將其更名為「官邸」更為合適。原因是在喬治‧懷特爵士擔任總督期間，國王視察直布羅陀時，英國報紙曾報導國王在「修道院」用午餐。十天後，國王陛下收到新教聯合會的一項決議，對國王不僅視察一個羅馬天主教機構，還在那裡用餐表示遺憾。然而，當國王喬治六世於 1943 年 6 月視察北非時，他希望將總督官邸重新命名為「修道院」，因此總督官邸至今仍稱為「修道院」。

直到次日下午，我們方能離開直布羅陀前往阿爾及爾，因此得以帶領馬歇爾將軍遊覽直布羅陀。我們進行了數小時的參觀，視察了新建的蒸餾廠以確保要塞淡水的永久供應，各種重要堡壘，幾處醫院以及多支部隊。最終，我帶他參觀總督鍾愛的地方——一條新開鑿的直布羅陀道地，深嵌於岩石之中，內設八門速射炮，掌控海峽及英、西間的中立區。工程規模宏大；當我們行走其中時，確實感到無論直布羅陀面臨何種威脅，來自大陸的攻擊似乎已經不再構成威脅。總督對此成就的自豪感也為他的英國訪客所共鳴。而在我們準備登上水上飛機告辭時，馬歇爾將軍略顯遲疑地說道：「我欽佩你們的道地，但在科雷希多我們也有類似的設施。日本人用大炮不斷轟擊數百英尺以上的岩壁，數日內大量碎石便將地道堵塞。」我感謝他的提醒，但總督似乎愣住了，臉上的笑容瞬間消逝。

我們在下午稍早時分起飛，十二架「勇士」戰鬥機在我們頭頂高空巡邏。黃昏時，我們抵達阿爾及爾機場，迎接我們的是艾森豪將軍、比德爾‧史密斯將軍、安德魯‧坎寧安海軍上將、亞歷山大將軍以及其他多位友人。我乘車直接前往坎寧安的別墅，就在艾森豪將軍的隔壁，他為我安排了這裡。

在我戰時的回憶中，沒有比在阿爾及爾和突尼西亞這八天更令人愉悅的。我已經發送電報邀請艾登前來，與我一同參與我們為吉羅和戴高樂安

排的會面,並一同決定所有其他事務。我向內閣解釋了他來此的重要性。

首相致副首相和自治領事務大臣

1943 年 5 月 29 日

……在我看來,艾登在此逗留幾天至關重要。相比之下,他更適合在吉羅─戴高樂的婚禮上擔任伴郎。他需要對周圍的環境有所感知,並在可能演變為一場嚴肅劇幕的情況下與演員保持連繫。喬治將軍剛剛來訪,他的精神煥發,目前正與吉羅緊密合作。

我計劃在這個地區停留至下月 6 日,因為在華盛頓經過一段繁忙時期後,我需要在這個陽光明媚的地方放鬆休息。關於當前進行的軍事問題討論,這裡的觀點是任其自然。我們英國人都抱有一致的看法,只要稍微耐心等待,便能獲得期望的解決方案,正如我們在華盛頓所採取的做法。

若是認為應當奪取西西里島,我便下定決心在離開非洲前就對義大利的進攻做出決策。布魯克將軍和我將我們的看法告知了亞歷山大將軍、安德魯・坎寧安海軍上將及特德空軍中將,後來也向蒙哥馬利將軍傳達了意見。這些將領在近期的戰鬥中傾向於發動大規模行動,並認為征服義大利是自阿拉曼戰役以來我們勝利序幕的自然延續。然而,我們必須獲得偉大盟邦的認可。艾森豪將軍十分謹慎。他聆聽我們所有的論點,我確信他會同意我們的計畫。然而,馬歇爾直到最後一刻仍保持沉默,讓人難以揣測他的意圖。

我們所處的會議環境對英國十分有利。與美國相比,我們的軍隊數量是他們的三倍,戰艦數量是他們的四倍,作戰飛機幾乎與他們相當。自阿拉曼戰役以來,我們在地中海的損失中,人員是盟國的八倍,船舶是三倍。儘管我們的力量占據巨大優勢,為了確保美國領導人能夠最公正和全面地考慮這些事實,我們仍然繼續接受艾森豪的最高指揮,並在整個戰役中保持美國作戰的特色。美國領導人不喜歡在慷慨方面被超越。對於公平

合理的事情,沒有人比他們更自發地回應。若你善待美國人,他們總會回報得更多。我認為,我們用來說服美國人的論點在邏輯上是無懈可擊的。

5月29日下午五時,我們首次聚會於艾森豪將軍位於阿爾及爾的別墅。作為主人,艾森豪將軍主持了這次會議,與他同行的是他的兩位重要助手,馬歇爾和比德爾·史密斯。我則與布魯克、亞歷山大、坎寧安、特德、伊斯梅以及其他一些人坐在他的對面。

討論的首個議題是代號為「小鬼」的作戰計畫。艾森豪將軍解釋說,這是針對潘泰萊里亞島的攻擊代號,預計在6月11日發起。從地圖上看,此次戰役在軍事上的優勢顯而易見。為了進攻西西里島的南部,占領該島的機場幾乎是必須的。由於這種軍事行動也是清除西西里海峽的必要步驟,因此沒有理由認為這次攻擊會妨礙對西西里島的突襲。安德魯·坎寧安海軍上將表示,他目前的計畫是用配備六英寸火炮的巡洋艦支援空襲,但如果需要,他準備派遣一艘配備十四英寸火炮的戰鬥艦。我說:「這次軍事行動可以作為實驗,檢驗突襲能在多大程度上摧毀海岸防禦工事。聯合王國內有一種觀點認為,空軍完全有能力突破海岸防禦工事,實際上實現無抵抗的登陸。」布魯克指出,問題在於空襲結束與攻擊部隊到達之間的時間差,這段時間會給敵人恢復的機會。海軍上將表示,八艘驅逐艦將始終伴隨登陸艇,並在近距離範圍內保護登陸。而攻擊部隊中包括十九輛「謝爾曼」坦克。義大利的兵力約有一萬人,其中包括海岸防禦部隊,還有約一百輛坦克。

應我的請求,艾森豪將軍對西西里島進攻計畫進行了簡要說明,表明所有人力和物資都能按時到位,並且數量充足。隨後,我們討論了一個極其重要的問題。艾森豪告訴我們,他曾與艾倫·布魯克爵士進行過長時間的交流,布魯克強調,俄國陸軍是唯一能夠在1943年取得決定性勝利的地面部隊,因此,我們的陸軍應該致力於迫使德軍從俄國戰線撤兵,以便

向義大利進軍

俄國軍隊能夠給予德軍決定性的打擊。展望 1944 年，艾森豪將軍表示，如果我們控制了制空權，那麼五十個英、美師可以在大陸上牽制住七十五個師。如果我們要擊潰義大利，應該在占領西西里島之後立即使用一切可行的方法，展開對義大利的進攻。西西里島的抵抗方式可能就是在義大利本土所要遇到的抵抗方式。如果西西里島的占領順利，我們就應該直接進入義大利本土，這樣獲得的戰果將遠超攻擊任何島嶼。

隨後，我提及一個關鍵問題，我們確實無法將一支在數量上與俄軍匹敵的英、美聯軍派往歐洲。俄軍目前在戰線上牽制著兩百一十八個德國師。然而，到 1944 年 5 月 1 日，我們能夠在英國境內集結一支由二十九個師組成的遠征軍，其中包括從北非調來的七個師。英國必須成為我們累積最大兵力的集結點。計畫也必須制定，以便在德國崩潰時隨時準備進行大規模的跨海峽戰役。正如馬歇爾將軍多次指出的，法國北部是唯一一個能讓英國本土空軍和駐英美國空軍全力施展的戰場。我強調，英國人民和軍隊都迫切希望渡海參戰。

馬歇爾將軍透露，英、美聯合參謀長委員會已經敲定了跨越海峽作戰的具體日期，並決定在攻擊階段投入五個師的兵力。艾森豪將軍詢問何時應該提交關於擊潰義大利的地中海作戰計畫。美國參謀長聯席會議認為，除非了解攻擊西西里島的結果及俄國的局勢，否則無法下定論。合理的策略是籌組兩個兵團，分別駐紮在不同地點，各自配備參謀人員。一個兵團受訓針對撒丁島和科西嘉島，另一個則針對義大利本土。當局勢明朗到可以做出選擇時，必要的空軍、登陸艇等資源將移交給負責執行選定計畫的兵團。艾森豪隨即表示，若西西里島一旦攻下，他傾向於直接攻擊義大利本土。亞歷山大將軍對此表示贊同。

帝國總參謀長立即對國際局勢進行了全面分析。俄國與德國之間的大規模決戰已經迫在眉睫，我們需要盡力在能力範圍內協助俄國並分散德國

的兵力。德國在多處面臨威脅。我軍在北非的戰略部署巧妙地牽制了他們的力量。攻占西西里島是朝向正確方向邁出的又一步。德國正面臨俄國的戰役、巴爾幹的潛在災難，以及來自義大利、法國和挪威的威脅。其兵力已經廣泛分散，無論在俄國還是法國，進一步削減已無可能。最可能減少兵力的地區是義大利。如果發現義大利南部駐軍已滿，我們將另尋他處突破。若義大利退出戰爭，德國必須調遣兵力用以替代巴爾幹半島之上的二十六個義大利師。此外，他們還需要在勃倫納山口、里維埃拉沿線，以及西班牙和義大利邊境加強防禦。這樣的兵力分散正是我們渡海作戰所需，應盡力迫使敵方的力量分散。攻擊法國海岸的防禦工事並非難事，除非其防守堅固，且德軍有機動後援部隊進行反攻。

艾森豪於是宣布，討論似乎已經澄清了他的疑問。若西西里島攻勢告捷，例如在一週內，他便會立即渡過海峽並設立一個橋頭堡。義大利南部的沿海防線或許較西西里島更容易被突破。

我提出了個人觀點，認為西西里島戰役可能於 8 月 15 日結束。然而，馬歇爾將軍持更樂觀態度，建議設想在 7 月底前結束。我指出，若我們在 8 月可以控制西西里島，且損耗不大，只要德國沒有大量增援師調往那裡，我們便應立即進攻義大利南部。因為土耳其可能會做出對我們有利的反應，相較於義大利的失守，巴爾幹對德國的威脅更為重大。

布魯克指出，當西西里島戰事爆發之際，義大利內部可能會面臨崩潰的風險。若情況如此，我們需要制定一個行動計畫；他建議艾森豪將軍可以考慮停戰條款以及我們應當深入義大利的程度。這方面的進展會相當迅速。我表示，考慮到我們可以調動的兵力，除了英國陸軍，美國在北非還有九個師，其中包括一個空運師。大約在 11 月 1 日，七個師，包括一些英軍和美軍，將開始動身。在波斯有兩個半裝備精良的波蘭師，他們願意參與對義大利的任何軍事行動。紐西蘭議會已經同意在 9 月派遣一個師，

向義大利進軍

10月將準備好一個裝甲旅。因此，波蘭和紐西蘭可以提供四個師。

帝國總參謀長遂列舉我們在地中海的整體力量，包括二十七個師的英軍及其控制的部隊、九個師的美軍和四個師的法軍。扣除傷亡人數，總計有三十六個師。減去調回本土準備參與橫渡海峽行動的七個師及承擔對土耳其義務的兩個師，同盟國在地中海地區尚有二十七個師可供使用。我繼續說道，我們的一個師的戰鬥力幾乎是德國師的兩倍，而德國的一個師不過相當於一個裝備齊全的旅團。我們擁有這些部隊，如果從8月或9月到次年5月間無所作為，實在說不過去。

儘管仍有諸多懸而未決的事項，但我對此次討論感到相當滿意。所有的將領顯然都具備勇於戰鬥和勇往直前的決心。我個人認為，那些由於未知因素而產生的保留問題，將會隨著我預期的事件逐步得到解決。目前，我已經準備了一份名為「關於背景的備忘錄」的文件，詳細說明了攻打義大利的整體情況，並附上可以投入作戰的部隊名單。在我們約定於5月31日星期一再次會面之前，我將這份文件提供給大家傳閱。

我詳細說明了地中海戰場的各個師或同等規模的部隊，其中，美軍共有九個師，法軍共計三又三分之一個師，而英軍或受英國控制的部隊則有二十七又三分之二個師。從中調回七個師至英國參與「波麗露」計畫，其中三個為英國軍隊。在剩下的二十四又三分之二個師的英軍中，僅有十一又三分之一個師是在艾森豪將軍的指揮下或被指定參與西西里島戰鬥的。經布魯克同意後，我現在提出再撥八又三分之二個師的英軍及英國控制的部隊給艾森豪將軍，與其他國家的十二又三分之一個師相比，英國總共貢獻了二十個師。基於此，我繼續說道：

2. 英王陛下政府深切意識到，由最優秀且經驗豐富的師團所組成的這支龐大兵力作為陸軍核心，在任何情況下都不可閒置。這種消極態度不僅英國無法接受，俄國盟友也不容許。繼續與敵人盡可能地作戰，加強戰

門，並盡量從俄國盟友的前線引開敵方部隊，是我們的責任。除此之外，這種方法將為1944年跨海遠征創造最佳條件。

3. 在地中海地區發動一場引人注目戰役的唯一目的，是強迫或誘使義大利脫離戰爭。而現有以及已經集結於地中海的同盟國軍隊足以承擔這項任務。為實現這個目標，占領西西里島是必不可少的初步行動，而進攻義大利本土並奪取羅馬則是顯而易見的後續步驟。如此，才能對同盟國的事業以及地中海與英吉利海峽戰區的整體戰爭過程作出最大貢獻。

4. 我們尚無法斷言，敵軍將對我們的行動抵抗到何種程度。德國可能會竭盡全力保衛西西里島和義大利。我們獲悉，德軍每週能夠將一個師調往西西里島或義大利南部。我希望根據最新情報核查這個消息的可能性，並詳細說明以下狀況：德國各師的兵力（總數和戰鬥力），其配備的大炮、坦克和車輛數量，未來十二週內最有可能從哪些地區調動，它們可能透過鐵路運輸、徒步行軍，或海路運輸。目前還沒有跡象顯示有此規模的調動。若敵軍計劃在戰役前向西西里島部署六個師，這個決定應該已經做出，相關準備工作亦應已經展開，其動向必已顯露。此外，若這六個師調往西西里島，義大利南部必定仍然空虛。有人要求參謀人員對德軍調遣及向上述方向移動的可能性進行最徹底的研究。

5. 若德國決定向西西里島和義大利調動六至十二個師的部隊，我們在從俄國盟軍方面直接或間接牽制敵軍這項任務上，顯然已經部分達成。假如他們僅派遣一、兩個師以激勵義大利的行動，那麼在未來3、4個月內，前文第三段提到的任務將不會超出我們能力範圍。另一方面，若德國選擇在西西里島或義大利半島南部進行大規模戰鬥，我們的陸軍將面臨全面交鋒。同時，我們也將進行激烈的空中戰鬥，鑑於我們日益增強的相對實力，這種空戰將對我們極為有利。若我們在義大利南部站穩腳跟，而義大利仍繼續戰鬥，德國人儘管為時已晚也大規模派遣援軍，我們可能需要退至半島南端，迫使他們以極高代價攻擊堅固準備的陣地，進而獲得牽制

向義大利進軍

敵軍和如前所述空戰的多重優勢。因此，沒有理由將這種局面視為災難。只要我們與德國或甚至義大利激烈作戰，我們便已履行了我們的職責。

接著，我整理了已經確認的義大利軍隊部署情況，其中包括五十八個師的野戰部隊和十四個師的海防部隊。

6. 我們觀察到，在義大利本土部署了十一個師，而在西西里島則大約有四個師，沿著里維埃拉駐紮著五個師。此外，不少於二十八個師被牽制在南斯拉夫、阿爾巴尼亞和希臘。除了這二十八個師之外，還需加上羅馬尼亞的八個師和德軍的十一個師，總計四十七個師因塞爾維亞的米海洛維奇派游擊隊活動、克羅埃西亞的游擊隊、希臘的普遍混亂，以及這些被壓迫國家的不穩定情況，被牽制在巴爾幹半島。

7. 若義大利被迫退出戰爭，我們將獲得以下的實際利益。德國人將不得不部署軍隊用以占領里維埃拉，維持波河或勃倫納山口的新防線，尤其需要彌補因義大利各師的復員和撤退導致巴爾幹地區的防務空虛。迄今為止，上述各地的游擊隊等僅透過不超過十二架飛機以降落傘投送小件包裹獲得補給，但他們完成了阻止四十七個師的敵軍行動如此偉大成就。占領義大利南部地區，甚至僅占領整個趾形或踵形地區，將使我們能夠進入亞得里亞海，並能透過船隻向亞得里亞港口運送軍火，還可以運送間諜，甚至小型突擊隊。我們無需在該地派遣軍隊進行任何嚴峻的軍事行動。無論是在今年還是我們當前預期的任何時期，英王陛下政府並不計劃或希望為巴爾幹戰場提供任何有組織的武裝力量。然而，在計畫允許的範圍內，援助南斯拉夫的愛國團體，煽動希臘和阿爾巴尼亞的反抗，都是極為重要的措施。這一切，加上我們的主要軍事行動，將影響土耳其的態度。如此，我們的力量將在最大限度上援助俄國和「波麗露」計畫。當形勢前景確實對我們不利時，只有在這種情況下，我們才應考慮為地中海行動制定一些次要或小規模的替代計畫。

8. 所有關於德國人在地中海計劃採取行動的猜測，毫無疑問大多數都

是推測而來。德國最高統帥部對於超過二十五萬大軍的全軍覆沒必然感到痛心，這點無論如何都應予以重視。基於此，可以質疑他們是否會在西西里島重蹈覆轍，即便規模較小。我們的狀況已經顯著改善：首先，盟軍最近的勝利激勵了士氣；其次，僅有數百名敵人從突尼西亞逃至西西里島；第三，西班牙、葡萄牙、法國本土、義大利、土耳其，實則整個戰區的心理影響。德國人的處境已經相當惡化。在俄羅斯戰場即將爆發的一系列大規模戰爭，勢必牽制住他們的主力。如果德國人不進攻，俄國人必然會主動出擊，甚至搶占先機。我們無法預見這些戰鬥的結果，但沒有理由認為今年的條件對俄國人比去年更不利。因此，絕不能認為（1）德國會在西西里島發動大戰，或（2）他們會派遣大軍進入義大利的腿形地區。對他們而言，更明智的策略是進行拖延戰，設法激勵這些地區的義大利人，並讓他們撤退至波河線，保存實力，以守住里維埃拉和具有補給基地價值的巴爾幹地區。如果俄國的戰爭對他們不利，而我們在義大利或其境內的軍事行動取得勝利，德國人可能因為這些變故被迫退至阿爾卑斯山和多瑙河戰線，甚至可能從挪威撤退。如果我們大膽且全力使用軍隊，這一切結果都可能在今年內實現。今年內，除此之外，我們在歐洲沒有其他具有首要意義的戰鬥可以展開。

5月31日下午，我們再次前往艾森豪的別墅召開會議。艾登先生準時出席。我努力把握事情的核心，在提到我提交的文件後，我表示，我全心關注義大利南部的進攻，但戰爭的局勢可能迫使我們改變方向。不論如何，在義大利南部和撒丁島之間的抉擇，是一場榮耀的戰役與一種便捷戰略之間的選擇。馬歇爾將軍對此觀點沒有異議，但他不願在此時做出明確決定。他建議在我們對西西里島的進攻展開後，再決定下一步。他認為，必須了解德國的反應，以判斷義大利南部是否會遭遇真正的抵抗；德國人是否會撤向波河；他們如何組織和控制義大利人；他們在撒丁島、科西嘉島或巴爾幹的準備情況；以及他們在俄國戰場的調整計畫等。所有這些因

素將影響我們的「哈斯基以後」作戰計畫。義大利的崩潰可能有多種情況發生；從現在到 7 月之間會有許多事件。他、艾森豪將軍，以及聯合參謀長委員會完全明白我對進攻義大利的決心，但他們唯一的目標是選擇一個能帶來最佳結果的「哈斯基以後」作戰計畫。

我在會上指出，會議紀錄的結論未能完全表達我的感受。我非常希望看到義大利退出戰爭並且我們占領羅馬。為此，我提議必要時可以從中東其他地區調派八個師的英軍。關於這些增援部隊及其運輸船隻，已經進行了廣泛討論。我表示，儘管要求英國人民進一步削減生活配給讓我感到為難，但我寧願這樣做也不願放棄一次有望取得巨大成功的戰役。我無法接受龐大的軍隊原本可以將義大利逐出戰爭，卻只能閒置無為。如果陸軍不全力作戰，議會和人民將不會允許，因此我會全力阻止這樣的不幸事件發生。

馬歇爾將軍回應稱，他的爭論並非針對華盛頓是否已經決定攻占義大利的具體任務。他只是想指出，在攻下西西里島之後，選擇我們下一步的行動時需要特別謹慎。

當前發生的事件，與戰後引發誤解和爭議的一些事情有關，需要在此進行澄清。應我的請求，艾登先生對土耳其的局勢發表了評論，他指出，將義大利排除在戰爭之外，將對土耳其參戰產生重大影響。「當我們的軍隊抵達巴爾幹時」，土耳其會變得更加友好。艾登和我在戰爭政策上完全一致，但我擔心他的措辭可能會引起美國朋友的誤解。紀錄中寫道：「首相插話強調，他並不主張現在或近期派遣軍隊到巴爾幹。」艾登先生同意不需要派遣軍隊進入巴爾幹，因為土耳其人在我們能夠對巴爾幹構成直接威脅時，自然會採取有利於我們的行動。

在會議結束前，我請亞歷山大將軍發表他的看法。他發表了一篇非常感人的演講。他表示樂觀。儘管激烈的戰鬥可能會持續兩週，我們的軍隊

及其作戰能力是非凡的，我們有很大的成功機會。一旦參戰，猛烈的攻勢通常會持續十天到兩週，甚至三週。隨後便會迅速見分曉。西西里島最關鍵的據點位於東南角的機場和港口。一旦我們穩固控制了這些據點，其餘地方暫且可以不予理會。跨越墨西拿海峽並在對岸建立立足點應該是可能的。墨西拿海峽是西西里島的要道。他重申了他在 5 月 29 日會議上的報告，認為在義大利本土建立橋頭堡應該視為計畫的一部分。除非我們乘勝追擊，深入義大利，否則無法贏得重大勝利。但這一切將在西西里島的軍事行動展開時變得明瞭。義大利的趾形地區可能防禦頑強，需要重新部署我們的軍事行動，但這並非必然。對西西里島的攻擊一旦開始，我們就應準備毫不停頓地推進。現代戰爭允許我們在無線電控制的長距離軍隊和空軍提供的廣域保護下迅速前進。進入義大利本土後，前進可能更為艱難，但這不能阻止我們在西西里島作戰時乘勝追擊。他指出，所提及的可能性無一能準確預測。戰爭中常有不可思議之事。對隆美爾和他非洲軍團的實際情況，幾個月前他無法相信。數週以來，他還是難以相信三十萬德軍會在一週內崩潰。敵軍的空軍被徹底清除，以至於我們可以在突尼西亞的開闊地上檢閱北非的全部軍隊，而不會遭受敵機的任何威脅。

他立即得到了坎寧安海軍上將的支持。坎寧安表示，如果在西西里島的一切行動順利進行，我們應該直接橫渡海峽。艾森豪在會議結束時，向邱吉爾先生和馬歇爾將軍表達了感激之情，因為這次訪問讓他清楚地了解了聯合參謀長委員會所做的工作。他明白他的職責在於收集關於進攻西西里島初期的各方面情報，並及時將其傳遞給聯合參謀長委員會，以確保他們在制定下一步計畫時不會出現中斷或滯後。他不僅需要提供情報，還要根據不斷變化的情況提出有效的建議。雖然他完全同意他的三位高級指揮官 —— 亞歷山大、坎寧安和特德 —— 之前所說的一切，但他希望他們還能有機會對這些事項發表更正式的意見。

向義大利進軍

在接下來的兩天裡，我們搭乘飛機及汽車遊覽了因 1 個月前的戰鬥而聞名的歷史勝地。馬歇爾將軍在短暫地單獨巡視了美軍之後，與亞歷山大將軍及我一同出行，拜訪所有的指揮官，並視察了部隊，目睹了振奮人心的景象。勝利的氣氛無處不在。整個北非已經被徹底清除敵軍。二十五萬俘虜被關押在監牢中。每個人都感到自豪和愉悅。毫無疑問，大家對於取得的勝利感到十分高興。我在迦太基一個宏大的競技場遺址上向數千名士兵發表演講。顯然，時間和環境都非常適合演講。我已經不記得自己說了些什麼，但聽眾毫無疑問地像他們兩千年前的祖先觀看角鬥士比賽時一樣熱烈地鼓掌和歡呼。

在 6 月 3 日的最終會議上，討論的焦點集中在轟炸羅馬火車貨運集散場的問題。與會者一致認為，這些集散場是一個重要且不可避免的軍事目標，除了在白天進行襲擊並適當注意避免對周邊地區造成損害外，沒有不實施轟炸的合理理由。馬歇爾將軍和我意識到，我們必須設法爭取各自政府的授權批准這個行動。

我邀請剛抵達會議的蒙哥馬利將軍分享他對西西里島進攻計畫的看法。他已經被任命為該計畫的執行負責人。蒙哥馬利表示，他所有指揮官對當前計畫充滿信心，部隊在登陸時將士氣高昂。儘管在後勤方面存在一些風險，但這些風險已被深入研究，並找到了因應措施。他提到，儘管擁有兩個空降師，但只有足夠運輸一個師的飛機。在初期階段，他的空運能力僅能投入約三分之一，其餘將在進攻後的第二天或第三天加入。若再多一百四十架飛機，他就能在開始時派出另一個空降旅。但他清楚目前缺乏這些飛機，這個限制也是可以接受的。對於整體局勢，他的軍官們都保持完全的樂觀。關於「哈斯基以後」的作戰計畫，他認為最重要的是明確前進方向，並運用軍事力量推動戰爭朝此方向發展。

在我們的討論中取得了顯著的進展，大家都決定進攻義大利。因此，

在總結時，我以最溫和的方式陳述了結論，並對艾森豪將軍表達了敬意。我提到，我將把象徵這個戰場上相互信任和同志情誼的感情帶回國。我從未有過像此次訪問這樣強烈的合作和共同進退的印象。在一項任務開始前，沒有比這更好的預兆。我表示，只有在重申我對艾森豪將軍的充分信任和對他處理重大問題的態度表示敬佩之後，我才願意離開。

　　艾森豪將軍表示，若有任何讚賞，應歸功於在座的軍官們。他還提到；目前，他的總部可能存在意見分歧和不同主張，但這些分歧絕非源於國家觀念。馬歇爾將軍和布魯克將軍對此表示熱烈贊同；我們在極為友好的氛圍中告別。

　　艾登和我一同途經直布羅陀返回本國。由於我在北非的行蹤被報紙全面報導，德國人對此特別關注，結果引發了一場令我非常痛苦的悲劇。當日里斯本機場的商業班機即將起飛時，一名口銜雪茄的矮胖男子走近飛機，誤被認為是機上的乘客。德國間諜因此發出訊號，聲稱我在那架飛機上。儘管這些客機在葡萄牙與英國之間往返數個月未曾遭遇襲擾，但一架德國戰鬥機立即奉命出擊，冷酷地擊落了這架毫無防禦的飛機。機上十三名乘客喪生，其中包括英國電影名演員萊斯利‧霍華德。他的風采與才華依然保留於他所參與的眾多令人愉悅的影片中。德國人的殘酷僅與他們間諜的愚蠢相匹敵。大不列顛的資源掌握在我手中，而我竟然要買一張沒有武裝和護衛的飛機票，在大白天從里斯本飛回本國，誰會這樣想呢？這實在令人費解。我們在夜間從直布羅陀起飛，當然在大西洋上繞了一個大圈，安全抵達本國。當我得知他人在命運之神不可思議的安排下遭逢不幸之時，我感到無比震驚和痛苦。

　　這本關於第二次世界大戰轉捩點的書籍，我們在此畫上句號。美國在日本襲擊珍珠港後參戰，明確顯示維護自由的事業不會被放棄。然而，從倖存到勝利的旅程還有若干階段要跨越。擺在我們面前的是一場激烈而殘

向義大利進軍

酷的戰爭，幾乎還有兩年的時間。然而，未來的威脅不再是滅亡，而是僵持。在偉大共和國的全部力量投入戰鬥之前，美國的陸軍建設尚需完成，其龐大的造船計畫也未完全實現。然而，下一步的成功已經近在眼前，義大利的崩潰——或者說解放——指日可待。希特勒必須為他試圖透過進攻征服俄羅斯的致命錯誤付出全部代價。他還將在許多與主要戰局無關的戰場上消耗德國的大部分剩餘力量。德國不久後將在歐洲被完全孤立，陷入全世界武裝人民的憤怒包圍中。日本的領導人意識到他們的攻勢已經是強弩之末，並開始走下坡路。同時，英國和美國即將掌握海洋和空中的制霸權。形勢已經發生了巨大變化。

附錄（一）

新加坡的防務
陸軍中將亨利・波納爾爵士的備忘錄

1921年，我們決定在新加坡建立一座海軍基地，未來的所有防務計畫均以抵禦海、陸、空三方面的攻擊為目標。基地計畫設在新加坡島的北岸，面朝海軍停泊的柔佛海峽。

在那個時期，乃至隨後若干年，人們普遍認為英國艦隊能否有效控制新加坡周邊水域是基地安全的最終保障。只要英國艦隊抵達，當地的日本海軍力量便會被牽制，並切斷任何在該地區的陸軍或空軍的活動。駐守的陸軍和空軍的職責是抵抗敵方的武力，直至英國艦隊抵達。這段時間被稱為「援軍到達前的時間」，最初預計為七十天，這是基於敵軍從日本出發的假設，因為當時日本尚未開始向中國及其周邊地區擴張。在我們的艦隊到達之前，日本軍隊能利用的時間相對短暫，因此其進攻策略可能是對新加坡進行突襲。防禦計畫便是基於這種假設制定的，因此需要的駐防軍數量較少。

西元1920年代的國際局勢，並不要求大規模投入資金用於防務現代化；直至1933年日本退出國聯後，內閣才決定採取相對必要的措施。

當今，空軍力量的發展對國防事務產生了深遠影響。新加坡易受艦載飛機攻擊以及航程不斷延伸的岸基飛機襲擊。我們的飛機也具備執行更遠距離偵察和攻擊的能力。1933年之前，新加坡島上僅設有一處皇家空軍機場。如今，已經新增建了兩處機場；此外，東海岸的其他機場工程也已

附錄（一）

經動工，最終將盡量延伸至泰國邊境。這是陸軍承擔的新任務。陸軍不僅需要保護這些機場供我方使用，還要確保它們不被敵軍占領，以免用於破壞我方的海軍基地。在這方面，由於機場的設置主要考慮作戰飛行，而忽視地面防禦，相關負責人之間產生了分歧。無論如何，若無強大的空軍使用新建機場，並且在整體防務中協同作戰，這不僅是浪費，更顯然存在危險。

1937年，經過對整體局勢的全面審視，並基於兩項主要假設，對防務需求作出了如下評估：

（1）假設我們利益的威脅源於海上；

（2）假設我們能在3個月內調遣一支足以防衛自治領和印度的強大艦隊前往遠東，並確保我們在印度洋的航運安全。

1937年的觀點與1921年基本無異，但到了1939年，「援軍到達前的時間」延長至一百八十天，並獲准在更大範圍內集結後備部隊，同時可以從印度增派一個步兵旅。

戰爭首年的結果徹底改變了局勢，關鍵因素包括日軍進駐華南和海南島；法國崩潰導致的中南半島局勢變化；飛機航程的延長；尤其是，為應付德、義艦隊，歐洲海面必須保持一支強大艦隊，這使得在必要時無法調派適當的海軍力量前往遠東。

1940年8月，三軍參謀長對局勢進行了評估。他們的主要結論是：

（1）唯有在擊敗德國與義大利，或其海軍力量顯著削弱之後，我們才具備有足夠的艦隊來保護遠東利益。我們的目標必須是將不可避免的損失降至最低；至少應該保留一個立足點，以便未來力量強大時，能夠從此恢復我們的地位。

（2）單單將力量集中於新加坡島的防務已經不敷所需；現今必須保衛

整個馬來亞。這又涉及到現有陸軍與空軍的擴充問題。

（3）在艦隊匱乏的情形下，我們的戰略應主要依賴空軍力量。於相當長的時間內，我們仍無法提供所需的空軍；在此期間，需大幅增加地面部隊。

（4）我們的海軍建設計畫從未設想過與德國、義大利、日本三國分別進行戰爭。支持遠東海軍的最佳希望將是儘早在地中海對抗義大利海軍並取得勝利。

1940年8月，馬來亞的空軍擁有八十四架前線飛機。三軍參謀長依據當地指揮官的建議，認為在遠東需要三百三十六架前線飛機（其中包括用於保護印度洋貿易的五十四架）才能滿足英國皇家空軍新增的責任。

1940年10月於新加坡舉行的會議建議，應將三百三十六架增加至五百八十二架。空軍部隊認為這遠遠超過了實際可能；三軍參謀長同意五百八十二架是個理想，但認為三百六十六架就可保證相當程度的安全。

1941年12月7日，英國皇家空軍在馬來亞部署了一百五十八架飛機，其中二十四架為過時的「角馬」式。核准的第一線後備機數量為一百五十七架，實際可用的後備機為八十八架。

1940年8月，馬來亞的陸軍駐防部隊，除了海岸防禦、防空及輔助部隊之外，共計十九個營和一個山炮旅。

三軍參謀長進一步建議，若英國皇家空軍部署的數量達到目標（三百三十六架），則至少需六個旅（十八個營）的守備人員及輔助部隊。1941年1月，依馬來亞駐軍總指揮官的建議，三軍參謀長將守備人員增加至二十六個營。然而，在空軍能夠充分履行職責後，他們認為守備隊應擴充至三個師的規模；如此，全部守備力量為九個營加二十七個營，總計三十六個營，另有輔助部隊。

附錄（一）

1941 年 8 月，珀西瓦爾將軍提交一項新提議，主張守備力量擴充至四十八個營。此提議獲得三軍參謀長的認可，但被認為在可預見的未來無法實現。

在 1941 年 12 月 17 日，馬來亞的陸軍部隊（不包括海岸防禦和防空單位）為：

32 個營

7 個野戰炮團

1 個山炮團

2 個反坦克炮團

這些部隊人員總數達到七萬六千三百人（不包括坦克部隊）。

儘管陸軍部的部署目標即將達成，但近期從印度抵達的軍隊中有部分未經訓練，他們的戰鬥力較弱。炮兵中有三個團是在戰爭爆發前不到 1 個月內抵達，因此未能進行兵員實作的叢林戰訓練。

附錄（二）

(1) 略語表

A.A.guns 高射炮

A.B.D.A. 美、英、荷、澳聯合防區

A.D.G.B. 英國防空委員會

A.F.V.s 裝甲戰車

A.G.R.M. 皇家海軍陸戰隊高級副官

A.R.P. 空襲警備處

A.T.rifles 反坦克步槍

A.T.S. （女性）本土防禦輔助服務隊

C.A.S. 空軍參謀長

C.C.O. 聯合作戰部司令官

C.I.G.S. 帝國總參謀長

C.-in-C. 總司令

Controller 第三海務大臣及軍需署署長

C.O.S. 參謀長

D.N.C. 海軍建設局局長

F.O. 外交部

G.H.Q. 總部

附錄（二）

G.O.C. 總指揮官

H.F. 本土部隊

H.M.G. 英王陛下政府

M.A.P. 飛機生產部

M.E.W. 經濟作戰部

M.O.I. 新聞部

M.of L. 勞工部

M.of S. 軍需部

P.M. 首相

U.P. 靜止炮彈——火箭的代號

V.C.A.S. 空軍副參謀長

V.C.I.G.S. 帝國副總參謀長，

V.C.N.S. 海軍副參謀長

W.A.A.F. 空軍婦女輔助部隊

W.R.N.S. 皇家海軍女子服務隊

(2) 密碼代號表

Acrobat（雜技家）：從昔蘭尼加進攻的黎波里塔尼亞。

Admiral Q（海軍上將 Q）：羅斯福總統。

Anajim（安納吉姆）：緬甸收復戰役。

Aspidistra（葉蘭）：在聯合王國設立的祕密無線電廣播站。

Attila（阿提拉）：這是德國針對法國自由區占領行動的代號。

Backbone（脊骨）：針對西屬摩洛哥的軍事行動方案。

Bolero（波麗露）：為主攻法國的關鍵戰役進行的後勤籌備（後來成為「霸王」作戰計畫的基礎）。

Bonus（獎金）：對馬達加斯加的軍事進攻計畫（後被稱為「鐵甲艦」計畫）。

Brimstone（硫黃）：奪取撒丁島的戰略方案。

Cannibal（食人者）：對若開地區的軍事攻占計畫。

Colonel Worden（沃登上校）：首相邱吉爾。

Corkscrew（螺絲錐）：針對潘泰萊里亞島的軍事行動方案。

Crusader（十字軍戰士）：西部沙漠的作戰方案。

火把：征服科西嘉島的策略。

Gee（前進）：用於轟炸機導航的雷達設備。

Gymnast（體育家）：法屬北非行動方案（後被稱為「火炬」行動計畫。）

Habbakuk（哈巴谷書）：由冰塊構成的海上漂浮機場。

Hercules（赫爾克里士）：敵軍對馬爾他島軍事行動計畫的密碼名稱。

Hobgoblin（小鬼）：特指潘泰萊里亞島。

Husky（哈斯基）：對西西里島的攻占計畫。

Imperator（大將軍）：1942年針對法國海岸的攻襲計畫。

Ironclad（鐵甲艦）：計劃對馬達加斯加進行攻勢行動。

Jubilee（慶典）：1942年迪耶普突襲。

Jupiter（朱比特）：一項針對挪威北部的軍事行動計畫。

要人：吉羅將軍。

Lifebelt（救生帶）：針對葡萄牙大西洋島嶼的軍事行動方案。

329

附錄（二）

Lightfoot（捷足）：1942 年 10 月，第八集團軍在西部沙漠的作戰方案：阿拉曼。

Magnet（磁鐵）：將美軍部署至北愛爾蘭的方案。

Overlord（霸王）：1944 年進攻法國的軍事計畫。

Pedestal（基石）：1942 年 8 月向馬爾他運送物資的船隊。

拳擊家：在西部沙漠區域對馬雷斯防線展開攻勢。

報復行動：為了阻止德軍從突尼西亞撤退，我們制定了海軍作戰計畫。

圍殲：1943 年進攻法國的計畫，之後被稱為「霸王」作戰計畫。

Sledgehammer（痛擊）：針對布雷斯特或瑟堡的攻擊計畫。

增壓行動：1942 年 11 月，第八集團軍在西部沙漠的軍事行動計畫。

象徵：1943 年 1 月卡薩布蘭卡會議。

Torch（火炬）：盟軍對法屬北非展開攻勢。

Trident（三叉戟）：1943 年 5 月在華盛頓舉行的會議。

Tubealloys：研究原子彈。

Upkeep（房地產維持費）：專用於飛機的獨特武器。

Velvet（天鵝絨）：盟國對俄國南部側翼的空中支持。

精力旺盛：1942 年東地中海的運輸船隊。

Vulcan（火神）：同盟國針對突尼西亞的攻擊計畫。

Watchtower（瞭望塔）：美國於索羅門群島的軍事行動計畫。

Window（窗戶）：利用鋁箔片來擾亂德國雷達。

(3) 首相以個人身分發布的備忘錄及電報
（1942 年 1 月— 1943 年 5 月）

1 月

首相致函伊斯梅將軍，轉呈參謀長委員會

1942 年 1 月 18 日

請撰寫一份報告，詳細描述我們在亞歷山大港為了驅趕義大利人而取得的成就所作出的努力，以及在其他相似問題上與他們齊頭並進的舉措。戰爭初期，傑弗里斯上校在這個問題上有許多獨到的見解，但卻很少受到激勵。義大利人既然能夠展現出如此高超的技術和靈活的行動，我們有什麼理由不能實現同樣的成就呢？我們必須意識到，我們理應處於優勢地位。

請如實彙報情況。

首相致函空軍大臣

1942 年 1 月 18 日

我得知你原定於去年 12 月交付給俄羅斯的飛機短缺了四十五架，這個缺口在今年 1 月 25 日之前無法彌補。此外，1 月分的配額要推遲到 2 月才能完成交付。

在移交給俄國的飛機中，雖然數量微不足道，但仍有其象徵意義，將這些少數飛機存放在此，對你的核心問題並無助益。

我必須強調，準時且如數地向俄羅斯交付飛機至關重要，因為這正是我們唯一能夠提供的援助。

附錄（二）

關於機場防禦致空軍部與陸軍部的備忘錄

1942 年 1 月 22 日

1. 所有安排必須簡潔清晰，這一點至關重要。主要目標是確保機場的安全防護，這種防護在籌備階段和緊急情況下都需要統一指揮。

2. 這類直接的區域性防衛任務應由皇家空軍承擔，因其在機場範圍內擁有大量人力。同樣重要的是，應盡量將青年軍營和其他軍事人員從這種靜態防衛中解放，以加強機動野戰部隊。

3. 皇家空軍為了接管所有現有機場，除了現有的六萬六千名地勤人員，還需要額外的一萬三千人。這新增的一萬三千人不會對國家人力造成額外負擔，因為他們可以從分配給陸軍用於機場防衛的最高限額中扣除。

4. 上述所有內容與陸軍部的一般職責並不相悖；陸軍部的一般職責是對任何入侵者或闖入者進行現場制裁，尤其是及時保護和支援機場。本土部隊總司令將為此目的採取各種必要措施，並在必要時將本土部隊的作戰行動與機場防禦人員的行動協調一致。他協助空軍基地制定區域性防禦計畫，並擁有獨立的檢查權，根據計畫的有效性標準，隨時向陸軍部報告，並轉交空軍部。

首相致函伊斯梅將軍，轉呈參謀長委員會

1942 年 1 月 23 日

這份關於對俄供應不足的報告是極為嚴重的問題。若資料確實準確，這便等同於背信棄義。務必告知我原因、正確的資料以及已經交付的數量。後勤部門在這方面的任何不足，均是直接違背內閣指示。

首相致函帝國總參謀長及陸軍情報局局長

1942 年 1 月 23 日

前不久，我獲知土耳其將其主要兵力從色雷斯轉移至亞洲海岸，這無疑是約翰‧迪爾爵士的建議。我已經將這個觀點告知美國總統。然而，現在看來，要不是我接收到的情報有誤，不然就是當地的部署已經發生變化。

請告知我真實情況，因為我需要向總統準確彙報。

首相致空軍大臣

1942 月 1 月 23 日

美國先鋒部隊四千餘人預計於週日晚間或週一清晨抵達貝爾法斯特。我已經邀請美國大使與北愛爾蘭總督及總理共同迎接。我希望三軍大臣之一能在部隊抵達時出席，如能勞駕前往，我將不勝感激。為協調安排，或許你需要與內政大臣連繫。

首相致空軍參謀長

1942 年 1 月 24 日

這種（飛機消耗）的總量實在令人震驚，而本週飛機的出動次數卻寥寥無幾。我不得不請你提出顯著減少消耗的方法。我希望你能向我保證實現這個目標。

同時請將作戰中被敵方擊落的損失數量及其他原因造成耗損分別單獨報告。

首相致飛機生產大臣

1942 年 1 月 24 日

請提供本週生產狀況不佳的原因說明，這並非有包含節日的一週。你的 1 月分資料非常令人失望，遠低於預期目標。

附錄（二）

首相致空軍參謀長

1942 年 1 月 25 日

我建議，當「無畏」號第二次前往馬來半島時，應該攜帶四個中隊的「旋風」飛機。這些飛機可以從中東調撥，並迅速由飛往馬爾他的戰鬥機進行補充。

（特德空軍中將發來的）報告指出，東方戰場的飛機在加油和維護上遇到困難。昨天我收到有關塔科拉迪航線的報告，稱大量「旋風」和「伯倫翰」飛機在塔科拉迪擁堵。目前並無緊急需求，因為「無畏」號的首批飛機尚未起飛。然而，國防委員會必須在本週內做出決策，並制定時間表。

首相致海軍大臣

1942 年 1 月 27 日

是否真的有必要在每次通訊中將「提爾皮茨」號寫作「馮·提爾皮茨海軍上將」號？

這勢必導致訊號員、譯電員和打字員耗費大量時間。使用「提爾皮茨」號這個名稱已足以代表這頭野獸。

首相致函伊斯梅將軍，轉呈參謀長委員會

1942 年 1 月 30 日

請思考，是否能夠讓已經從東非撤回的西非旅做好準備，以便支援遠東由韋維爾將軍負責的戰區。

據我所知，該準備工作已經完成一半，請提供最迅速的時間表。

首相致伊斯梅將軍

1942 年 1 月 30 日

請列出每一個印度師（包括正在訓練中的部隊）的駐紮地點，以及該師的人員數量和炮兵的大致實力。

首相致陸軍大臣和新聞大臣

1942 年 1 月 30 日

我非常關注報紙上關於新加坡局勢的所有報導。例如，報紙提到，為了防禦目的，已經在島嶼北部後撤一英里，這樣的報導是否必要？敵人的包圍現在已經進入關鍵階段，因此我們不能如此完整清楚地透露我們的狀態。參謀人員應該研究約翰·沃德洛-米爾恩爵士在下議院的報告。之前，我曾要求韋維爾將軍在新加坡實施更嚴格的新聞審查制度。此事執行得如何？他們似乎以極為殷勤的態度將自己的底細全盤托出。他們畢竟是在防禦一個要塞，而不是在領導一次布克曼的宗教復興運動。

首相致空軍參謀長

1942 年 1 月 31 日

請注意，在幾乎沒有戰鬥的一週內，戰鬥機司令部從一千五百五十架可飛行飛機中損壞了一百二十六架，相當於每十二架中損壞一架。該機隊出動多少次，請告知。也請提供該週戰鬥機司令部事故的詳細分析，至少列出十幾個原因。

試想，在我們儲備稀少且需要為春季戰鬥累積力量之際，這些毫無意義的浪費卻在不斷發生。

2 月

首相致帝國總參謀長

1942 年 2 月 22 日

1. 目前，國務大臣利特爾頓先生即將從開羅啟程，我正在思考若干不同的安排方案，即：

（1）奧金萊克將軍被委任為該戰區海、陸、空三軍的總指揮官。

附錄（二）

(2) 一名常駐開羅的內閣大臣，不僅要接手利特爾頓先生遺留下的所有任務，還需要負責大部分後勤事務的妥善處理。

2. 為何我們的勤務工作遠遜於敵人，為何可以出動的坦克比例如此之低？探究其中原因顯得極為必要。

3. 請在近期內告知你的個人見解。

首相致空軍大臣和空軍參謀長

1942 年 2 月 26 日

在許多方面看來，空軍的報導和宣傳過於集中在日常戰鬥情況，這種方式被視為不成功。許多人一聽到空軍的消息，就立即關掉收音機。原因可能是由於可以避免的重複，也可能是由於撰稿者只見樹不見林。傑出的成就和非凡的事件並未總能獲得應有的榮譽和重視，實在令人惋惜。

我建議你們，在發布公告、進行廣播或向內閣報告情況之前，應進行比以往更為嚴格的審查。當敵我雙方大軍對峙之際，將普通的壕溝襲擊戰或小規模騷擾戰逐一列出，從來沒有被認為是必要的。各戰場的常規戰鬥應每週總結一次——例如在馬爾他島空戰期間，一週內發生了多少次突擊，擊落了多少敵機等，而無需每天詳細列出。如果這樣做，任何擊落敵機二十架或三十架的事件將給公眾留下深刻印象。然而，現在空軍部本來令人振奮的故事，可能會變成乏味的報導。必須竭盡全力避免單調重複。

首相致空軍大臣

1942 年 2 月 28 日

我為自己繪製了一張圖表，顯示 1941 年我們的空軍因為敵方軍事行動所造成損毀和受損的飛機數量，以及因飛機事故而損失的數量。

確實，幾乎所有受損的飛機在維修後都再次投入使用，但這意味著大量熟練勞動力的工時投入。雖然缺乏具體的資料，但可以肯定，飛機製造部門

的大部分資源被耗費在修復因飛行事故而非敵方軍事行動損毀的飛機上。

請告知我，你將如何採取措施來改善這個令人失望的局面。

3月

首相致函伊斯梅將軍，轉呈參謀長委員會

1942年3月2日

1. 我對現行制度弊端的日益嚴重感到憂心：海、陸、空三軍軍官，不論在委員會還是司令部，對所有事務及共同問題都享有相同的發言權。三軍軍官（高級軍官除外）聚在一起時，幾乎總是提出大量的擔憂和困難，使得部隊精神大受影響。

2. 我認為，我們應當考慮採用為特定地區和特殊任務指派最高司令的戰略。特種部隊的司令應具備新的特點，有時可能是一位海軍、陸軍或空軍的將領。在參謀工作和聯合計畫的制定中也可如此操作。在研究任何計畫時，三軍之中任何一方的軍官可被指派主要負責制定計畫，而其他的軍官則協助他。究竟選擇哪一方的軍官負責，這取決於：(1) 作戰的性質以及該計畫將以哪個軍種為主，(2) 相關人員的狀況。

3. 如果你們能夠深入探討這些問題，我將心懷感激。

首相致自治領事務大臣（請轉交掌璽大臣一閱）

1942年3月4日

在我看來，將這種對遠東局勢的悲觀情緒擴散到整個帝國並無多大益處。這種情緒在此地已成風氣；然而，無論傳播到何處，皆為極度有害。是否已經傳播開來？總之，大家討論得過於頻繁。在接下來的幾個月裡，我們或許將面臨截然不同的情勢與心態。

附錄（二）

首相致雅各布上校

1942 年 3 月 5 日

　　在遠東，空軍的地勤人員數量是否過多（考慮到他們的機隊已經被摧毀），這一點是否屬實？在新的計畫中，這些人員是否已經被納入考量？目前，空軍為地勤人員所請求的護航席位並沒有超過一個戰鬥師的席位。

首相致帝國總參謀長

1942 年 3 月 5 日

　　「未能將機槍陣地打啞」這個表述意指未能使機槍陣地失去作用。這種說法在軍事術語中顯得頗為獨特。所發生的事件顯然僅是一次小規模衝突。自然，要使機槍陣地失去作用的方法之一是使用火炮進行轟擊。

首相致掌璽大臣

1942 年 3 月 8 日

　　去年，我曾多次召集「坦克議會」，所有師長悉數出席。看來，他們都是傑出的人才。我們在前線累積的經驗需要不斷優化。

　　我不太認為速度是坦克的首要條件，對我而言，這絕非所有坦克的首要條件。在任何情況下，當坦克對峙時，決定勝負的是裝甲厚度與火炮威力。反坦克武器在威力上迅速提升，防護薄弱的坦克面臨著日益增加的危險。

首相致徹韋爾勛爵

1942 年 3 月 10 日

　　我贊同你的備忘錄大綱，尤其是在限制民間消費方面。我堅決反對對娛樂徵收重稅的措施。值得稱讚的是，適當配給麵包，以便獲得更具營養的租借法案食品。實施配給總比耗盡儲備物資要明智得多。目前麵包的浪費情況令人惋惜，且常被用於餵養牲畜。最關鍵的措施應該是降低價格，

以確保最貧困的人也能購買他們所需要的全部配給品。

我反對「艱苦第一」的政策,因為那些希望厭戰情緒蔓延直至促成投降的人,通常提倡這種政策。

對於各種自願刻苦的建議,應以進口的噸數來衡量其價值。若有任何物品可帶來重大節約,我們便全力促成其實現;然而,為了迎合或嘗試迎合艦隊街的新聞記者而施加許多無謂的限制,我認為是愚蠢的。這些記者免服兵役,身上無重擔,整日流連於河濱馬路大飯廳中吃喝。

你應該以更為正式的方式為我擬定一些方案。

首相致空軍參謀長

1942 年 3 月 13 日

陸軍所需要的俯衝轟炸機進展如何?比弗布魯克勳爵確實在一年多前就下達了訂單。請告知訂購日期及國防委員會的討論日期。目前這些飛機的情況如何?已經交付了多少架?未來 3 個月的預期交付量如何?從空軍的角度看,這些飛機的性能表現如何?

首相致第一海務大臣

1942 年 3 月 13 日

我觀察到,「提爾皮茨」號在遭到我方的魚雷飛機襲擊未中後,迅速在煙幕後撤退。為何菲利普斯海軍上將未實施類似策略?他是否缺乏製造煙幕的設備?是因為他的驅逐艦無法生成煙幕,還是因為擔心影響驅逐艦上的高射炮射擊?

首相致函陸軍大臣、萊瑟斯勳爵及徹韋爾勳爵

1942 年 3 月 13 日

請在方便時盡快集合商議本文件中所提到的問題。陸軍部已經將兩個師的澳洲部隊連同他們所有未拆卸的車輛送至澳洲(當地並無敵前登陸的

附錄（二）

狀況），這種做法是否確實屬實？在此過程中浪費了多少船舶運輸能力？我們應根據未來的全體策略發布什麼指令？請你們提出建議。

首相致新聞大臣

1942年3月22日

我們確實可以建議報館的社長或編輯，在發表主張採取某些特殊行動或警示某些地區危險的文章之前，先諮詢新聞部的軍事顧問。勞森將軍完全有能力提供指導。例如，如果我們計劃占領熊島或斯匹茲卑爾根島，而報紙發表支持相關行動的文章，則可能使這些軍事行動對我們的軍隊構成更大的風險。或者文章指出，星期四島或聖誕島是一個重要的戰略據點，建議我們必須全力守住；或者提到當地人心惶惶；或者提到已經採取特殊措施進行燈火管制——所有這些都可能引起敵人對這些地區的關注，增加風險。我們這樣做，並不是為了嚴格控制或禁止任何猜測，而是事先進行合理的商議是極為必要的。世界上任何其他國家都不會提前告訴敵人他們可能的行動計畫或最脆弱的地方。

進攻大陸的問題是一個更為重大的事件。整個春季，英國媒體一直在呼籲發動大陸攻勢。在這種情況下，若我們實施大陸攻勢，必將導致英國人遭受重大的生命損失。因為敵人會為抵禦進攻而加緊準備和加固防禦。我明白，這樣的限制對媒體而言是難以接受的。然而，一旦採取軍事行動，對於失去生命的人及其家屬同樣難以承受。對於這樣的問題，你可以利用你的權力和影響力，向報社社長和編輯提出建議。

在軍事行動的策劃階段或執行過程中，揣測的危害性與洩密無異。敵方無法區分該報導與洩密的區別。充滿希望的軍事行動，因媒體的討論而被迫中止。若我們即將發動作戰攻勢，這將成為一個極其嚴重的問題。有人認為，報導得越多，重要性會自然消減，但這個理論對我我來一點都沒

有安慰效果。敵人十分聰慧，這些報紙透過里斯本幾天內便流入他們手中。這些消息會被仔細分析，並與其他情報比對以辨別真偽。

首相致伊斯梅將軍

1942 年 3 月 29 日

您應撰寫一封信給漢基勳爵，其主要內容如下：

首相已就你在上議院中提及近期國防會議次數的問題進行了調查。

「在過去的半年中，已經召開了十九次會議，換言之，平均每月舉行三次。這些會議的時間至少有一半是在午夜之前結束的。」

首相致帝國總參謀長與本土部隊總司令

1942 年 3 月 30 日

若我們採信聯合情報中心近期的估算資料（關於德國擁有的坦克登陸艇數量），那麼關於八百艘特製船舶的傳聞以及由此推斷的入侵規模就顯得過時了。關於這八百艘船的傳言，我始終持懷疑態度，並多次查證其真實性。

我期望，我們能夠始終保持估計的及時性。

4 月

首相致海軍大臣

1942 年 4 月 2 日

1. 關於新造船計畫，你建議建造二千二百五十噸驅逐艦的細節如何，盼告。我不明白它們在防備魚雷飛機方面的掩護功能，與航空母艦起飛的戰鬥機相比，具體怎樣？這些問題是否源於「威爾士親王」號和「卻敵」號的災難？負責掩護的驅逐艦應與被保護的戰鬥艦隊保持多遠的距離？請告知你的看法。

附錄（二）

2. 我自然反對建造耗時 21 個月的驅逐艦，因為當前正是迫切需要提升潛艇數量與建造速度的時刻。根據通常的觀點，一艘排水量為二千二百五十噸的非裝甲艦艇——實際上就是「偵察」號級的巡洋艦——違反了海軍造船的合理原則。你所建造的艦艇，既非巡洋艦也非驅逐艦，反而將成為潛艇的獵物，而非獵手。依我看，這種艦艇毫無裝甲防護，無法承受任何輕巡洋艦的攻擊，其一百八十名官兵將全數葬身海底。

3. 若不建造這兩支艦隊的大型驅逐艦，轉而建造能夠在一年內完工的同級別更多驅逐艦，能建造多少艘？

4. 混淆艦艇型號是嚴重的錯誤。我們的海軍成功抵制了增添舊式「快速」號艦隻的誘惑。

5. 建造這些威力強大但對戰爭任務而言過於昂貴的驅逐艦以護衛戰鬥艦隊，這個事實完全違背了戰鬥艦的基本原則。

首相致函生產大臣、軍需大臣及伊斯梅將軍，抄送參謀長委員會

1942 年 4 月 3 日

1. 有關生產「邱吉爾」坦克，我們的政策必須進行審視。已交付的坦克數量為 1,185 輛，其中 900 輛已經分配給軍隊。在接下來的 6 個月中，我們可以選擇製造 1,000 輛配備六磅炮彈火炮的最新型號坦克，或者製造 500 輛新坦克並對已有的 1,185 輛中的 500 輛進行改裝。哪種選擇更為適宜，需認真加以權衡。

2. 在商業競爭的和平時期，人們不會關注這 1,185 輛坦克，而是會迅速生產改進後的新產品。若我們這樣做，可以獲得 1,000 輛新坦克，加上這 1,185 輛。所有新坦克都配備六磅炮彈的大炮；這 1,185 輛則配有兩磅炮彈的大炮。總計 2,185 輛。如果我們在阻礙新生產的情況下改造這 1,185 輛，我們將獲得 500 輛新坦克、500 輛改裝坦克，以及未改裝的 685 輛。總計 1,685 輛。

3. 根據第二種計算方法，我們將損失 500 輛坦克，並且必須放棄 500 輛二磅炮的炮塔，因為現在這些炮塔似乎沒有用途。這顯然是一個絕對的損失。如何做出決定，取決於這 1,185 輛坦克的性能。未經過改良的坦克究竟還有什麼用途？不能說它們完全沒有價值。在每參戰的兩輛中，僅有一輛需要修理。這大致與「馬蒂爾達」坦克的比例相同，與其他類型的巡邏坦克相比，比例是二比一對三比一。是否更好地生產 1,000 輛裝備六磅炮的新型「邱吉爾」坦克，並盡可能利用這 1,185 輛？我將為這 1,185 輛坦克尋找用途。最差的二、三百輛或許可以用於機場防禦。其餘的車輛，在不影響新生產的情況下，可以逐步進行改造。

4. 此外，在對這 1,185 輛坦克的剩餘部分進行處理時，需要特別小心。一些坦克可用於訓練，加拿大反坦克旅對這些坦克讚譽有加，認為在曾操控過拖拉機的人員手中，這些坦克的損壞率可大幅降低。是否能透過獎金激勵及增加訓練，使英國的駕駛員達到同等的熟練水準？指揮官必須對此問題予以重視。另一個需要向他們提出的問題是，「邱吉爾」坦克的損壞是否不當占用了戰地修理廠的資源。如果確實如此，那麼在配備六磅炮的新型「邱吉爾」到達時，可以暫時將其擱置。由於直接入侵英國本土的威脅現已減輕，因此裝甲部隊的全面裝備工作可以適當延遲。同時，需確保這 1,185 輛坦克中無一輛在本土以外使用。

5. 回顧整個問題，顯然絕大多數意見認為，這 1,185 輛坦克無需進一步改進，但應該充分發揮它們及可發射二磅炮彈的大炮作用，並以最快速度生產新型坦克。請在星期一於伊斯特本召開會議之前，軍需部和總參謀部務必考慮這個問題。

附錄（二）

首相致空軍參謀長

1942年4月4日

1. 你是否看過亞瑟‧斯特里特爵士提供有關敵我雙方在至此戰爭期間飛機生產實際與預期比較的資料表？如果這些資料可靠——他以空軍參謀的身分保證其準確性——那麼飛行員過剩的問題似乎很快就會得到徹底改善。這些資料無疑能為你提供籌組新中隊的依據，不僅用於替換派往海外的中隊，還可用於增設新的中隊。

2. 在接下來的6個月內，迫使敵人耗盡其逐漸減少的空軍力量顯然極為重要。你能否提供一些關於雙方消耗量的估計資料？軸心國與同盟國相比，戰線必定更加廣泛，作戰次數更多，因為德國需要在俄國、馬爾他島和利比亞境內作戰，而英、美空軍則有相當一部分力量未投入前線；日本空軍同樣在多條戰線上同時作戰。我們的優勢在於可以隨時隨地進行作戰。我們的挑戰是在廣闊的領域中發起攻擊。在這方面遇到的狀況又關係到運輸問題。

3. 請告知你對大量飛行員聚集在伯恩默思旅館的安全性有何看法。如果美國的生產如其承諾般發展，這些人將很快被動員。

首相致陸軍大臣

1942年4月4日

1. 若要實現任何實質性的削減（車輛生產），你必需將削減百分之三十五作為目標，然後評估與該目標的差距。在執行過程中，必須斤斤計較。我希望在一週內收到一份初步報告。

2. 最佳措施是發布一條明確指令：未經參謀長委員會的許可，船上不得裝載未拆卸的運輸工具，且此許可僅在可能進行作戰登陸時方可獲得。直接將澳洲部隊的車輛從中東運至澳洲而不拆卸車輪，已經導致了運輸上的巨大浪費。

首相致函伊斯梅將軍，轉呈參謀長委員會

1942 年 4 月 7 日

1. 總參謀部對陸軍的要求與現有及預期資源不匹配；若滿足此要求，將損害皇家空軍的獨立原則。對此，空軍部的觀點顯然需要總參謀部認真考慮和評估，以便採納其合理之處並縮小分歧。

2. 將我們的大部分空軍拘束於陸軍部隊之中是非常危險的，因為他們當中的大多數可能會等待數個月甚至數年，仍然無法與敵人交戰。

3. 總參謀部要求 2,484 架特別設計的運輸機，這個數字似乎超出了當前所有的生產可能性。然而，我非常希望盡快最大限度地增加空降部隊的數量。應準備一個計畫，將所有性能較為落後的轟炸機改裝為運兵飛機，以供空降部隊和普通部隊使用。對於現有的飛機生產，不應過於注重新式分隔室的設計，但應該設立一個改裝部門，並制定一個完善的計畫。

4. 我對飛機生產部門所聲稱的「新型運輸飛機的大規模生產至少需要四年」持懷疑態度。鑑於所需的效能標準既低又簡單，這種飛機的零元件應該是容易生產的。利用廢舊引擎和其他材料可以生產各種型號的飛機。唯一的要求是製造載客運輸機，與其統一型號，不如確保安全更為重要。作為一個長期計畫，美國或許打算設計並分享一種特別設計的運輸機。他們目前在這方面的進展如何？

5. 在這段時間內，我期望我們可以提出增加空降運輸計畫的建議。我們的計畫不應該像設計女性化妝盒那樣複雜。空軍部的現有建議正好符合他們即將運輸戰術部隊的需求。除了這些建議之外，我們的額外要求是，無論如何，這種飛機應首先能夠隨時載人或運送物資。我希望看到一個空降師的編制情況。我相信，大家在這項工作中將會努力保持簡單，避免華而不實。觀察德國人的行動是很有幫助的。

附錄（二）

首相致樞密院長

1942 年 4 月 11 日

1. 我們完全贊同你關於煤炭的各種建議，唯獨不贊成從野戰軍中調出七千名受過訓練的士兵去礦井工作。若這七千人像普通礦工一樣生產，他們一年內可開採兩百萬噸煤。在如此緊急的情況下，這樣不當使用軍隊人員將產生嚴重後果，因此我希望能以其他方式彌補這兩百萬噸煤。我認為有許多替代方案，這些方案初步看來對我們整體的戰爭任務損害較小：

（1）從 1,200 萬噸的儲備煤中撥出；

（2）如同在其他原材料上採取的策略，對於各類使用者實施煤炭配給制度，以達到節約的效果；

（3）戰時生產部門的進一步節省；

（4）削減除軍火工廠外的其他工業煤炭使用量；

（5）在出口計畫中盡量減少煤炭的輸出；

（6）用金錢獎勵交換礦工的一部分常規煤補貼；

（7）指派大批未經專業訓練的十八、九歲青年進入礦井作業；

（8）建議或准許部分達到退休年齡的人繼續工作一年；

（9）盡可能推廣露天採煤；

（10）要求礦工每週增加十五分鐘的加班時間。

若我們留心這些潛在的解決方案，無論哪一種每年都能帶來約百萬噸的煤炭，因此要找到二百萬噸的來源絕非難事，這樣就不會對陸軍產生影響。

2. 你的各項長期計畫，其中包含將超額利潤稅與開採噸位掛鉤的財政法規，亦將對煤炭生產造成推動作用。

3. 在此期間，陸軍部也在準備詳細列出參與本土野戰軍的人員中礦工和採掘工人的數量及其比例，並統計他們之中有多少人加入了戰鬥部

隊——也就是說，除了在運輸部門、皇家陸軍兵站部、皇家海軍軍械部以及其他輔助部門工作的人員之外，還有多少人。陸軍部顯然可以從要求的一萬二千人中獲得五千人，而這五千人將從英國防空委員會和野戰軍的其他機構中抽調。

4. 我期望所有這些潛在的解決方案能讓我們度過難關，而不必在如此關鍵的時刻採取會破壞陸軍團結的極端措施。

首相致第一海務大臣

1942 年 4 月 12 日

你能否詳述如何用潛艇為馬爾他提供補給？我了解到，移除潛艇上的部分火炮能夠顯著提升運載能力；我願意將這些具體方法告訴美國政府，以便在為科雷希多提供物資時加以利用。

首相致第一海務大臣

1942 年 4 月 14 日

1. 請告知「納爾遜」號的修理和「羅德尼」號的重新裝配何時可以完成。對於這兩艘戰艦以及兩艘「安森」號級艦隻，是否依據戰時內閣 4 個月前的指令，晝夜不停地進行維修工作？

2. 在當前的緊急情況下，你絕不會建議將「英王喬治五世」號派去重新裝備吧？

3. 薩默維爾海軍上將對「馬來亞」號的使用持有異議，該艦存在哪些不足之處？它的航速是多少？與「英勇」號相比，其續航能力在哪些方面遜色？它的火炮是否能夠隨時開火？

4. 坎寧安海軍上將向我表示，「英勇」號艦上的全體人員表現出色，他不理解為何他們仍需長時間的熟悉過程。當我告知他你認為需要到 6 月底才能做好準備時，他顯得非常驚訝。

附錄（二）

首相致函外交大臣，並透過伊斯梅將軍轉達給參謀長委員會

1942 年 4 月 19 日

1. 目前，埃及境內仍有大量德、義戰俘，而印度也關押著相當數量。在埃及的戰俘已經成為陸軍的負擔，並對治安構成威脅。特別是八千名德國人，需要大批軍隊進行看守。

2. 霍普金斯先生曾建議，若向美國提出請求，美國或許會樂於接收這些戰俘。關於那八千名德國人，運送工作必須展開。許多從紅海港口返航的美國空船可負責載運他們，無需特別護送。

3. 請對這個問題進行研究並提出行動建議。應與奧金萊克將軍進行磋商。

首相致伊斯梅將軍

1942 年 4 月 25 日

請詳細說明，自日本人在 4 月初發起攻擊以來，錫蘭的駐軍、空軍和防禦措施有哪些改進。哪些增援部隊已經抵達可倫坡，哪些正在途中，以及預計在 5 月底到達的有哪些，或在 6 月底到達的有哪些。如果我們成功占領馬達加斯加，守衛該島需要多少空軍和其他地面部隊，請撰寫一份特別報告給我。占領馬達加斯加雖然不能早於可倫坡，但應該早於基林迪尼，然而參謀長委員會很可能會反對這種觀點。

首相致伊斯梅將軍

1942 年 4 月 26 日

我驚訝地發現多份電報上印有「極密和親啟」字樣。究竟是哪位官員應該承擔責任？請送來管理這些文件分發的相關條例供我查閱。我打算在內閣會議上提出此事。

首相致空軍參謀長

1942 年 4 月 27 日

制定一項計畫，尋求增加一批廢棄轟炸機，以便提供空降軍團動用。在未來 3 個月內，至少找到一百架。不能讓一萬名菁英僅依賴三十二架飛機。

首相致陸軍大臣

1942 年 4 月 28 日

1. 我已經詳細研究了裝甲師與目前提議步兵師的新編制。從我常發表的觀點來看，我幾乎不必再強調我對這種編制的全力支持。如果步兵希望在戰場上重新確立作為主要兵種的地位，則裝甲部隊與步兵的緊密且和諧的結合編組至關重要。德國人在裝甲師中強調炮兵，我認為這很有道理。簡而言之，隨著時間的推移，裝甲師和炮兵師似乎將成為勝利者。任何將軍在現有步兵師與具備裝甲力量的新編師之間進行選擇時，我認為他一定會毫不猶豫地選擇新編師。當我們需要更大規模的裝甲部隊時，可以輕鬆地從裝甲師籌組，正如過去從騎兵旅或騎兵師組成騎兵軍一樣。這種編制是基於特定戰役或特定戰場的戰術需求自然而然產生的，無需預先設定常設的幹部或固定的編制。

2. 請告知本土野戰軍在重組前後以下方面的兵力和編制狀況：

（1）步兵營；

（2）野戰炮兵火炮的數量（涵蓋榴彈炮）；

（3）高射炮和反坦克部隊；

（4）各種類型的機關槍；

（5）各種類型的裝甲戰車；

（6）各種類型非作戰用的車輛；

附錄（二）

(7) 各種參謀人員的數量；

(8) 各類關於供應、運輸及後勤運作機構的數量；

(9) 各級官兵總人數。

3. 將這些新項目與德國系統的各類項目進行對比，我們應檢驗新編制中師旅軍官與一個師士兵人數的比例。這種對比亦適用於通訊、郵政等部門。雖不意味著德國人一定正確，但我認為由此可見，他們以較低成本提供了更多戰鬥人員。

5月

首相致生產大臣

1942 年 5 月 1 日

我在 3 月分的《每月進度報告》中觀察到，飛機的生產量仍明顯地低於預期。重轟炸機少了五分之一，輕轟炸機則接近少了一半。1 個月前你曾經向我們保證過，計畫是確實可行的，這令人非常失望。我希望你能找出影響減量生產的原因，以便進行改進。

你在上次會議中再次提出長期未解決的勞工需求計畫，以及關於特殊機床的報告和附帶兩班制及各種機器供應不足的說明，至今仍未提交。

在今年的下半年，我們能否完全依賴美國提供充足的鎂供應？根據這份報告，我們的供應量僅為 10,600 噸，而需求則為 14,900 噸。

我注意到，本月的報告中並未提到螺旋槳。去年秋季的狀況始終令人不安，而困難似乎至今尚未解決。這是一個極為嚴重的問題，必須盡全力立即糾正。

首相致空軍參謀長

1942 年 5 月 1 日

1. 請於明日提交 5 月分的轟炸方案，並將擬定襲擊的主要目標列表呈送。我當然明白我們的行動每日都會受到氣候影響，但請提供一份不考慮氣候的計畫。

2. 你當然已經看到了多比將軍要求轟炸機司令部對西西里島進行騷擾的文件。其原因可能是，為了在我們一批「噴火」飛機著陸前壓制敵方的攻擊。你準備如何回應？「韋林頓」飛機能否從英國起飛轟炸西西里島？該機隊是否能夠在可能已被炸得坑窪不平的馬爾他島機場降落，第二天夜間返回，再次執行轟炸任務？如果不使用「韋林頓」，你打算派遣哪種飛機？如果必須這樣做，費用無疑會很高。請告訴我最佳方案。

3. 今日是否可以派遣攝影偵察機飛越「提爾皮茨」號上空？這將有助於釐清其周邊戰鬥的態勢。情報獲取至關重要。

首相致海軍大臣和第一海務大臣

1942 年 5 月 4 日

1. 或許在至少 3 個月內，我們無法使用「英王喬治五世」號。在此之後，我認為仍然需要一段較長的時間讓人員熟悉狀況。因此，請研究以下計畫，以助我們度過這個最危急的階段。

2. 安排「英王喬治五世」號全體船員同時休假兩週或適當時長。在此期間，將「安森」號船員轉移至「英王喬治五世」號，而「英王喬治五世」號船員作為完整且高度訓練的人員轉移至「安森」號（兩艦在各方面幾乎相同）。因此，熟悉「安森」號的情況幾乎等同於完全掌握「英王喬治五世」號的實際效能。此舉可以使應該準備作戰的船艦至少減少 1 個月或六週的耽擱。

附錄（二）

首相致伊斯梅將軍

1942 年 5 月 6 日

　　這個報告令人極為不滿。整個計畫目的在於中東潛在戰爭時提供物資（馬勃菌炸彈）。目前我們在這兩個地點的這種炸彈數量剛好足夠，但在任何軍事行動中都無法發揮重要作用。我已經努力在 11 月戰役前從這兩地運往中東，即便如此，它們在戰鬥中的數量仍然有限。

首相致海軍大臣和第一海務大臣

1942 年 5 月 6 日

　　若能將以下信件轉發，我將不勝感激：

首相致東方艦隊總司令

　　1. 我非常希望你能專注研究：

　　(1) 三艘航空母艦聯合防禦相較於單獨一艘有何改善；

　　(2) 敵機在黎明前襲擊的特殊風險及最佳應對措施；

　　(3) 每艘航空母艦上戰鬥機與魚雷機的最佳比例，以及三艘航空母艦的適用比例。

　　2. 到了 6 月 1 日，我們將能明確目前尚不明朗的幾個關鍵問題。到那時，我們必須從整體角度進行審視，並評估每種方法的損失和風險。

　　3. 願你一帆風順。

首相致生產大臣

1942 年 5 月 8 日

　　請查閱隨附的農業大臣文件（關於美國農業履帶拖拉機的備忘錄）。許多人認為：若明年我們擁有七十五萬美軍，我們將需要生產更多糧食，尤其是在大西洋局勢日益緊張之際。這些大型履帶拖拉機將帶來直接影響，但我尚未收到關於糧食生產噸數估計的報告。

請與農業大臣協商此事，並探討如何將此問題與我們對美國的其他要求協調一致。

假如一切就緒，我便會發電報給霍普金斯。

首相致飛機生產大臣

1942 年 5 月 8 日

非常感謝您關於 4 月分飛機生產的備忘錄。附表顯示，我們的重型轟炸機產量似乎比預期晚了一個月。它遠未達到原定的「高到似乎難以實現」的目標，而這個目標已經下調了三、四次，包括最近一次。我注意到工作有改進，這讓我感到欣慰，但目前的需求比以往更加緊迫。

飛機生產

首相致函陸軍大臣、帝國總參謀長及生產大臣

1942 年 5 月 8 日

1. 每支步槍的練習彈藥數量應儘速從六十發提升至一百發，顯得尤為重要。此目標應在 6 月中旬達成。當前的形勢極為嚴峻，務必竭盡全力尋求改善。

2. 目前採取了哪些措施來進行演習？國民自衛軍可以使用多少彈藥？在當前艱難的環境下，建立後備力量遠比訓練更為重要。希望能告知現階段已經採取的行動，以及未來條件改善後計畫的步驟。

3. 國民自衛軍的編制人數為一百七十萬。據我近期得到的資料顯示，目前人數為一百四十五萬，其中僅有八十四萬持有步槍。那些未配槍者顯然是要替換持槍者，他們都應該接受訓練，但必須確保：進行射擊訓練的人數應與配發的槍支數量相符。請告知我對此有何計畫。

4. 美國目前正在大規模製造 0.30 英寸步槍彈 —— 例如，3 月分的產

附錄（二）

量達到3億1千9百萬發——然而，我仍然認為我們應該再生產1億發，以增加國民自衛軍的彈藥庫存並用於練習。我願為此付出努力。

5. 請提供一份關於國民自衛軍裝備的詳細清單，其中包括步槍、美國製造的機關槍和衝鋒槍，以及他們可能獲得英國製造的類似武器。我想，每架機關槍應配備兩到三人，而每支步槍對應一人，是這樣嗎？另外，國民自衛軍擁有多少運動步槍和鳥槍？沒有武器的人員數量是多少？我們不能因為當前入侵威脅不明顯，就忽視這個防務中關鍵問題的全貌。

首相致陸軍大臣

1942年5月10日

1. 防空司令部當下的首要難題是人力問題。如果我們能找到其他方式來操作這些武器，就沒有理由讓二十八萬人坐等一次可能永遠不會發生的襲擊。我了解到，國民自衛軍無法在工作時間派遣人員管理所需武器。因此，輕型高射炮團必須由職業軍人操作。然而，我相信火箭炮和重型防空探照燈可以部分或全部由國民自衛軍和婦女本土防衛輔助服務隊來操作。混合炮隊的計畫目前進展如何？我聽說，婦女自願參與的人數尚不足夠。

2. 應請求派爾將軍說明國民自衛軍與婦女本土防衛輔助服務隊的最高人數，並請他估計在達到該人數後，他能調出多少人用於野戰軍。到那時可以考慮人員交換的方式和方法。在調出與減少人員上，他曾發揮最大作用。

首相致函海軍大臣、第一海務大臣及第五海務大臣

1942年5月12日

當前迫切需要以最快速度將盡可能多的「燕子」和「海上旋風」交付給薩默維爾海軍上將，以便他在認為合適的時機加以使用。請告知你們能夠採取的措施，並附上時間表。

首相致外交大臣

1942 年 5 月 13 日

在我看來，我們對土耳其的武器政策將採取如下方針：

1. 今夏或俄國戰役局勢明朗前，可能為數不多。對土耳其的要求，僅限於阻止敵人入侵。待俄國戰線冬季戰鬥暫停後，應立即準備向土耳其提供大量坦克、反坦克炮及高射炮。屆時，美國軍火將大量運出，我方產量亦將提升。美國軍火數量龐大，分給土耳其千輛坦克、千門反坦克炮及高射炮無礙，當然，大多為舊式。

2. 若依此規模來制定計畫，並從 11 月起開始交付，這項承諾便能夠讓土耳其人在夏季保持中立。武器全部運到後，他們可以於冬季訓練軍隊，如此便能使其在來年春季成為我們的盟友。

如果你認為這個建議可行，我們便會向生產部門及美國方面提交需求。

首相致飛機生產大臣

1942 年 5 月 13 日

1. 最近的報告指出，你有 1,797 架飛機「準備中」，這個數字不包括在四天內完成的 649 架。當前飛機短缺問題尤為突出。現在正是你提前完成這批 1,797 架缺少零件備用飛機的時機。1940 年，比弗布魯克勳爵對空軍後勤部隊保存的飛機進行了詳盡的分析與檢查，這為我們提供了極大的便利。我們目前需要的是增加前線的飛機數量。請迅速行動，全力以赴。

2. 因此，我請求您向我彙報：

（1）從過去兩年的每週生產資料來看，數字 649 和 1,797，每週分別是多少；

（2）倘若在 7 月 15 日前先行籌組由五百架飛機構成的機隊，請為我制

定一項計畫。國內皇家空軍儲備了一些多餘的零件，這些或許暫時無用的物資，定能令部分飛機恢復飛行。我獲悉，尤其是「勇士」戰鬥機能夠提前完工，該機型需求尤為迫切。你手中現有 280 架此類飛機。請另行提交一份報表，闡明 100 架最有希望的「勇士」戰鬥機為何生產受阻的原因。

3. 我假定你已經為每種類型的飛機建立了詳細的紀錄，並能夠明確指出使某一種飛機提前投入實戰所需的條件。如果有，請展示給我。如果沒有，則你應當編制一份。關於那 363 架「韋林頓」的狀況，你不必再作解釋，我已經了解。

首相致外交大臣

1942 年 5 月 15 日

1. 我們曾經說過的話無需更改。然而，事實依舊是：若土耳其在 1942 年夏季或秋季遭受攻擊，我們實際上沒有可以派遣的軍隊進行支援；即便我們擁有大量軍隊，經過敘利亞的交通線也無法用於調動軍隊。然而，若事態緊迫，我們必然會採取某些措施。

2. 我們已經承諾在夏季和秋季提供有限的軍需物資。應盡最大努力實現這些承諾。

3. 我構思了一項從 11 月開始向土耳其人提供大量無條件援助的計畫。我不打算建議執行我透過聯合分配委員會提出的政策，而是想要說服美國總統與我共同向土耳其保證，如果他們和其他國家能夠安全度過今年夏季，我們將給予他們一個可靠的希望：到 1943 年春天，他們的地位可以得到加強。如果我們在那些地區的工作順利，我所提出的一些方針可能會在接下來的幾個令人擔憂的月分中，對於鼓勵土耳其並使其參與 1943 年戰役造成至關重要的作用。

首相致外交大臣和軍事運輸大臣

1942 年 5 月 17 日

我們是否已經對美方分配給我們七十艘油船表達了足夠的謝意？我認為這是他們極為慷慨的舉措，畢竟他們本身也遭受了損失。各部門當然要表達感謝，但在我給總統的信中是否也應提及此事？如有必要，請提供相關資料。

首相致海軍大臣和第一海務大臣

1942 年 5 月 17 日

1. 伊瓦特博士已經就一艘航空母艦的問題向我發出最為迫切的呼籲。我們確實曾承諾將「赫爾米茲」號交予他們，但該艦在完成我們的任務前被擊沉。你現在告知我，他們曾經表示不需要這艘軍艦。然而，你是否看過伊瓦特博士收到柯廷先生發送的長電？在那封電報中，他明確要求兩艘航空母艦。我謹慎地避免作出任何承諾，但我一直在考慮是否可以將「狂暴」號給他們。請告知我，你對這艘艦有什麼計畫？

2. 為何如今「勝利」號需要重新裝備？它在艦隊中服役的時間有多長？我想尚不足一年吧。是因為何種缺陷，迫使其在如此緊要關頭退出現役？我得知，美國已經撤回「黃蜂」號，這艘航空母艦的撤離令我們的處境更加艱難。「黃蜂」號顯然是被調往支援太平洋。我們必須審視與澳洲的長期關係，若在其防務中不以任何形式出力，這對帝國的未來將極為不利。

首相致海軍大臣和第一海務大臣

1942 年 5 月 17 日

目前加勒比海的情形如何？護航制度是否已經在預定的 15 日開始實施？

附錄（二）

首相致伊斯梅將軍

1942 年 5 月 18 日

1. 必須提供一個戰鬥機中隊，也就是十六架飛機。使用較老式的飛機也可以。還需要增加更多的三點七英寸口徑大炮和雙管自動高射炮。我們肯定有一些老式的輕型坦克。這些坦克在中非的傳統戰爭中能派上用場。請報告一下，目前有多少坦克可用。不久前反坦克步槍肯定沒有短缺，短缺的是彈藥。這種步槍能否提供六十支以上？

2. 反之，若無法從比利時方面獲得關於籌組軍隊的明確承諾，我絕不會向他們提供這些武器。我的兒子曾在利奧波德維爾停留一週，他寫信給我，我在此附上信件的摘要。顯然，有必要將一些比利時軍官派往剛果。在剛果至少應籌組四個旅團，若戰爭局勢向東發展，它們可以在非洲西海岸、東海岸、馬達加斯加，甚至更東的地區執行任務。

1942 年 4 月 28 日，倫道夫·邱吉爾致首相的信函摘要：

所有對戰爭深感關注的比利時人士，對於比利時軍隊全部駐紮在英國一事感到困惑不已。他們指出，只需要數百名軍官便能籌組一支相當規模的本地部隊。在後勤支持和戰時工業發展的領域，他們亦對白人員工的不足表示極大關切。他們認為，比利時政府目前在英國籌組一支龐大軍隊的目的純屬為了面子。他們甚至立即將剛果的比利時志願青年送往英國。

印度洋上 1942 年的秋季戰役

首相致函伊斯梅將軍，轉呈參謀長委員會

1942 年 5 月 18 日

1. 我們必須在 7 月 7 日之前將東方艦隊集結於基林迪尼，並在 7 月 15 日前以可倫坡或（和）亭可馬利作為艦隊的基地。為確保艦隊在當地的安全和補給，需立即採取最緊急的措施，全力安排防空、戰鬥機、魚雷機、停

泊設備等事宜。

2. 四艘現代化軍艦和三艘航空母艦駛向錫蘭港口，不能因為其中包括四艘「皇家」號級軍艦，就被阻擋。否則，我們將看到另一個例子：這些艦艇因戰鬥力低下和效能陳舊，不僅無益於我們的軍事行動，反而成為實際的負擔。它們以迪戈蘇瓦雷斯為基地，可以為運輸船隊提供沿途保護，因為這些艦艇遠離敵人，而錫蘭駐有強大的海軍力量。在錫蘭準備好接待它們的設施後，它們可以隨時在需要時前往那裡。

3. 我們在可倫坡和亭可馬利之間的防空力量，切勿因誘惑而分散。務必將關鍵資源集中於一個港口，而另一個港口則暫時依靠待改進的設施勉強維持。我們必須果斷決定使用哪個港口。只有當錫蘭建立起無懈可擊的防禦基地後，才能進一步支持阿杜島。謹記蘇格蘭諺語：「一所好房子，還得有很好的陳設。」

4. 在基林迪尼與迪戈蘇瓦雷斯之間，防空設施應優先考慮迪戈蘇瓦雷斯，此港口需要發展成可抵禦任何襲擊的堡壘，並在宣傳中強調其強大的防衛力量。由於日本人對迪戈蘇瓦雷斯或馬達加斯加島任何地區發動襲擊的可能性極低，因此駐紮在該地的部隊和設備，按照參謀長委員會的建議，必須保持在次要水準。

5. 東方艦隊總司令的職責是「制止日本人在孟加拉灣的活動，除非他們具備優勢兵力」，這個任務已經在海軍部的訓令中明確規定。我們必須堅持這個原則，並確保其他意見與其一致。

6. 日本派遣一支比東方艦隊稍弱的艦隊進入印度洋的可能性不高。由於主力艦和正規航母的數量受限，他們必須採取極為謹慎的態度。他們似乎不會急於與像東方艦隊這樣強大的力量交戰，即便東方艦隊減去四艘「皇家」號級戰艦，依然實力強大，除非——僅僅是除非——

（1）我們的航空母艦完全裝備「燕子」或其他快速戰鬥機；

附錄（二）

(2) 我們盡量待在海岸基地魚雷飛機的射程範圍內。

如果在戰鬥中雙方損失相等，日本將面臨無法彌補的災難性後果。從日本迄今的策略看，他們絕不願以任何戰鬥艦隊的一部分損失進行冒險。他們在孟加拉灣的行動極為謹慎。在珊瑚海戰鬥後放棄遠征，顯示了他們在航空母艦方面的問題。因此，在印度洋上，除了派遣分遣隊外，日本不太可能想與我們較量。他們派出主要艦隊，將是極其冒險的決定。

7. 我們應該竭盡所能地將岸基飛機（包括偵察機、轟炸機和魚雷機）提升至最大數量，以便在孟加拉灣發生軍事活動時保衛東方艦隊；我們還應全力壓制敵人在孟加拉灣占領區內計劃部署的岸基飛機。到 9 月底，我們應該努力在那裡建立海、空聯合力量，這種力量不僅要能夠阻止海上對印度的侵略，還要使我們能夠發起自己的海外行動。在這個戰場上，與其他戰場一樣，我們迫使敵人進行空戰，即便是一架對一架的損失也是值得的。

8. 印度的軍事增援，必然取決於在利比亞、高加索和澳洲的戰爭進展。然而，假如形勢對我方有利，我們應該在第二師和第五師之外，增派第八裝甲師和至少一個英國步兵師，於 9 月底抵達印度。這將賦予韋維爾將軍第七十師、第二師、第五師、第四十五師以及第八（裝甲）師，加上英印集團軍和駐防部隊的（比如）四個師，總計九個師。因此，在 10 月，他將有條件對緬甸的日軍發起全面進攻。

9. 這次攻勢的策劃應該立即展開，並隨著局勢的變化而努力實現，這顯然是至關重要的。登陸艇必需在當地準備，部分從本國調遣。英國和美國的空軍援助，在其他地區許可的情況下，必須逐步發展至最大規模。襲擊日本的交通線可能對中國的持續抗戰具有深遠影響。在所有必要的保留條件下，我們也應給予蔣介石對這種襲擊的期望，以確保他能繼續作戰。

形勢的變化完全印證了我們的判斷，即向重慶進攻是日本的首要目標（儘管俄國更為重要），但這取決於西方戰爭的進展。從毛淡棉到阿薩姆的英軍空、陸兩棲總攻，應成為我們為1942年秋冬制定的目標。

首相致外交大臣

1942年5月19日

電報的長度似乎越來越增加。在你發出警告之後，曾有過短暫的改善。這些冗長電報的翻譯耗費了大量時間和精力，問題十分嚴峻。我完全理解他們希望透過增加工作量來支持戰爭。然而，實際上，他們適得其反。

首相致外交大臣

1942年5月19日

我深切理解，在當前不利的局勢下，當我們在奧蘭、達卡、敘利亞和馬達加斯加對法國人發動攻擊時，他們必定會進行抵抗。然而，他們在遠離海岸的地方無緣無故地襲擊我們的飛機，情況似乎截然不同。我們從未承認他們所謂的二十英里領海宣告，尤其這次可能發生在該範圍之外。對此問題是否可以採取一些措施？

首相致徹韋爾勛爵

1942年5月22日

請將過去數個月提交給我的每週報告中有關本土空軍的消耗總數與每週新製造和修復飛機的總數並排列為兩欄。接著（如果已知數字），在第三欄中列出運往俄國、東方及其他國家的飛機總數；最後，讓我檢視從總生產數中（包括新製造和修復的）減去消耗和輸出後本國的結存數量，如果可以計算出來的話。

附錄（二）

首相致生產大臣和工程與建築大臣

1942 年 5 月 25 日

今日我乘車穿越倫敦南部，目睹許多因空襲受損的私人住宅。這些建築的結構看似完整，卻未曾修復，亦不可居住。考慮到我們將從國外接納一定數量的人口，所有可居住房屋自然是必需品，顯然需要在這個領域採取強而有力的政策，以改善居住狀況。

請提供此類情況的房屋數量報告，並說明是否可以制定一項有效節省人力和資源的政策。

首相致經濟作戰大臣

1942 年 5 月 27 日

請您關注約翰·史坦貝克的新作《月亮落下去了》，該書今年由紐約的瓦伊金出版社發行。

這本書不僅故事精彩，還特別強調（我認為非常正確）向被征服國家提供簡單武器的重要性，如手榴彈，這類武器易於隱藏和使用。

首相致陸軍大臣和帝國總參謀長

1942 年 5 月 27 日

1. 本週末，我在視察查特韋爾時，東肯特步兵團直屬部隊青年軍營的一支連隊被派來保護我。我按慣例檢閱了該連，並詢問了一些關於他們裝備的問題。他們告訴我，他們缺乏配備輕機槍的裝甲車，特別是輕機槍短缺。輕機槍和裝甲車的產量曾經相當不錯。我不了解這兩種武器到現在還有供應不足的情況。

2. 我還觀察到，青年軍營擁有兩種型號的李-恩菲爾德步槍。甚至有些排的武器是這兩種型號各占一半。雖然它們使用同樣的子彈，但瞄準器有所不同。你們能否提供一份備忘錄，說明其他部隊是否也存在類似情況？

3. 我懇請各位不要給該連或該營添麻煩，因為提問的人是我，相關人員回答問題是他們的職責所在。

6月

首相致函伊斯梅將軍，轉呈參謀長委員會

1942年6月1日

1. 在你們報告的最後一段中並未提及西方戰場與襲擊日本之間的關聯。我從未建議在目前已經部署或待命的部隊之外，再增派更多部隊前往東方。未來的需求主要在於飛機、一定數量的登陸艇，以及可能需要的特殊裝備。如果我們在利比亞取得勝利，我們必須重新審視整體局勢，屆時我希望韋維爾將軍能夠提供他的見解：他打算採取哪些行動以及如何實施。關於第八裝甲師和第四十四步兵師派遣到何處，目前無需做出決定，等到他們繞過好望角之後再根據當時情況而定。我們並沒有承諾將在今年之內經由緬甸攻擊日本的交通線。然而，考慮到中國崩潰可能帶來的嚴重後果，似乎必須在戰事進展中適時支援中國人。當然，如果俄國南方的戰線崩潰，我們將無法考慮向遠東推進。我再重申一遍，未來要調動的軍隊，只能以當前分配到東方戰場的部隊來考慮。

2. 我們不應輕易默許那些導致東方艦隊集結延誤的因素。薩姆維爾海軍上將的電報中表達了多種看法，並建議採取消極措施，以求避免在孟加拉灣「浪費」他的力量等……一旦他的艦隊集結並以錫蘭港口為基地，他的任務便是阻止任何對印度東部的海上進攻，除非日本進攻部隊由明顯的優勢力量護衛。同時，當我們的岸基空軍在印度東海岸部署了足夠的力量後，他便能護送我們的兩棲遠征部隊。我完全同意空軍是那裡行動的關鍵。因此，我們要等待：(1) 利比亞戰爭的結果，(2) 韋維爾的意見。

3. 日本軍隊在推進過程中，其力量將擴散至緬甸和中國南部的遼闊

附錄（二）

荒野地區，並與中國軍隊發生接觸。在這些地區，日軍僅有五、六個師，他們的補給將面臨極大挑戰，即便他們能夠忍受艱苦的生活條件。在任何地方，我們都不能讓部隊閒置無用，也不能讓飛機停滯不前；隨著夏季的結束，我們或許能在若開重建基地，並在逐漸逼近的區域持續作戰，削弱他們的空軍實力。目前尚不清楚兩棲攻擊的條件是否會出現，但若不事先做好一切準備以便在時機成熟時加以利用，那將是極大的短視。到 8 月分時，我們將見證許多目前難以預料的事情。

首相致陸軍情報局局長

1942 年 6 月 2 日

請提供一篇關於南斯拉夫的愛國活動及德、義侵略者在該地區地位的報告，長度不超過兩頁。

首相致空軍參謀長

1942 年 6 月 2 日

我猜測派爾將軍與其他相關人員都在焦急地預期德國將對我們的千架轟炸機空襲展開報復行動。

首相致勞工大臣（副本送生產大臣和樞密院長）

1942 年 6 月 2 日

感謝您 5 月 14 日提交關於當前與戰前人力狀況對比的備忘錄。

我們已經招募了兩百萬人投身於軍隊、民防、工業及各種服務事業。特別是考慮到失業者也已經投入工作，並且如此多人從民間職位轉向軍隊及其他政府職務時，我認為這些事情的處理都相當出色。

我們可以用於戰爭的人力資源即將接近極限。未來需要依靠生產大臣及各供應部門提高管理效率，並在政府各部門之間，如建築與生產工作之

間，海、陸、空三軍及各兵種之間，合理分配人力。美國參戰時，情況將會在一定程度上有所變化。

首相致函伊斯梅將軍，轉呈參謀長委員會

1942 年 6 月 3 日

這封電報（由中東各總司令發出）清楚地展示了在無節制的消極防禦中如何浪費和分散人力與物力的現象。我們無需擔心敵軍偶然出現在未設防地點會使我們陷入困境。所有這些地方的防務只能由以錫蘭港口為基地的海軍維持，這些海軍由適當的海上空軍和岸基空軍提供保護。若敵人突破海軍的防線，那麼，埃及戰區應準備、組織並維持一支具備兩棲作戰能力的機動部隊。這支部隊——可能是一旅經過適當裝備的部隊——在敵人入侵後將對其進行打擊並給予有效懲罰。鑑於這種軍事力量只是紙上談兵，即便有時——若機會允許——將其作為戰術部隊使用，也不應將其計入中東現有的實力之外，並且在需要時應隨時投入戰鬥。我認為這樣可以讓各位總司令意識到：在各處安享太平生活完全是不切實際的。無論多少兵力也無法滿足這種要求。

首相致函伊斯梅將軍，轉呈參謀長委員會

1942 年 6 月 3 日

1. 自皇家海軍陸戰隊各旅隨達卡遠征軍調離後，我未再獲悉皇家海軍陸戰師的動向。該師的部署和規劃如何？是將其用於「痛擊」作戰計畫還是「圍殲」作戰計畫？若非如此，我們能否將其交給韋維爾將軍？在不久的將來，在他的管轄區域內，訓練精良、裝備輕便的兩棲部隊定能獲得作戰良機。

2. 請提交一份關於此事的報告。

附錄（二）

首相致自治領事務大臣

1942 年 6 月 6 日

自從上次討論關於南愛爾蘭供應的問題以來，局勢發展已經對我方產生了極為有利的變化。大批美軍正進駐愛爾蘭，德軍在東線陷入困境。我們正在籌備進攻大陸。因此，若我們需要南愛爾蘭的基地，目前計劃提供給南愛爾蘭的武器，除了可能用於抵禦我們之外，幾乎不可能用於對抗其他勢力。

我不認為這件事具有緊迫性。因此，我希望在觀察俄國戰場局勢的演變後，再來討論這個問題。

首相致函陸軍大臣、空軍大臣以及工程與建築大臣

1942 年 6 月 11 日

正如眾所周知，政府的方針是：若能透過各種手段使煤炭的生產與消費達到平衡，則不會對國內燃料實施配給制度。

為彌合產銷差距，戰時內閣已經要求新設立的燃料與動力部負責管理煤礦現有存煤的有效利用。這些存煤當中有部分品質不佳，該部不得不要求各工業企業及其他大批次使用單位，必須接納部分品質低於常用煤的存煤。

這個新成立的部門，需要各個大量使用煤的政府部門全力配合。如果你們能向你們下屬的相關單位解釋，它們必須透過接受次煤的方式來支持該部，我將非常高興。

首相致海軍大臣

1942 年 6 月 11 日

數個月以來，海軍部在近衛騎兵操場上堆放了各種建築新工程所需的雜亂材料，使該操場變得面目全非。

我期盼清除這些障礙的時刻已經到來，並深信此項工作可以立刻展

開，絕不遲疑。

請告知你們的計畫，海軍部那邊的操場需要多長時間才能徹底清理。

首相致伊斯梅將軍

1942 年 6 月 12 日

請提供 6 月和 7 月在蘇伊士運河抵達或停靠的所有坦克的清單，並詳細描述其類型。

首相致第一海務大臣

1942 年 6 月 14 日

請提供一份關於在莫三比克海峽沉沒船隻的詳細報告。日本潛艇或德國潛艇的基地位置在哪裡？你計劃採取哪些措施？

首相致樞密院長

1942 年 6 月 14 日

您的備忘錄（關於修復受損房屋的問題）似乎未能完全符合需求。如果我們能以一千五、六百萬英鎊的預算建造十五萬八千所可用的新房，就能充分解決預計大量來自美國的人員之住房問題。而且從成本上看，金錢和勞力的消耗都不高。令我感到奇怪的是，這些工作大多尚未展開。

此外，還應重申各政府部門遷回倫敦的重要性。撤離的兒童有多少已經返回？倫敦的防禦遠勝於鄉村，他們不會再面臨危險。

首相致函海軍大臣、第一海務大臣及伊斯梅將軍

1942 年 6 月 15 日

在 6 月月光照耀的夜晚，再次發動千架轟炸機的空襲是必要的。空軍海防總隊也應該參與其中，我必須明確要求你們接受這個請求。

請告知你們的計畫如何執行。

附錄（二）

首相致空軍參謀長

1942 年 6 月 15 日

上週六，我與哈里斯空軍中將交談時欣然得知，他希望在 6 月的月夜之時重新發行《天方夜譚》。除非存在極為重要的反對理由，我請求您批准這個計畫。

與此同時，我已經要求海軍部確保不阻礙空軍海防總隊的參與。我了解到，朱伯特已經準備了二百五十架飛機，但海軍部禁止使用這些飛機。

請告知我，我可以為你提供何種幫助。

首相致函伊斯梅將軍，轉呈參謀長委員會

1942 年 6 月 16 日

這一切顯然表明緬甸計畫急需制定。我認為可以請求聯合情報參謀部制定他們的計畫，甚至與聯合計劃委員會進行磋商，以確保他們充分意識到行動的緊迫性。我多次提到，蔣介石的崩潰是我們當前面臨的最大危機之一。

首相致飛機生產大臣

1942 年 6 月 27 日

我了解到在美國，有人提議在機翼內部建造輔助油箱，或將機翼本身作為油箱，以延長戰鬥機的航程。請在下週一提交一份關於此提議的報告，闡述其可行性以及我們在這方面已有的發展。

7 月

首相致海軍大臣（抄送工程與計劃大臣）

1942 年 7 月 6 日

近衛騎兵操場並不歸海軍部所有，若要在此興建如此規模的腳踏車

棚，事先必須獲得內閣的批准。

關於你為了防禦海軍部堡壘而需要建造的建築物，應該準備一份計畫向工程與計劃大臣提出申請；你需陳述理由，提交戰時內閣討論。

首相致外交大臣（抄送莫頓少校）

1942 年 7 月 6 日

我將竭盡所能協助布呂姆，若他有意逃亡。不論如何，我希望也能協助芒代爾；若雷諾願意，自然也會如此。我相信，我們對這些人負有責任。

首相致軍事運輸大臣

1942 年 7 月 7 日

紅十字會向俄國運送的物資，務必確保每批運輸船隊中至少分裝在六隻船上，並與紅十字會協商，以便順利實施這個方法，同時需要注意不要將任何物品的組成部分分開。在下次運輸船隊啟程前採取了哪些措施，望將情況報告。

首相致軍需大臣

1942 年 7 月 8 日

昨日，國王告訴我，製作維多利亞勳章及其他勳章所需要的絲料供應不足。我難以置信，這樣微小的需求都無法滿足；我認為此用途應被賦予最高優先權。請將具體的情況告訴我。

首相致陸軍大臣和軍事運輸大臣

1942 年 7 月 10 日

1. 我了解到，國內運往國外的車輛已經開始進行裝箱，截至 5 月分，七千五百一十七輛中已經有一千一百二十六輛完成裝箱（而非之前提到的一千四百五十三輛）。我相信，這個比例將會繼續增加。同時，我也相信，你們正努力改進包裝方式並設法將尚未運走的車輛裝入板條箱中。

附錄（二）

2. 原本能夠用這種方式包裝的一千多輛車輛未能裝箱，其原因是：抵達目的地後立即投入作戰。考慮到調整船舶載運空間以運送進口物資的重要性，這種解釋僅在極為緊急的情況下才可接受。八百五十輛以上的小型車輛未裝箱，據稱是因為它無法大幅節省船舶空間。然而，積少成多總是有益的。

3. 當我們想起，百分之十五的車輛裝箱，每月可節省八萬噸進口物資時——這相當於每月提高磨粉率、實施衣物和肥皂配給以及取消基本汽油供應制等措施所能節省的總量——在英國和美國全面落實這項政策的重要性顯而易見。

4. 我深信，貴兩部在全力執行相關任務時必定能夠協同合作。

首相致空軍參謀長

1942 年 7 月 11 日

阻止敵人利用班加西和托布魯克作為供應港口至關重要。必須對這兩地展開猛烈而持續的大規模轟炸。請告知我特德手上有多少力量，以及他計劃如何運用這些力量。應讓他清楚了解我們破壞這些港口的重要性。

首相致財政大臣

1942 年 7 月 13 日

請告知以下資訊：英國士兵在不同地區的年薪與駐紮在英國的美國士兵的年薪有何差異？請將各類津貼納入考量，給我一個簡明的總計。

若美國調整其軍費支出以適應我們的情況，並將節省的部分存放在美國，那麼財政部若將英軍的薪餉（考慮各種津貼）提升至美軍水準的一半，會增加多少開支？

我對即將在此處發生的麻煩以及可能向你提出的重大高薪要求感到極為憂慮。因此，我願意考慮降低差距的可行方法。目前階段，你無需對此

多費唇舌，因為任何人都能看出我們所處的困境。但請告知我具體數字。這些資料可能會非常驚人。

首相致糧食大臣

1942 年 7 月 16 日

關於您提出新的雞食配給計畫，由於對鄉村居民的影響，我聽到了不少抱怨。自古以來，飼養母雞便是鄉村生活的關鍵部分。城市居民可以透過購買餐食來彌補配給的不足。限制每人僅能養一隻母雞，何必進行如此大幅度的削減呢？無論如何，內閣應被告知此事。

首相致函伊斯梅將軍，轉呈參謀長委員會

1942 年 7 月 18 日

在我同意將兩個南非師改編為裝甲部隊之前，我需要了解當前坦克的狀況。在戰爭的目前階段，我們不應該在英國境內累積過多的後備坦克存量。雖然入侵的可能性不大，但在 1943 年任何可能的攻勢中，這些後備坦克可以及時補充。三百輛「謝爾曼」坦克是意外得到的；此外，決定不派遣 PQ 第十八號運輸船隊以及可能在北極白夜期間暫停對俄國的供應，至少為我們增添了二百五十輛坦克。而且，坦克的生產正在逐步擴大。到 1943 年，可用的坦克數量將非常可觀。因此，我認為沒有理由不向兩個南非師提供已經承諾的坦克。

但請先告訴我這兩個師的編制規模。它們是否採用了新比例，即一個裝甲旅和一個摩托化旅？若如此，每個師僅需二百輛坦克。或者，它們是否按照舊比例三百五十輛編制？我認為前者是正確的，如此一來，總共只需四百輛。

當前，我們無法將南非師撤回以承擔其他訓練任務，我理解這個觀點的意義。然而，隨著戰鬥的進展和其他援軍的抵達，這種調動在（例如）

附錄（二）

兩個月內可能成為現實。因此，我希望已經批准的日期和既定計畫能夠繼續執行。

對於戰局的回顧
首相提出的備忘錄

1942 年 7 月 21 日

1. 是時候全面審視戰爭的全貌，並將其顯著特徵置於恰當的比例中。

2. 首先必須提到的，是德國軍事機器的強大實力。由於德國陸軍長期專注於對俄作戰，我們往往忽視了這個可怕的力量。當我們想到德國的兩個裝甲師和第九十輕裝甲師在北非能夠對抗我們數量龐大且資源豐富的軍隊時，便沒有理由低估德國在 1943 年和 1944 年的軍事能力。他們隨時可以在東線牽制俄國，同時將五、六十個甚至更多師調回西方。他們能夠透過歐洲鐵路主幹線以最快速度完成這個調動。我們不應該期待德國的軍事力量在歐洲大陸崩潰。即使納粹政權垮臺，權力幾乎必然會轉移到德國陸軍領袖手中，而這些人絕不願意接受英、美關於未來世界安全的必要條件。

3. 第二個關鍵事實是海運噸位。今年我們只能透過大幅消耗儲備來度過。在內部摩擦和不安定的情況下，我們可能經由「勒緊褲帶」節省一百萬噸。是否透過精神動員實現這一點，需要仔細權衡。然而，這對我們在國內外維持戰爭力量的努力影響不大。沒有理由認為我們無法度過今年，也不應該認為由於美國大量造船，我們在 1943 年的噸位狀況無法改善。然而，在與美國就未來達成明確共識之前，我們必須謹慎，避免陷入無法挽回的境地。為此，我們需要在接下來的幾週內，與美國簽訂一份莊嚴的合約，幾乎相當於一項條約，以確保我們在 1943 年和 1944 年獲得美國新造船的分配。美國參戰時，我們藉由掌控那些被敵人征服的大陸國家的船舶，部分彌補了我們的損失。然而，這個來源不應再被期待帶來更多意外

的收穫。我們必須善用我們的戰爭力量，擴大自己的造船業。進口的最低需求無法大幅改變。確保這些需求所需的噸位是首要責任。因此，我們應要求美國在 1943 年交付足夠噸位，以充分安置現有商船船員。讓大量經驗豐富的英國船員因無船而閒置，同時美國船員需要進行特殊訓練，這是不合理的，因此我們的要求並非不合情理。

4. 在對 1943 年的狀況不明的情況下，我們絕不能為了渡過 1942 年而將儲備消耗到危險的水準。所需的最低儲備限額不應隨意設定。我們的港口遭受嚴重轟炸，可能在相當長的時間內將影響進口，導致我們在某些食品上陷入困境。此外，我們不應以英國人戰前生活水準低於美國人為計算基礎。我們必須指出，若對 1942 年和 1943 年的總進口進一步削減，則只能削減軍需品。英國及所控制的船舶已經有近四分之三主要用於戰爭，僅四分之一用於供應島內人民的生活。

5. 可以準確地說，戰爭的勝負取決於希特勒潛艇對盟軍船隻的攻擊是否成功，還是盟軍空軍的擴充與運用率先取得顯著成果。潛艇戰的擴張、向遠洋的推進以及潛艇設計的改進，預期將達到驚人的水準。應對的策略是增加盟軍的反潛武器並改進反潛技術。然而，這方面仍需進一步努力。

6. 另一方面，我們這些盟友擁有強大的空軍力量。在我們獨自作戰的時期，我們曾回答過「你們將如何贏得戰爭」這個問題，我們說：「我們將透過轟炸將德國夷為平地。」自俄國對德國的陸軍和人力造成重大打擊以來，加上美國的人力和軍事物資，其他的可能性也變得可行。我們期待解放軍隊的大規模登陸歐洲大陸，以及各國人民對希特勒暴政的普遍反抗。放棄我們原來的策略將會導致錯誤——值得一提的是，這種想法在美國人心中也十分強烈——即透過大規模而無情的轟炸，不僅能摧毀德國的戰爭力量，包括潛艇和飛機的生產，還會導致德國大多數人民無法忍受的局面。

附錄（二）

7. 就在此刻，我們不得不感到遺憾並驚慌的是，我們擴充轟炸機的計畫被不幸地削減了。海軍、中東和印度的需求、英國生產計畫的不足、美國人駕駛自己飛機攻擊敵人的意願，以及這些飛機參與戰鬥不可避免的延遲，這些因素共同影響了轟炸機隊，以至於我們今年夏季和秋季的期望未能實現。我們必須將對德轟炸機攻勢視為削弱德國戰爭意志的一種獨特手段。這種手段僅次於在大陸進行的大規模軍事行動，直至戰爭意志崩潰為止。在冬季及以後，同盟國應重新加大力度，對德國進行日益增多、更為精準、航程更遠的轟炸機襲擊。唯有如此，我們才能準備有利於我們進行主力戰的條件。必須做好準備，以確保對德國的轟炸不會減少，除非因支援軍事行動而導致的短暫中斷。鑑於同盟國在飛機製造方面以二或三比一的比例勝過軸心國，這些要求不應被視為無法實現。

8. 儘管我們反對擴大民間空防部隊的措施，並計劃繼續適度裁減，但若認為英國不會再遭猛烈轟炸，則是過於樂觀。當前，德國轟炸機的大部分力量正專注於對俄作戰。若將力量轉向西方，德國將在未來幾個月內集結同等數量的轟炸機來對付我們。我們已經竭力建立了一種周密且令人稱奇的科學防禦體系，這使我們有信心應付昔日「閃電」襲擊的再度來臨。若此科學防禦系統出現問題，即便敵人同樣受影響，兩國間的互相轟炸將如 1940 年和 1941 年冬季般進行。若事態如此發展，我們對德國的優勢將透過我們日益增長的轟炸機數量和投彈能力的提升得以展現。

首相致函伊斯梅將軍，轉呈參謀長委員會

1942 年 7 月 22 日

所有機動車輛在運輸過程中若未裝箱，需獲得參謀長委員會的特別授權。同時為了便於參謀長委員會的運作，該任務可轉交副參謀長委員會，或由選定的任何一位副參謀長負責。

除了用於實際作戰登陸的車輛外，所有的機動運輸工具都必須進行裝箱處理。若能在運輸船舶上實現空間節約，其效果遠超對國內生活和糧食施加的諸多令人厭惡的限制條例。

在此事中，我懇請你們認同並持續地給予支持。

首相致愛德華・布里奇斯爵士

1942 年 7 月 25 日

請詳細列出政府各部和民間現存的科學研究組織，並提供在各主要軍事部門及各發明與研究委員會中服務的科學家人數等相關消息。

首相致第一海務大臣

1942 年 7 月 25 日

「我們從未意圖將反潛艦艇閒置於池塘，而是打算將新造艦隻交由英國或美國。」此決策是基於對火炮裝備及其他配件問題解決後的策略評估。使用「池塘」一詞並不準確。

請為我起草一份致總統的電報，以澄清這個問題。

我尚未了解裝備不足的狀況。

首相致函伊斯梅將軍，轉呈參謀長委員會

1942 年 7 月 26 日

因為「火炬」行動的推進，「安納吉姆」行動計畫可能會受到干擾。我認為不應該放棄或更改「安納吉姆」計畫，因為其重要性不容忽視。請告知有何方法能維持局勢；否則，韋維爾將軍的準備工作將陷入停滯。只有極為嚴峻的理由才能使韋維爾將軍無法順利獲得「鐵甲艦」行動所需的登陸艇裝備。究竟是些什麼理由，請告知。

附錄（二）

首相致函生產大臣、陸軍大臣、帝國總參謀長、軍需大臣及愛德華·布里奇斯爵士

1942 年 7 月 27 日

目前，我們已經製造或即將完成約兩萬輛裝備 2.4 磅炮的坦克和反坦克炮。在接下來的 12 個月中計劃再生產兩萬輛。然而，這種武器已然過時，若繼續大量生產，我們理應受到嚴厲批評。我理解，最初的計畫是廣泛分配給步兵，使每個營都能抵禦敵方坦克。然而，為此目的，2.4 磅炮並非理想選擇，因為它在大多數情況下無法有效阻止坦克。相比之下，炮轟或「傑弗里斯」步槍式火箭效果更佳，製造也更簡便。即便是 6 磅炮，如今也顯得過時。鑑於這些情況，我們必須在本週的國防（供應）委員會上重新評估 2.4 磅炮的計畫。該會議定於 7 月 30 日星期四上午 11：30 舉行，由我主持。屆時，我們也可能討論坦克的供應問題，包括「邱吉爾」式坦克的改進。

首相致陸軍情報處處長

1942 年 7 月 27 日

據我所知，目前部署在中東的「格蘭特」坦克數量為六十一輛，而在最近攻擊之前則為九十一輛。在此期間，已經有許多「格蘭特」坦克被運抵。在戰爭中，我們損失了多少「格蘭特」坦克，坦克的整體損失情況如何？

首相致生產大臣

1942 年 7 月 28 日

我不清楚你是否意識到燃燒彈局勢的極端嚴重。燃燒彈的短缺如此嚴重，以至於迫使皇家空軍在未來幾個月內縮減原定的縱火襲擊計畫。

今年我們是否能從美國獲得足夠的鎂？在 5 月 5 日的備忘錄中你提到，若無法獲得令人滿意的保證，你將會向最高當局反映這個問題。

鎂的替代品是否以足夠快的速度發展中？

請問，今年秋冬季節皇家空軍將獲得哪些補給？

首相致海軍大臣（抄送軍事運輸大臣）

1942 年 7 月 29 日

最近的一份美國統計報告指出，7 月 12 日之後的一週內，我們的船舶損失達到了戰爭爆發以來的最高點，這無疑是極為不幸的事件。只能這樣解釋：若美國當局是根據通知行事，可能由於某些疏忽，我們將幾週內的實際損失誤報為這一週的損失。這種做法顯然無法反映海戰的真實情況。

關於公布船舶損失的事項，我們應努力與美國方面制定一個統一的政策。若你尚未進行，請負責與他們的相關部門商討以下問題：是否需要公布任何資料，如需公布，其內容應包括哪些資料。

請告知我商議結果。

8 月

前海軍人員致羅斯福總統

1942 年 8 月 9 日

我希望，在 8 月 14 日《大西洋憲章》週年紀念時，如有賀詞，請先將原稿發給我稽核。我們曾對那份著名文獻的措辭進行了逐字推敲，如未經充分考慮，我無法對其作出超出當時共識的解讀。建議相關內容所要適用於亞洲和非洲時需謹慎對待。戰時情報局提前透露的輿論風向，可能將對印度的防務會造成嚴重困難。在中東，阿拉伯人可能大多主張將猶太人驅逐出巴勒斯坦，或者至少不再允許遷入。我堅定支持猶太復國主義政策，並是其創始人之一。這僅是新宣告可能會引發諸多紛爭的情況之一。

附錄（二）

在回顧這一年令人難忘的進展時，僅僅提及盟國的發展、俄國對侵略的堅定抵抗、美國在太平洋的軍事勝利以及我們聯合空軍的壯大，難道就足夠了嗎？最後，我們應該重申我們的原則，並指出，在初期那些意外的不愉快局面得以圓滿解決之後，我們可以期望未來將有一個更加美好的世界。我深信，你會以一貫對我表示的善意，來理解我所面臨的困難。

首相致第一海務大臣

1942 年 8 月 9 日

1. 我對於「謝爾曼」式坦克無法在 9 月 5 日前抵達感到非常失望。昨日，我整天檢閱了四個傑出的裝甲旅，它們正在等待這些坦克，以便成為非洲最強大的裝甲部隊。我非常關注這些旅的裝備程序及訓練進度；但我對它們如何能在 9 月第三週前投入戰鬥表示懷疑，除非在緊急情況下。我一直期望「謝爾曼」式坦克能在 9 月 1 日抵達，它們需要在海上航行四十五天。

2. 鑑於擊敗隆美爾這個任務在「火炬」作戰計畫開端的重要性，請再接再厲，彌補已經延誤的五天時間。請告知船隊當前速度及能提供何種支援。

3. 第五十一師預定於 8 月 13 日抵達。當前所在位置為何？能否按時抵達？

首相致空軍大臣和空軍參謀長

1942 年 8 月 9 日

特德和科寧厄姆曾對我提到，從此地運出的部分——即使只是微小部分——最新型戰鬥機的極端重要性，他們的話深深觸動了我。科寧厄姆表示，他個人能夠在沙漠中大顯身手。這些飛機一旦升空，敵方戰機便持續擔憂可能遭遇它們；我們在設計上的優勢與運送的數量並不匹配。請提供建議。

坦克名稱

首相致伊斯梅將軍和其他有關人員

1942 年 8 月 28 日

若我們將剛取得的「謝爾曼」坦克命名為「謝爾曼 M3」難免會引發混亂，因為德國最傑出的坦克也採用這個名稱。以下幾個名稱最常被廣泛使用，例如：「李」、「謝爾曼」、「斯圖爾特」等。名稱前面無需加上「將軍」頭銜，避免與真正的將軍產生混淆。

請將所有英、美坦克的現行正式名稱整理成一份清單，同時也列出德國的所有坦克名稱，隨後我會檢視是否有需要修改的地方。

供海軍航空兵部隊使用的戰鬥機

首相致伊斯梅將軍和愛德華・布里奇斯爵士

1942 年 8 月 28 日

將皇家空軍的作戰飛機轉為海軍部的大型後備飛機是不合適的。海軍部不僅僅追求戰場上的勝利，還渴望成為空中英雄。此種心態應予以堅決制止。海軍飛機的不足主要展現在後備方面，但其實際後備力量已經大大超過皇家空軍，而且還有額外的後備存量。

國防委員會的會議可能安排在週一晚上，這個議題或許會被優先討論。我已經要求徹韋爾勛爵準備一份文件，將於會議中分發。

首相致函伊斯梅將軍，轉呈參謀長委員會

1942 年 8 月 28 日

1. 應內閣的請求，我於今日上午會見了土耳其大使，他向我提供了一份關於土耳其局勢的介紹，我對這個國家及相關地區的情況極為關注。

附錄（二）

2. 在設想 10 月中旬於西部沙漠取得決定性勝利的前提下，我們應立即著手制定向土耳其運送更多戰爭物資的計畫。讓出二百輛「瓦倫丁」或其他舊式坦克是可行的。這些舊式坦克在埃及可以用更新型坦克替代，目前更新型坦克正源源不斷運抵。同樣地，三百門 2.4 英寸口徑的兩磅彈頭反坦克炮和一百門雙筒自動高射炮應當已經準備妥當。如果這些炮已經明確準備就緒，隨時可以送往土耳其（屆時它已經作出有利於我們的決定），那麼這些炮將在 10 月底交至土耳其手中。在俄羅斯可能喪失黑海制海權及土耳其可能受到軸心國巨大壓力的情況下，這種援助將極大增強土耳其的抵抗意志。

3. 德國人是否反對將雷達設備分配給土耳其人？德國人必定了解此類機密，或者他們擁有其他同樣優良的設備。

4. 我們必須以信任土耳其為基礎展開工作，我個人持有這種立場。若土耳其被迫屈服，尼羅河的局勢將面臨極大困難。

5. 請根據這些指示制定一份計畫提交給我，以便商討。

首相致飛機生產大臣

1942 年 8 月 30 日

從你的《7 月分進度報告表》中，我注意到重轟炸機的生產數量已經嚴重滯後於預定計畫。1941 年 12 月你告訴我們，今年 7 月分的重轟炸機產量為二百六十七架。根據 7 月 1 日的計畫，應交付二百二十九架。然而，實際交付數量為一百七十九架——僅為 12 月分規劃的三分之二，或 7 月分設定的五分之四。我尤其關注「斯特林」轟炸機的大幅減產，原定產量為七十九架，而實際僅生產了四十四架。

請告訴我，你將如何採取措施來改善這個狀況。

首相致陸軍大臣

1942 年 8 月 30 日

1. 陸軍對報紙過分強調突擊隊的行為感到憤慨，這是可以理解的。你部負責新聞的官員應向報紙指出，由於將迪耶普的襲擊行動稱為「突擊隊的襲擊」而產生的負面影響，實際上，許多加拿大軍隊的軍人也參與了迪耶普的戰鬥。這樣的報導對軍隊而言既不公平，對突擊隊也不合適。

2. 此外，務必明確知悉，英王陛下政府的方針是：以高度的能力維持並擴展突擊隊的組織，並確保以優質人選補充損失。可以回顧當初支持將突擊隊制度納入我們軍隊一部分的決策。關於這個議題，我在兩年多前撰寫過備忘錄，如果你尚未閱覽，應予以查閱。我不同意對其功能或重要性進行任何貶低。

請提交一份報告給我。

首相致殖民地事務大臣

1942 年 8 月 31 日

襲擊巴哈馬群島的唯一可行方式是透過一支隊伍乘坐潛艇登陸，我的想法是否正確？若如此，總督官邸似乎成為明顯的攻擊目標。潛艇無法輕易找到溫莎公爵的具體位置，特別是如果他不在官邸或經常更換住所的話。通常，一個人總會尋求活動的機會，而不願成為「坐以待斃的人」。因此，我支持在總督官邸及其他提及地點周圍安裝電網，向親王殿下通報各種潛在危險，而不限制他的行動自由。保護政府所在地免遭潛艇部隊襲擊非常重要，為此應派遣多個排的兵力前往。

附錄（二）

9月

首相致新聞大臣

1942 年 9 月 2 日

關於英國軍官在帝國海外領地進行廣播的管理措施——例如韋維爾將軍的廣播摘要——有何安排？在聯合王國境內，即使是非戰時的內閣成員在此類題目上發表演講，未經我的同意是不允許的。我不贊同在本土之外的廣播管理可以放鬆的觀點。請在與相關國務大臣協商後，確保此類廣播一律禁止，除非按照你批准的申請程序進行。最高級別的軍官若要進行廣播，則需要親自向我請示。

首相致生產大臣

1942 年 9 月 2 日

它們的既定目標已經多次被下調，但生產狀況仍未達到下調後的標準。尤其是重型轟炸機的生產延遲尤為嚴重。某些月分的節日是事先已知的，因此不能用節日作為推卸責任的藉口。

飛機生產部門的產量未見提升，情況極為嚴峻。你計劃採取哪些措施？

首相致新聞大臣

1942 年 9 月 4 日

這封來自加拿大的電報提到，《渥太華日報》刊登了一則來自倫敦報紙的消息，內容是關於美國與維琪法國的關係可能即將破裂；此外，英國越發相信，在美國的協助下，必能清除軸心國在北非的影響。將這種傳聞與信念相結合，實在是一個非常嚴重的事件。達夫·庫珀先生也應該對此做出報告。批准這則新聞的檢查官是誰？在進行徹底而緊急的調查時，關鍵是千萬不要聲張，因為這只會加劇洩密的嚴重性。

他所指的「某些外交方面」究竟意味著什麼，確實應該向他詢問。我認為此事極為緊迫且相當重要，並且在我向你提及的問題中是最為嚴重的一個。

首相致陸軍大臣

1942 年 9 月 4 日

從這些關於霍巴特將軍的診斷報告中，我未曾發現任何一個理由可以解除這位將軍的師長職務，而這個師即將參戰。

霍巴特將軍在軍中和軍外均享有極高聲望。他是個具有非凡智慧和堅韌性格的人，儘管他不太容易與人相處，但遺憾的是，軍隊中少有像他這樣的人物。對於他遭受攻擊，我感到非常震驚。

我堅信，是我將他從國民自衛軍的伍長晉升為新裝甲師的指揮官，若非我改變想法，要求他負責坦克發展的所有事務，同時讓他在軍事參議院中擁有一席之地，我們便不會因犯下重大錯誤而遭受打擊。陸軍的最高統帥部並非一個俱樂部。應該確保那些具有非凡才能的人，即使不受軍事同僚的歡迎，也不應該被剝奪為國王效力的機會，這不僅是我的責任，也是英王陛下政府的責任。

首相致生產大臣

1942 年 9 月 5 日

我對這個問題極為重視。我們已經生產了兩萬門 2.4 磅彈頭的反坦克炮，並計劃再製造一萬一千門，以供步兵使用。目前，這些炮的聲譽受到了損害。恢復其信譽至關重要。唯有透過新型彈藥的生產和分發，方能恢復其聲譽。請特別關注此事，並告知你認為可行的措施。

附錄（二）

首相致第一海務大臣和空軍參謀長

1942 年 9 月 6 日

這顯然是一場付出最大努力的特殊行動（敵人從義大利護航船隊到北非），即便海軍和空軍面臨重大損失也在所不惜。請於今晚告知你們將採取的行動。

首相致樞密院長

1942 年 9 月 6 日

感謝你的辛勤付出。首都自來水供應局給予拒絕服兵役者的待遇，竟然優於自願參軍的青年，這個事實依然存在。這對任何英國人來說都是恥辱，幾乎與導致我們國家名譽掃地和世界遭受災難同樣令人不悅。

你提到「偷偷搶在同事前面」的這句話，若要準確表述，應擴展為：「在接近敵人方面偷偷搶在同事的前面」。

當我完成演講稿的初稿時，我會親自致函首都自來水供應局，討論此事。若未獲得滿意的回應，我將公開這封信。

首相致空軍參謀長

1942 年 9 月 10 日

前幾日晚上，哈里斯空軍中將向我透露，大批被派往中東的轟炸機組員，在交接飛機後並未返回國內。

鑑於加強本土轟炸機司令部力量的重要性，請對這件事進行調查，並為特德起草一份方案。

首相致穆爾海軍上將

1942 年 9 月 10 日

1. 我希望你能特別仔細地研究這為期八天的鍋爐清洗和維修期限的問題。需要進行清洗和維修的驅逐艦究竟有多少數量？每艘驅逐艦當中有

多少人員專門負責鍋爐清洗任務？總共有多少人從事清洗鍋爐的工作？這項特定工作是否僅限於技術員，抑或是技術熟練的水手也能勝任？海軍中是否有其他現成的鍋爐清洗人員？假設每艘驅逐艦需要五十人進行鍋爐清洗，而參與的驅逐艦共有二十艘，這就需要一千人。當然，可以從兵站、待修的艦船等方面調配這一千名人員，並用專車將他們送到港口。這樣一來，一旦驅逐艦進入港灣，疲憊的船員便可下船度假休息，而鍋爐清洗工作則由專業人員接手。各驅逐艦隻需派出最少的人手對維修工作進行檢查。如此安排，便可節省出額外的三天休息時間，留下五天用於鍋爐清洗。因此，在兩個為期八天的週期中將能節省出六天。

2. 眾所周知，速度較慢的運輸船隊因選擇較近的航線能節省三天。請每日報告運輸船隊在每條航線上的前進速度，並說明因氣候影響的意外事件會導致增加多少天。我非常重視關於捷徑的論點，可以作為你的應急計畫。

3. 我不相信我們無法從裝貨的十天中減少兩天。如此一來，PQ第十九號運輸船隊就有可能提早出發，並於11月4日開始執行「火炬」計畫。10月20日出發的美國分遣艦隊最早將在11月4日抵達。基於其他原因，將11月8日作為確定的最後期限，我也可以感到滿意，這樣就會有四天的機動時間。

首相致生產大臣

1942年9月13日

1. 國內坦克生產的預期數字實在令人失望。即使在1943年第四季度，每個月的產量仍未達到一千輛。請將顯示我們同期可從美國獲取物資的相關表格提供給我。我迫切希望在國內生產機車，以減少船舶運輸的需求，但損失九百輛「半人馬」坦克實在過於嚴重。

2. 關於生產機車的事項，也許你已經根據決定進行操作。對此，我自然表示支持，但我仍希望了解具體資料。

附錄（二）

首相致空軍大臣

1942 年 9 月 13 日

1. 感謝你提供關於擴展轟炸機司令部的報告。欣見你與空軍參謀部在局勢改善上付出的巨大努力，我感到十分高興。能否提交給我以中隊為基礎的擴充計畫？

2. 也請告知我：

(1) 自 1942 年 5 月 1 日起，我們已經向中東派遣了多少轟炸機？

(2) 已經返回的這些轟炸機成員有多少？

特德習慣將所有或幾乎所有的機組人員留下進行空運。這種情況不可接受。我想親自發電報給他，但對於此事，我會等待你的回覆。

首相致帝國總參謀長

1942 年 9 月 13 日

你會在其他文件中發現，亞歷山大將軍宣稱，由於近期的戰爭，「捷足」攻勢的日期將被推遲。另一方面，敵軍的力量因為那場戰役之後已經被大大削弱。若「捷足」被推延至 10 月，我們必須確保，馬爾他在此期間不致承擔過多攻擊，並應該使亞歷山大將軍清楚了解，馬爾他在汽油供應方面不能中斷。

首相致空軍大臣和空軍參謀長

1942 年 9 月 17 日

1. 至今年底，國內轟炸機司令部的戰力應從現有的三十二個具備全面作戰能力的中隊提升至五十個中隊。擴展計畫需循序漸進。美國的中隊不應列入計算。為實現這個首要軍事目標，請提交你能制定的最佳計畫。為實現此目標，你需要對以下各方面進行新的和詳細的審查，以便能從以下來源獲取轟炸機；

2. 若能更有效地實現相同的結果，自然應調整這些分配數字。當最終計畫制定完畢之後，我將呈交戰時內閣，以便討論和批准。屆時，該計畫將在限定條件和規定時間內成為有約束力的方案，並將優先於所有其他急切的請求。

首相致霍利斯准將

1942 年 9 月 18 日

我渴望從配備最多「邱吉爾」坦克的兩至三個師中獲取一份有關該坦克的詳細報告。

務必保密報告是我請求的，因為我僅想了解部隊對這種坦克的看法。

首相致函霍利斯准將，抄送參謀長聯席會議及本土部隊總司令

1942 年 9 月 18 日

1. 這一營〔國民自衛軍倫敦郡第五十八（文官）營〕表現卓越，擁有超過一千二百九十名成員，由菁英所組成，並部署在我們防禦的核心區域。然而，他們僅有五百四十六支「斯登」式衝鋒槍，除此之外，只有透過私人安排從海軍部和陸軍部借來的七十二支 0.300 英寸口徑和三百七十支 0.303 英寸口徑步槍，本身卻沒有任何步槍，這實在是不可思議。武器的短缺以及武器和彈藥的混雜情況令人極為不安。

2. 陸軍部的一個連隊脫離倫敦軍區司令部，轉而由帝國總參謀長個人支配，這是何等緣由？

3. 我對於國民自衛軍的裝備情況也產生了興趣。例如，1940 年 7 月，美國向我們提供了超過八十萬支 0.300 英寸口徑的步槍。這些步槍是如何分配的？國民自衛軍擁有多少支 0.303 英寸口徑的步槍？有多少個營同時配備了兩種步槍而使用不同的彈藥？國民自衛軍還配備了哪些其他武器？國民自衛軍中尚未裝備武器的人數是多少？

附錄（二）

首相致空軍參謀長

1942 年 9 月 19 日

你的論點應該提交給駐西非大臣。在進一步派遣任何白人員工參與西非機場防衛工作之前，我們必須等待西非大臣的答覆。我不知到你已經籌組了八萬人的非正式軍隊，並在尋找這些人的僱主。你必須認真嘗試將這支非正式軍隊至少縮減三萬人。

首相致函新聞大臣及霍利斯准將

1942 年 9 月 19 日

審查員不得放過任何涉及推測未來軍事行動的報導。總之，凡是存疑的電訊需扣留，直至新聞大臣親自批准後方可發布。我很樂意看到新聞大臣再次會晤各報社長，並讓他們深刻意識到關於未來軍事行動推測文章的危險性。拒絕刊登此類文章應被視為一種榮譽。那些已經流傳的謠言似乎會被證實，但你無需對此過於擔心。無論謠言真假，違法行為同樣令人厭惡。

之前提到的那則電訊是否已經外洩？我建議依據保密法案或第十八號 B 字法案，或其他緊急處置權力，逮捕發送者，並實行長時間的徹底隔離。告訴我，我們擁有哪些權力。

整個問題應於週一提交戰時內閣。

首相致勞工大臣

1942 年 9 月 20 日

我聽聞首批被選中的新兵是加入皇家空軍團的。此類傳言是否屬實？

首相致空軍大臣

1942 年 9 月 20 日

除了輕型轟炸機中隊，請依照所列日期告知每次可派遣參戰的飛機數量……

在三百一十六架轟炸機的機組人員中，僅有六組成功返回本國，這個事件確實不太光彩。你在中東地區有大量積壓，而本土的進展卻因此受到阻礙。請提供 1941 年 9 月 1 日和 1942 年 9 月 1 日皇家空軍在中東的中隊、人員及飛機的實力情況列表。

首相致生產大臣

1942 年 9 月 20 日

今日我閱讀了國家支出特別委員會關於坦克和大炮的報告。這份文件是一篇精妙的控訴文，嚴厲指責了陸軍部和軍需部的所有相關人員，同時也批評了作為政府領導人的我和整個組織。

截至目前，只有一份正式回覆被送至約翰·沃德洛-米爾恩爵士及其委員會。需在 9 月 29 日議會召開前，準備一份更詳盡且合理的答覆提交給委員會。因此，請於下星期三前告訴我，你在這方面已經採取的措施、計畫如何推進，並能在多大程度上回應委員會的批評。同時，請提供我能夠用來回覆委員會的資料。他們的確做出了相當有價值的貢獻，促使我關注到這種效率低下和能力不足的混亂狀況。這份報告已經遞交至你們和軍需部手中，至今已經超過兩週。

我必須將此事視為最為急迫的問題，並且這需要你本人、陸軍大臣和軍需大臣立刻採取行動，以確保未來的安全。

附錄（二）

關於禁止製作和出售冰淇淋問題

首相致糧食大臣

1942 年 9 月 22 日

在獲得有關運輸和人力節約的確切報告之前，我無法評估禁止生產和銷售這個美味食品是否合理。

我估計，駐紮在英國的眾多美軍自有他們的安排。據說冰淇淋深受他們喜愛，甚至成為酒類的競爭對手。

在內閣尚未有機會發表意見之前，切勿採取行動。

卡車裝箱問題

首相致陸軍大臣和其他大臣

1942 年 9 月 23 日

8 月分的資料已經顯示出受歡迎的改進。我很高興地注意到，大多數所謂「非專用」的陸軍部車輛正在準備裝箱。我相信，你們正全力以赴地為「專用」車輛、小汽車和皇家空軍車輛進行裝箱運輸，同時改進現有的裝箱方法。

首相致勞工大臣

1942 年 9 月 23 日

空軍部正為皇家空軍團遴選卓越人才，而該團僅在機場周邊執行特定任務，所以如此挑選顯然不妥。若他們有權從野戰軍中調派這些必須在各種情況下作戰的人員，那就更加不合適了。

皇家空軍團的成員總數不少於八萬，我計劃進行全面的審查。我建議至少調動三萬人加入陸軍。

首相致樞密院長和燃料與動力大臣

1942 年 9 月 24 日

我了解到，將更多礦工從陸軍中調回的問題再次被提上議程。目前我們無法削弱陸軍力量，我相信我們將竭盡所能，探索各種其他途徑來提高產量。

我們將礦工轉移至效率較高的礦坑方面有何進展？我們在 5 月聽聞，透過調動較少的人力即可大幅提升產量。

為了提高青少年的吸納率以及防止中年勞動力從工礦業外流，已經採取了哪些措施？

我們的薪酬策略是否在提升產量方面具有成效？

在露天煤礦開採的進展方面有哪些新動向？近期報紙上發表了多項建議。

為了解決工業用煤的分配問題，與各個消費部門進行了哪些安排？

我期望，透過政策執行以落實這些措施，我們能夠克服當前的困境。

首相致勞工大臣

1942 年 9 月 24 日

我懷著濃厚的興趣閱讀了你的備忘錄，其中詳述了截至 6 月為止我們在人員管理方面的成就。

我了解到，你已經向三軍部署了近百萬的男女人員，進而滿足了他們的大部分需求，同時也在軍需工業中增加了八十萬名工人。

我向你表示祝賀，取得如此輝煌的成就。

附錄（二）

首相致愛德華·布里奇斯爵士

1942 年 9 月 25 日

請發布以下通知：

「各位大臣應保持審慎，切勿輕率與外國大使討論公務。如若已經發生此類情況，務必將詳情報告外交大臣，以免外交大臣在正式會晤中與外交使節的言辭不一致。」

首相致伊斯梅將軍

1942 年 9 月 25 日

請提交一份關於英國特種部隊實力及招募策略的報告。這些特種部隊是否吸引到頂尖人才並確保充足的人員編制？

首相致空軍參謀長

1942 年 9 月 25 日

在「火炬」作戰計畫的某個階段或準備過程中，可能需要透過猛烈而直接的轟炸來威懾維琪政權。如有必要，請告訴我 11 月分可以採取的行動。

首相致海軍大臣和第一海務大臣

1942 年 9 月 25 日

我認為，除了派遣「聲威」號，還應該出動一艘「英王喬治五世」號級戰艦參與「火炬」行動。以強大的海上力量震懾敵人，尤其是對維琪政權的法國人進行威懾，至關重要。你們在斯卡帕灣停泊了三艘「英王喬治五世」號級戰艦，實力已經足夠。

首相致函伊斯梅將軍，轉呈參謀長委員會及生產大臣

1942 年 9 月 25 日

依我之見，我們需要建造長達三至四英里的活動碼頭，以便在平坦的海灘上使用。在許多地方，這些碼頭可分段使用。請務必不要輕易捨棄這種碼頭。然而，我們必須明確哪些是我們應該捨棄的。

首相致樞密院長

1942 年 9 月 26 日

在國內努力節省燃料或勞力時，我希望你能記住，這些措施可能會對員工的效率產生反效果。例如，減少公共汽車的執行意味著人們步行的時間增加，員工抵達辦公室或工廠時已經疲憊不堪。一名員工當然可以自己整理房間，但也可能因此在重要工作上遲到一小時，等等。我不反對革新，但我希望記住這一點。

首相致掌璽大臣

1942 年 9 月 26 日

在討論公布飛機損失的問題上，了解轟炸機司令部總司令的觀點是有益的。在內閣重新作出決定之前，我們必須聽取他的意見。就我個人而言，我認為向敵人透露這種消息是極為不當的，不說明參與襲擊的飛機數量卻公布損失數字，是最容易引起誤解和不必要的愚蠢決定。我在下議院解釋此事並不覺得有困難。

首相致傑弗里・勞埃德先生

1942 年 9 月 26 日

在機場驅散霧氣以確保飛機安全降落，具有極其重要的意義。為實現這個目標的全面實驗由石油作戰局以最快的速度負責執行。應該為他們提供一切支持。

附錄（二）

首相致海軍大臣和第一海務大臣

　　　　　　　　　　　　　　　　　　　1942 年 9 月 27 日

　　從「拉科尼亞」號和另一艘船上救回六百五十名生還者的報告顯示，已經發生了一場極為嚴重的悲劇。是否了解獲救的義大利戰俘占多少比例，英國人員又占多少比例？船上大約有三千人，因此遇難者必定超過兩千人。

首相致陸軍大臣和帝國總參謀長

　　　　　　　　　　　　　　　　　　　1942 年 9 月 28 日

　　1. 我不打算同意將 90% 的坦克儲備指定給某些裝甲師，而其他部隊則完全沒有坦克。當陸軍擴充裝甲力量時，應優先考慮補給那些僅有初步裝備的部隊，只有在滿足這些需求後才能增加部隊的儲備量。當然，對於與敵人交戰的部隊，必須提供更大比例的額外坦克。

　　2. 在中東地區，所有的「謝爾曼」坦克應部署於最前線，而後備坦克則應由「格蘭特」式組成。在某些戰場上，多個部隊使用同一型號坦克時，建立一個統一的儲備比為每個部隊分配固定數量的後備更為有效。這種策略尤其適用於本土，因為我們在國內擁有大量的「邱吉爾」、「十字軍戰士」和「瓦倫丁」坦克。在這樣一個小島上，所有部隊都靠近它們的主要維修基地，因此後備標準可以比中東或印度的部隊更低。我們不能一方面讓坦克閒置，另一方面卻讓一些部隊缺乏坦克裝備。

　　3. 我非常希望能夠獲得一份涉及國內外所有裝甲部隊的報告，詳細說明哪些部隊已經編成，哪些正在編制中，其初步裝備狀況如何，實際到手的坦克數量是多少，已經有多少用於部隊，多少編入後備編制。

首相致海軍大臣和第一海務大臣

1942 年 9 月 28 日

請思考如何充分利用 PQ 第十九號運輸船隊的船隻，以製造假象，讓敵人誤以為我們計劃再次進行運輸船隊的航行。如果能讓德國人在冬季期間被引誘在北方部署他們的潛艇、飛機和水面艦艇而無所作為，這將極大地有利於我們，並對「火炬」作戰計畫產生實質性的幫助。因此，任何有助於製造 10 月間派出船隊假象的措施都應予以採取。

首相致空軍參謀長

1942 年 9 月 28 日

所有跡象顯示，敵人目前越發依賴托布魯克，而對班加西的依賴則相對減少。我們與美國在埃及的全部空軍力量，距離托布魯克如此之近，卻無法摧毀該港口的防禦工事，這讓我感到極為困惑。

首相致空軍參謀長

1942 年 9 月 29 日

伊瓦特先生接手的那三個「噴火」空軍中隊究竟出了什麼問題？它們是否已經參與了戰鬥？

首相致函伊斯梅將軍，轉呈參謀長委員會

1942 年 9 月 30 日

根據目前所能收集到的資料來看，從單人在一小時內的工作量角度來看，使用地面炮火擊落一架敵機的消耗比空中戰鬥機要大得多。誠然，現行無線電操控技術存在某些干擾風險，但在今冬削減高射炮火可能並不合適。然而，到明年我們希望這些風險能夠得到解決，屆時我們將獲得更多戰鬥機，才能在更大程度上依賴飛機防禦。當然，高射炮始終有其用途，對於防禦小而重要的目標也是必需的，但考慮到人力資源緊張的趨勢，應考慮在 1943 年進一步削減防空司令部的可能性。

附錄（二）

首相致帝國總參謀長和空軍參謀長

1942 年 9 月 30 日

在內瑟臘萬視察空降師期間，我注意到「懷特利」飛機。據稱，該飛機並不適合用來拖運滑翔機，因此，空降師的指揮官幾乎沒有可用的飛機來執行此任務。

請告知我此事的詳情及應對措施。

10 月

首相致外交大臣

1942 年 10 月 2 日

關於您提到的「葉蘭」備忘錄。

1. 這種設備的實際功能是什麼，請簡要說明並制定一個在「火炬」行動中使用的合理方案。我預期總統會提供一些錄音帶，在艾森豪將軍認為合適的時機播放。另外，一旦事態有了良好進展，我將根據需要嘗試用法語或英語對法國進行廣播。

2. 關於我請求總統提供額外真空管的電報，請準備好並送達。

首相致函伊斯梅將軍，轉呈參謀長委員會

1942 年 10 月 2 日

1. 我設想，為配合「火炬」作戰計畫，已經開始制定透過大規模空軍行動來牽制德國空軍於法國海岸的計畫，是否正確？

2. 英國的分艦隊很可能會與從土倫出擊的維琪艦隊交戰，如果這些分艦隊中有一些懸掛美國國旗的美國艦艇 —— 即使不需要特別強大的火力 —— 會不會更好？

3. 關於法國派遣潛艇抵達達卡的傳聞，事實真相如何？

首相致帝國總參謀長

1942 年 10 月 4 日

此文件中關於德國坦克的資料過於簡略。請提供每種坦克的重量、速度，以及其炮彈的重量。另請告知與這些坦克相似的每種英國坦克的名稱。

首相致函伊斯梅將軍，轉呈參謀長委員會

1942 年 10 月 7 日

1. 我無疑支持在中東建立一支兩棲攻擊部隊。我們用以襲擊艦隻所派出的三支突擊隊已經完全耗盡，而我們的優秀海軍陸戰隊沒有得到充分利用，這讓我感到遺憾。我一直認為，兩棲部隊的軍事行動，無論是攻擊一個島嶼還是在敵人陣地後方展開，都應在戰役中發揮重要作用。在當前更具希望的形勢下，這顯得尤為必要。

2. 唯一讓我感到擔憂的是韋維爾的阿恰布計畫等行動的進展情況如何？如果我們能夠在不削弱韋維爾能力的情況下，成功集中海軍基地機動防衛隊，這將是一項出色的成就。

你能否提供一份報告給我？

首相致陸軍大臣和空軍大臣

1942 年 10 月 7 日

1. 無論何時，只要我們的陸軍在陸地上站穩並對敵方展開軍事行動，皇家空軍就應當採用在西部沙漠中已經被證明行之有效的組織和運作模式。這種模式的特點是：整個空軍由一位空軍總司令指揮，他與陸軍總司令的關係應該如同我在 1941 年 10 月 7 日指令的第四節和第五節中所述。我們在研究以聯合王國為基地的皇家空軍在大陸作戰的角色時，應以此為基礎。簡而言之，我希望看到西部沙漠的體制在法國得到應用。當我從北方返回時，這份文件應已準備妥當並獲得一致意見。

附錄（二）

2. 我們需要先在法國取得成果，隨後依此成果進行策劃，以便在包括春季橫渡海峽在內的複雜第二階段中確定最佳方案。最終，我們可以明確，在準備訓練階段應當如何安排，確保三個階段的連貫性不會中斷。

3. 此外，為避免任何最終決策的延誤或破壞，應依據帝國總參謀長與空軍參謀長的協定，在陸軍作戰司令部內部開始籌組十二個支援陸軍的空軍中隊。

首相致愛德華‧布里奇斯爵士

1942 年 10 月 8 日

供您作為個人參考。我依據以下三個條件來評價一個人在戰爭相關議題上是否有資格發表有益見解：

首先，勇氣與才華；其次，實戰經驗；最後，和平時期對參謀知識的鑽研與常規的自我充實及提升。

首相致外交大臣

1942 年 10 月 8 日

依我之見，此事不應如此處理。我想像中的土耳其人所珍視的是：友誼、慷慨，以及對力量和資源的觀點。我從未有意將這種餽贈與任何涉及鉻的談判混為一談。關於鉻，他們顯然也面臨巨大的困難。當我們的大使提到可以藉此「施壓」時，他完全誤解了政府的意圖。我費了很大的力氣才獲得這些坦克和其他武器。我需要的是土耳其人，而非他們的鉻。我特別要求，將這兩種想法分開。

對此事，我深感遺憾。請務必審視你是否能從正確的角度理解這個問題。我們贈予伊諾努如此珍貴的禮物，而他的反應卻是「頗為不安」。我擬向伊諾努發出如下電文：

「英國大使於 10 月 1 日向您彙報英國贈予土耳其武器一事，我視其為友誼與互相理解的象徵，與我們兩國政府協商的其他任何問題無關。」

首相致海軍大臣和第一海務大臣

1942 年 10 月 8 日

德國的快速魚雷艇重新占據優勢，其布設的水雷對東海岸的航運構成重大威脅，這讓我感到不安。我印象中，你們已經解決了魚雷艇隊的威脅。請提供一份報告，說明現狀及擬採取的措施。在魚雷艇作戰中，我們不能被擊敗。

首相致空軍大臣和勞工大臣

1942 年 10 月 8 日

1. 我無法贊同讓 25 歲以下的年輕人在這些極具局限性的職位上工作。目前不應再徵募更多人加入皇家空軍團。至於那些已經在該團服役的人，我不確定他們的服役期限到底有多長。我們是否有權力將他們調動到陸軍部隊？請告知我。調動應當逐步進行，以避免對編制造成任何衝擊。4 個月的時間來處理這件事應該不會太過分吧。

2. 對於二十五歲以下的人，自然應從徵召的年長者中進行選拔，我們應盡可能為這些人提供支持，以保持皇家空軍團的規定人數。如果總兵力適度從七萬九千人減少到比如七萬人，我將感到滿意。

3. 這些地面部隊的軍官，過去從未有過飛行經驗，現在也沒有計劃去飛行，卻被稱為空軍少尉、空軍上尉等，這難道不是太不合理了嗎？任何過去沒有飛行經驗或現在不從事駕駛的人，絕不應被稱為空軍少尉。當絕大多數人實際上沒有離開地面勤務時，稱他們為皇家空軍的飛行員，是一種恥辱。令我感到奇怪的是，飛行員本身並不覺得那些冒用聲望的人數增加是一種侮辱。

附錄（二）

首相致外交大臣

1942 年 10 月 12 日

　　我對目前隨意使用與美國或俄羅斯的無線電話感到不安。我贊成應對俄羅斯線路進行必要的技術安排。無論如何，在這兩種情況下，低階員工不得使用這種電話。要與某國通話，必須事先獲得郵政大臣的書面批准，而郵政大臣也需確認使用者已經充分了解這種通訊的風險。在能夠使用電報的情況下，不使用電報是沒有理由的。對於某些高級人員，可以授予通用許可證。

　　在我們實施額外措施之前，請告知此類計畫。

首相致空軍大臣和空軍參謀長

1942 年 10 月 14 日

　　關於中東空軍增援的這份報告實在令人失望，我們不得不視其為空軍排程中的一次重大失敗。在埃及急需各種飛機之際，塔科拉迪卻集結了九十八架「旋風」、六十一架「勇士」戰鬥機、三十六架「噴火」和三十七架「小鷹」，這一點難以接受。

　　我堅決要求立刻實施矯正措施。

首相致外交大臣

1942 年 10 月 14 日

　　請考慮以下方法：

　　馬達加斯加的局勢應依照以下方法和規定時間加以處理。我們同意，在下週三左右通知德讓，我們願意看到勒·讓蒂約姆作為戴高樂的代理人和自由法國的代表，擔任馬達加斯加總督。我們不希望馬達加斯加發生不必要的騷動，最好在那裡散布勒·讓蒂約姆回任總督的消息，並且表明這是英國極力支持的。隨後，如果一切順利，勒·讓蒂約姆可以延遲幾天再

上任，在初期不需要建立新的行政機構。他一旦上任，我們便將權力移交給他，這樣可最大限度地減少必要的法國行政人員辭職的情況。戴高樂可以在我們同意下宣布，他已經任命勒·讓蒂約姆為總督，這一步可以在11月中旬左右實施⋯⋯

我們應向戴高樂表明，勒·讓蒂約姆是我們青睞的人選，我們無法接受一個我們不信任或不喜歡的人擔任總督。

首相致陸軍大臣

1942年10月14日

我認為，洛瓦特偵察隊因其起源、傳統和組織結構，可以被納入現有的突擊隊，這或許有助於替代1940年被派往中東後解散的三支突擊隊。請將這個建議提交給我。同時，務必與聯合作戰部司令官商議。我尚未與他討論此事。

首相致第一海務大臣

1942年10月15日

請檢視哈伍德海軍上將關於亞歷山大港內法國艦隊狀況的電報。在「捷足」和「火炬」作戰計畫進行時，我們需爭取這些艦隊的支持。強大的武力是最有力的說服工具。請考慮迅速派遣「沃斯派特」號或「英勇」號，在「火炬」作戰計畫開始前幾天或在最佳時機從基林迪尼前往亞歷山大港。若條件允許，哈伍德可能從有限的力量中派出幾艘驅逐艦前往紅海，甚至亞丁灣，接應該軍艦。這艘快速軍艦能夠自行到達亞丁灣。在緊要關頭，我不希望軍艦無所事事。依我之見，整個艦隊，包括航空母艦在內，都應前往。一旦艦隊出現在亞歷山大港，圍繞克里特島和義大利的各種想法會驟然浮現，這將有助於「火炬」作戰計畫的實施。哈伍德有多少驅逐艦？它們能及時南下多遠？

附錄（二）

首相致陸軍大臣

1942 年 10 月 15 日

　　一位現役於愛爾蘭皇家空軍部隊的軍官向我報告，美國軍官從未被邀請與英國陸軍或皇家空軍軍官在同一個食堂用餐，通常情況下，美國人被安排自行解決生活事宜。這嚴重反映了我們在團結精神和基本禮儀上的缺失。

　　請提交一份報告給我。

11 月

首相致函聯合作戰部司令官及雅各布准將

1942 年 11 月 1 日

　　在登陸艇的人員配置方面，我們必須謹慎以免引發問題。毫無疑問，為了操控這些登陸艇並確保引擎正常運作，我們需要一個技術嫻熟的核心團隊。由於他們僅在臨時作戰中需要，因此無需像艦隊或分遣隊那樣長期維持。如果一切順利，他們僅需在臨時作戰的初始階段使用。如果決定了登陸作戰的時機已到，那麼海軍和陸軍必須為這些特種人員做好 1 個月或三個星期的準備。我們無法無限期地維持大量人員等待大規模跨海峽作戰的機會。我們需要的是首先獲取登陸艇，並制定計畫使其準備逐漸成型，隨著時機臨近，力量增強。追求完美反而會破壞整個計畫。

首相致海軍大臣

1942 年 11 月 5 日

　　1. 請按潛艇類型列出截至 1942 年 10 月 31 日已經服役的潛艇；對於那些尚未命名但已在役的潛艇，也請一併列出。

　　2. 我相信，無論如何，名稱的確是必須的，我將提出一些建議以拋磚引玉。

首相致函伊斯梅將軍，轉呈參謀長委員會

1942 年 11 月 12 日

1. 徹韋爾勳爵應我的要求提供了一份關於滑翔機拖引機的備忘錄，這讓我感到不安。或許你還記得，掌璽大臣最近提出了滑翔機生產過剩的問題。正如你所了解的，我認為在士氣低落時，這些滑翔機可以發揮作用；但我擔心的是，保存這些木製機器會有困難，並且對轟炸機攻勢產生很大的消耗。這僅僅是一個權衡輕重緩急的問題。

2. 我堅信，滑翔機製造計畫需要進行審查。我不希望參謀長們在這樣的關鍵作戰時刻被此事過度分心。更好的方法是讓副參謀長們進行一次特別檢查，這種檢查當然不需要超過兩次會議。他們的報告會給我們一些結果去處理。如果我們有許多滑翔機在雨中閒置而未參與戰鬥，導致它們受損且未能用於發動攻勢，那就顯得太愚蠢了。此刻我認為「霍薩」計畫應當縮減。

首相致參謀長委員會

1942 年 11 月 12 日

1. 我們不能放棄從東方到馬爾他運輸船隊的責任。若船隊於 15 日出發，已經為其免受義大利艦隊的海上攻擊做了何種安排？接近馬爾他時，是在夜間還是白晝？對於從克里特來的轟炸機有何防禦措施？通常而言，抵達馬爾他空軍的保護傘下才算安全。這不是放棄四艘高速運載船隻的時機。船隊到達德爾納時，德爾納的機場是否可用？若不可用，我們應多等幾日，待機場可用時再出發。昔蘭尼加的局勢已經好轉，無需冒險一搏。哈伍德海軍上將需要提交他的計畫，詳述其晝夜航線及執行方法。

2. 戈特勳爵原本應在突尼西亞部署空軍。然而，我認為我們不應該將汽油耗盡的責任歸咎於他。對於他目前應保留的汽油量，參謀長們有何見解？

3. 看來一切應以實際占領德爾納機場之時為始。

附錄（二）

首相致伊斯梅將軍

1942 年 11 月 13 日

上週，我見到了「傑弗里斯」步槍。這種武器似乎具備強大威力，能夠讓步兵有效抵禦坦克的進攻。

訂購了多少支？交貨時間是何時？如何安排它們的分配？我希望中東和印度能夠在短時間內獲得它們的份額。

請提交一份報告給我。

首相致陸軍大臣

1942 年 11 月 21 日

昨日我巡視第五十三師時，得知三天前軍事參議院頒布了一項命令，要求立即摘除團級肩章，這令我感到震驚。該師的師長及本土部隊總司令均對這個決定表示驚訝與遺憾。毫無疑問，此舉極不受歡迎，且容易破壞團體精神，而軍隊的良好聲譽正是建立在這種精神之上。我還了解到，軍事參議院的指示還伴隨著禁止討論此事的通知。究竟是誰對此負責？

在尚未釀成重大損害之前，我希望您能下達撤回該指令的命令。

首相致糧食大臣

1942 年 11 月 21 日

我們正在嚴格執行這個令人不快關於禁止交換配給品的全部規定，我衷心希望這不是真的。一個人不能用他的配給品與另外一個在當時感到更大需要的人交換，這完全違背了常理和明智的判斷。這種規定對鄰里之間的和睦與友誼精神構成了打擊。我遺憾地看到，你所做的偉大工作，因為聽任那些只想著擴大影響力和增加人手的官員誤導而被糟蹋了。

若無法消除我的疑慮，此事務必在下週提交內閣會議。

首相致帝國總參謀長

1942 年 11 月 23 日

重新裝備西北非的法軍可能是有益的，那麼我們是否可以提供一些「七五」炮和彈藥？這些火炮在我們的部隊中幾乎已經被我們自製的火炮完全替代。它們將受到法軍的高度歡迎。如果艾森豪將軍贊成，或許可以迅速運送二十個炮兵中隊的火炮。

首相致帝國總參謀長

1942 年 11 月 25 日

我們是否過於迅速地分散了沙漠集團軍？如果澳洲第九師和紐西蘭第二師已經撤離，而現今又有兩支南非師即將撤走，那麼剩下的只有拼湊起來的部隊，還有什麼可依賴的呢？依我看，我們需對未來 6 個月的整體局勢進行深思。請遞交報告。我感到憂慮。

首相致軍事運輸大臣

1942 年 11 月 28 日

請向你部門所有對「火炬」作戰計畫成功有貢獻的人傳達我的熱烈祝賀和謝意，因為他們在如此龐大運輸船隊的準備與航行中發揮了作用。這應當歸功於他們的技藝、勤奮與專注；他們應共享這個偉大成就的榮譽。

12 月

首相致帝國總參謀長

1942 年 12 月 1 日

1. 第十集團軍的使命取決於俄軍在高加索的防禦態勢。自從 8 月我們籌組該軍以來，局勢已經出現許多正面變化，到年底前，所有對波斯和伊拉克的威脅可能已經大幅向西轉移。

附錄（二）

2. 我方對土耳其的政策可能需要將第十集團軍的大部分功能用於支援土耳其人。鑑於盟國在土耳其南北兩面取得的勝利，土耳其再無必要維持向德國人開放通道的意圖。

3. 你能否提交一份報告，說明如何將第十集團軍的四至六個師向西調動至敘利亞和土耳其？在敘利亞是否能夠獲得補給？能為多少人提供補給？如果選擇鐵路運輸，它們進入土耳其的速度如何？請制定一個以明年5月1日為目標日期的計畫，屆時需有六個師前往土耳其西部。計畫中無需過多細節。

首相致貿易大臣

1942 年 12 月 4 日

據我所知，所有陸軍成員必須移除他們團的肩章，這對集體士氣造成了極大的打擊。許多士兵自費購買了這些肩章，因此帶來了許多問題。陸軍部表示，貿易部通知他們，肩章所需的材料和勞動力（大部分已經完成生產）超出了當前緊急情況下的供應能力。

能否明確告知問題所在？你需要意識到，許多部分可以由各團體和地方自行安排製作。我相信，這僅是軍服的極小一部分。請詳細告知貿易部向陸軍部傳達了什麼消息，導致他們採取此舉。

首相致伊斯梅將軍，轉呈參謀長委員會

1942 年 12 月 6 日

這份電報中提到關於先頭部隊實際進攻所需登陸艦艇的觀點無疑是準確的。如果我們計劃將這些高標準應用於所有跨海岸的行動，唯一的結果將是使此類戰役完全無法執行。有句俗語是「求全反而無益」，用更簡潔的話來說則是「弄巧成拙」。

首相致第一海務大臣

1942 年 12 月 6 日

根據所附的電報內容，可以明顯看出，哈伍德海軍上將計劃用「獵戶座」號和七艘驅逐艦護送從馬爾他返回亞歷山大港的空商船，隨後，護航艦隊將返回馬爾他。然而，在這一週內，所有其他艦隻也需要前往馬爾他，因為此時正是馬爾他的海面部隊（K 艦隊）必須攻擊軸心國在突尼西亞交通線的時候。一週或十天之後就為時已晚。這將導致無盡的危害，並影響整個戰鬥。

這也是坎寧安海軍上將冒著極大風險，指揮他的巡洋艦和驅逐艦攻擊敵方船隊的時刻。這些艦隻在此戰中首次有效地阻止了敵人的增援。在接下來的十天裡，海軍的首要任務是阻止敵人對突尼西亞的增援。縱使付出重大的代價，這個任務也必須確實執行。

首相致函伊斯梅將軍，轉呈參謀長委員會

1942 年 12 月 7 日

1. 我極為關注對於這些關於「哈巴谷書」構想的快速審查。為了推進這種構想，應為聯合作戰部司令提供所有便利。他將每週向我彙報組織的建立和準備工作的進展。

2. 我當然完全不了解這塊五千英尺長、二千英尺寬、一百英尺厚的菱形冰塊之物質特性，它在特定壓力下會如何反應，或者在狂風暴雨的北大西洋氣候中，這樣體積的冰山會遇到怎樣的問題，以及它於一年四季中在不同海域需要多長時間才能融化。浮島或若干浮島的優勢，即便僅用於飛機加油站，也顯而易見。這種優勢無需贅述。在當前任何戰爭計畫中，找到一個安置這種「踏腳石」的地方並不困難。

3. 要想這個計畫成功，必須讓自然界為我們所用，使我們能像使用本身資源一樣利用海水和低溫。若該計畫要求我們將大量人力及鋼鐵或混凝

附錄（二）

土運往北極的極夜之地，那麼這個計畫就無法實現。

4. 我心中醞釀出一種策略：乘坐破冰船抵達極北冰原，冰層厚度約六至七尺。然後，將冰面雕鑿成船形，在其甲板周圍安裝適量的抽水設備，持續噴射海水，以增強厚度並使其表面光滑。隨著這些過程的進行，冰山將在水中進一步下沉。每當工作至中途，可鋪設縱橫交錯的鋼纜，以加速下沉並提高穩固性。冰山的重量與厚度增加有助於從周圍冰層中分離，預計至少可達一百尺厚。油質燃料庫和動力設備可在適當時機配置。同時，在某地建立臨時兵站、工廠等設施。當冰山開始向南移動時，它將脫離大片浮冰，船隻便可靠近，將包括大量高射炮在內的所有設備安置於冰山之上。

首相致函飛機生產大臣（斯塔福德‧克里普斯爵士）

1942 年 12 月 12 日

我已經詳細審閱了您在 11 月 30 日關於指揮反潛戰的備忘錄。

在你擬定的計畫中，建議由一位高階海軍軍官在第一海務大臣的指揮下獨立負責這些作戰，我認為此觀點是不準確的。海上戰鬥是一個整體。經過多年的研究與實踐，我們已經對海軍部和海軍參謀部進行了嚴謹的組織調整和整頓，以實現海上戰鬥的統一指揮。如果試圖將海戰的某一特定方面抽離出來，並為了各種目的進行分別指揮，我相信，這將導致無數的摩擦和混亂。

反潛艇戰幾乎涉及海面艦隊、海岸指揮部和海軍部的所有部門。你所建議的這個組織形式，會超越一切現有安排並打亂現有職責。在海軍部內部勢必劃定新界線，進而引發許多爭論。建立一種區域性的獨裁在非常時期總是很吸引人，但也容易導致整個組織的分裂。想要在反潛艇戰方面強調自己的意圖，你會發現你對迅速進展的指導機構反而會產生阻礙作用，而大多數人對你所提議的軍官如薩默維爾海軍上將不會比他們現在對達德

利‧龐德爵士更加尊重。

我們理應密切關注指導機構的運作，海、空部隊之間的連繫效率，以及在人事、方法和計畫方面根據局勢所需進行的調整。為此，我成立了反潛艇委員會，此委員會能夠討論這些問題，並進行任何單個部門無法獨立採取的行動。

首相致外交大臣

1942 年 12 月 13 日

奧地利作為一個獨立的實體存在，若能在處理過程中避免繁瑣問題，確實是件好事。我對奧地利有著濃厚的興趣，並期待維也納能成為多瑙河聯邦的中心。毫無疑問，1938 年當時，歐洲列強默許奧地利陷入困境是件錯誤的事。從普魯士人中分離出奧地利人和南部日耳曼人，對於重塑歐洲的和諧至關重要。

首相致函帝國總參謀長，並請伊斯梅將軍轉呈參謀長委員會

1942 年 12 月 13 日

在這兩支「火炬」作戰計畫中的運輸船隊中，分配給東方特別部隊的三萬四千餘人（這是唯一參與戰鬥或即將參與戰鬥的部隊），即便包括一支新部隊和若干援軍，戰鬥人員也不足九千。此時正值突尼西亞戰役的關鍵時刻。我非常懷疑，我們與美國的實際作戰人員，加起來是否能超過一萬五千人去對抗正在登陸或即將登陸的二十五萬敵軍。

K.M.S.5 運輸船隊已經穿越我們的控制區域。是否可以再安排兩、三艘船，將第四十六師的一個旅撤離，並跟隨聖誕節運輸船隊同行，這樣是否可行？我們是否應增派兩、三千名援軍？當敵人在戰場及其附近集結了二、三十萬人，而我們目前僅有少量人員作為東方特種部隊的突擊先鋒隊，以此賭上戰役的命運，似乎不太妥當。我並非提議減少 K.M.S.5 和 K.M.S.6 運輸船隊中大量非戰鬥隨行人員，而是要確保其中有真正能與敵

附錄（二）

軍直接作戰的力量。我們常感缺乏的正是這種真正的戰鬥力量，無論供應、通訊、工兵、皇家機械工程隊及醫院人員多麼優秀，在前線必須有足夠數量的人員用武器進行實際戰鬥。

首相致第一海務大臣

1942 年 12 月 14 日

1. 關於駛往俄國的運輸船隊，在本月下旬分為兩批啟航後，接下來該如何安排？我希望能對船隊進行規劃（可以制定一個或兩個計畫），確保至少在明年 1 月、2 月和 3 月各航行一次，每批船隻數量在三、四十艘之間。

2. 計劃推遲的「硫黃」和「哈斯基」行動，似乎能夠緩解俄國護航船隊的壓力。需注意的是若選擇實施「圍殲」計畫而不執行「硫黃」計畫等（「圍殲」只能在 8 月進行），這將對 PQ 運輸船隊的航行有利，並可能支持其持續進行。如你所知，儘管我正在考慮「硫黃」和「圍殲」這兩個計畫，但必須做出選擇。如果我確信即使經過極大努力，「圍殲」仍無法在 1943 年實現，我將不得不選擇「硫黃」等計畫。

首相致陸軍大臣

1942 年 12 月 14 日

1. 請撰寫一份報告，詳述本土防衛部隊中軍官短缺的現狀，特別是在各營、炮兵中隊及裝甲部隊當中。我了解到，許多候補人員被選拔委員會拒絕，導致他們重返隊伍時感到失落。我認為，營部或坦克部隊的指揮官是最合適的評審者，如果他不具備良好的評審能力，就無法勝任其職位。在軍官短缺的情況下，合理的解決方案似乎是，將所有經指揮官推薦的人選由各旅提交給陸軍部批准，除非有特殊理由，否則不應該拒絕。

2. 我需要一份資料，顯示：

(1) 本土防衛部隊中各級軍官的編制人數，

(2) 那些在英國但不屬於本土防衛部隊的軍官人數。

3. 我還需要 1942 年在聯合王國境內任命的軍官人數，無論這些軍官被派往何處。

首相致陸軍大臣

1942 年 12 月 16 日

1. 在 12 月 14 日的備忘錄首段中，你提到了外套上印製和刺繡的圓形團徽，請寄來樣本。

2. 請將你前任發布的指令原文及其做出該決定的陸軍部文件一併送達。

3. 在 1942 年 7 月下達命令之前，柏哲德將軍是如何解釋不執行該指令的原因的？

4. 上個月軍事參議院下達命令的原因是什麼？請讓我檢視關於此事的陸軍部文件。在命令發布之前，是否曾與柏哲德將軍進行過商議？

5. 我在視察第五十三師期間，自然從柏哲德將軍處獲悉，該命令的執行對部隊造成了沮喪情緒，而他確實以令我信服的方式表露了他對該命令的懊悔。

6. 我認為，若總司令對您提到的命令在數個月內屢次被破壞仍予以寬恕，那麼在相關部隊中推行如此突然的政策變化會很困難……

……

8. 如果你能為我闡明國民自衛軍在此事中享有特殊優待的緣由，我將十分欣慰。對於他們，是否曾授予特別許可？若有，其理由為何？我始終認為，常備軍各團，尤其是威爾士或蘇格蘭地方軍團，較之更需集體精神的支持及透過佩戴特殊標識以彰顯特徵。

9. 我深知，你所面臨的困境，乃是因將這種錯誤原則視作威信所致。在核准普遍佩戴徽章之前，我樂於允許一個較長的過渡階段。

附錄（二）

首相致函財政大臣、外交大臣、主計大臣及貿易大臣（抄送樞密院長）

1942 年 12 月 17 日

我期望，在評估社會改革、土地開墾等提議時，務必充分考慮我們的戰後財政狀況。這些計畫的複雜關係必須與維持軍費和恢復出口貿易的前景相結合。最危險的莫過於讓民眾感到受騙，因為他們曾被引導對美好的計畫懷抱希望，而這些計畫卻因經濟原因無法實現。

與美國人的談判有何進展？我們的出口貿易能否迅速恢復這個重要問題，必然取決於這些談判的結果，顯然，你們也在評估所有可能的市場。不論達成何種國際貿易協定，這項工作仍具有相當意義。請在方便的時候考慮這些事項。

首相致函伊斯梅將軍與雅各布准將，轉呈參謀長委員會

1942 年 12 月 18 日

鑑於準備參戰的裝甲師數量如此之少，我們不應在下次派往北非的裝甲師中運送裝備兩磅炮的「十字軍戰士」坦克。在加柴拉戰役中，這些火力不足的坦克曾經增加我們的運輸困難，以致遭到嚴厲的指責；現在又這樣做，這只會使我們招來同樣的批評。只有送去最好的，才值得運輸。似乎有足夠的時間進行調換。請將用六磅炮代替兩磅炮的計畫告訴我。

首相致伊斯梅將軍和雅各布准將

1942 年 12 月 19 日

1. 我獲悉，在 10 月和 11 月期間，共製造了 15 萬支新的 0.303 英寸口徑步槍以及 33.2 萬支「斯登」式衝鋒槍。請告知這些武器的分配情況。

2. 目前國民自衛軍中配備單兵武器的人數是多少，未配備的又有多少？

3. 在昔蘭尼加，即在阿蓋拉以西交戰前，我們所繳獲的所有完好或可修復的武器，包括步槍、迫擊炮、大炮、卡車、坦克、飛機等，應向中東方面索取一份盡可能詳細的報告。

首相致雅各布准將

1942 年 12 月 19 日

一百二十門七十五公釐口徑的大炮及其裝備，應與二百門兩磅炮和三十二門雙筒自動高射炮同時運送。我尤為關注在吉羅指揮下於摩洛哥迅速籌組一支精銳的法國陸軍，這將使英、美軍隊無需在當地逗留整個夏季。務必做好一切準備。

首相致海軍大臣和第一海務大臣

1942 年 12 月 19 日

1. 大量的英國士兵已經在中東和印度駐紮了三、四年，毫無疑問，他們都非常渴望回家，並希望在重新履行職責前能得到休假。我不明白，為什麼要對海軍給予特別的關注。事實上，陸軍士兵中有許多人參與的戰鬥比海軍更多。僅僅為了休假的目的，讓「英勇」號駛回英國並再送回前線，需要消耗多少汽油？我們是否有權進行這樣的調動？

2. 將舊式「皇家」級軍艦撤回並停泊在某個安全港內，並用它們的船員來配備新艦，這確實是個明智之舉。它們不過是老舊的船隻，在敵艦出現時，只會引發極大的憂慮。若這些船隻逐一駛回國內，便可用來接運那些遇到船隻失事的船員或長期在外的船員。

3. 我對於「安森」號或「豪」號即將在地中海發揮作用感到由衷的欣慰。

首相致外交大臣和總督導員

1942 年 12 月 19 日

1. 作為下議院的一位資深議員，我對內閣成員在下議院口頭質詢時應簡化答覆並縮短報告時間以避免佔用辯論或處理公務時間的建議持有不同看法。議會有權利和特權從行政部門獲取關於公務的報告。少數議員無權妨礙議會享受這個重大權利。在戰時，這個問題尤為重要。如果內閣成員的報告在質詢結束時不向議會呈現，而是直接交給報紙發表，議會將認為

附錄（二）

不被尊重並且會感到驚訝。我深信，如果他們充分考慮過這個問題，下議院不會提出這樣的要求；並且我認為行政部門應該向議員說明情況，以便發表除了已經獲得或已經聽到的意見之外的其他意見。當行政部門進行這樣的報告時，下議院幾乎總是座無虛席；而報告結束時的稀疏座位，正是被平時不常發言的議員視為正常的現象。顯然，內閣成員的報告應僅限於傳達消息。

2. 反之，大臣們在質詢時間內不應宣讀冗長的答辯，因為這會妨礙議員們提出後續的質詢，這是非常不公正的。質詢時間是議會形式中最活躍且最重要的特徵之一。我希望在發表前，內閣能對此進行討論。

首相致樞密院長

1942 年 12 月 19 日

1942 年 8 月 4 日，內閣設立了一個由時任掌璽大臣斯塔福德·克里普斯爵士擔任主席的內閣委員會，該委員會由三軍大臣組成，負責監督專家委員會的運作，評估在作戰部隊中使用心理學家和精神病學家的工作效能。

斯塔福德·克里普斯爵士曾經建議，現由其他大臣接任該委員會主席更為合適。我贊同這個看法；若你能擔此職，我將深表感激。

限制那些先生們的工作無疑是明智之舉，因為他們可能會造成大量危害，極易演變為欺騙行為。嚴厲對待他們，禁止這一大批人在作戰部隊中以公家費用寄居。當然，一些顯而易見的病例可能對治療此類疾病有幫助；但用精神病醫生隨意提出的怪異問題來干擾大多數健康正常的男女人員，是極為不當的。目前已經有許多無所事事的食客和隨軍人員。

首相致第一海務大臣

1942 年 12 月 19 日

在日報表中見到潛艇標號如「P.212」等，我仍然感到痛心。我記得你曾經告訴我，你會為它們命名。為潛艇命名符合軍事傳統，也尊重那些在艇中冒生命危險官兵的情感。不給它們命名，是對他們忠誠和犧牲的傷害。

首相致函伊斯梅將軍，轉呈參謀長委員會

1942 年 12 月 21 日

考慮到英國各師裝備的雜亂，以及澳洲和南非部隊從第八集團軍的撤出，我認為為波蘭軍隊配備裝備是首要且極為緊迫的任務。請準備一份計畫，詳細說明各師在某個日期可以獲得步槍、25 磅炮、反坦克炮、高射炮、迫擊炮、機槍、輕機槍戰車以及坦克等裝備。無需完全遵循英國的標準，英國的標準可以在日後再努力實現。請告知我這些優秀軍隊何時能夠獲得最低限度的裝備，以能達到實際作戰的標準。我將預定以下日期可以完成：明年 1 月 31 日，2 月 28 日，3 月 31 日。

首相致陸軍大臣和帝國總參謀長

1942 年 12 月 23 日

安德森將軍對比德國坦克，抱怨他的坦克顯得無能。這情形與我們一年前在加柴拉戰役中遇到的如出一轍。你們聲稱，所附文件中的方案已經是最佳選擇。這意味著，八十九輛配備過時二磅炮的坦克將隨第十一師參戰，而六磅炮的坦克僅有八十輛。我絕不認同這個決策。裝甲師已經縮編成單一坦克旅，而此坦克旅又被裁減一半以上以適應指揮架構。因此，明年 2 月出征的英國裝甲師，僅有八十輛具備實效火力的坦克。這種削減對於攻擊力量而言是無法容忍的，我希望你們重新審視此事。我期待明天中午十二點見到你們兩位，你們可以帶上任何願意同行的軍官。

附錄（二）

第十一裝甲師

首相致陸軍大臣和帝國總參謀長

1942 年 12 月 26 日

1. 這支裝甲師將與其他部隊在突尼西亞尖角地帶協同作戰，該地約為三十五英里長、五十五英里寬，顯然與廣袤的西部沙漠截然不同。另一方面，這支部隊可能會在比塞大面臨永久性的堡壘以及突尼西亞周圍強大的野戰陣地，或許需要支援步兵進行突破。為達成這些目標，重型武器和厚實的裝甲是不可或缺的。常規裝備的問題無需多言，但特殊任務所需的特殊武器必須提前準備。

2. 增加三十六輛裝備六磅炮的坦克，每個中隊可以增加三到四輛，這非常好。我希望你們能迅速考慮，是否可以再籌組一個裝備六磅炮的第四坦克團，作為師部後備力量的獨立單位。如果這個部隊能使用「邱吉爾」坦克，那就再好不過了，因為在穿越比塞大或突尼西亞的防禦工事以及巷戰中，這種坦克的裝甲是必需的。萊瑟斯勳爵通知我，船隊只能增加兩艘，最多三艘。這樣，我們就可以大幅提升攻擊能力了。然而，阿爾及利亞的登陸設備可能無法承載四十噸重的坦克，而波尼的登陸設備可能更糟。不論如何，這種坦克是戰爭中不可或缺的武器。新增的一個團，除了修理廠和零件，不需要在師部編制之外再增加任何東西。

3. 在反坦克部隊和高射炮部隊方面，該師必須被視為一個例外。鑑於其任務的重要性，可以臨時從本土防衛軍的其他部隊調派人員。該師師長應我的要求，向我展示了他寫給陸軍部的信函。我確實認為，他的所有反坦克武器，至少應為發射六磅炮彈的火炮。鑑於戰爭的持續一定會導致更多德國「虎」式坦克投入戰場這個事實，我希望能增加十幾門發射十七磅炮彈的火炮。

4. 預計該師可能在明年 2 月或最遲於 3 月承擔極為重要的任務，因此給予特別的裝備是必要的。這其中當然包含一個連的迫擊炮支援部隊。請提供實施上述方案的計畫，或告知可執行的具體內容。在未及時通知我任何變動前，不能延遲該師的出發日期。

5. 除此之外，我計劃向總統申請調撥二百至三百輛「謝爾曼」坦克至阿爾及利亞，以便在第六裝甲師從前線撤回時能逐步編入這些坦克。如果繼續使用在加柴拉導致失敗的裝備，我們將無法避免議會的嚴厲譴責。

疾病

首相致樞密院長

1942 年 12 月 26 日

根據健康保險促進協會提交給政府統計部門的資料顯示，因輕微疾病而缺勤的員工平均人數去年增長了超過四分之一。若這個資料適用於所有員工，則相當於正常人數減少了八萬人。儘管這種缺勤部分可能源於非健康原因，但如此顯著的增加或許表明普通民眾面臨更多繁重工作的風險。

首相致軍事運輸大臣

1942 年 12 月 26 日

由於明年上半年計劃輸入聯合王國的進口貨物數量如此稀少，我們必須迅速採取措施以求增加。鑑於中東的戰略形勢已經有所改善，似乎有可能為陸軍部和空軍部增加每月分配船隻的最高限額，以便從聯合王國和美國向東方各戰場輸送軍需物資。

若軍事部門每月調派 (1) 五十艘船，或 (2) 四十艘船，前往東方戰場，那麼國內的進口量將增加多少，請告知。

附錄（二）

首相致伊斯梅將軍

1942 年 12 月 27 日

聯合情報委員會文件中關於《德國陸軍的作戰序列和分布情況》估計的德國部隊數量為三百二十個師。然而，我在其他文件中發現，聯合情報委員會的估計為三百個師。請調查清楚哪一個數字是正確的。

在 1943 年德國戰略的文件中，聯合情報委員會估算德國的作戰人員為六百二十五萬。此數字意味著德國每個師的人數為二萬人，而我們每個師的人數則為四萬一千人。如果他們的軍、集團軍和補給線部隊的比例與我們相同，那麼每個師的正規人員不足一萬人。另一方面，這也顯示陸軍部派遣的隨軍人員過多。對此他們有何看法？這份報告我要保留。

首相致海軍大臣

1942 年 12 月 27 日

這些潛艇的名稱顯然比代號更為出色。請採納我的建議。我深信，透過查閱詞典並進一步思考，可能還有提升的空間。

請在接下來的兩週內，繼續這項工作並為它們命名。

首相致函陸軍大臣、軍事運輸大臣及帝國總參謀長

1942 年 12 月 31 日

我對派遣「邱吉爾」坦克旅前往突尼西亞的日期安排不滿。為適應戰爭的緊急需求，必須盡最大努力確保該旅在 1 月 17 日啟航的運輸船隊之上完成全部登船。如果軍事運輸部提供了船隻，而陸軍部未能及時將已經動員的部隊送上船，那麼陸軍部將承擔重大責任。

首相致陸軍大臣

1942 年 12 月 31 日

1. 關於不吸收候補軍官的問題，如果在他們進入軍官訓練團之前就表示拒絕，顯然比在訓練後才拒絕更為經濟。然而由於本土防衛部隊的作戰單位極度缺乏軍官，且補充速度跟不上需求，這個問題引起了我的關注。

2. 從你的表格中可以明顯看出，軍官的缺額超過兩千人，僅步兵就短缺近七百人。你計劃如何以及何時填補這個缺口？我注意到，在英國的八萬七千六百三十三名軍官中，至少有四萬零九百七十九人不包括在本土野戰軍、英國防空部隊或第一集團軍仍駐留在國內的部隊中。你肯定可以從這四萬零九百七十九人的龐大數字中——其中大部分未參與作戰部隊——找到野戰軍所需的兩千人。請對表中第四欄「所有其他在國內的」少校、上尉、中尉和少尉等人員的就業情況進行分析並報送給我。我可以說，擔任非戰鬥職務的四萬零九百七十九人這個數字，與戰鬥部隊所缺少的兩千人形成了鮮明的對比。

首相致財政大臣

1942 年 12 月 31 日

我認為，各部次長的薪酬為一千五百鎊，有些人的收入甚至低於此，這是令人痛心的。如果你能想出一個解決方案，我願意進行改善。一種方法是，將他們薪酬的前六百鎊作為議員薪水，額外加在大臣薪水之上。我們有許多工黨議員擔任次長職務，我相信他們面臨巨大的經濟困難——事實上，他們在財政上遇到的困難比不擔任行政職務時更大，這使得他們的服務幾乎沒有任何好處。這是不對的。

我甚至考慮將所有大臣薪水的首部分六百鎊作為他們議員身分應得的報酬，再將剩餘部分相加，甚至超過一千五百鎊。我相信，下議院必定會對此方法表示贊同，尤其因為這對工黨中經濟較困難的人有利。必須記

附錄（二）

住，從選區到倫敦的旅費及其他活動費用仍會照常發放。如果你能想到其他一些方案。請將你的意見告訴我。

1月

首相致伊斯梅將軍

1943年1月1日

　　為什麼加拿大軍隊需要一萬三千支步槍？他們是否已經增強了他們的實力？他們過去的消耗情況如何？從兩個師的人員合併一事來看，為什麼中東方面需要六萬三千五百支步槍？中東的步槍儲備有多少？在最近的戰鬥中，英國損失了多少支步槍？波蘭軍隊目前已經獲得多少支？為什麼要向東非運送一萬八千支步槍？那個戰區的部隊已經全面減少。關於根據內閣討論縮減國民自衛軍的問題，已經採取了什麼政策？

首相致海軍大臣

1943年1月1日

　　對於去年商船運輸所取得的卓越成就，我致以誠摯的祝賀，這個成果確實是所有相關方引以為豪的。

首相致外交大臣

1943年1月2日

　　必須明確指出，我們在現行憲法和戰時程序之下推動的政策，常被批評為「小人物在政治事件上感情用事的見解」，而如果想徹底杜絕這種現象，則會導致陛下政府被直接指責，稱議會和媒體失去自由。與達爾朗及維琪政權私下的接觸深為英國人民所厭惡，尤其在工人階級中尤為強烈，他們視此為與全球團結對抗共同敵人的純潔忠誠意志相悖的背叛行為。此事令首相在祕密會議中竭盡全力說明以平息下議院情緒。你應該警告赫爾，英國輿論對此問題幾近憤怒，如果爆發，必將引發美國的意見分歧和爭論。

在達爾朗事件上，我們已經盡力提供協助；而在與維琪的接觸問題上，我們仍持續提供支持。然而，情感上人們認為輝煌的軍事行動已經蒙上陰影。在此，必須充分了解局勢的危險。當美國人發表極為冒犯英國的言論時，首相無法像美國國務院那樣有效地壓制美國人的言論，使輿論和議會噤聲。補救之策在於調整政策，從與法國事務有關的泥潭中脫身，立於正義之地。

首相致函伊斯梅將軍，轉呈參謀長委員會

1943 年 1 月 4 日

1. 在今年 3 月 1 日這一天，對於德國和義大利在突尼西亞的軍事實力進行最為準確的評估至關重要。

2. 自從登陸以來的兩個月內，軸心國已經集結了 29,000 名德國人和 14,000 名義大利人，總計 43,000 人。由於其中有 1,500 名義大利人來自的黎波里塔尼亞，他們每日增加的人數不超過 700 人。因此，假設未來每日能增加超過 1,000 人是沒有依據的。由此我們可以推測，到 3 月 1 日最多將會有 10 萬人。在當前的 43,000 人中，包括 3,000 至 4,000 名空軍人員以及部分德國第九十軍團的後勤部隊、參謀和高射炮人員。我們為了維持第一集團軍的四個師，據稱總共需要 211,000 人。假設德國人和義大利人以相同的基礎運作，並假設他們的補給線較短，他們也未必能從突尼西亞的人力和物力中組成並維持超過兩師或最多三師的德國軍隊，以及實力薄弱的兩個義大利師，這種義大利師的實力不如一個旅。所以敵方可以估算為相當於四個師的力量，這是相對合理的。

3. 這支部隊缺乏正常的機動能力。當前的 43,000 人中，大炮和運輸工具極為匱乏，儘管可以透過飛機或驅逐艦增援，但車輛無法攜帶。駛入比塞大和突尼西亞的船隻必定會受到嚴密監控，過去駛入這兩個港口的船隻中約有三分之一被我們擊沉。在我們猛烈空襲的火力壓制下，從蘇塞、

附錄（二）

斯福克斯和加貝斯向隆美爾軍隊提供補給幾乎是不可能完成的任務。綜上所述，我們可以預見，這支裝備大炮稀少且運輸能力薄弱的四個師部隊無法進行長距離的軍事行動。

4. 隆美爾的部隊或許會撤退至突尼西亞境內，而亞歷山大將軍與蒙哥馬利將軍將緊追不捨。絕不能假設隆美爾在即將到來的戰役中，以及在的黎波里的防禦中，我方能夠避免遭受重大損失；若我們在2月初成功占領的黎波里，推測他的行動應該會首先撤至邊境，隨後退入突尼西亞境內。可以設想：這是最有可能的軍事移動路線，所以，我們應該提前了解有關的交通狀況。此外，道路可能會被東方特種部隊加以破壞而中斷，同時也必然受到我們空襲的嚴重干擾。然而，假設隆美爾率領他的主力部隊得以進入突尼西亞，讓我們來了解一下，他們的總人數可能是多少。

5. 我們了解到，至去年12月中旬，德國軍隊的給養人數約為7萬人，然而大多數由空軍地勤人員、供應和後勤部隊構成，這些部隊是在兩年的沙漠戰爭中逐步發展起來的。德軍各師的實力，包括第十五和第二十一裝甲師、第十六摩托化師以及拉姆克旅，還不足阿拉曼戰役時的三分之一，甚至可能只有四分之一。與隆美爾在前線作戰的這些士兵絕不可能超過22,000人。

6. 駐紮在的黎波里塔尼亞的義大利軍隊總數估計約為7萬人。然而，這些部隊幾乎沒有可供使用的運輸工具。他們在前線的第二十軍和第二十一軍成為了隆美爾的負擔和憂慮，很可能會被我們的攻擊截斷並消滅。現隨隆美爾同行的兩支義大利部隊，兵力不超過22,000人。儘管還有後勤部隊和空軍地勤人員分布在通往的黎波里的沿線上，但這些人員的戰鬥能力幾乎可以忽略不計。即便在阿拉曼戰役之前，義大利師的戰鬥力依然不及我們一個旅團。

7. 因此，若假設隆美爾未能從地中海的對岸獲得增援，並且在3月

1 日進入突尼西亞時未受重傷，他最多能夠帶走的部隊也僅限於一個裝甲師、一個摩托化的德國師以及兩個兵力薄弱的義大利師。

8. 因此，綜上所述，可以得出結論：截至 3 月 1 日，敵人在突尼西亞的武力不超過 20 萬人，其中 12 萬是戰鬥人員，約等於四至五個德國師，包括兩個裝甲師，以及相當於兩到三個滿編的義大利師，儘管這些師的編制名稱可能較高；總共約為六至七個師，且其運輸和炮兵裝備不佳。

首相致空軍大臣

1943 年 1 月 4 日

1. 轟炸機的擴充計畫未能如願，我感到失望，我認為我理應更早被告知。

2. 我觀察到，美國人至今尚未在德國成功投下一枚炸彈。

首相致陸軍大臣和帝國總參謀長

1943 年 1 月 4 日

1. 昨日，我與威克斯及蓋洛韋兩位將軍進行了深入的交流，他們提供了大量的統計資料，我目前正在仔細分析。

2. 我注意到，在第一集團軍的編制中，擁有二十一萬一千人的情況下，僅有二萬七千人為步兵。西北非地區的最新統計資料顯示，第八集團軍的死傷人數占總傷亡率的百分之五十一。顯然，步兵所面臨的危險比集團軍其他部分，包括炮兵、裝甲兵及其他戰鬥單位，高出七倍。當我們回憶起步兵在西北非的任務時 —— 從二萬二千八百名登陸的步兵中，大約抽調一萬五千名精銳士兵固守六十英里長的防線，發起攻擊或進行可能的肉搏戰，並參與前線工作及其他任務 —— 顯然，該集團軍的步兵部分需要適當加強。

3. 與此同時，我了解到當前有建議將每個營的連數量從四個減少到三

附錄（二）

個，並增強這些連的戰鬥力。依我之見，保留四個連較為合適，同時提升每個連的實力至計劃改為三個連時的水準。我也認為，每個營增加一百名步兵是可行的。我完全理解並支持現代化的趨勢，這個趨勢已經促使各類專門兵種的顯著發展。然而，當承擔作戰重任的步兵縮減至如此低的比例時，這種現代化趨勢似乎有些過度。「步兵是陸軍的主力，其他兵種是其助手」這句話已經是過去式的格言。這是一個權衡輕重比例的問題。第一集團軍的資料顯示：四千二百名軍官和各級司令部的參謀對應二萬七千名士兵，即一名司令部的參謀對應六名步兵。

4. 鑑於第八集團軍的推進及其進入突尼西亞的可能性，我們無需再考慮向突尼西亞派遣超過四個完整師的部隊。如果兩個步兵師的步兵比例較高，那就足夠了，更重要的是，步兵應有充足的徵募來源。

5. 在制定「圍殲」作戰計畫時，必須仔細分析步兵與其他兵種的比例。應召集約二十位卓越的上校營長，徵詢他們對各營實力和編制的看法。

首相致函伊斯梅將軍，轉呈參謀長委員會、國防委員會及軍事運輸大臣

1943 年 1 月 5 日

1. 1943 年前 6 個月的進口計畫無疑會引發嚴重的焦慮。截至今年 3 月 31 日的 5 個月進口量似乎只能達到 1,700 萬噸的標準。根據現有報告，去年 12 月的進口量僅為 1,300 萬噸。美國承諾從 12 月起每月供應 30 萬噸，但按照當前的方式，到 1 月底只能獲得 5 萬噸。庫存方面，糧食和原材料已經耗盡。原材料的中斷將導致軍需工業生產大規模停滯，對英王陛下政府的信譽損害將達到最大程度。目前仍然有時間採取必要措施。

2. 若自 1943 年 1 月起對從聯合王國和美國駛往中東和印度的航運實施限制，並在 6 月底前每月限於四十艘船隻，則輸入狀況可提升至 3,300 萬噸，進而避免嚴重的物資斷供，避免我們陷入每日度日如年的境地，並

在本年度下半年完全依賴美國的承諾。我期望各相關部門立即對這個建議進行研究。

3. 自去年 8 月以來，中東的局勢已經發生重大變化，值得我們加以關注。西部沙漠的決定性勝利，以及俄國人在南俄和高加索地區的大規模收復，實際上消除了我們當時面臨的重大威脅。隆美爾的部隊已經被殲滅。在開羅周圍一千英里範圍內，不久將不再有敵軍蹤跡，除了巴爾幹半島及其島嶼上的駐軍。為保衛波斯和伊拉克而成立的第十集團軍的需求已經減少，但另外也出現了新的需求。這個集團軍現在可以考慮全部或部分投入東地中海或土耳其的軍事行動。第八集團軍及駐埃及的英國部隊已經作了如下削減：澳洲師已經調離，其裝備仍留存原地；英國第四十四步兵師和第八裝甲師已經被撤銷，其人員被調去補充其他部隊。所有儲備和裝備必需根據這些實際情況進行檢查。

4. 綜上我認為至少能夠節省三個師的裝備。從後方各部隊以及上述各師中，挑選出九萬一千人，進而減少先前的增援需求。中東地區儲備有四十萬噸彈藥，運抵印度或即將運往印度的彈藥則有二十二萬噸。在阿拉曼戰役的首月，發射的彈藥僅為二萬五千噸。在通常的情況下，第八集團軍、第九集團軍和第十集團軍以及在印度的部隊，必須依靠他們的剩餘物資、儲備以及每個月四十艘船的運輸能力進行維持。為了驗證該方法是否有效，並決定是否需要採取進一步緊縮措施——如果有的話——必須制定一個方案。然而，優先考慮的是裝備兩個半波蘭師，因為在未來 6 個月內，這些部隊是我們唯一能夠為東方戰場提供的新援軍，屆時我們還需重新評估局勢。

5. 是否應該將第八集團軍中的第四印度師和第五印度師與第十集團軍中的英國第五十六步兵師和英國第五步兵師進行交換，值得深入探討。關於雙方交換一師或兩師的問題，請你們進行研究。

附錄（二）

首相致內政大臣

1943 年 1 月 7 日

感謝你讓我審閱你的殖民政策演講稿。在閱讀過程中，我隨手記下了一些評論和建議。

我相信你可以用更為堅定的語調表達觀點。下議院在過去一個多世紀對殖民地發展的影響，已經在全球樹立了對土著居民的道德標竿。實際上，我們與波爾人問題的根源在於我們堅持公正對待班圖人，時至今日，我們仍不允許他們掌控土著居民的土地。我們曾限制印度的商業發展，這可能對其民眾造成了不利影響。

任何幫助若非出於大公無私便毫無價值，這個觀點並不正確。社會群體間互利的商品和服務交換正是全球繁榮與和平的基石。維多利亞時代反對英帝國主義的英國人辯稱，所有殖民地不過是負擔和責任。我相信狄斯雷利在年輕時曾談論，當時機成熟，殖民地將如「成熟的李子般墜落」。

如果我們不能從殖民地中獲得任何利益，除非是出於純粹的博愛主義，那麼許多人可能會認為，我們更應該將資金投入到改善國內工人的健康和社會福利上。過去七、八十年間，我們一直將殖民地的貿易向全世界開放，從未要求任何優先權利，也未徵收除了正常稅收以外的其他賦稅；與此同時，美國人卻透過高關稅政策誤導全球——考慮到這些情況，如今美國人反而來教訓我們多行善事，這實在是厚顏無恥。然而，我並不是建議你使用這種特定的說法。

首相致空軍大臣和空軍參謀長

1943 年 1 月 7 日

令人驚訝的是，上個月轟炸機司令部未進行任何顯著飛行，表明在八百零八架飛機的編制中，只有五百四十七架是可用且適於作戰的。為何在一千零十架的編制和九百零九架的現役實力中，只有五百五十七個機組

可供使用？

我深知，在無法飛行的惡劣天氣中，飛機是不會起飛的。既然如此，理應是大量地積蓄力量，而不是像現在這樣持續降低的備戰狀態。

首相致愛德華・布里奇斯爵士

1943 年 1 月 9 日

此方案須由各研究部門的三軍連繫委員會進行探討。他們需闡明該方案對其工作的助益程度，或提出修改建議。

儘管無人能夠確切斷言希特勒的戰爭何時終結，但合理推測其結束時間或許在 1944 年底之前。每隔 3 個月需重新審視這個日期。然而，對日戰爭可能持續到 1946 年底，且需要聯合國家的三大國與中國付出巨大努力。因此，研究的重點應集中在 1944 年底前可完成的事項。同時，也應該啟動那些在未來兩年內不會成為重大負擔的研究，即便這些研究在 1946 年底前可能無法取得成果。粗略地說，九成的努力應投入到與未來兩年相關的問題上，而一成的資源則用於處理更長遠的問題。在難以抉擇的情況下，應根據其利弊情況來制定指導方針。

首相致函外交大臣、海軍大臣及第一海務大臣

1943 年 1 月 9 日

麥斯基先生聲稱我已經承諾在今年 1 月和 2 月以三十艘船隻組成運輸船隊，這並不屬實。我唯一的承諾載於去年 12 月 29 日電文的第三段，這是海軍部所批准的。現在我才了解到，1 月 17 日啟航的船隊有二十艘船，2 月 11 日啟航的船隊有三十艘。海軍部未能按承諾湊齊全部三十艘船讓我感到非常遺憾。不過，他們已經承擔了 2 月的船隊任務。

應當告知麥斯基，我對俄國人一再的挑剔已經忍無可忍，若想逼我再給更多，那是毫無用處的。我們全球的護航艦數量日益減少，導致英國商船遭受不應有的損失。僅今天早晨傳來的消息顯示，我們的九艘滿載急需

附錄（二）

汽油的油輪，已有六艘被敵人擊沉，僅因我們只能為這支重要船隊派出一艘驅逐艦和少數幾艘護航艇。海軍部明確表示，若美國人不再借給我們更多驅逐艦，在 2 月的 W.S. 運輸船隊之後以及 3 月中旬之前，我們無法再運送任何物資，36 天一個週期是我們唯一能實行的。

首相致海軍大臣和軍事運輸大臣

1943 年 1 月 9 日

請詳細列出各種特殊小型船舶，如疏濬船、拖輪、打撈船、海底電纜鋪設船等的總數，並及時提供這些船隻的供應。所有經驗顯示，海軍造船廠的負責將官所提出的需求經常被拖延，導致作戰計畫不得不大幅度縮減，以便供應這些次要的船隻及其零件。

在我同意削減商船建造噸數的提議之前，該方案必須經過嚴格審查。

首相致陸軍大臣

1943 年 1 月 9 日

1. 我很高興你已經在訓練士兵使用戰車進行防禦炮操作。我了解到信管的問題已經解決，試炮也已經沒有阻礙。

2. 我原本應該意識到，若用戰車防禦炮替代反坦克槍，就能停止反坦克槍及其彈藥的生產。現有庫存的四萬二千支槍和一千萬發彈藥，應足以滿足西南太平洋作戰和偵察部隊的需求。在此情況下，繼續高速度生產這種彈藥確實不划算。

3. 為什麼將「傑弗里斯步槍」改名為戰車防禦炮？雖然「博伊」步槍這個名稱聽起來有些古怪，卻無人反對。

首相致伊斯梅將軍

1943 年 1 月 11 日

請確認卡特魯將軍是否曾與聯合計劃委員會或聯合情報委員會討論過突尼西亞南部邊界的馬雷斯防線地形和防禦工事。這位將軍對該防線的所有細節瞭如指掌，因為他曾在那裡指揮過，因此應從他那裡獲取直接的專業情報。準備好最大比例的地圖，並撰寫一份報告，以便我能交給亞歷山大將軍和蒙哥馬利將軍。

首相致農業與漁業大臣

1943 年 1 月 12 日

請為我制定一個提高雞蛋產量的計畫。據悉，從農場生產的數百萬噸燕麥和大麥中撥出六萬七千噸，便能恢復所有家庭飼養母雞的飼料配給，進而顯著增加雞蛋產量。在其他方面取得重大貢獻時，在這個領域的明顯失誤似乎令人遺憾。

首相致函給伊斯梅將軍，傳呈參謀長委員會

1943 年 1 月 19 日

務必立即採取行動裝備若干九點二英寸口徑的遠端大炮，以便透過這種機動設備從極遠距離管控比塞大與突尼西亞的機場。我不確定這項工作是否已經完成，但應及時運送到位。請注意，完全不能忽視這一項任務。

首相致帝國總參謀長

1943 年 1 月 21 日

戰時內閣全體贊同以下各項提議：

（1）會議結束時將召開記者會，總統和我將在記者會上答覆問題，所有新聞發布需待總統離開非洲海岸後方可進行。

（2）亞歷山大將軍被指派為艾森豪將軍在整個北非地區的副總指揮。

附錄（二）

（3）1943年的作戰計畫或許能夠實現「重創」或「殲滅」敵軍的目標，應由英國指揮官負責此戰役的領導。

（4）在軍需和外交層面，聯合王國負責土耳其，而美國則負責中國及法屬北非。

（5）梅特蘭・威爾遜將軍接替亞歷山大將軍擔任中東總司令，重新掌握波斯－伊拉克戰區的全面指揮權（此安排預計不會帶來太大麻煩，但我建議在當地商討具體方式）。

2月

首相致空軍參謀長

1943年2月9日

1. 在這架飛機最終完成之前，讓我檢視一下，以便我能提供一些微小改進建議，或許會更加實用。因此，我希望該飛機能在下週送達諾索爾特機場，並隨機配備一位可以為我進行解釋的專業人士。

2. 近期內我無意再進行任何旅行。若飛機配備壓力艙，使得像我這樣的老人可以直接飛往俄國，那自然是極好的。

首相致函伊斯梅將軍，轉呈參謀長委員會

1943年2月10日

在馮・阿尼姆的指揮下，軸心國軍隊總數達到七萬五千四百人，其中有六萬二千一百人為作戰人員，各類勤務部隊則有一萬零一百人，另有德國空軍三千二百人。德國的戰鬥人員與非戰鬥人員比例為七比一，他們是如何實現這一點的？為何我們的情況正好相反？

首相致函外交大臣，轉交伊斯梅將軍及參謀長委員會

1943 年 2 月 10 日

我正在思索，是否有可能在 6、7 個月內再召開一次會議；我希望能夠說服史達林參與。我認為，塞普勒斯是一個非常適合這個目的的地點。一艘合適的船隻可以停泊在港口外作為通訊使用。可以撥出適當經費修建臨時別墅。你看，史達林的行程是多麼簡短啊。

若您認為該意見值得採納，請與殖民地事務大臣磋商，並建議一些解決方案。

首相致莫頓少校

1943 年 2 月 12 日

1. 請將處理南斯拉夫事務的特種軍事行動執行局的報告交給塞爾伯恩勳爵審閱。整體而言，我贊同這份報告。我認為，與南斯拉夫領導人建立有前景且更緊密的連繫至關重要。敵人在這些地區部署的師團數量尤其值得關注。

2. 在開羅，阿諾德將軍過境時，我竭力請求他增加八架「解放者」飛機，以用於空投物資和間諜任務。次日清晨，他便離開，但已經向斯帕茨將軍作出指示。我相信，你就此事與特種軍事行動執行局的人員開過會。我也與艾森豪將軍討論了增撥這八架「解放者」飛機的事宜。

3. 請告知當前的情勢如何，我們是否還有待處理的事務。如果你指出障礙所在，我或許能夠排除那些障礙。

首相致外交大臣

1943 年 2 月 13 日

我完全贊同你對義大利反法西斯分子的看法。只要我們不承擔任何責任，傾聽他們的意見是無妨的。我希望你能在內閣會議上再次提起此事。

附錄（二）

無論如何，我必須通知總統。我毫不懷疑，如果「哈斯基」行動計畫在初期階段取得成功，美國一定會在適當時機推動一項使義大利退出戰爭的協定。我將全力支持這個行動。除非是為了取得完全勝利所需的時間，我絕不願意戰爭多進行一天。

首相致函聯合部隊司令、財政大臣、海軍部部長、空軍總參謀長及轟炸機司令部司令

1943 年 2 月 16 日

當「提爾皮茨」駐紮在特隆赫姆時，是否所有針對這艘戰艦的計畫都被擱置了？5 個月前，有關這艘敵艦的討論甚囂塵上，如今卻逐漸減少。至少有四到五個計畫在醞釀中。義大利人在港灣內襲擊船隻的表現遠超我們，這似乎難以置信。

汽車與深水水雷之間究竟發生了何種意外？

倘若你們能夠對當前局勢，甚至全局進行評估，並隨後呈交一份報告給我，我將不勝感激。如此珍貴的戰利品擱置在那，卻無人能想出獲取的途徑，實在令人遺憾。

首相致函伊斯梅將軍，轉呈參謀長委員會

1943 年 2 月 17 日

鑑於參謀長與聯合作戰部司令在推進「哈斯基」作戰計畫中所展現的極大毅力與不懈努力，首相希望向他們表達誠摯的謝意。他已經批准了相關電報，並特別引起總統對此電報的關注。

首相致函伊斯梅將軍，轉呈參謀長委員會

1943 年 2 月 19 日

1. 鑑於部分美國人對「哈斯基」作戰計畫持拖延態度，我建議成立一個由聯合計劃委員會組成的小型小組委員會，與聯合作戰部的司令合作，

詳細制定一個在 6 月分完全由我們獨立執行的研究計畫，除了登陸艇、護航艦等，不依賴美國的任何資源。我們在突尼西亞有四個師，兩個師在途中或待命——共計六個師。第八集團軍可以從的黎波里派出六個師。而為了這個「哈斯基」作戰計畫，可以再從波斯調動兩個英國師，總計有十四個師，而根據這個作戰計畫的初始要求，只需要九個半師。

2. 在登陸方面，美國人可以用空軍協助我們，其餘部分完全由英國部隊執行，這提供了很大的便利。屆時，美國人可以直接進入我們已經占領的港口，無需經過突擊登陸訓練即可參戰。總之，我們要看看這個計畫如何制定。如果我們能夠提出這樣的建議，這至少是一種激勵，確實是一種非常強而有力的意向。

首相致函伊斯梅將軍、愛德華·布里奇斯爵士及其他相關人士

1943 年 2 月 26 日

我要求艾森豪將軍下達命令：在美軍飛機名稱後附上編號，觀察美國司令部如何謹慎地執行此命令。務必確保我們也遵循此要求。任何違背此項指示的情況須向我報告，並將相關文件及負責發出該文件的部門說明一併提交。

首相致公共工程大臣

1943 年 2 月 27 日

你最近發表了一份關於建築行業人員培訓問題的感人白皮書，請接受我的熱烈祝賀。建築在戰後確實成為一項更加重要且迫切的任務，實際上它以各種方式影響著所有人。你及時地採取行動步驟規劃此事，並以極大勇氣和遠見卓識進行籌備，我對此感到非常高興。祝願你的一切計畫圓滿成功。

我正在將相同的備忘錄提交給勞工與兵役大臣。

附錄（二）

首相致內政大臣

1943 年 2 月 28 日

不久之前，你提供的監獄人數報告讓我感到非常驚訝且滿意，儘管戰時犯罪顯著上升，但監獄人數的增幅卻不大。若能再提供一份新的報告，詳細對比當前（截至目前）與戰前一年的情況，我將不勝感激。

首相致農業大臣

1943 年 2 月 28 日

我對這種說法感到不悅：向全國提供更多雞蛋將是一個巨大的虧損。聽聞新的生產計畫將進一步減少當前已經緊缺的供應，這確實令人憂慮。

你所提供的詳盡闡述顯示，進口蛋粉相較於在本地生產鮮蛋所需的飼料更加經濟。你的敘述十分生動，然而，如果我曾經建議透過進口額外糧食來提高雞蛋產量，那才更符合實際。

我心中盤算著，從我們用於食用牛的幾百萬噸飼料中劃撥幾十萬噸給雞作飼料的可能性如何。據我所知，這種方法不會導致牛肉產量的大幅下降。此外，我還了解到，雞在食用混合飼料方面可以比牛更高效地轉化蛋白質。

的確，有理由相信不會導致明顯的損失。如果糧食來自農場，這只是意味著冬季養肥的牛會減少，而夏季依靠草料的牛會增加。對於國內生產的牛，屠宰的時間可以稍作調整，但若稍微調整進口計畫的時間或釋放庫存，其影響是完全可以消除的。我非常關心我們在鮮蛋供應上的大幅削減可能引發的心理和營養影響。

我曾正式表揚過你極為出色的工作表現，但由於這個關鍵方面的失誤而受到影響，儘管範圍有限，我仍然感到非常痛心。我希望能說服你努力克服困難，而不是被它困住。如果你願意來找我談談，請隨時過來。

3 月

首相致函帝國總參謀長和陸軍情報處處長

1943 年 3 月 1 日

1. 我已經索取了主計大臣（徹韋爾勳爵）對德國陸軍實力的評估，並附在此文中。我們的看法似乎相當一致，但我仍然希望了解你們是否有其他見解。

2. 這些資料極為重要，我們現在需要理解如何使它們與美國的立場相符。同時，我們也應當向俄國人傳達我們的觀點。

3.「師」這個字如今已經成為一種阻礙，無法再作為各國間計算的統一標準。在我看來，說明人數——即參戰人數和總人數——與說明師的數量同樣重要。

首相致陸軍大臣

1943 年 3 月 2 日

關於軍人安葬費用，我贊同副首相的備忘錄，建議將所有軍人的葬禮——不論是士兵還是軍官——建立在一個令人滿意、莊嚴和光榮的基礎上。我相信你會對此決策表示歡迎。

請提出更貼合時代精神的修改建議。我將運用財政部的力量支持你。

首相致函伊斯梅將軍，轉呈參謀長委員會

1943 年 3 月 3 日

請按所擬方案執行，但需明確，軍事當局也必須進行某種程度的調節。我們所有的軍事計畫因為過分求穩反而受損。「安納吉姆」作戰計畫的要求過於苛刻。作戰計畫不能像設計橋梁那樣可以輕易構思出來；我們並不追求絕對的把握，而是需要創意、靈活應變和智力的發揮。我對印度戰役的執行方式非常不滿。東方那種難以逆轉的意志消沉已經悄然滲透到

附錄（二）

所有指揮官之中。同樣，「哈斯基」作戰計畫也是基於過度要求而制定的。

應當讓那些司令官意識到，若他們希望從勝利中贏得榮譽，必須為勝利作出個人貢獻與適當犧牲。英、美軍隊若在作戰計畫中過於強調安全，便無法發起任何形式的進攻性戰爭。在接下來的 6 到 8 個月內，英、美僅需對付約六個德軍師。我們的部隊意識現在已經屢弱至此，急需你們用心努力予以改正。

首相致軍事運輸大臣

1943 年 3 月 3 日

你們遞交的這份關於鐵路運輸花草的備忘錄並未達到我的期望。我希望能透過花草讓人們在戰爭中得到些許輕鬆，你們對此應更加努力，而你們部門在這件事情上卻顯得興趣缺缺。現在有何不同？去年做了什麼？

總理致函伊斯梅將軍，轉呈參謀長委員會

1943 年 3 月 4 日

在今年的大部分時間裡，當史達林面對一百八十五個德軍師作戰時，英、美陸軍僅與十餘個德國師對抗，我對本身貢獻之微薄感觸頗深，因此我無意請求史達林提供其作戰計畫，以免引發某種指責。

首相致生產大臣

1943 年 3 月 4 日

在 1943 年上半年，你能夠每月減少二十萬噸的原料消耗，同時又不對戰爭所需的生產造成嚴重影響，這讓我感到欣慰。美國在前 3 個月的援助大幅短缺，導致我們的戰備儲備量顯著下降，迫使我們在可能的最低限度內緊縮消耗。因此，我希望你進一步進行你所承諾的調查研究，以增加這些削減的可能性。請提交一份報告給我。

首相致海軍大臣和第一海務大臣

1943 年 3 月 5 日

  我聽聞我們的運輸船隊在好望角海域再次遭遇不幸，深感震驚。我想，你們在這個地區應該已經做好安排，並仔細研究過所有情況。我們現在已經累計損失四萬噸船隻。此航線上我們無法承受這樣的損失。我知道，十五至十六艘驅潛快艇和掃雷拖撈船已經從加拿大抵達。東方艦隊的驅逐艦在哪裡？它們是否也如同該艦隊一樣無所作為？這是一種極為嚴重的不幸。

國民自衛軍的未來

首相致函陸軍大臣、樞密院長、勞工大臣及內政大臣

1943 年 3 月 5 日

  為避免大眾及陸軍誤以為入侵風險已經降低而放鬆警惕，故維持一百八十萬人每個月四十八小時操練和警戒的責任——對於此沉重負擔，我的同事們不應小覷。不論外界如何評論，這項額外的責任的確削減了生產量。一百八十萬人每個月四十八小時相當於三十五萬個完整工時。

  在此情形下，應告誡指揮官們避免過度安排令人疲憊的演習，以免使許多業務熟練者不參與，尤其是那些從事農業或工業的人。若策略局勢變化，延長演習時間並不困難。

首相致軍事運輸大臣

1943 年 3 月 5 日

  十分感謝您在花卉運輸方面的協助。

附錄（二）

煙幕

首相致函陸軍大臣、空軍大臣及國內安全事務大臣

1943 年 3 月 6 日

　　我聽到國內安全大臣提到，目前有些討論建議減少國內的煙幕，以節省人力。然而，只要我們依然維持一支強大的英國防空委員會力量來抵禦夜間轟炸機的襲擊，那麼削減這種相對經濟的防禦措施似乎只能令人遺憾。

　　我認為，藉助於可用的各種設備，管理煙幕不需要耗費太多人力是可行的。根據陸軍部的統計，目前僱傭的全職工人有九千人。我了解到，放煙幕的任務，平均每月大約只有六個夜晚需要進行。當然，除了部分專門從事這項工作的核心人員外，將其他人員與不同職務結合起來是可行的，無需專門為此工作指派數千人。如有建議，請告知我。

運輸花草

首相致樞密院長

1943 年 3 月 6 日

　　你們的委員會對任何允許用火車運輸花草的方案都持反對態度，這讓我感到遺憾。我承認，當前情勢下派專車運送花草確實不合理；然而，在派專車和完全禁止之間，顯然可以尋求一個折衷的解決方案。

　　只要你們的委員會能立刻探討一種方法，以確保在不影響重要戰爭用途的情況下，合理分配有限的運輸能力用於花草運輸，同時考慮旅客的困難和限制，並在養花者之間進行公平分配，我就會感到滿意。如此一來，花卉便有了合法的流通管道，大量鮮花得以運至大城市，黑市的誘惑也將減少。

我認為，此法可與我們運輸狀況的其他方面需改進項目一同考量（冬季氣候稍暖已經使這些改進成為可能）。

首相致第一海務大臣

1943 年 3 月 7 日

承蒙您的好意，上次您在驅逐艦上做了安排，將一些紅十字會的必需品運送至莫曼斯克。這是如何安排的？是否引發了一些麻煩或危險？能否再次運送一些？

首相致函伊斯梅將軍，轉呈參謀長委員會、聯合作戰部司令及運輸總監

1943 年 3 月 10 日

此事（關於在平坦海灘上活動碼頭的使用）實在過於出乎我的意料。各種拖延的試驗最終一無所獲。自我建議建造幾英里長的碼頭以來，已經將近 6 個月。是否曾與傑弗里斯准將商議過？若「哈斯基」作戰計畫的條件較英吉利海峽的條件更為簡單，你們對此有何建議？我早就希望透過快速建造這種碼頭來緩解登陸艇的緊張局勢。我對目前的狀況感到非常失望。

現在需要提交一份總長四英里的碼頭建設計畫，以支持「哈斯基」作戰計畫，同時不得影響「痛擊」作戰計畫所需的碼頭建設。

首相致海軍大臣

1943 年 3 月 10 日

在好望角海域再度發生不幸的船舶沉沒事件，我不免心生悲痛。我深知海軍部一如既往地全力以赴。

我期望地中海在 3 月底向所有船隻開放，但運載軍隊的船隻除外，經由好望角的運輸將被降至最低限度。

附錄（二）

首相致空軍大臣和空軍參謀長

1943 年 3 月 13 日

在阿爾及爾，我與艾森豪將軍商定，美國飛機的代號後應附上名稱；我認為在實踐中，名字最終會取代不便記憶的代號，因為代號不僅難記，還容易在電報中與其他數字混淆。艾森豪將軍迅速根據這個建議發布了命令；你們可以看到，這些命令在美國所有通訊中執行得多麼嚴格。

我已經多次請求，務必在此實施相同的方法。請關注這兩起忽視事件，並採取措施杜絕類似事件重演。此外，請告知我 B.25 和 P.40 的具體內容。

首相致陸軍大臣

1943 年 3 月 13 日

幾天前，霍德勛爵向我介紹了精神病學家的職責。我當時詢問，現在有多少此類專家，以及陸軍為他們支出的費用是多少。霍德勛爵表示，當現任陸軍部高級副官負責北部指揮區時，因神經機能問題退役的人數超過其他任何陸軍單位。他還提到，高級副官曾要求每位新兵回答「他入伍時有幾分是自願的」這樣的問題。這種情況可能真的存在嗎？在當前的徵兵制度下，難以想像還有什麼比這樣的問題更能損害士氣的了。

首相致陸軍大臣

1943 年 3 月 13 日

關於團的番號，我傾向於原則上採納你的建議，並且為了能儘早公布團的番號，命令應當立即發布。不必等到所有番號擬定完畢後才開始公布。作戰的步兵部隊應優先處理。

首相致空軍大臣和空軍參謀長

1943 年 3 月 15 日

本週，飛機生產部交付了九十五架「斯特林」、「哈利福克斯」及「蘭卡斯特」重型轟炸機，這在生產數量上創下了一個新高。請具體告訴我：這九十五架飛機將如何分配？它們會被運送到何處？

舉出這樣的例子時，人們會發現，為何我們的轟炸機中隊並未隨產量增長而快速增加。

首相致函伊斯梅將軍，轉呈參謀長委員會，同時致奧姆・薩金特爵士

1943 年 3 月 16 日

南大西洋船隻沉沒事件再次使亞速爾群島的問題成為焦點。總統一心想在該地建立同盟國的控制權。當前，這樣的事件似乎難以將德國人吸引至西班牙。艾登先生既然身在華盛頓，正好可以就此事進行討論。

首相致函伊斯梅將軍，轉呈參謀長委員會

1943 年 3 月 22 日

我正在思索請總統派遣馬歇爾將軍前往北非；若總統同意，我建議等帝國總參謀長康復後，與其同行。或許此行可以稍微推遲至比塞大被我們攻占之後，我仍然希望在 4 月底前完成對比塞大的占領。

關於艾森豪將軍的電報及亞歷山大將軍的看法，我認為英、美軍隊的混合是極為不幸的。最好將他們分配到不同區域，只要最高指揮官是美國將軍，就能避免相互指責。這遵循了一般原則：「關係宜保持適當距離」。

我有信心能夠勸說紐西蘭政府批准紐西蘭師參與「哈斯基」作戰計畫。關於這個計畫，我們向他們傳達了哪些消息？我打算發一封電報給弗雷澤先生討論此事，如果這封電報已經為我起草好了的話。

附錄（二）

首相致內政大臣

1943 年 3 月 22 日

　　兩年前，我曾詢問過你有關普利斯親王的情況，當時你已經將他拘禁在布里克斯頓監獄。他目前已經在那裡待滿三年。他在法律上屬於波蘭國籍，母親則是英國人。我了解他並未犯下任何顛覆活動的罪行。若你能讓我檢視他所有的個人材料，我會很樂意，然後我們可以進一步討論。

首相致農業與漁業大臣

1943 年 3 月 22 日

　　1. 我相信我們之間已經形成一種默契，你與主計大臣應當就雞和雞蛋的數量盡力達成一致，或至少明確表達各自的立場。然而，我尚未聽到相關討論。鑑於我對此問題持有堅定看法，我計劃在適當時機於內閣會議上提出。因此，請在本週內告知你們談話的結果。

　　2. 若您與糧食大臣能就下述建議向我提交報告，我將不勝感激。假設允許在部分麵包（不超過 10%）的麵粉中加入不超過 5% 的馬鈴薯粉，究竟能在船舶噸位上節約多少，並且，目前混合在我們的麵包中的麩皮及其他殘渣有多少能作為雞的飼料而保留？對於放棄在麵包中使用馬鈴薯粉的試驗，我深感遺憾。摻入最多 5% 的馬鈴薯粉的麵包似乎比市面上常見的麵包更為美味，這一點毋庸置疑。若能對此事進行精確研究，我將非常欣喜。

　　3. 鄉村中依然有許多小雞以麵包為食，而這些麵包並未被配給。乍看之下，這種方式似乎不太經濟，我始終覺得，與其繼續使用昂貴的糧食——那些原本供人類食用的食物——餵養，不如進一步分配專門的雞飼料。

首相致生產大臣和公共工程大臣

1943 年 3 月 22 日

請告知你們正在修繕因雷擊受損房屋的情況。

首相致亞歷山大‧卡多根爵士

1943 年 3 月 22 日

中國並不處於與英國、美國或俄國相同的世界強國地位，我不願意在這種宣告上簽字。若外交大臣在此遇到任何困難，他必定會通知我們。因此，我認為無需向他發送這封電報。我的演講已經非常明確，我不願再做進一步解釋。

首相致函伊斯梅將軍，轉呈參謀長委員會

1943 年 3 月 25 日

根據月圓月缺的變化調整「哈斯基」作戰計畫的實施日期，導致情況發生了顯著變化。推遲至 7 月 10 日只是延後了兩週，而非一個月。若能對選擇新月日期的原因提供合理的解釋，我們可能需要接受。此外，若 7 月 10 日被選為發動日期，W.J. 運輸船隊將有機會再航行一次。目前確定的最後期限是 5 月 7 日，可以延至 5 月 22 日。

目前不需要採取任何行動，只需等待艾森豪將軍對陰曆日期進行研判及確定。

首相致財政大臣

1943 年 3 月 27 日

1. 若在現有基礎上引入一項硬性規定，無論所得稅及特別附加稅的稅率如何，確保納稅人每鎊至少保留五先令，請告知此舉將對稅收造成多少損失。我詢問此事僅為收集資訊，並無意在戰時採取行動。

2. 目前軍人儲金的狀況究竟如何？前幾天我在報紙上看到報導，稱儲

附錄（二）

金數字僅為十一鎊四先令。然而，據你所述，你提出的計畫曾經承諾提供與高薪軍火工人相等的儲金數額。

4月

首相致財政大臣

1943 年 4 月 1 日

一千五百萬鎊顯然是一個相當低的金額。我原本預期它可能接近一億鎊。

令我震驚的是，軍人的儲金竟然與軍火工人相同，僅為十一鎊七先令六便士，並且還在如此低的比例下累積。我曾經向三軍士兵保證，他們將以某種形式獲得與支付所得稅的軍火工人的儲金平均數額相等的金額。我對你的諾言被削減到如此微不足道的金額一無所知——這承諾我在公共場合多次提到過——我實在無法認同這個數目。

首相致飛機生產大臣

1943 年 4 月 1 日

感謝你提供 3 月分的飛機生產預測資料。我衷心祝賀你們的生產超出計畫，尤其是「重型」類別的增長，令人尤為欣慰。

首相致函伊斯梅將軍，轉呈參謀長委員會

1943 年 4 月 2 日

1. 首先，假設「火神」行動（攻克突尼西亞）在 4 月底結束，或最遲在 5 月 15 日完成，並且沒有大批有組織的德軍或義軍逃脫；其次，假設「哈斯基」行動在 7 月 10 日啟動；第三，假設義軍最多有五個師，總計不超過五萬人，德軍最多有兩個師，總計二萬人，共計七萬名戰鬥人員在「哈斯基」行動地區，而我們派出七至八個英、美師，每個師的戰鬥力為一萬

五千人,總計至少十萬零五千人,另派三萬英軍增援,總數可達十三萬五千人;第四,假設我們在登陸所引發的激烈戰鬥中勝出,那麼在「哈斯基」行動地區擊敗敵軍預計需要多長時間?

2. 在此類軍事行動中,一切以初始戰鬥階段——例如,一個星期——為轉捩點,之後,人們可以合理地預期,大部分敵軍將被消滅、俘擄或被逼入山區。該地區的面積有限,且資源稀缺,一旦我們占領了港口和機場,我們將能夠有效地掌控「哈斯基」作戰計畫區域,並利用空中力量和空軍護航的海軍擊退敵人重新奪回該地的所有嘗試。

3. 截至目前,「哈斯基」作戰計畫地區的攻克被視為一個獨立的目標,然而,沒有人會滿足於將如此有限的行動視為我軍在 1943 年戰役中的最終目的。「哈斯基」計畫地區僅僅是一個起點,我們現在必須著手研究如何將這個區域性勝利轉化為更大成就。對此,已經採取了哪些措施?一切可行的策略都應該加以探索。由於運輸資源的不足,「安納吉姆」已經失去了重要性,地中海的軍事行動因此顯得更加重要。如果我們以 7 月底作為占領「哈斯基」地區的時間點,其他可能的軍事行動是什麼?當然,我們的選擇將取決於敵方的動向。如果大批德軍進入義大利,並提升義大利的士氣和戰鬥意志,那麼攻取羅馬和那不勒斯可能會超出我們的能力範圍。若果真如此,我們必須預先制定東地中海的策略,努力爭取土耳其的支持。我們必須準備好進攻多德卡尼斯群島,並在土耳其遇到困難時給予援助。

4. 若德國人未參戰,而義大利已經屈服,我們將在義大利領土上自由行動。義大利可能會被迫退出戰爭。我們可以不戰而占領撒丁島。科西嘉可能會被解放。我們能夠調動的所有兵力,包括未參與「哈斯基」行動計畫的非洲各師,勢必向北推進至義大利,直到他們在布倫納或蔚藍海岸與德軍接觸為止。這些潛在的軍事行動已經被研究到什麼程度?

附錄（二）

5. 即便義大利依賴一定數量的德軍支援繼續戰鬥，一旦我們成為「哈斯基」作戰計畫區域的主導者，就應該在義大利半島的趾形和踵形地區奪取一個據點。占領塔蘭托灣並控制趾形地區的地峽將給我們帶來極大便利。屆時，義大利艦隊必須決定逃往義大利的哪一側。我們無法預測「哈斯基」作戰計畫後它的狀態或情況。如果義大利艦隊在我們掌握「哈斯基」作戰計畫區域並建立空軍基地前仍未撤退至亞得里亞海，那麼它將無法再這樣做，只能撤至斯佩齊亞和熱那亞。不論怎樣，達爾馬提亞海岸的立足點應該被視為極為重要的目標，因此我們可以用武器、補給甚至突擊隊來煽動阿爾巴尼亞和南斯拉夫的起義者。我相信，米海洛維奇——無論他現在有何狡獪的本能——在我們能提供實質援助時，必將全力反抗義大利人。顯然，這個戰場上已經出現了許多重大可能性。

6. 本文件目的在以最高的緊急性深入研究這些問題，並徵求參謀長的意見——能採取何種行動以及最佳方案。我希望這項任務能迅速推進，因為僅僅占領「哈斯基」作戰計畫區域，將在1943年戰役中顯得微不足道且無足輕重。

首相致函伊斯梅將軍，轉呈參謀長委員會

1943年4月2日

阻止敵軍從突尼西亞北部透過海路進行任何大規模逃亡已經成為一個至關重要的問題。這個問題無疑已經引起北非最高統帥部各部門的關注。然而，這還不夠。在每日戰事的壓力下，他們可能在思想上將這個重大問題置於次要地位。我們必須對敵人可能逃脫的每一個機會進行特別研究，並研究我們可以採取所有摧毀敵人的方法。這項研究應該在下週初準備好，由參謀長委員會考慮我們的結論是否應提交給艾森豪將軍，以及應以何種方式提交。我認為，最好由聯合參謀長委員會以正式公文的形式遞交。但是，我正在等待參謀長委員會的意見。

首相致陸軍大臣

1943 年 4 月 4 日

1. 隨著戰爭持續時間的延長，以及入侵的迫切威脅逐漸減弱，國民自衛軍的憂慮越發加劇。我們是否充分發揮了他們的作用？是否應該設立一個國民自衛軍週或國民自衛軍日？是否應透過某種方式給予他們公眾的讚揚，讓他們感受到國家對這些忠誠衛士的感激之情。他們是我們抵禦海上入侵和空降部隊的堅實力量。我將此事交由你處理。

2. 另一種實際激勵他們的方式是提供更多的子彈用於練習。他們對練習表現出極大的興趣，並視其為證明其職務價值的手段。子彈短缺的時代已經結束。請告知我 0.300 步槍彈藥的庫存情況如何？鑑於美國的供應量相當龐大，目前的儲備應該非常充足。實際上，由於局勢大為緩和，我已經有數個月未檢視子彈統計表。我期待你關於增加練習子彈發放的建議。

3. 我希望你能構思出其他方式來支持國民自衛軍。他們在生命的這個階段需要被培養和激勵。

首相致亞歷山大·卡多根爵士

1943 年 4 月 4 日

1. 有關第二戰場的討論無法完全制止，總之，這並無害處。從另一個角度來看，若能將德軍牽制於西方，不僅能減輕俄國所承受的壓力，還能掩護「哈斯基」作戰計畫。

2. 透過我們現有的所有管道告訴歐洲人民，在我們未給予指示之前，不要採取行動，但他們可以在私下開始進行準備。

首相致財政大臣

1943 年 4 月 6 日

軍人儲金問題需要內閣進一步討論。此外，請告訴我截至 1943 財政年度末，工薪所得稅納稅人所累積儲金的平均數額。

附錄（二）

首相致帝國總參謀長

1943 年 4 月 6 日

請提供軸心國在突尼西亞的詳細兵力配置，例如「半人馬」師的具體營數。這確實令人費解，他們的人數為二十二萬五千，按理營數應與我們相近，但我們的營數幾乎是他們的三倍。

首相致函樞密院長、城鄉規劃大臣、不管部大臣、財政大臣及其他與城鄉規劃法案相關人士

1943 年 4 月 6 日

今晨的討論讓我產生了這樣的信念：城鄉計劃部現在需要具備法定權力，以便能夠迫使那些頑固、阻礙或僅僅無能的郡當局為更大的利益完成必要工作。請起草賦予此權力的條款，並提交給起草法案的各大臣進行審查。如果存在異議，可於星期五的戰時內閣會議上再次討論此事。

首相致函伊斯梅將軍，轉呈參謀長委員會

1943 年 4 月 8 日

緬甸的戰役正在逐步惡化；在軍事和戰略方面，我們完全被日本人擊敗。幸運的是，一些小規模的軍事行動及其他事件轉移了公眾的注意力，所以尚未察覺到這個悲慘局勢。然而，這種情形不可能一直持續下去。

韋維爾將軍何時返國？

首相致外交大臣

1943 年 4 月 9 日

我認為，你應當拜訪麥斯基，並告訴他，若塔斯社試圖從倫敦向阿爾及爾傳播此類有害消息，我們將不得不要求該社記者撤離這些國家。新聞大臣告訴我，我們有權立即關閉所有的相關機構。在我們盡最大努力時，俄國人如此行事是不可接受的。戈培爾恐怕還沒有如此惡劣。你認為我今天在下鄉前會見麥斯基是個好主意嗎？

首相致陸軍大臣

1943 年 4 月 9 日

我願意花費一個上午或下午的時間與一個典型的步兵營在一起，以便詳細考察該營每位成員的服役情況。我會在適當的時間內選擇這樣的一個營，由我自由地稽核他們的編制。我需要親眼確認機關槍、迫擊炮、防禦坦克、通訊、炊事、文書等各類工作中有多少人在負責及使用。

切忌提前告知他們，亦勿對準備工作進行任何更改。下週中，我能夠騰出一個下午來處理此事。

若你能與我同行，我將非常欣慰。

首相致空軍大臣和空軍參謀長

1943 年 4 月 10 日

1. 傑弗里·勞埃德先生提供給我的這些照片確實令人感動。我認為，在英國不同地區安裝六臺這樣的設備，如果在轟炸機返航時突遇大霧，能藉助這種設備避免災難，將是極好的。在天氣變化無常的夜晚，這種設備還能為飛行行動提供更大的靈活性。與轟炸機司令部司令討論一下，隨後告知訴我他的想法。

2. 你們在研究紅外線降落方法方面取得了哪些進展？

首相致陸軍大臣

1943 年 4 月 10 日

1. 對於彈藥狀況我感到滿意，然而，其餘方面我認為尚不理想。鑑於我們即將派遣大量精銳師團，國民自衛軍將肩負重大責任，此時正是激勵和宣傳他們的時機。務必讓他們感受到任務的極端重要性以及他們的工作受到政府與大眾的重視。各地應舉辦武裝檢閱，並由各區域的領導者親自視察。應當為他們安排軍樂隊。

附錄（二）

我感到奇怪的是，你並未欣然參與這場頗具號召力的運動，這已經足夠顯示你在管理陸軍部時的風格和意圖。對於海德公園的閱兵，我從未使用過「聲勢浩大」這樣的詞彙，這種帶有偏見的詞語也沒有使用的必要。

2. 若要在報紙上廣泛宣傳國民自衛軍週或國民自衛軍日，你應該與新聞大臣協商。我會送上一篇賀詞，或者如有必要，我可以在廣播中簡短發言。

3. 我殷切希望敵人對我們國民自衛軍的實力留下深刻印象。這無疑會透過檢閱的照片傳遞給他們，並對空降部隊的降落或海上襲擊產生威懾效果。

4. 現附上一些信件。這些信件是根據我的要求送來的，我對此負全責。因此，請不要對相關人士或信件中提及的人採取行動。我們為何從國民自衛軍手中取走步槍？既然每月可以生產七萬支槍，便沒有剝奪他們武器的理由。

5. 我計劃在週一的內閣會議中討論國民自衛軍的相關議題，並已經指示愛德華·布里奇斯爵士將其加入議程。

首相致塞爾伯恩勳爵

1943 年 4 月 14 日

這些英雄人物將獲得何種獎勵？

首相致函伊斯梅將軍，轉呈參謀長委員會

1943 年 4 月 14 日

1. 教堂在星期日不如常敲鐘召集信徒前來，我認為這是沒有理由的。我提議，今年復活節的儀式應及時允許敲鐘。

2. 由於我軍在空中和地面擁有壓倒性優勢，同時國內的國民自衛軍裝備精良，入侵的可能性遠低於 1940 年。如果還會有這樣的事件發生，可能將以兩種形式之一出現：

（1）海上派遣軍；若規模龐大，必然會引起我們的提前注意；若規模較小，則將面臨我們海岸防禦部隊的抵禦；或

（2）空降部隊在內陸地區降落。

在1943年或1944年，空降部隊的大規模入侵幾乎不可能，因為敵軍的飛機供應極其緊張。運輸機無論何時都逃不過我們的雷達偵測，而且隨後會遭遇我方戰鬥機的日夜攔截。實際情況表明，我們對此類入侵具備有效的威懾力。因此，這種威脅不應被視為嚴重。

3. 參謀長委員會的報告指出，今年未發生入侵；然而，我在向戰時內閣提供的備忘錄中提到，不能完全排除小規模的海上和空中襲擊。

4. 若發生小規模襲擊，出事地點附近的任何人一旦發現敵蹤，將立即通知最近的國王陛下武裝部隊。該部隊在透過電話或傳令兵向上級報告情況後，將採取一切可能的緊急措施，用炮火截擊敵人。至於教區教堂鐘聲如何加速上述程序，實難預見。當所有職務人員在執行他們早已經準備並獲得批准的計畫時，沒有任何事物可以阻止該地區的局勢迅速被知道。我認為，宣布教堂鐘聲不再作為警戒入侵的方式之一，不會傷害到國民自衛軍的士氣，也不會在正規部隊中引起懈怠慣性。

首相致伊斯梅將軍

1943年4月15日

幾日前，我瞥見了傑弗里斯准將提交的一幅描繪配有登陸橋的船隻草圖，這種船可供坦克在防禦薄弱且有低矮懸崖的地段登陸。此建議頗具吸引力，我期盼其能被納入考慮並認真評估落實的可能性。

附錄（二）

首相致函陸軍大臣、帝國總參謀長及參謀長委員會

1943 年 4 月 15 日

1. 由於我們的登陸艇都要運送至「哈斯基」計畫地區作戰使用，並且今年幾乎沒有任何美國軍隊抵達，加上在天氣變化之前需要進行訓練，因此我們必須承認今年橫渡海峽的重要計畫是不可能實現的。

2. 然而，至關重要的是，這個現實情況不應廣為人知；原定相關計畫的偽裝和掩飾活動必須持續進行，以便將敵人牽制在法國海岸，同時避免令我們的俄國盟友感到失望。因此，「波麗露」作戰計畫的準備工作不應出現任何突如其來的中止或停滯。

3. 另一方面，我們不必在 1943 年為那些 1944 年尚未確定的計畫耗費不當的資金和精力。「波麗露」計畫的進展速度需要調整，但絕不能停滯。為了 1944 年的海外戰役，我們必須持續在國內集結美國軍隊。應確保穩步推進，以 1944 年為目標，制定詳細步驟以完整「波麗露」計畫的執行內容。

4. 這個原則同樣適用於國內部隊的各分支，因此抽調一支遠征部隊變得必要。此事顯然不像過去那樣緊迫。然而，至少保留一支部隊以備海外行動是明智的決策；這部分應該在秋季之前開始。我認為這支部隊可以命名為第二集團軍，由六個師構成。將這個集團軍派往地中海是很有可能的。此外，可能更好的策略是，各部隊自行獨立執行整個計畫，並且不必過早地進行這種調整。

5. 無論何事發生，必須始終營造美國軍隊持續大規模抵達英國的假象，並避免任何與此理念相悖的言論和行為。

首相致新聞大臣

1943 年 4 月 16 日

1940 年初完成的德國影片《火的洗禮》，描繪了華沙的毀滅，其目的是透過炫耀德國空軍的強大威力來威懾中立國家。若經過大幅刪減並配以

英語解說，我認為可以成為極佳的宣傳素材，展示德國人的殘忍以及他們計劃如何利用空中武器征服其他國家。

請評估該影片的可再利用性，並提供他們當前實施的範例。《苦難的一幕》是最佳標題。

首相致陸軍大臣和帝國總參謀長

1943 年 4 月 17 日

1. 我對弗賴伯格將軍的當前地位感到不滿。這位軍官的成就和經驗如此突出，他理應晉升為軍長。我不贊同這樣的看法，即「他是世界上最優秀的師長，但他的能力僅止於此」。一個能夠為自己贏得如此地位的人，有權嘗試更高層次的指揮職位，國家也有責任基於他的功勞讓他嘗試。

2. 我迫切的想了解，當第十軍加入紐西蘭軍隊時，哈馬側翼運動中發生的具體情況。這個行動是否由弗賴伯格指揮，或者是由第十軍軍長代為指揮？無論如何，弗賴伯格作為紐西蘭軍指揮官向紐西蘭政府提交了一份報告，其中提到有多支部隊在他的指揮下。由此看來，他似乎是這次迂迴運動的實際指揮者。如果確實如此，他已經在一個遠超過師級的職位上展現了他的才能。鑑於迂迴運動的極端重要性，我對他仍然處於目前職位感到不解，因此，我將在提交給下議院的報告中提到他的名字。

3. 你們自然也會想到，來自紐西蘭政府及國防部長瓊斯先生的建議不可避免。暫且不論弗賴伯格的地位，按理說他應該獲得晉升，但若繼續留任紐西蘭師長一職，將阻礙整個師的晉升。從他們的工作表現來看，必定有幾位旅長具備升任師長的能力。我願對弗雷澤先生表示，如果紐西蘭師繼續與我們並肩作戰，我們希望由弗賴伯格指揮第三十軍。

附錄（二）

首相致陸軍大臣

1943 年 4 月 17 日

對於內閣關於國民自衛軍慶祝活動決定的執行，你採取了實際有效的態度，我對此深表感激。你應該盡快將其印製並分發給內閣成員。

首相致陸軍大臣

1943 年 4 月 17 日

1. 請查閱隨附陸軍時事處發布的海報及貝文先生在其上所加的評語。這幅畫對英國戰前狀況的描述是一種可恥的詆毀。儘管我們在許多方面存在不足，英國的狀況仍是歐洲和美國許多地區的典範。指責陸軍部對這種誇大且扭曲事實的宣傳負責，這是非常錯誤的。士兵們所了解的祖國情況，並非如此。作為一位國務大臣，這類具有政治性質的事件應當得到你的親自關注。如果你能提供解釋，我將不勝感激，海報當然會立即撤回。

2. 通常而言，內閣可能需要對陸軍時事處進行調查。同時，請將該處的軍官人數、僱傭的人員、他們的薪資以及該單位任何相關費用製作一張清單遞交給我。

首相致勞工大臣

1943 年 4 月 17 日

我對你針對陸軍時事處發布的宣傳畫所提出的批評表示完全贊同，並且我已經將此事提請陸軍大臣關注。

西非師的裝備

首相致帝國總參謀長和雅各布准將

1943 年 4 月 17 日

對於一支超過二萬二千人的部隊來說，僅為其野戰炮兵配備十二門3.7 英寸口徑的榴彈炮，這無疑是一個極具爭議的政策。倘若決定這種師

僅裝備山炮和馱載炮，那麼就應當為其提供全面的補充。用這樣一支部隊來作為掩護某部分戰線的戰術部隊是不可行的，除非它配備了炮兵，或者在其他方面得到炮兵的支援。沒有炮兵的步兵就如同沒有馬匹的騎兵，或是現代沒有坦克的裝甲部隊。步兵與炮兵的戰術密不可分，彼此共同構成整體概念的相關部分。當然，迫擊炮或短射程火炮的高效發展，可以作為一種替代方案。

我殷切期望，若西非軍隊參戰，他們將能夠贏得聲譽。

首相致函伊斯梅將軍，轉呈參謀長委員會

1943 年 4 月 18 日

1. 今年德國的崩潰無望，不需要對此抱有期待；美軍增援尚無指望，登陸艇依然短缺，因此我們在 1943 年無法實施「痛擊」作戰計畫。摩根將軍應承擔以下責任：

(1) 與戰鬥機司令部和聯合作戰部司令協同行動，策劃兩棲作戰的佯攻，目的在引發空戰，使本土空軍力量在空軍消耗戰的整體過程中發揮其應有的作用。

(2) 在最細微的層面上進行掩護與偽裝，以輔助 (1) 項中的策略，並將敵人釘在西側，使其始終處於防範被攻擊的警戒狀態。

(3) 1944 年，「波麗露」計畫將逐步得到加強，同時，「圍殲」作戰計畫也持續進行了長期的研究。

(4) 每月制定詳細計畫，以便在德國一旦崩潰時能夠立即採取行動。

2. 摩根將軍的機構無需過於龐大或繁多。因為他的機構目的在取代諾福克大廳各總司令的特別計劃參謀處，因此參謀人員的任命應顯著減少。我想了解參謀人員將被精簡至何種程度。

3. 「朱比特」計畫或許可以重新評估，作為 1944 年 1 月或冬季最合適

附錄（二）

的作戰行動。在聯合作戰部司令生病期間，我要求每週彙報一次「哈巴谷書」的進展情況，並再次彙報掃雪部隊和設備的情況。這方面的進展如何？

4. 我們無法完全排除德國可能入侵伊比利半島的可能性，因此，在假設西班牙和葡萄牙會對德國進行抵抗的情況下 —— 而這幾乎是不可避免的 —— 英、美在該地區進行干預的計畫應當迅速提上議程。

5. 英國的國內部隊重新部署應以適應上述目標為原則，而非為了迎合「痛擊」或「圍殲」作戰計畫。為配合「朱比特」作戰計畫、西班牙半島行動或「哈斯基」計畫的推進，我們應該準備好如第二集團軍的六個師兵力。我希望聽到你經過深思熟慮的意見，關於今年之內是否需要在最大程度上重新部署本土陸軍。我們不應過度或過早地擾亂防禦入侵的安排。無論作出何種決定，參謀人員的任命只能減少，不能增加。

6. 所有上述策略必須整合在一個宏大的掩護與偽裝計畫中。若該計畫進展緩慢，正如我所擔憂的，那麼「痛擊」作戰計畫今年無論如何都無法實現；然而，需了解這也屬於我們掩護計畫的一環，我們的真實準備仍然持續在進行中。需在登船港口展開大規模的準備工作；最大數量的駁船和進攻艦艇應該在7月和8月進行聚集。第二集團軍的準備工作會直接關聯到「痛擊」作戰計畫。所有這些行動將營造佯攻的局面，以引發如第一段（1）項所述的空戰。

7. 若三軍參謀長依照上述要點擬定建議報告，或許更為適宜，該報告仍需獲得內閣的批准。

首相致掌璽大臣和殖民地事務大臣

1943 年 4 月 18 日

請查閱韋茨曼博士關於猶太人問題的信函。對於 1939 年白皮書作為現今英王陛下政府「堅定不移的政策」這個看法，我無法認同。儘管我曾親自參與並承擔責任，但始終認為白皮書是張伯倫政府在此事務上的背信棄義。在當前戰爭的緊要關頭，我們延續了前任的方針，並未在這個問題上作出新的宣告。我仍嚴格遵循我在下議院辯論白皮書時的發言。我深知現任戰時內閣大多不願對白皮書作出明確承諾，但在廢除前，它依然有效。

首相致農業大臣和糧食大臣

1943 年 4 月 19 日

我了解到，你們已經中止了在春季幾個月中為蜜蜂提供少量糖的配給，而這個配給對於牠們全年工作的產量至關重要。

請告知先前分配的具體數量是多少？當前給予專業養蜂人的糖分配量是多少？因私人養蜂導致蜜蜂餓死能夠節省多少糖？

教堂的鳴鐘問題

首相致函愛德華·布里奇斯爵士，抄送所有相關人員。

1943 年 4 月 20 日

正如我今日在議院答覆質詢時所述，允許鳴鐘召集禮拜並不意味著婚喪儀式也應當鳴鐘。這類儀式的鳴鐘預計在未來幾個月內實現，但目前尚不可行。儘管鳴鐘不再象徵敵人入侵，這種觀念已經深入人心，以致非常規時間的突然鳴鐘可能引發恐慌。鑑於重要措施中常包含執行細則，我認為現行權力可作相應修訂。如有必要，可制定特別條例。

附錄（二）

首坦克供應的原則
第一部分

相向愛德華・布里奇斯爵士致意，並將消息轉達給負責軍需的雅各布准將及國防委員會其他成員

1943 年 4 月 23 日

1. 事實上，1943 年的坦克生產和交付總量並不在我們的掌控範圍內；我們應接受所提供的資料。

2. 然而，為我們的一部分坦克加裝較厚的裝甲板似乎極為重要。在願意將速度降至每小時八英里或六英里甚至更低的情況下，至少需為二百輛——最好是四百輛——「邱吉爾」坦克配備最厚的裝甲板。提交一份這些坦克改裝的具體計畫，說明預期成果、速度的降低幅度、改裝數量以及完工時間。至少有一百輛應作為緊急任務盡快完成。

3. 我堅信，倘若我們被發現僅擁有大量中型裝甲薄弱的坦克，而這些坦克無法抵擋 1943 年的德國火力，甚至也無法抗衡 1944 年的敵人火力，我們勢必會遭到批評。以厚重灌甲的坦克如矛尖與巨錘般突破敵人防線，打通缺口，輕型坦克便可由此推進，這個理念具有深遠的軍事意義。在每個戰場上，各集團軍，甚至在可能情況下，各軍，都應配備一定數量的這類坦克。疣豬必須如同瞪羚般發揮作用。

4. 重型坦克——無論是六十噸、七十噸，還是八十噸——的試驗性進展不可忽視。當其成為解決特定問題的方案時，必然會有其用武之地。如果需求出現而我們卻落後於敵人，我們將面臨嚴厲的指責。務必提交一份關於「斯特恩」坦克或任何能夠設計的其他型號坦克的報告。兩棲坦克有何新進展？一旦灘頭登陸成功，在理想條件下，較大型坦克定能在準備好的浮舟或橡皮浮囊的幫助下跨越海峽。

第二部分

5. 我尚未有充分的信心贊成廣泛採用七十五公釐口徑的大炮。在任何決定作出之前，必須再次召開國防委員會會議討論此問題。在我們看來，這種炮——與「謝爾曼」坦克上的相同——是一種新型武器。我知道製造的準備工作已經開始。請撰寫一份報告說明準備工作進展到何種程度。根據擬議的坦克裝備標準，對彈藥作了哪些安排？在1943和1944年期間，聯合王國能夠生產多少？我們是否完全依賴美國的供應？他們是否已經將七十五公釐口徑中等速度大炮改為七十六公釐口徑高速度大炮，這是真的嗎？如果屬實，他們是否視這種彈藥已經陳舊過時？

6. 在另一方面，這裡已經開始生產九十五公釐口徑的坦克榴彈炮。請撰寫一篇一頁長度的詳細報告，描述七十五公釐口徑（「謝爾曼」坦克）與九十五公釐口徑（英國式）的特點與效能比較表。此外，若能在本月底前做出決定，軍需部應該準備一個估算，說明1943年和1944年可實際交付這些武器及其彈藥的具體數量。為促成國防委員會儘早召開會議，這些資料表應當盡早準備妥當。

7. 中東陸軍在提交的報告中，表現出對沙漠中的戰術行動以及一般行動的濃厚興趣。然而，需謹記，他們尚未發現七十五公釐口徑大炮的替代品。他們最近才獲得用於六磅重炮彈的烈性炸藥。他們從未見過九十五公釐口徑的坦克榴彈炮。我們必須從各個角度研究這個問題，否則，我們可能因使用過時武器而行動遲緩，進而遭受嚴厲的指責。

首相致第一海務大臣

1943年4月23日

我們航行至太平洋的美國艦隊航空母艦，究竟出現了哪些故障？從這艘船艦上接收到何種報告？

附錄（二）

關於假期期間陣亡士兵遺孀的撫卹金事宜

首相致年金大臣

1943 年 4 月 23 日

達到這個目標需要多少費用？我個人認為，我們應當關心寡婦，除非能夠證明士兵的意外死亡是因為他自己的不當行為。儘管軍役法規未明確規定，但某些假期已經被視為士兵生活的一部分。

雖然相較於普通寡婦的撫卹金，這筆金額顯得微不足道，但這些令人惱火的差異確實帶來極大的困擾，我深知這也會給你帶來諸多煩惱。

首相致帝國總參謀長

1943 年 4 月 24 日

弗賴伯格將軍將在軍長職位出現空缺時被任命。

我感到非常欣慰，並視此為公正之舉。

首相致陸軍大臣和公共工程大臣

1943 年 4 月 25 日

我聽聞，牛津大學貝里歐學院為自治領與美國軍隊提供每週一次及週末的課程；那裡的學術氛圍將幫助這些海外軍隊深入了解英國的生活與歷史，這尤為珍貴。我了解到，這個提議正面臨風險，因陸軍部建議將貝里歐學院用於高級軍官的課程。

我深知，貝里歐學院在前一項任務中具有更高的價值；我難以相信，陸軍部無法找到其他替代方案。請提供我一份關於其他方案的報告。

5月

首相致空軍參謀長

1943年5月1日

上星期我請教麥斯基先生,為何俄國人尚未依照「天鵝絨」作戰計畫的建議,接收我們的二十個空軍中隊及其人員。他答道,他們意識到,按照英、美的標準,維持這些中隊需要二萬五千人,而就所得到的援助而言,這似乎對他們的人力和物力構成了過大的負擔。即便現在空軍部給我的數字(例如兩萬人),每個中隊也需一千人,其中一萬一千七百五十人是英國人。

請詳細說明為何需要11,750名英國人員來支持14個空軍中隊。這個計算由誰完成,又由誰批准?與其他空軍編制相比,這有何不同?

首相致函愛德華・布里奇斯爵士及伊斯梅將軍

1943年5月2日

1. 目前已經到了必須強化安全措施的時刻。請為我起草一份通告,在政府各部門中於更高保密級別內傳閱,闡明以下要點:

(1) 經驗顯示,將機密文件置於重要官員辦公桌上的「收文」或「發文」文件盤內,或存放在大臣私人祕書辦公室內,存在洩漏機密的風險。任何會接收到機密文件者,應該在辦公桌上配備一個帶彈簧鎖的平面櫃,並養成在文件不使用時隨手鎖上的習慣。

(2) 應禁止將機密文件放在衣袋中的習慣。應充分利用配有彈簧鎖的櫃子。

(3) 所有現有存放機密文件的櫃子應盡快安裝彈簧鎖。請準備好執行此項工作的計畫。

2. 與此同時,你們還需要進一步減少每份特殊保密文件的閱讀人數。

附錄（二）

請提交一份目標為減少 25% 的計畫給我。

3. 我在 3 月前發出了一份備忘錄，要求減少委員會的數量，你們為此制定的計畫進展如何？我們必須全面緊縮和精簡。

首相致函海軍大臣、第一海務大臣及伊斯梅將軍

1943 年 5 月 2 日

駐紮於馬爾他與蘇塞的魚雷快艇活動現在已經變得極為重要。我們是否能增強它們的力量？馬爾他現有多少艦艇？亞歷山大港現有多少艦艇？是否能調派更多合適的艦艇至馬爾他、的黎波里或蘇塞？我認為這一切可由坎寧安自行解決，無需過多討論。告訴我，他目前在執行什麼任務。

我打算致函摩托魚雷艇隊，他們似乎正參與一場極其冒險的戰鬥。

目前存在一個問題：這些快速小型艦艇是否需要一個統一的名稱。我曾考慮稱之為「蚊式艦隊」，但稱為「黃蜂艦隊」會更顯威嚴？或者可以稱之為「鯊魚艦隊」，簡稱「鯊魚」。

第一集團軍的戰鬥傷亡人數

首相致帝國總參謀長

1943 年 5 月 3 日

你或許會注意到，近期的傷亡報告中可以發現，近衛步兵和步槍步兵占了百分之七十五，而後勤部隊幾乎沒有受到損失。

若從更長的時間段來看，近衛步兵和步槍步兵的傷亡比例接近 64%。其他兵種的損失總計僅有 1,443 名官兵。

將這些數字與 4 月已經派遣及 5 月計劃派遣的增援部隊比例進行對比，二者間的巨大差異便一目了然。

誰負責分配這些被選中的人？對於負責分配的人給予了哪些指示？

當前的情形是：作戰部隊未獲得實質性的補充，然而大批選拔的人員被分配到技術和後勤部隊，而這些部隊的後勤人數原本就已偏高，並且幾乎未曾直接面對敵人的火力。陸軍部的首要職責是維持步槍步兵的戰鬥力。

首相致飛機生產大臣

1943 年 5 月 4 日

兩週前你向我展示的那場飛機表演，我了解到空軍大臣未被邀請，感到相當意外。我是間接獲知此事，因為他本人沒有發表意見。當然，關於「噴射」（噴氣機）的所有事情，他早已知曉。從制度上講，邀請空軍參謀長而不邀請空軍大臣參加這樣的表演是不合適的。空軍參謀長當然會提前告知他，因為他們的合作極為信任。如果第一海務大臣被邀請了，海軍大臣也理應被邀請。

首相致生產大臣

1943 年 5 月 5 日

在分配建築人力時，務必記住，建設美國空軍所需的機場為首要任務。

首相致伊斯梅將軍

1943 年 5 月 11 日

陸軍大臣的建議是否已經獲得帝國總參謀長認可？如已同意，我計劃透過電報通知陸軍大臣，指示將繼續執行這個修訂後的編制，步兵營的步槍人數目標由原擬的三十六人增加至七十二人。

首相（在華盛頓）致函伊斯梅將軍，轉呈參謀長委員會及萊瑟斯勛爵

1943 年 5 月 12 日

地中海運輸船隊已經進行了哪些準備？該船隊何時自英國啟航？坎寧安海軍上將要求在攻克比塞大後十四天內啟程。因此，船隊應於 5 月底之前通過直布羅陀。自英國啟航的最早日期為何時？這些船隻是否已經裝載

附錄（二）

特殊貨物？我已經承諾向紅十字會援俄基金會提供一千噸高級藥品。所有飛機都已經裝箱並裝船了嗎？發往土耳其的物品進展如何？我今天將發電報至英國，催促他們加速所有準備工作。此刻對我們極為有利，切勿浪費一小時。

首相致函伊斯梅將軍，轉呈參謀長委員會

1943 年 5 月 21 日

我計劃進一步闡述如下：

「將公開發布宣告（或由總統和首相聯名發布），宣布義大利人民將以歐洲歷史上著名民族之一的身分享有自由與獨立的生活。我們期望看到義大利擺脫法西斯暴政，在民主制度下恢復其作為歐洲家庭成員的地位。在接下來的幾個月裡，義大利有最後的機會避免更大的災難，否則，災難將降臨其頭上。」

陸軍的宣傳應依照此類主題思想展開。

關於戰後情況的保證
首相提交內閣傳閱的備忘錄

1943 年 1 月 12 日

1. 一種危險的樂觀情緒正在蔓延，預示著戰後可能會出現的局面——失業和低薪資現象都將被消除，教育將大幅改進並延長學制；將啟動大規模的住宅和醫療事業發展計畫；農業至少會保持在新的高水準。同時，生活成本不會上升。貝弗里奇的社會保險計畫，或類似的計畫將根除貧困。受薪階級在戰時累積的錢，或透過戰時儲蓄券累積的財富，不應貶值。

2. 我們在海外的投資幾乎完全損失殆盡。美國將成為英國航運的強勁對手。在為我們必需的出口貿易達成有利協定時，我們將面臨諸多重大

挑戰。同時，為支持歐洲，我們將實施一個較長時間的配給制度，並分配我們現有儲備的很大一部分。我們將開發熱帶殖民地並改善當地居民的生活條件。我們必須明確保持強大的空軍和海軍，以避免再次遭到德國人的攻擊，還需要在敵國駐紮強大的軍事力量，以確保他們無法重新武裝進行報復。

3. 我們是否正在為四千五百萬國民設置超出他們能力的任務，給他們肩上施加無法承受的重擔？這個問題在我心中若隱若現。一方面，大臣們在描述事態的陰暗面時不應該令我們的人民氣餒；另一方面，我認為也應該謹慎行事，避免像上次那樣用「英雄們的家園」等等說法激起不切實際的希望。廣大人民勇敢地面對艱難的生活，但如果他們感到受騙，便容易怒火中燒。例如，如果我們將養老金提高到兩鎊，而其他保險救濟金也相應提高，但由於貨幣購買力下降，他們會發現兩鎊可以買到的東西並不比過去十先令買的多。或者，他們的積蓄或戰爭儲蓄券實際上只值他們辛苦累積的四分之一價值，他們會產生不滿，這種不滿與人們在生存戰爭中所承受到不可避免的痛苦截然不同。因為我不願以虛幻的希望和烏托邦或黃金國的幻境欺騙人民，所以我極力避免對未來作出承諾。

4. 我們必須竭盡所能；若非許多承諾與誓言的桎梏，我們會表現得更佳。須知，承諾和誓言源自人性中的希望與美好，但與生活的嚴酷現實毫無關聯。

關於貝弗里奇的報告
首相提交內閣傳閱的備忘錄

1943 年 2 月 14 日

我認為，我們應依照以下策略來處理這些事情，這是我從所見報告中得出的結論，也應是同事們所期望的。

附錄（二）

1. 將海損分攤的方法提升為救濟數百萬人的社會保險機制，成為戰後任何改善全國人民生活計畫的重要組成部分。

2. 此方法中或許有些部分行不通或難以接受。然而，更為恰當的方式是，一旦有了措施，該措施應當是一個完整的構思，而不只是批評者剔除某些弱點後殘留的部分。

3. 有必要成立一個組織，或在需要時設立一個委員會，從現在起開始工作，直到戰爭結束，以便對需要提出的法案進行潤色、修訂和準備。

4. 然而，此時我們無法主動提出這項法案，或提供相關資金。這只能由一個對立法部門負有政治責任的政府和透過與群眾互動不斷進步的下議院來完成。戰爭結束後的情況以及社會保險的資金如何與其他社會事業的資金需求相協調，我們尚未得知；亦不清楚這些改善措施的資金如何與維持強大海、空軍以及在相當長時間內保持某種軍事力量的需求相平衡。我們並不了解戰後將上臺的政府類型，也不知道首相為何人。我們應為他們做好準備，讓他們有自由選擇是否採納一個必然會相對完善的計畫。

我們必須銘記，議會已經由我們掌控八年，戰事的實際狀況以及戰爭目標足以支持我們的持續存在。在社會事務上，我們沒有理由限制未來議會的活動，那是他們的職責所在。不論我的繼任者是誰，在他尚未了解未來責任條件的現階段，我作為首相無法承擔限制其行動的責任。

關鍵聯盟，邱吉爾記錄戰局轉捩點：
從阿拉曼戰役到火炬行動，盟軍走出潰敗陰影，重新奪回主導權

作　　　者：	[英]溫斯頓・邱吉爾（Winston Churchill）	
編　　　譯：	伊莉莎	
發　行　人：	黃振庭	
出　版　者：	複刻文化事業有限公司	
發　行　者：	崧燁文化事業有限公司	
E - m a i l：	sonbookservice@gmail.com	
粉　絲　頁：	https://www.facebook.com/sonbookss/	
網　　　址：	https://sonbook.net/	
地　　　址：	台北市中正區重慶南路一段61號8樓 8F., No.61, Sec. 1, Chongqing S. Rd., Zhongzheng Dist., Taipei City 100, Taiwan	
電　　　話：	(02)2370-3310	
傳　　　真：	(02)2388-1990	
印　　　刷：	京峯數位服務有限公司	
律師顧問：	廣華律師事務所 張珮琦律師	
定　　　價：	650元	
發　行　日　期：	2025年07月第一版	

◎本書以POD印製

國家圖書館出版品預行編目資料

關鍵聯盟，邱吉爾記錄戰局轉捩點：從阿拉曼戰役到火炬行動，盟軍走出潰敗陰影，重新奪回主導權/[英]溫斯頓・邱吉爾(Winston Churchill)著，伊莉莎 編譯. -- 第一版. -- 臺北市：複刻文化事業有限公司, 2025.07
面；　公分
POD版
譯自：The Crucial Alliance
ISBN 978-626-428-175-1(平裝)
1.CST: 第二次世界大戰
712.84　　　　　114008982

電子書購買

爽讀APP　　臉書